Thomas Schäfer-Elmayer

ALLES, WAS SIE ÜBER GUTES BENEHMEN WISSEN MÜSSEN

Illustriert von
Thomas Wizany

ecowin

Thomas Schäfer-Elmayer
Alles, was Sie über gutes Benehmen wissen müssen

FSC
www.fsc.org
MIX
Papier aus verantwortungsvollen Quellen
FSC® C012536

Das für dieses Buch verwendete FSC®-zertifizierte Papier EOS lieferte Salzer, St. Pölten.

Umschlagidee und -gestaltung: **kratkys.net**

Komplett überarbeitete Neuauflage

Redaktion: Andreas und Carola Augustin
Lektorat: Dr. Arnold Klaffenböck
Coverfoto Thomas Schäfer-Elmayer: Martin Vukovits
Illustrationen: Thomas Wizany
Gesamtherstellung: www.theiss.at
Gesetzt aus der New Century Schoolbook
Printed in Austria
ISBN 978-3-7110-0010-1

3 4 5 6 7 8 / 18 17 16

www.ecowin.at

LIEBE LESERIN, LIEBER LESER!*

Etikette ist nicht eine verstaubte alte Schachtel, in die man ab und zu blickt, wenn man wissen will, wie das Dessertbesteck zu liegen hat, sondern eine dynamisch wachsende Tradition. Wie die Sprache, entwickeln sich auch die Umgangsformen. Die Uhr dreht sich weiter. Haben Sie Ihre schon nachgestellt?

Seit gut einem Jahrhundert ist das Haus Elmayer ein Synonym für Etikette. In hundert Jahren ändert sich natürlich viel. Was damals unvorstellbar war, ist heute alltäglich, und was damals alltäglich war, ist heute vielfach unvorstellbar. Die Grundhaltung des guten Benehmens ist aber gleich geblieben. Sich in jeder Situation des Lebens richtig verhalten zu können, ist nach wie vor ein grandioses und souveränes Gefühl.

Darüber hinaus gibt es eine Unzahl von Regeln und internationalem Know-how, mit dem man sich trittsicher auf dem Parkett der Gesellschaft bewegt. Wir haben für Sie das Wesentliche vom weniger Wichtigen getrennt und unsere Maßstäbe der Gegenwart angepasst. So trägt dieses Buch den Titel „Alles, was Sie über gutes Benehmen wissen müssen". „Alles" – nämlich das Wesentliche – erhebt keinen Anspruch auf Vollständigkeit, sondern auf umfassendes Know-how in Sachen Benehmen.

Natürlich beantworten wir noch immer Ihre Frage, auf welcher Seite der Herr neben der Dame zu gehen hat (aber längst nicht mehr muss!). Doch heute will man nicht nur bestätigt haben, dass man einen Toast (die Rede, nicht die Brotscheibe) vor dem Dessert ausbringt. Man will wissen, wie man richtig mit Mitmenschen mit den unterschiedlichsten Behinderungen umgeht. Ob der Minutenschlaf im Büro auch in Europa akzeptabel ist. Wen man nach einem Hole-in-one im Clubhaus einladen sollte. Ob *kleinschreibung* netiquette ist, was ist beim Sleep-over Ihrer Tochter zu beachten oder wie man mit Langeweilern auf Partys umgeht. Und ein Wegweiser im Titeldschungel mit allen gängigen akademischen Titelformen und ihren Abkürzungen ist schließlich auch hilfreich.

Auf andere Menschen zuzugehen, mit ihnen in Kontakt zu treten, ihnen auch einmal aus der Patsche zu helfen, das ist die moderne Form der Etikette. Ob man nun einem Autofahrer eine Starthilfe gibt oder einen Menschen, der recht verloren herumsteht, auf einer Party anspricht (auch eine Form von Starthilfe), alles ist Kommunikation und „Benehmen“. Ihr gesellschaftlicher Erfolg wird Sie reich belohnen.

Ihr

Thomas Schäfer-Elmayer

* Die meisten Themen werden „geschlechtsneutral“ präsentiert, es sind also Damen und/oder Herren gemeint.

WIE DIE ETIKETTE ZU IHREM NAMEN KAM

Da die Aristokraten rund um König Ludwig XIV. immer durch die Blumenbeete und Grünflächen von Versailles trampelten, ließ er entsprechende Verbote, sogenannte *étiquettes*, aufstellen. So standen bald überall Täfelchen mit der Aufschrift: „Bitte den Rasen nicht betreten."

Es dauerte nicht lange und das Wort Etikette wurde zum Synonym für das richtige Benehmen. Was richtig oder falsch war, lag natürlich lange Zeit in den Händen der Herrschenden, die sich ja bekanntlich nicht immer lupenrein an alles halten, was der Rest von uns für richtig hält. Doch im Laufe der Zeit entwickelte sich eine Richtlinie des guten Benehmens, an der heute jeder Mensch gemessen wird.

Traditionell war der Tanzmeister für die Einführung in gutes Benehmen verantwortlich. Neben dem täglichen Musik- und Tanzunterricht wurde jungen Adeligen auch die Etikette gelehrt. Das ist natürlich Geschichte, doch es erklärt, wieso der Inhaber einer legendären Tanzschule als Autorität in Sachen Etikette anerkannt wird.

In diesem Buch haben wir die Grenzen unserer Etikette ausgelotet und viele aktuelle Fragen des täglichen Umgangs mit unserer Umwelt in einem A–Z beantwortet. Es ist ein „Kreuz und Quer" durch die grundlegenden Spielregeln unserer Gesellschaft. Vom Accessoire bis zum Zyniker finden Sie in locker erklärter Form die Antworten auf diverse heikle Ungewissheiten.

Thomas Schäfer-Elmayer hat zu seinem reichen Basiswissen noch viele persönliche Tipps beigesteuert, die wir speziell hervorheben. Wörter in Großbuchstaben weisen darauf hin, dass es sich um ein Stichwort mit eigenem Eintrag handelt. Damit Sie sich noch leichter zurechtfinden, gibt es einen ausführlichen Index. Die Karikaturen von Thomas Wizany und ein informativer Anhang machen unser A–Z der Etikette zu einem Buch, das Sie, verehrte Leserinnen und Leser, immer dann zurate ziehen werden, wenn Sie sich noch einmal ganz sicher sein wollen: Wie macht man's richtig?

Ihre
redaktion@etikette.at

INHALT

A *ab Seite 13*

Accessoires
Adel
Affront
Alkohol
Alkohol und Autofahren
Angeberei
Anklopfen
Anrede
Anrufbeantworter
Anstellen
Aperitif
Asiatische Einflüsse
Audienzen
Aufmerksam
Aufstehen
Aufzug
Auszeichnungen und Ehrungen
Autos
Autogramme

B *ab Seite 26*

Bälle
Bekannt machen
Beleidigungen
Benachrichtigungen
Beschwerden
Bestattung
Besteck
Bewerbung
Blumen
Briefe
Bruderschaft
Bücher
Bussi-Bussi

C *ab Seite 37*

Charme
Chatten
Clubbing
Cocktail
Contenance

D *ab Seite 40*

Dame
Dandys
Dank
Digestif
Diskretion

E *ab Seite 43*

Ehre
Einladungen und Partys
Einladungsbücher
Eleganz
Elterliche Erziehung
E-Mail
Entschuldigung
Erstkommunion
Essen
Europa/Europäer

F *ab Seite 51*

Fairness
Fauxpas
Fax
Feng-Shui
Fernsehen
Fingerfood
Firmung
Fischmesser
Fitness
FKK
Fliege
Flirt
Fluch
Frack

Fräulein
Fragen
Fremdwörter
Fußgänger

G *ab Seite 62*

Gähnen
Gästebuch
Gang
Geburtsanzeigen
Geld
Gentleman
Gentlemen's Agreement
Geschenke
Geschmack
Glaubensgemeinschaften und Feiertage in Österreich
Gleichgeschlechtliche Beziehungen
Grant
Gruß/Grüßen

H *ab Seite 69*

Hände
Händedruck
Handkuss
Handschuhe
Handy
Hausgäste
Hauspersonal
Heiratsantrag
Hochzeit
Hochzeitslisten
Hochzeitstage
Horoskope
Hunde
Hut

I *ab Seite 80*

Image
Integration
Internet & Freizeit
Internet & Social Media
Internet-Telefonate
Internet-Videotelefonate
Ironie

J *ab Seite 84*

Jagd
Jour fixe
Jubiläen
Junggeselle

K *ab Seite 88*

Kaugummi
Kennenlernen
Kinder
  am Telefon
  im Publikum
  im Restaurant
  im Hotel
  im Club
Kleider/Kleidung
Körperpflege
Körpersprache
Kommunikation
Komplimente
Kompromisse
Konfirmation
Krawatte
Kritik
Küsschen
Kuppeln

L *ab Seite 103*

L 17
Langeweiler
Lauschen
Lebenslauf
Leihgaben
Lobby
Lügen

M *ab Seite 107*

Männer
Make-up
Martinicocktail
Maßgeschneiderte Mode
Mediator
Menschen mit Behinderung
Minutenschlaf
Mobiltelefone
Monogramme

N *ab Seite 116*

Nachbarn
Name dropping
Nationalfeiertage
Netiquette

O *ab Seite 120*

Okkultismus
Oper, Theater, Konzerte, Eröffnungen und Filmpremieren
Orden

P *ab Seite 123*

Parfum
Parte
Partner
Partnersuche im Internet
Party
Party-Crashing
Patenschaft
Pelz
Personal
Playboys
Protokoll
Pünktlichkeit

Q *ab Seite 131*

Quigong, Yoga, Tai-Chi, Feldenkrais und Pilates

R *ab Seite 133*

Rauchen
Rede
Reichtum
Reife
Reisen
Restaurants
Rittertum

S *ab Seite 140*

Scheidung
Schirm
Schmuck
Schnäuzen
Schuhwerk
Schwangerschaft
Schwiegermütter und -väter
Selbstbeherrschung
Senioren
Servietten
Sex
Single
Sitzen
Sitzordnung
Sleep-in
Sleep-over
Small Talk
Smoking
SMS
Snob
Spiegel
Sport
Sprache
Sprachlosigkeit

T *ab Seite 160*

Tätowierung und Piercing
Tafelfreuden
Takt
Talkshows und TV
Tanzen
Taschentücher

Taufe
Teetotaller
Telefonieren
Timing
Tischmanieren
Titel
Toast
Toilette
Treppen
Trinkgeld
Türen

U *ab Seite 183*

Übersiedlungsanzeige
Understatement

V *ab Seite 184*

Verliebte
Verlobung
Vermählungsanzeige
Vernissagen und Buchpräsentationen
Verspätung
VIP
Visitenkarten
Vorstellung
Vorstellungsgespräch
Vorurteile
Vulgär

W *ab Seite 192*

Walker
Wein(karte)
Witze
Wohltätigkeitsveranstaltungen

X *ab Seite 198*

X für ein U vormachen

Y *ab Seite 199*

Yachten

Z *ab Seite 200*

Zärtlichkeiten
Zuhören
Zyniker

Anhang *ab Seite 203*

Stichwortverzeichnis *ab Seite 362*

Personenverzeichnis *ab Seite 381*

ACCESSOIRES

... sind das Tüpfelchen auf dem i – sehen Sie sich das i genau an, dieses kleine Pünktchen – nicht der lange Strich darunter. So soll es sein. Unauffällig, ein Akzent eben, der der Note noch den richtigen Klang verleiht, aber nicht das ganze Stück übertönt. Sie sind das Detail, durch das Ihre KLEIDUNG erst den nötigen Schliff erhält. Sie runden das Gesamtbild ab, das entscheidend ist. Durch modische Accessoires (Gürtel, Handtaschen, HANDSCHUHE, HÜTE, Tücher, Schals, Stecktücher und KRAWATTEN) können Sie Ihrer Garderobe mit wenig Aufwand immer wieder ein neues Aussehen verleihen, wie Sie in unserem Anhang sehen werden.

ADEL

... verpflichtet. Der Adel ist nicht nur der *créateur d'étiquette*, sondern, wie wir gelesen haben, auch seine *raison d'être,* also der Grund, warum es Etikette gibt (falls Sie nicht gerne Vorwörter lesen: Da die Aristokraten rund um König Ludwig XIV. immer durch die Blumenbeete und Grünflächen von Versailles trampelten, musste man sie vom Rasen fernhalten. „Bitte den Rasen nicht betreten" hießen die kleinen *étiquettes,* jene Täfelchen, die bald überall aufgestellt wurden).

Heute stellen die Mitglieder des ehemaligen Adels im deutschsprachigen Europa eine kleine Minderheit dar. Seit mit Kaiser Karl I. die Habsburger-Monarchie zu Grabe getragen und in Österreich (zunächst Deutsch-Österreich) die Republik ausgerufen wurde, ist seit 1919 das Tragen der Adelstitel in diesem Lande verboten.

In Österreich sind wir heute hauptsächlich durch Bauten, Parks und Ortsbezeichnungen mit den Namen Schwarzenberg, Auersperg, Windischgrätz, Kinsky oder Liechtenstein konfrontiert, oft vergessend, dass dahinter große Dynastien stecken, deren Familien heute in eleganter Anonymität unter uns leben.

Wir sprechen die Nachkommen der Aristokratie offiziell also nicht mehr mit ihrem TITEL an, sondern mit ihrem bürgerlichen Namen.

All dies soll nicht darüber hinwegtäuschen, dass in einigen Staaten noch sehr wohl eine funktionierende Monarchie und die damit untrennbar verbundene Aristokratie zu finden sind. Wer sich öfters mit Vertretern des Hochadels anderer Länder (wie zum Beispiel Belgien, Niederlande, Spanien oder Großbritannien, aber auch Japan) konfrontiert sieht, wird sich gerne der Liste der ANREDEN bedienen, die wir im Anhang in Deutsch und Englisch präsentieren.

TIPP

In Deutschland und der Schweiz ist der TITEL zum Bestandteil des Namens geworden. Ich würde aber zum Beispiel nicht „Frau Fürstin von Thurn und Taxis“ sagen, sondern „Durchlaucht“. Sprechen Sie den Inhaber vererbter Titel korrekt an. Es tut ja nicht weh und erspart Ihnen die Peinlichkeit, lange zu überlegen, was Sie sagen sollen.

AFFRONT

... ist die Konfrontation, die oft vor den Kopf stößt – die sorgfältig platzierte BELEIDIGUNG. Obwohl unpassend, ist es eines jener FREMDWÖRTER, die sich so gut in unsere SPRACHE eingefügt haben.

Manieren oder Affront?
Der große Komponist Johannes Brahms, ein geborener Hamburger, lebte von seinem 29. Lebensjahr bis zu seinem Tode in Wien. Seine trockene Art machte ihn bald zum Meister des Affronts. Legendär seine Bemerkung zu einer Gastgeberin, als er eine Abendveranstaltung verließ: „Bitte um ENTSCHULDIGUNG, wenn ich vergessen haben sollte, einen Ihrer Gäste zu beleidigen.“
Bewies er damit doch wieder Manieren?

ALKOHOL

... gilt als das letzte, anstandslos in weiten Kreisen der Gesellschaft genießbare Suchtgift, da dem Nikotin in der Öffentlichkeit längst weltweit der Kampf angesagt wurde. Alkohol und Nikotin werden als „Genussmittel" bezeichnet, obwohl längst erwiesen ist, dass es weit mehr Todesfälle infolge unmäßigen Alkoholkonsums und infolge des Rauchens gibt als durch andere bekannte „Drogen".

Alkohol ist so salonfähig, dass man oft schief angesehen wird, wenn man bei einem COCKTAILempfang oder gar bei einem eleganten Abendessen auf dieses Angebot verzichtet.

Halten Sie bei EINLADUNGEN eine fantasievolle Palette an alkoholfreien Getränken bereit; von diversen Fruchtsäften bis zum gekühlten Jasmin-Tee mit erfrischenden Pfefferminzblättern.

Nicht zu vergessen der hausgebraute Zaubertrank *Kombucha,* der mit Hilfe des Teepilzes *Kombucha* hergestellt wird (stark anregende Wirkung auf den Stoffwechsel, angeblich blutreinigend, das Universalheilmittel, mit dem man sogar diverse Krankheiten angeblich erfolgreich behandeln und generell das Leben verlängern kann).

TIPP

Ich will den gemäßigten Genuss von Alkohol hier nicht anprangern. Aber trotzdem ein guter Rat: Achten Sie besonders auf die Geruchsbelästigung. Bereits nach einem kleinen Bier riecht man nach Alkohol. Wenn man Pech hat, gerät man schon so in den Ruf, ein Alkoholiker zu sein. Auch nach einer langen Ballnacht geht der Genuss von so manchem Glas Sekt oder Wein nicht spurlos an der Umwelt vorüber. Beugen Sie hier immer vor, indem Sie rechtzeitig etwas gegen diesen Alkoholatem unternehmen.

Vormittags trinkt man eigentlich nie, außer man stößt zu gegebenem Anlass bei einem Champagner- oder Sektfrühstück mit einem Gläschen an oder besucht einen Frühschoppen. Zu Mittag gelten ein bis zwei Gläser WEIN zum Essen als die (logische) Obergrenze, vielleicht stattdessen maximal zwei kleine Bier oder ein Spritzer, Wein mit Soda.

Die Berechnung des Alkoholkonsums ist sehr einfach. Zwei Gläser Spritzer ergeben dieselbe Menge Alkohol wie ein Glas Wein. Bier hat in der Regel halb so viel Alkohol wie Wein, Schnaps einen vielfach höheren Gehalt (siehe Tabelle im Anhang).

Hochprozentige Getränke vermeidet man vor dem Sonnenuntergang. Abends ist man weniger limitiert, vor dem ESSEN sollte es jedenfalls nur *Longdrinks* geben, manchmal einen COCKTAIL, zum Essen Bier oder Wein, nach dem Essen – heute immer seltener – Cognac, Whisky oder Schnäpse. Langsam verschwindet die landläufige Meinung, dass Schnaps nach fettem Essen für die Verdauung gut ist (das Gegenteil ist der Fall, Alkohol behindert die Verdauung).

In der Diskoszene haben sich die so genannten *Alkopops* etabliert, also Mischgetränke diverser Hersteller aus Likör oder Schnaps und Limonade. Alkopops sind ein beliebtes Rauschmittel für Jugendliche, da durch den süßen Zusatz von Limonade der Alkohol in seiner Bitternis kaum geschmeckt wird. Hinter manchmal harmlos klingenden Namen wie *Feigling Eis*, *Tatoo* oder *Hooper's Hooch* verbirgt sich tatsächlich harter Alkohol, und nicht zu wenig. Das Getränk wird stilecht aus der Flasche getrunken. Bei hohen Außentemperaturen, aber auch in einer Disko steigt der Alkohol schneller zu Kopf als unter üblichen Bedingungen. Dies kann fatale Folgen für den Betreffenden haben.

Mehr über Alkopops und den Alkoholgehalt von Getränken finden Sie im Anhang.

Was lass sein?
„Wein auf Bier, das rate ich Dir, Bier auf Wein, das lass sein!"
(Flämisches Sprichwort)
Laut Toxikologen macht es überhaupt keinen Unterschied, ob zuerst das Bier oder der Wein in den Magen gelangt. Ob man nachher Beschwerden hat, hängt nur von der getrunkenen Alkoholmenge und der Qualität der Getränke ab.
Die Behauptung „Wein auf Bier, das rate ich Dir, Bier auf Wein, das lass sein" hat einen historischen Hintergrund. In unseren Gefilden trank das Großbürgertum früher Wein; Bier war das Getränk des Volkes. Von Leuten, die ihren REICHTUM verloren hatten, wurde gesagt, dass sie von Wein auf Bier umsteigen mussten. Doch was bei uns so dahergeplappert wird, sieht man jenseits des Ärmelkanals genau umgekehrt: „Beer after wine, and you'll feel fine, wine after beer, and you'll feel queer", sagen die Engländer und behaupten somit das Gegenteil.

ALKOHOL UND AUTOFAHREN

… passen nicht zusammen. Nach einem Heurigenbesuch oder ähnlichen Gelegenheiten sollte man sein AUTO stehen lassen und es am nächsten Tag holen. Vielleicht findet sich auch ein nüchterner Begleiter, der für Sie fährt. Es wird Ihrem Ruf als besonnener Mensch sehr zuträglich sein!

TIPP
Bei einer Party bin ich als Gastgeber mitverantwortlich, wenn meinen Gästen etwas passiert, nachdem sie bei mir getrunken haben und alkoholisiert Auto gefahren sind.
Hier sind meine sieben Tricks, wie ich die Alkoholfahrt meiner Gäste vermeide:

1. *Ich sorge dafür, dass meine Gäste eine Fahrgemeinschaft mit einem nüchternen Fahrer bilden.*
2. *Ich halte für meine Gäste Telefonnummern von Taxis und Fahrpläne von öffentlichen Verkehrsmitteln (in Städten gibt es auch Nachtbusse) bereit.*
3. *Es muss nicht immer Alkohol sein. Ich kaufe alkoholfreies Bier oder mixe einen exotischen Fruchtsaftcocktail.*
4. *Ich offeriere Übernachtungsmöglichkeiten.*
5. *Ein Mitglied meiner Familie chauffiert die Gäste nach Hause.*
6. *Im Notfall Freunde, Kinder oder Eltern des Gastes anrufen und um Abholung bitten.*
7. *Und wenn alles nicht klappt, dann rufe ich eben ein Taxi und übernehme die Kosten.*

ANGEBEREI

… haben Sie sicherlich nicht nötig. Man lobt sich nicht selbst, prahlt nicht mit guten Taten, An- und Einkäufen, stellt sich nicht dauernd in den Mittelpunkt, und tut man es einmal doch, so geschieht es mit dem Hinweis darauf, dass man es normalerweise eben nicht tut.

Wahre Bescheidenheit
Eine Kollegin des Schauspielers Josef Meinrad erzählte über den großen Künstler:
„Der Josef war immer ein sehr bescheidener Mann.
Am meisten hat er sich aber trotzdem einen Rolls-Royce gewünscht.
Als er sich den Wunsch erfüllt hatte, so kam mir vor,
war er dann aber noch bescheidener als zuvor."

ANKLOPFEN

… gehört zum guten Ton. Wer an einer geschlossenen oder halb geöffneten Türe ankommt, klopft leicht und dezent, aber gut hörbar, dreimal an. Man wartet kurz auf eine Antwort, ehe man eintritt, außer man wird gebeten, zu warten. Wird man bei einer Gesellschaft oder, um auf jemanden zu warten, in einen Raum geführt, klopft man nicht an.

TIPP
Ich darf auch ohne zu klopfen eintreten, wenn eine Türe weit offen steht. Klopft es an meiner Türe, so sage ich laut „Herein bitte“, wenn ich möchte, dass die Person eintritt. Ich kann sie auch kurz aufhalten, indem ich laut genug „Bitte gedulden Sie sich einen Moment“ oder „Einen Moment, bitte!“ sage.

ANREDE

... ist die erste verbale Kontaktaufnahme zwischen Menschen. In der Anrede erkennt man immer den Respekt, den man einem Mitmenschen entgegenbringt. Lernt man einander kennen, so ist es sicherheitshalber üblich, sich mit *Sie* anzusprechen. Man wird erst nach einer Weile auf das legerere *Du* übergehen. Den Zeitpunkt bestimmt der Ranghöhere. Daher darf zum Beispiel eine Mitarbeiterin ihrem Vorgesetzten nicht das Du-Wort anbieten.

In Ausnahmefällen dürfen auch Herren der DAME das *Du* anbieten, meist dann, wenn sie beabsichtigen, eine engere Beziehung aufzubauen oder merken, dass die Dame eigentlich zum *Du* übergehen möchte, selbst aber nicht weiß, wie sie das anstellen soll. Wenn man dieser Aufforderung aber nicht nachkommen möchte, sollte man das sehr höflich argumentieren, ohne jemanden zu kompromittieren. In Sportclubs und Vereinen wird das meist legerer gehandhabt. Wer miteinander SPORT treibt oder Karten spielt, wird schneller zum *Du* gelangen. In Gesellschaft wird diese Annäherung oft genützt, um BRUDERSCHAFT zu trinken.

In ländlichen Gegenden ist das Du-Wort oft eine unbedachte Gewohnheit, die nicht als Respektlosigkeit aufgefasst werden darf. Oft ist es ein Muss, und darauf mit „Sie" zu antworten, sogar eine Beleidigung.

Gegenüber PERSONAL ist es selbstverständlich, dass Sie das *Sie* benützen, auch wenn die hilfreiche Person nicht Deutsch als Muttersprache hat. Im Kaffeehaus und in vielen RESTAURANTS ist es üblich, das Personal mit dem Vornamen, aber per Sie anzureden. Man sagt „Frau" oder „Herr" davor.

Akademiker, deren TITEL ebenfalls ein Bestandteil ihres Namens sind, wird man immer mit dem vollen Titel, gefolgt von ihrem Familiennamen, adressieren. In Österreich, einem Land, in dem man Menschen nur mit ihrem Titel ansprechen kann, reicht auch ein formloseres „Frau Doktor" oder „Herr Professor". In Italien werden Sie zu einem Anwalt ebenfalls nur *Avvocato* sagen, zu einem Akademiker *Dottore.* Im Schriftverkehr werden Berufstitel immer vor den akademischen Graden angeführt, also zum Beispiel Herr Bundesminister Prof. Dipl.-Ing. Mag. Dr. Peter A. Gross.

Sehr gern wird es gesehen, wenn Sie Beamte mit ihrem Amtstitel bezeichnen. Ihr Anliegen wird vielleicht wohlwollender behandelt. Wie Sie jemanden korrekt ansprechen, finden Sie im Anhang (Adel und hochgestellte Persönlichkeiten unter Anreden – in Deutsch und Englisch –, Standesbezeichnungen, Berufstitel und akademische Grade unter Titel).

TIPP

Wann immer ich mit Jugendlichen zusammentreffe, die das 16. Lebensjahr schon vollendet haben und die ich bis dahin immer geduzt habe, gehe ich automatisch zum höflicheren Sie über. Nur auf ausdrücklichen Wunsch des Jugendlichen werde ich weiterhin Du zu ihm sagen. Meist überlege ich dann, ihm auch das Du anzubieten, falls er mich bis dahin mit Sie angesprochen hat. Und sollte ich einmal wirklich nicht wissen, wie ich jemanden ansprechen soll, dann frage ich einfach: „Entschuldigen Sie, aber wie wünschen Sie angesprochen zu werden?" Es ist besser, als aus Unwissenheit etwas Falsches zu sagen.

ANRUFBEANTWORTER

... und Sprachboxen Ihres Mobilfunkbetreibers sind in Zeiten, in denen der Butler manchmal frei hat, eine geniale Erfindung. Scheuen Sie sich nicht, sie auch zu benützen. Eine kurze prägnante Ansage ist zeitsparend für alle Ihre Anrufer. Ihr Name, um sicherzugehen, dass man in der richtigen Sprachbox gelandet ist, einen unverbindlichen GRUSS und die Bitte, eine Nachricht zu hinterlassen, genügen.

TIPP

International tätigen Managern rate ich, ihre Ansage für den Anrufbeantworter immer in zwei Sprachen aufzunehmen.
Am besten beginnt man mit seinem Namen, gefolgt von: „Guten Tag, bitte hinterlassen Sie mir Ihre Nachricht mit Ihrem Namen und Ihrer Telefonnummer nach dem Signalton. Please leave your message, your name and telephone number after the beep. Thank you."

ANSTELLEN

... ist wohl selbstverständlich. Überall dort, wo andere warten, stellt man sich am Ende der Warteschlange an und nicht irgendwo, in der Hoffnung, sich hineindrängen zu können. Im Wartezimmer fragt man: „Wer war bitte der Letzte vor mir?", am Postamt, am Flughafen, an der Kassa, bei Taxistandplätzen wartet man geduldig. In besonders dringenden Fällen wird jeder Verständnis haben, wenn Sie mit einer höflichen Erklärung aufwarten, warum Sie unbedingt vor müssen. Aber: Man fragt zuerst!

APERITIF

... wird vor dem ESSEN gereicht. Er dient zur Anregung des Appetits und sollte nicht so stark ein, dass man anschließend Mühe hat, zum Tisch zu kommen. Entweder trennen sich die Teilnehmer wieder, da sie sich nur „zum Aperitif" getroffen haben und anschließend unterschiedlichen Essensverpflichtungen folgen (in Italien häufig; man trifft sich zum *Aperitivo*), oder sie essen gemeinsam.

Der Aperitif kann ein nichtalkoholisches Getränk wie ein frischer Fruchtsaft sein, für die meisten ist er aber der erste Kontakt mit ALKOHOL an diesem Tage. Die Mär, dass *Bloody Mary* (Wodka und Tomatensaft) schon davor getrunken werden darf, entspringt dem Delirium – pardon, dem Dilemma – mancher Zeitgenossen, die sich unter dem Deckmäntelchen des Tomatensaftes, garniert mit einer gesunden Stange Sellerie, schon tagsüber eine hübsche Menge Alkohol zuführen.

Zum Aperitif reicht man in Österreich und in Deutschland in Zeiten des *alcohol light* durchaus einen Spritzer (WEIN mit Soda), ein Gläschen Sekt, Frizzante, Prosecco, Champagner oder auch ein kleines Bier.

Sie können auch Ihren eigenen Hausaperitif mixen, einen Früchtewodka ansetzen, wenn es heiß ist, bietet sich eine Früchtebowle an. Dazu reicht man Nüsse, Oliven und Knabbergebäck. Sollte der Aperitif die EINLADUNG zu einem Abendessen einläuten, so sind kleine, erste Grüße aus der Küche angebracht, damit Ihre Gäste Alkohol nicht auf nüchternen Magen trinken müssen.

Selbstverständlich kann man die Klassiker der südeuropäischen, der britischen und der amerikanischen Tradition anbieten. In Ihrer Bar haben Sie die solide Grundausstattung, die Sie gemäß Ihrem Mixbuch eingekauft haben.

Die wichtigsten Aperitifs sind im Anhang zu finden.

ASIATISCHE EINFLÜSSE

… sind eine der segensreichen Begleitumstände der Globalisierung. Wir haben nicht nur gelernt, wie man *Sushi* isst oder chinesische *Wan Tans* mit Stäbchen verspeist, viele von uns sind auch mit den verschiedensten fernöstlichen Philosophien und ganzheitlichen Körper-, Seele-, Geist-, Regenerations- oder Meditationsmethoden in Berührung gekommen.

Fest steht, dass wir allen neuen Dingen selbstverständlich mit Interesse und Respekt begegnen. Keine abfälligen Bemerkungen über Ertüchtigungen, die wir (noch) nicht in unserem Repertoire haben. Vielleicht probieren Sie ja das eine oder das andere einmal aus.

Wir sprechen hier von *Ajurveda* (aus dem Sanskrit, Wissen vom Leben), der 5.000 Jahre alten indischen Wissenschaft, die die Menschen in drei Typen (*pitta* – Luft, *vata* – Feuer, *kapha* – Wasser) einteilt. *Ajurveda* arbeitet mit Kräutern, Tees und Ölen. *Qigong,* wo man sein *Qi,* die Lebensenergie, stärkt. *Yoga* und *Tai-Chi* verändern viel über die Atmung und haben neben der körperlichen Ertüchtigung auch meditativen Charakter.

AUDIENZEN

... gewähren der Papst und Potentaten. Das jeweilige PROTOKOLL regelt den Ablauf – erkundigen Sie sich nach Details.

TIPP

Diese Abläufe werden immer wieder geändert, und ich kann Ihnen aus Erfahrung nur raten: Erkundigen Sie sich beim jeweiligen Protokollchef, wie Sie sich zu verhalten haben. Meist wird es Ihnen ohnedies rechtzeitig gesagt.

AUFMERKSAM

... sein ist jene Eigenschaft, die Sie, geneigte Leser, von allen anderen unterscheidet, zumal diese Wesensart in einem Maße aus unserer Gesellschaft verschwunden ist, dass es eine Herausforderung ist, es zu sein. Der aufmerksame Mensch kennt die Vorlieben seiner Mitmenschen, würde nie etwas servieren, was sein Gast nicht gerne isst, hält im rechten Augenblick die Türe auf, reicht hilfreich die Hand, nimmt eine schwere Last ab, merkt sich Geburtstage und gratuliert pünktlich. Klingt altmodisch? Sie werden es genießen und danach süchtig werden.

AUFSTEHEN

... wird der Herr immer, wenn sich ihm jemand zur Begrüßung nähert. So einfach ist diese Regel für die Herren. Selbst ranghöhere DAMEn stehen immer auf, wenn sie als Gastgeberinnen ihre Gäste begrüßen (siehe GRUSS). In Gesellschaft bleiben sie einfach sitzen, bis ein Staatsoberhaupt auf sie zukommt oder sie das Gefühl haben, dass es angebracht wäre aufzustehen, was besonders im Beruf oft vorkommt.

AUFZUG

... ist das österreichische Wort für Lift. Vor dem Aufzug steht man so, dass man etwaige Aussteigende nicht behindert. Sind alle draußen, steigt man so ein, dass man je nachdem, wie weit man hinauffährt, in einer vernünftigen Distanz zum Ausgang steht. Selbstverständlich drängelt man nicht, raucht und isst nicht im Lift.

Obwohl der Lift mit Zeitgewinn und Geschwindigkeit zu tun hat, wird man DAMEn den Vortritt gewähren, es sei denn, es würde den Fluss des Aus- und Einsteigens maßgeblich verzögern.

AUSZEICHNUNGEN UND EHRUNGEN

... werden verdienten Staatsbürgern verliehen und vom Bundespräsidenten, dem Bundeskanzler, einem Minister, von Landeshauptleuten oder Bürgermeistern überreicht.

In den Genuss solcher „Akkoladen“ kommen Menschen, die sich entweder ehrenvoll oder tapfer verhalten haben oder sich durch ihr Lebenswerk eine besondere Auszeichnung verdienen. Solche Auszeichnungen nimmt man in der Regel dankend an.

Die meisten BerufsTITEL werden erst ab einem gewissen Alter (45+) verliehen, ORDEN und Verdienstkreuze sind nicht altersgebunden. Meist wird die Auszeichnung im Rahmen einer Feierstunde verliehen. Eventuell wird von Ihnen eine kurze REDE erwartet. Die KLEIDUNG ist dem Anlass entsprechend (diese Frage klärt gerne der zuständige PROTOKOLLchef).

Wird ein Orden verliehen, ist der Geehrte verpflichtet, ihn bei allen Anlässen zum FRACK oder zur Uniform zu tragen. DAMEn tragen ihre Orden bei den gleichen offiziellen Gelegenheiten ans Kleid geheftet.

Eine Liste der wichtigsten Auszeichnungen finden Sie im Anhang.

AUTOS

... sind Gebrauchsgegenstände des Alltags, und ihre Benutzung unterliegt strikten Regeln. Die Etikette der Straße sind die Verkehrsregeln, und was dort nicht gelehrt wird, wollen wir hier kurz streifen. So wird ein Herr, der sich gerne gut benimmt und der eine DAME oder eine höhergestellte Persönlichkeit im Auto mitnimmt, auf gewisse Dinge achten müssen.

„Ich hol' Dich ab!", ist oft vereinbart. Man klingelt an, wird entweder hereingebeten oder hört: „Ich komme gleich runter!"

Fährt sie, so wird der Herr ihr die Fahrertüre höflicherweise aufhalten und schließen, nachdem sie Platz genommen hat. Fährt er, nimmt er die Begleitung in Empfang, geht mit ihr zum Auto, öffnet die Beifahrertüre und lässt sie einsteigen. Damen mit Rock oder Kleid setzen sich dazu auf den Sitz und ziehen erst dann beide Beine geschlossen gemeinsam ins Auto. Mit Hosen ist es nicht so streng. Hohe Autos erfordern sowieso eine Klettertour, leider auch mit Rock. Dann schließt der GENTLEMAN die Türe möglichst leise, geht vorne um den Wagen herum und nimmt selbst Platz. Das Aussteigen läuft genauso, aber umgekehrt ab, obwohl unsere Damen schon längst emanzipiert genug sind, die Türe selbst zu öffnen. Eine brenzlige Verkehrssituation wird als Ausnahme in allen Fällen anerkannt. Da darf die Dame dann auch schnell selbst ein- oder aussteigen, während der Herr den Wagen aus einer verkehrsbehindernden Situation chauffiert.

Auch im Auto gibt es eine SITZORDNUNG. Ein paar Beispiele gefällig? Wenn Sie jemanden Gleichrangigen vom Flugplatz abholen, sitzt diese Person neben Ihnen. Sollte es sich um eine höhergestellte Person handeln, so sitzt sie rechts hinten auf dem – laut Daimler Chrysler – sichersten Sitzplatz im Auto (natürlich angeschnallt). Sollte Ihr Chef fahren und einen gleichrangigen Gast abholen, so sitzen Sie hinten und Ihr Chef und der Gast vorne. Sollten Sie fahren, sitzen die beiden anderen hinten. Holen Sie eine Dame ab, so ist sie Ihr Ehrengast und sitzt neben Ihnen vorne. Sollten Sie sie mit dem Taxi abholen, steigen Sie aus, öffnen ihr die Türe, lassen sie hinten einsteigen und setzen sich zu ihr nach hinten. Der Ehrengast darf übrigens immer einen Sitzplatzwunsch äußern.

TIPP

Die einzig formvollendete Möglichkeit, in Damenbegleitung hinten in ein Taxi einzusteigen, ist nach wie vor, dass ich der Dame die Türe aufhalte und sie schließe, nachdem die Dame Platz genommen hat. Dann gehe ich auf die andere Seite und steige dort ein.

Varianten, die ich immer wieder sehe, sind auch:
Ein Herr öffnet die Türe, die Dame besteht darauf, als Erste einzusteigen und rutscht auf die andere Seite der Sitzbank durch, worauf der Herr auf derselben Seite einsteigt und die Türe von innen schließt.
Oder:
Der Herr öffnet die Türe, steigt als Erster ein, rutscht hinüber, und die Dame setzt sich auf den freien Platz an der offenen Türe, die sie nun schließt.

AUTOGRAMME

... werden gerne oberflächlich und „hingefetzt" gegeben. Doch was ist ein prominenter Zeitgenosse schon ohne seine Fans? Widmen Sie sich – und sei es nur kurz – dem Autogrammjäger. Er hat es sich verdient. Er hat es auch verdient, dass Sie sauber und lesbar signieren. Vielleicht noch eine kleine persönliche Widmung, und Ihr Ansehen steigt enorm!

TIPP

Meist meinen Autogrammjäger, die jedem „Promi" zur Ehre gereichen, den Star wie einen guten alten Freund zu „kennen", da er ihnen doch aus seinen Büchern, dem Kino oder der Fernsehserie so vertraut ist. Der Star weiß das natürlich. Trotzdem bitte unbedingt seine Privatsphäre respektieren und geduldig warten, bis man an der Reihe ist.

BÄLLE

... sind der Höhepunkt der Faschingszeit. Ein Ball in Amerika (*New Year's Ball* am Times Square) kann nicht mit einem Ball in Europa verglichen werden. Auf dem alten Kontinent ist traditionell Österreich das Land der Bälle, und Wien ist seine Hauptstadt mit den glanzvollsten Bällen der ganzen Welt (mehr als 300 pro Saison).

Zu Bällen gibt es immer genaue KLEIDUNGsvorschriften, die auf der Eintrittskarte vermerkt sind und eingehalten werden müssen, auch wenn schon der Morgen graut. Mit FRACK und SMOKING für den Herrn und einem langen Abendkleid für die DAME sind Sie aber immer perfekt gekleidet.

Ein Ball ist ein festlicher Anlass. Daher beginnt er nicht einfach, sondern wird eröffnet. Damen und Herren im Alter von 17 bis 24 bilden das Ballkomitee und tanzen zur Eröffnung zum Beispiel eine Polonaise, die Damen immer in weißen langen Kleidern mit weißen, geschlossenen Schuhen (falls Sie neue Ballschuhe haben, tragen Sie sie zeitgerecht ein!) und mit weißen HANDSCHUHEn. Nach weiteren Tanzvorführungen, Ansprachen etc. tanzt das Eröffnungskomitee den Eröffnungswalzer. Danach verkündet der Tanzmeister: „Alles Walzer". Nun ist auch allen anderen Ballbesuchern das TANZEN erlaubt. Um Mitternacht gibt es traditionell eine Publikumsquadrille, bei der zu den Ansagen des Tanzmeisters die Fledermausquadrille (in Deutschland die *Française*) von den Gästen mit Begeisterung getanzt wird.

Eine Eintrittskarte zu einem Ball bedeutet nicht immer, dass Sie auch einen Sitzplatz irgendwo haben oder gar einen Tisch. Diese Bequemlichkeit müssen Sie zeitgerecht vorher organisieren. Meist wird man vor einem Ball mit Freunden zu einem Abendessen gehen, falls es auf Bällen nur Kleinigkeiten zu essen gibt.

Der Ball, eine Tanzveranstaltung, erfordert gewisse Verhaltensmuster. Die Schüler einer Tanzschule können endlich und ganz leicht in die Praxis umsetzen, was sie so lange geübt haben.

Also zunächst zur *Wahl des Tanzpartners*:

Bei der Partnerwahl sind DAMEn unterprivilegiert. Die Damenwahl ist ein erster Schritt gegen das absurde Vorrecht eines Herrn, seine Tanzpartnerin alleine zu bestimmen. Heute darf die Damenwahl daher bei allen großen Bällen nicht fehlen. Die

Wahl kann von der Dame übrigens auch sitzend durchgeführt werden.

Die Dame fordert den Herrn auf – mit einem ermutigenden Augenaufschlag oder der einfachen Frage: „Tanzen Sie denn gar nicht?" Ein Frosch, wer dies bejaht! Beherrscht der Herr diesen Tanz nicht, so bittet er, auf einen passenden Tanz zu warten. Nur Männer, die bei einem Ball im Dienst sind (Tanzlehrer, Kellner oder Musiker), dürfen einer Dame einen Korb geben (ihre Aufforderung ablehnen).

TIPP

Das Auffordern:
Ich darf Ihnen versichern, das Auffordern einer Dame ist für beide immer mit Herzklopfen verbunden. So geht's ganz einfach: Ich trete vor die Auserwählte hin, mache eine leichte Verbeugung und frage: „Darf ich bitten?" Sollte sich die auserwählte Dame in Begleitung eines Herrn befinden, so frage ich immer diesen mit einem höflichen „Gestatten Sie?" zuerst. Der Begleiter der Dame wird voraussichtlich nur nicken. Schließlich kann er der Entscheidung seiner Begleiterin schlecht vorgreifen.
Nimmt die Dame an (sie kann auch taktvoll ablehnen), so wird ihr Begleiter nun aufstehen, und zwar so lange, bis sie sich entfernt hat. Er erhebt sich auch wieder, wenn die Dame an den Tisch zurückkehrt.

Der Herr geht links, wenn er die Dame zur Tanzfläche führt. Meist wird er vorangehen müssen, um im Ballgewühl auf der Tanzfläche den Weg zu bahnen. Das Tanzen selbst geht nicht immer ganz reibungslos. Stößt man an ein anderes Paar an, so entschuldigen sich die Herren.

Tief Luft holen.

„Alles Walzer!"

Das Jackett des SMOKINGs bleibt auch beim Tanzen immer geschlossen. Lächeln und SMALL TALK betreiben sollten Sie trotzdem. Passen Sie sich – so Sie können – an das tänzerische Niveau Ihrer Partnerin an. Sie wird das Gleiche tun, wenn Sie merkt, dass Sie ein wenig hinterherhinken. Was in manchen Filmen als „Abengagieren" während des Tanzens per Schulterklopfen vorgeführt wird, ist nicht sehr elegant und höchstens unter guten Freunden üblich. Kommt die Dame gerade von der Tanzfläche, so sollte sie nicht gleich wieder aufgefordert werden.

TIPP

Nach dem Tanz geleitet der Herr die Dame zu ihrem Platz zurück (oder wo sie hin will). Sie kann ihn zum Bleiben animieren oder eben nicht. Wenn ihr Begleiter auf sie wartet, sollte sie sich von einem fremden Tänzer nicht noch auf einen Drink einladen lassen.

Die gerne tanzenden Herren sind das Um und Auf eines erfolgreichen Balles. Ein Herr, der mit mehreren Paaren oder Damen bei einem öffentlichen Ball an einem Tisch sitzt, sollte mit allen am Tisch anwesenden Damen wenigstens einmal tanzen.

Daheim oder bei Freunden beim Hausball mit bis zu 20 Gästen werden die Herren außergewöhnlich gefordert. Sie sollten im Verlauf des Abends möglichst mit jeder anwesenden Dame einmal tanzen. Pärchen, die sich abkapseln oder den ganzen Abend nur miteinander tanzen, tragen nicht zum Gelingen der Veranstaltung bei.

Eine Liste der traditionsreichsten Faschingsbälle Wiens (Auswahl) mit ihren englischen Namen, damit Sie auch Ihren Freunden aus dem Ausland das Schwingen des Tanzbeines schmackhaft machen können (es fehlen alle kleineren Bezirksbälle in den Vororten und viele Bälle aller nur erdenklicher Gruppen, aber dies würde wirklich den Rahmen sprengen), finden Sie im Anhang.

BEKANNT MACHEN

... zählt zu den großen Künsten einer gelungenen EINLADUNG. Fremde Menschen zusammenzuführen und so miteinander ins Gespräch zu verwickeln, dass man sich wieder neuen Aufgaben zuwenden kann, ist gastgeberische Pflicht. Sie steht am Anfang eines gelungenen Abends.

TIPP

Bei einer Party findet die Bekanntmachung meist im Stehen statt, bei einem gesetzten ESSEN davor, solange noch alle stehen. Dazu muss ich natürlich meine Gäste kennen, und dann mache ich das so: Ich schnappe mir einen Neuankömmling oder einen allein stehenden Gast, verwickle sie / ihn in ein kurzes Gespräch, nehme sie / ihn am Arm und halte gezielt Ausschau nach einem geeigneten Gesprächspartner oder einer Runde von Menschen. Ich versuche Verbindungen zwischen meinem

Schützling und anderen Gästen herzustellen (ähnliche Berufe, Hobbys, SPORTarten, Kinder, Erfahrungen wie Hausbau, Pflanzenzucht, Fallschirmspringen, Aktienhandel, Bergsteigen etc.).
Dann frage ich noch, ob er / sie diese Leute schon kennt und – falls nicht – ob er vorgestellt werden möchte.
Dann geht's los. Praktische Einstiegssätze sind:
„Darf ich Ihnen / Euch Frau / Herrn Soundso vorstellen? Sie / Ihr habt etwas gemeinsam ..."
Oder:
Sehe ich eine Runde von Juristen und habe gerade eine junge Juristin bei mir, so werde ich sagen: „Ich bringe Ihnen / Euch / Dir hier jemanden, den Sie / Ihr / Du kennen sollte(s)t. Darf ich vorstellen? Frau Dr. Claudia Müller ist eine Expertin in Kartellrechtsfragen ..."
Oder:
„Ihr kennt doch sicher ..."
Lassen Sie sich einfach etwas Originelles einfallen. Die ewige Dankbarkeit Ihrer Gäste wird Sie verfolgen.
Aufgepasst! Eine Fußangel des Bekanntmachens ist noch die Gleichrangigkeit: Zwei gleichrangige Herrschaften macht man „miteinander bekannt". Aber einer ranghöheren Person muss ich jemanden „vorstellen".

Und die Realität:
Wer sagt, dass alle bei einer Party glücklich sein dürfen?
Sowie sich zwei gefunden haben, die sich gut verstehen,
taucht sicherlich der Gastgeber auf, um einen unbekannten Dritten
dazuzustellen und den Ersten zu entführen.

Virginia Graham, amerikanischer TV-Talkshowstar

BELEIDIGUNGEN

... kommen leider immer wieder vor. Man ignoriert Sie zunächst *nonchalant*, ehe man leider feststellen muss, dass sie wiederholt werden und wohl so gemeint waren. In Gesellschaft vermeidet man jede Auseinandersetzung, vor allem als Gast ist man das dem Gastgeber schuldig. Vernünftigerweise zieht man sich augenblicklich zurück. Sollte es zu einem *Eklat* kommen, muss man sich am nächsten Tag beim Gastgeber entschuldigen. Satisfaktionsfähigkeit wird nicht mehr eingefordert, das Duell ist abgeschafft, der MEDIATOR empfohlen.

TIPP
Wer über den Dingen steht, kühl und schlagfertig, aber nicht grob und unhöflich seine Position wahrt, gewinnt meist bei Auseinandersetzungen.

BENACHRICHTIGUNGEN

... beinhalten erfreuliche und tragische Nachrichten. Die schönsten Benachrichtigungen erreichen uns in Form einer GEBURTSANZEIGE, der VERLOBUNGsanzeige, der VERMÄHLUNGSANZEIGE. Sehr wichtig sind ÜBERSIEDLUNGSANZEIGEn. Auch eine SCHEIDUNG wird man kundtun, wenngleich in weniger auffallendem Maße. Benachrichtigt werden wir aber auch im Falle von traurigen Ereignissen durch die so genannte PARTE, die Todesanzeige.

BESCHWERDEN

... sind manchmal die einzige Möglichkeit, doch noch zu erhalten, was man eigentlich möchte (oder einem zusteht). Man sollte sie höflich und bestimmt, ruhig und sachlich vortragen.
Der sie entgegennimmt, ist oft nicht schuld an der Ursache der Beschwerde. Prinzipiell gilt es aber als unelegant, sich in aller Öffentlichkeit zu beschweren, es zerstört auch die Stimmung, wenn Sie sich mit Ihren Freunden gerade in einem RESTAURANT einen gemütlichen Abend machen wollen.

Die Beschwerde kann aber auch durchaus einer Gewinnmaximierung dienen, die laut einem englischen Romancier folgenden Effekt erzielen kann:

„Wenn man immer nur das Beste fordert, so wird man überrascht sein, wie oft man es dann bekommt!"
William Somerset Maugham

BESTATTUNG

Ein TODESFALL wirft viele Fragen auf: Die direkten Angehörigen müssen neben der Trauer über den Verlust eines geliebten Menschen den letzten Weg des oder der Verstorbenen organisieren. Was hier wann zu tun ist, welche Entscheidungen zu treffen sind und welche Formalitäten erledigt werden müssen, weiß in der Regel das Bestattungsunternehmen.

Eine Frage, die immer wieder an die Bestatter herangetragen wird, betrifft aber nicht so sehr die Organisation einer BEERDIGUNG, sondern das Verhalten rund um einen Todesfall: Besonders entfernte Verwandte und Freunde wissen oft nicht, was bei so einem traurigen Anlass von ihnen erwartet wird. Wie drücke ich mein Beileid richtig aus? Einige fragen sich sogar, ob sie per E-Mail KONDOLIEREN können? Wie viel Zeit habe ich dafür? Welche Blumen passen bei einer BESTATTUNG? Welche Kleidung muss ich tragen? etc. Im Anhang finden Sie eine genaue Aufstellung der zu veranlassenden Schritte, die in Zusammenarbeit mit der Bestattung Wien erstellt wurden.

BESTECK

... sollte nicht filigran und zu leicht sein. Immer wieder stößt man auf modernes Design, das zwar hübsch anzusehen, aber in der Tat unpraktisch ist. Das westliche Essbesteck ist in seiner Vielfalt nicht zu übertreffen und heute international weit verbreitet. Traditionell wird in Asien alle Arbeit in der Küche erledigt, da es als barbarisch angesehen wird, bei Tisch Fleisch zu schneiden oder gar ganze Tierkörper zu servieren und zu tranchieren. Dort genügt ein Paar dünner Stäbchen, um die mundgerechten Happen aufzunehmen und zu verspeisen.

Bei uns gibt es Dutzende verschiedene Esswerkzeuge und ebenso viele Verhaltensmaßregeln. Also zu der heiklen Frage:

Wie halte ich mein Besteck?

- Man hält es möglichst weit von den Zinken und der Schneide entfernt, also am hinteren Ende der Griffe, wo diese meist breiter werden. Mittelfinger, Zeigefinger, Daumen und innere Handfläche spielen die Hauptrollen.
- Das Besteck ragt nicht wie ein Schreibwerkzeug oder ein Seziermesser aus der HAND heraus, sondern wird von Daumen und Mittelfinger gehalten und vom Zeigefinger mit sanftem Druck geführt.

- Greifen Sie ganz locker von oben auf Messer oder Gabel, sodass das Griffende in der Mitte ihrer Handfläche anstößt.
- Wenn Sie die Gabel mit dem Bauch nach unten drehen, so wird sie in der Hand gedreht und liegt auf dem Mittelfinger, während sie von Daumen und Zeigefinger gehalten wird. Dabei ragt der Griff ein wenig heraus. Die Zinken mit der Speise werden zum Mund bewegt, ohne das Handgelenk zu knicken.
- Gestikulieren Sie nicht mit den Händen, während Sie „bewaffnet" sind.
- Spitzen von Gabel oder Messer sollten nie nach oben in die Luft ragen.
- Das Messer wird niemals in den Mund genommen oder abgeleckt.
- Ist das ESSEN beendet, so legen wir Messer und Gabel nebeneinander so auf den Teller, dass die Griffe im rechten unteren Viertel am Tellerrand aufliegen und die Spitzen in die Tellermitte weisen.
- Möchten Sie noch weiteressen, machen aber nur eine kurze Atempause, so werden Messer und Gabel auf dem Teller kreuzweise übereinandergelegt, wobei der Bauch der Gabel nach unten weist.

Wie man den Tisch richtig deckt, finden Sie unter TAFELFREUDEN.

BEWERBUNG

... bitte per E-MAIL! So lautet die klein gedruckte Zeile in der Tageszeitung unter der Stellenannonce, die Ihre AUFMERKSAMKEIT erregt hat. Also rasch an die Arbeit. Sie kämpfen in einem großen Feld von Gleichinteressierten um eine Position. Geschwindes Reagieren wird erwartet. Wie das heute funktioniert, finden Sie unter Bewerbung im schlauen Anhang. Und wenn alles klappt, dann lesen Sie bitte unter VORSTELLUNGSGESPRÄCH weiter.

TIPP
Bei einer Bewerbung ist taktisch kluge Vorgangsweise angesagt. Schließlich wollen Sie den Job!
Zunächst einmal sollten Sie wissen, dass große Firmen klare Bewerbungsrichtlinien haben, an die man sich halten muss. Da hat man wenig Freiheiten. Ich informiere mich über das Unternehmen und schneidere den Lebenslauf möglichst individuell und aktuell auf den angepeilten Arbeitsplatz zurecht. Damit erhöhe ich die Treffsicherheit wesentlich. Wenn ich eine Position im Verkauf anpeile, werde ich meine verkaufsspezifischen Stärken in vergangenen Stellungen hervorheben, und so weiter.

BLUMEN

... sind nach wie vor eine charmant verschwenderische Form, ein KOMPLIMENT zu machen. Sie repräsentieren einen gewissen Luxus, denn sie vergehen nach wenigen Tagen. Deshalb schenkt man keine Topfpflanzen, da diese einen Hang zur Sparsamkeit erkennen lassen.

Blumen sehen wir auch an einem Herrn, der sie bei besonderen Anlässen im Knopfloch trägt. Eine weiße Nelke war lange der Begleiter des FRACKs. *Prince Charming,* Edward, der Prinz von Wales, bekam im Wiener Hotel Bristol täglich seine weiße Nelke für das Knopfloch in seine Suite gestellt. Doch das ist viele Jahre her, und wer heute mit der Knopflochblume herumläuft, geht meist zu einer HOCHZEIT.

Blumen werden mitgebracht oder zugestellt, wenn eine DAME oder ein Paar einlädt (siehe EINLADUNG). Natürlich sind sie in jeder Beziehung ein willkommener Botschafter.

Der Kavalier wähle sie mit Bedacht. Farbe und Sorte spielen eine wichtige Rolle und können zu Missverständnissen führen.

Das Spiel der Farben und die Bedeutung der verschiedenen Blumen sollte man also beherrschen. Blättern Sie dazu in unserem Anhang.

Lassen Sie sich von Ihrem Blumengeschäft beraten. Die exotischen Varianten bringen alle Formen von Gräsern bis zur Zierananas und sogar Bambus ins Spiel. Schenken Sie nicht zu große Arrangements, Sie könnten die Dame des Hauses in die Verlegenheit bringen, nicht die passende Vase zu haben. Man wählt eine ungerade Zahl, keiner weiß, warum. Sie sollten nicht zu stark riechen (Vorsicht bei Lilien), da sie sonst eher für Ungemach sorgen und wohl rasch vor der Türe oder am Balkon landen (besonders wichtig für Krankenhausbesuche, wo man übrigens keine Topfpflanze mitbringt).

TIPP

Sind die Blumen für eine Abendeinladung gedacht, so lasse ich sie gerne am Nachmittag zustellen. Die Blumenhandlung muss bei der Gastgeberin vorher anrufen, um den Zustelltermin zu klären.
Meine VISITENKARTE darf dabei nicht fehlen (auf der Karte steht: „Freue mich auf heute Abend."). Somit ist es der Gastgeberin noch möglich, meine Blumen in die Dekoration einzubauen. Dabei haben niedrige Sträuße übrigens eine größere Chance, auf den Tisch zu kommen, da sie nicht die Sicht behindern. Doch meist bringe ich die Blumen einfach mit.
Ich packe sie vor der Türe aus und überreiche sie der Dame des Hauses.

BRIEFE

... sind im Vergleich zu allen anderen heute verfügbaren Korrespondenzmöglichkeiten ein herrlich altmodischer, aber sehr persönlicher Luxus.

Eleganterweise haben Sie Ihr eigenes Briefpapier mit Ihrem Namen und Ihrer Adresse. Junge Menschen oder all jene, die oft umziehen oder keinen ständigen Wohnsitz haben, können nur den Namen anführen. Wünschen Sie eine fortführende Korrespondenz auch per E-MAIL, so sollten Sie Ihre E-Mail-Adresse hier ebenfalls angeben; erwarten Sie auch einen Anruf, darf Ihre TELEFONnummer nicht fehlen. Die korrekte Anschrift ist auf dem Kuvert zu vermerken. Wie das aussieht, sehen Sie im Anhang unter BRIEFE. Bei geschäftlichen Briefen halten Sie sich bitte an die Vorgaben Ihrer Firma.

TIPP

Im Brief selbst schreibe ich oben rechts den Ort und das Datum, links darunter den Gruß, die Salutation, bevor ich mit möglichst sauberer Handschrift den Text anschließe, den ich möglichst leserlich unterschreibe. Ich ziehe es vor, ein Ausrufzeichen nach „Sehr geehrter Herr Müller!" zu setzen. Manche Menschen bevorzugen den Beistrich, nach dem man klein weiterschreibt.

BRUDERSCHAFT

… trinkt man im deutschsprachigen Raum, wenn man zueinander *Du* sagen möchte. Das Du-Wort kann vom Älteren dem Jüngeren und von der DAME dem Herrn – in jedem Fall mit TAKT- und Feingefühl – angeboten werden. Man kann dies ganz informell tun oder auch dem Ritual folgen. Hier stößt man mit einem Glas WEIN an, nennt einander die Vornamen und kann sich zwischen Mann und Frau dann den Bruderkuss geben, der ein flüchtiger Kuss auf die Wange ist.

BÜCHER

… zählen zu den wertvollen Dingen des Lebens. Sie zu kaufen ist ein Gewinn, sie zu verschenken eine sehr persönliche Sache. Man schenkt damit ein Leseerlebnis, von dem man meint, dass es den Beschenkten interessiert.

TIPP

Schenken Sie zum Beispiel dieses Buch, so werden Sie es mit der Bemerkung überreichen, dass der Beschenkte gewiss ein großes Interesse am Thema Etikette hat. Damit vermitteln Sie automatisch das Gefühl, dass Sie sich intensiv mit den Interessen und Vorlieben des Beschenkten auseinandergesetzt haben.

Wer Bücher verleiht, sollte sich unbedingt einen *Exlibris* (siehe FREMDWÖRTER im Anhang) -Stempel oder -Sticker produzieren lassen, der es ihm ermöglicht, seine Bücher stilvoll mit seinem Namen zu kennzeichnen. Das gehört durchaus zum guten Ton, da manche Menschen oft viele Bücher von vielen verschiedenen Menschen bei sich zu Hause stapeln und leicht den Überblick verlieren. In Ermangelung eines *Exlibris'* dürfen Sie auch mit der HAND in Ihr Buch vorne oder hinten Ihren Namen schreiben.

BUSSI-BUSSI

… fällt natürlich unter GRUSS, aber weil es gar so nett ist, steht es unter B zum Schluss.

CHARME

... gilt als österreichisches Charakteristikum. Tatsächlich ist das Wort französisch und beruht auf dem lateinischen *carmen,* dem „Lied", „Zauber".

Ein Mädchen, das charmant ist, ist anmutig und bezaubernd. Ein junger Mann, der charmant ist, ist höflich und erweckt die AUFMERKSAMkeit seiner weiblichen Umgebung. Ein älterer Herr, der charmant ist, ist eine Mischung aus Liebenswürdigkeit, freundlichen Augen und guten Manieren. In Wien hat er zudem etwas, das man hier *Schmäh* nennt.

Und für alle gilt: Charme ist etwas, was man hat, wenn man sich nicht darauf verlässt.

TIPP

Wer selbstsicher und gewandt durchs Leben geht, weil er Manieren hat, die Regeln kennt und ausübt, hat gute Chancen, den natürlichen Charme zu entwickeln, den wir alle in die Wiege gelegt bekommen haben.

CHATTEN

... ist eine wichtige KOMMUNIKATIONsmöglichkeit im modernen Alltag. Über *Chat* (*to chat* = plaudern) kommuniziert man *life* via Computer und Internet oder Intranet mit seinen Mitmenschen und Kollegen, meist ohne sie zu sehen oder zu hören und manchmal sogar, ohne sie zu kennen.

In *Chatrooms,* das sind virtuelle Treffpunkte, begegnet man Bekannten und lernt neue Menschen kennen. Die NETIQUETTE sagt, dass man sich nicht verstellen, nicht älter oder jünger machen, also nicht über seine Identität lügen sollte.

In *Chat*programmen (ICQ, MSM, Yahoo, Skype etc.) kommuniziert man direkt mit bekannten Kontakten, ohne Anschluss an eine breitere Öffentlichkeit. Dabei verwendet man meist sein Porträt als Foto. Nehmen Sie das wörtlich – Ganzkörperaufnahmen machen Ihr Gesicht zu klein und unkenntlich.

CLUBBINGS

… werden das ganze Jahr über ohne speziellen Anlass oder als Themenclubbings veranstaltet. Hier ist es durchaus üblich, Eintritt zu bezahlen. Man kann auch ohne Begleitung erscheinen. Will man jemanden zum TANZEN auffordern, geht das ganz locker mit: „Wollen wir tanzen?" Geht man alleine auf die Tanzfläche, tanzt man einen erwünschten Partner entweder einfach „an", indem man auf ihn zutanzt und ihn damit zum Mitmachen auffordert (reagiert er nicht, so ist dies sofort zu akzeptieren), oder gibt sich alleine den Rhythmen hin.

COCKTAIL

… ist der Name eines Mixgetränkes und der einer Veranstaltung. Auf Englisch heißt *Cocktail* bekanntlich Hahnenschwanz, und heute weiß keiner mehr, warum ein Drink oder eine Veranstaltung so heißen muss. Für eine *Dinner*-Konversation ist folgende Geschichte recht nett:

Coctel rettet den Frieden
Bei Friedensverhandlungen zwischen dem König Axolotl VIII. von Mexiko und einem amerikanischen General bot der König seinem Gegner einen Drink an. Leider reichte es jedoch nur für einen Drink, was entweder den König oder den General düpiert hätte. Die überwältigend schöne Tochter des Königs rettete die Situation, indem sie selbst den Drink zu sich nahm, und die Verhandlungen verliefen erfolgreich. Der von der Tochter sehr beeindruckte General versprach, dass ihr Name in seiner Armee ewig geehrt werde. Ihr Name war Coctel.
Savoy Cocktail Book

Der Cocktail ist nicht nur ein Drink, sondern vor allem auch eine Veranstaltung. Sie ist zeitlich begrenzt. Die EINLADUNG zum Cocktail betrifft Freunde wie Geschäftspartner. Meist steht man, die Dauer ist oft nur zwei Stunden (18.00 bis 20.00 Uhr). In dieser Zeit kann man kommen, wann man will, man wird aber in diesem Fall spätestens um 21.00 Uhr seinen Abschied nehmen. Man darf auch reden, mit und stehen, neben wem man will. Man kann von dem gereichten Speise- und Getränkeangebot nehmen, so viel man für verträglich oder notwendig hält, aber stets in kleinen Portionen. Bei einer hochgestellten Persönlichkeit und einer Dame bemüht Mann sich, das gewünschte Glas vom Tablett des Kellners zu reichen.

TIPP

Ich muss schon sagen, Cocktails und Empfänge sind ideal, um neue Menschen kennenzulernen. Kontakte knüpfen sich wie von selbst, man kann Konversation üben, mit wem man will. Geschickterweise verabschiedet man sich aber nach 10–15 Minuten von einer „Gesprächsrunde“ und geht zu anderen Menschen (beispielsweise mit: „Entschuldigen Sie mich bitte, wir sehen einander ja noch.“).
Bringen Sie immer genügend VISITENKARTEN mit! Ich mache mir darauf oft eine kleine Notiz, wo und wann ich diese Person kennengelernt habe (Schreibgerät nicht vergessen!).

CONTENANCE

... bewahrt man. Eine seelische Haltung, die Emotionen unter Kontrolle hat, vom Überschwang bis zum Untergang; immer ein Zeichen von Souveränität.

DAME

... zu sein hat nichts mit dem Alter zu tun. Eine Dame ist das weibliche Pendant zum Herrn, dem GENTLEMAN. Die Dame reicht die HAND, die man nicht zu fest drückt. Sie ist die Gastgeberin, die mit Übersicht eine EINLADUNG steuert wie ein Kapitän ein Schiff durch eine gefährliche Meeresströmung. Sie trägt nie die falsche KLEIDUNG und ist immer korrekt frisiert und tadellos geschminkt. Ist sie es nicht, so ist sie leger und eben diesem Anlass entsprechend präsent. Die Dame verliert nicht die CONTENANCE, ist nicht laut, hat jede Situation im Griff, stellt sich aber auch nicht in den Vordergrund. Die Dame fordert nichts und erhält alles.

DANDYS

... sind seit jeher *Trendsetter,* die versuchen, mit ihrer Garderobe durch perfekten Sitz und aufs Feinste abgestimmte Nuancen zu beeindrucken und nicht, wie vielfach gemeint, in betont extravaganter KLEIDUNG aufzufallen. Sie gelten als die *arbiter elegantiarum,* also die Schiedsrichter in Sachen des GESCHMACKs. So richtig populär wurde das Dandytum im 19. Jahrhundert durch den Engländer George Bryan Brummel, dessen Einfluss auf den Prinzen von Wales, den späteren König George IV., und somit auf die Entwicklung der englischen Herrenmode bedeutend war.

Der Dandy beschäftigt sich mehrere Stunden am Tag mit Stilpflege. Als echter Dandy war man Stammgast bei seinem Schneider, Schuh- und Hutmacher, schließlich war es die Regel, den FRACK alle drei Wochen, den HUT jeden Monat und das SCHUHWERK jede Woche zu erneuern.

DANK

... ist die Anerkennung für Empfangenes. Man bedankt sich bei jedem, der einem die Türe aufhält, das Salz reicht, das Leben rettet. Sie sehen – eigentlich dauernd.

Da eine Liste des offensichtlichen Dankeschöns zu einer Enzyklopädie aller möglichen Vorfälle führen würde, an dieser Stelle ein paar Zeilen über jene Dankeschön, die scheinbar aus der Mode kommen: Es ist zum Beispiel nach wie vor wichtig, sich nach einer EINLADUNG zu TAFELFREUDEN am nächsten Tag – am persönlichsten per BRIEF (Kärtchen), natürlich auch telefonisch, per SMS oder E-MAIL – zu bedanken. Ebenso bedankt man sich natürlich für GESCHENKE.

Wenn man als HAUSGAST einige Zeit die Gastfreundschaft von Freunden in Anspruch genommen hat, wird man beim Eintreffen schon ein kleines Gastgeschenk überreichen (KINDER nicht vergessen), vielleicht während des Aufenthaltes (je nach Dauer) die Gastgeber ins Theater oder zum ESSEN einladen und sich natürlich, wenn man wieder zu Hause ist, nochmals telefonisch oder schriftlich bedanken.

Für Glückwünsche und GESCHENKE zur Vermählung schreibt man auch einige Zeilen des Dankes, meist zusammen mit einem Bild des Brautpaares. Besonders aufmerksam ist es, wenn man sich nicht generell für „das schöne Geschenk“ bedankt, sondern speziell darauf eingeht, also zum Beispiel für „die Standuhr“.

Auf Beileidsschreiben, die man auf ausgeschickte PARTEn bekommt, antwortet man mit einigen persönlichen Zeilen und dem „Dank für die Anteilnahme“, „die langjährige Freundschaft“ oder „den seelischen Beistand“. Natürlich gilt, dass man sich unmittelbar bedankt, nicht zwei Wochen später. Einzig der Dank für das Beileidsschreiben kann mit einigen Wochen VERSPÄTUNG eintreffen.

DIGESTIF

... trinkt man nach dem ESSEN; konkret dient er der Verdauung, also ist heißes Wasser, grüner oder schwarzer Tee, Kräuter- oder Früchtetee durchaus zu servieren. Sehr oft wird auch Kaffee, meist ein Mokka oder Espresso, angeboten, seltener der mit etwas mehr Aufwand verbundene Irish Coffee. Wer ALKOHOL wünscht, hätte vielleicht gerne einen Kräuterlikör oder -schnaps, klare Schnäpse, Cognac, Portwein oder Whisky. Vergessen wir nicht unsere hervorragenden österreichischen Edelbrände. Falls es sich um ein Ambiente handelt, in dem geraucht werden darf, ist das der geeignete Zeitpunkt, seine Zigarre anzuschneiden (aber vorher fragen ist da wirklich Pflicht!).

DISKRETION

… übt man, auch wenn man sie schon kann. Es sagt alles über Sie, wenn Sie nichts sagen, obwohl Sie könnten. Werden Sie diesem Vertrauen immer gerecht – einmal gebrochen, kann es nie wieder gekittet werden.

„Worüber man nicht sprechen kann, darüber muss man schweigen."

Ludwig von Wittgenstein

EHRE

… wem Ehre gebührt. Oder ist dieser „honorige“ Begriff nicht mehr zeitgemäß? Was ist Ehre, wer hat sie? Es zeichnet den ehrbewussten Menschen aus, dass es ihn geradezu drängt, Dinge, die ihn Zeit oder GELD kosten, unbezahlt zu erledigen. Anständigkeit, Mut und ein offenes Eintreten für eine Sache sind wichtige Eckpfeiler des guten Benehmens.

Honorar
Ohne das Engagement tausender Menschen, die sich „ehren“-amtlich in sozialen Bereichen einsetzen, würden diverse Abläufe unseres täglichen Lebens nicht funktionieren. Die freiwilligen Feuerwehren und manche Rettungsdienste basieren auf diesem Prinzip, nicht zu vergessen die Brauchtumspflege und das in Österreich so oft zu Unrecht ins Lächerliche gezogene Vereinsleben. Heute noch sind Funktionäre ehrenhalber in Vereinen tätig, so auch Helfer bei karitativen Organisationen und zahlreiche gute „Engel“, deren Namen nie genannt werden. So wurden um 1900 auch viele staatstragende Tätigkeiten unentgeltlich erfüllt. Darunter fielen Leistungen von Offizieren, Politikern, Botschaftern, Dichtern und – ob Sie es glauben oder nicht – Ärzten. Sie stellten ihr Wissen „ehrenhalber“ in den Dienst der Öffentlichkeit. Sie bekamen für ihre Tätigkeit ein Ehrengeschenk, das nach dem Begriff Ehre benannte „Honorar“ (honorabel = ehrenhaft). Der Begriff existiert heute noch …

EINLADUNGEN UND PARTYS

… dienen dem gesellschaftlichen Leben. Sie können privat oder geschäftlich sein. Schriftliche Einladungen sollten drei Wochen im Voraus verschickt werden. Auf der Einladungskarte werden der Anlass, das Datum, der Ort und die gewünschte KLEIDUNG mit der Hand eingetragen. Der Rest ist vorgedruckt. Wie das aussehen kann, finden Sie im Anhang unter Einladungen. Natürlich können Sie auch telefonisch oder per E-MAIL eine Einladung aussprechen. Auf eine Einladung reagiert man rasch mit einer Zu- oder Absage (entweder schriftlich oder per TELEFON).

„Nichts ist irritierender, als zu einer Party nicht eingeladen zu werden, zu der man ohnedies nicht hingehen würde.“

Bill Vaughan, 1959

Laden Sie immer nur in jenem Rahmen ein, den Sie sich leisten können. Meist ist es wichtiger für die Eingeladenen, dabei zu sein, als die Tatsache, dass Sie mit einem mehrgängigen Menü aufwarten.

Familienfeste sprengen manchmal den Rahmen häuslicher Möglichkeiten. Wollen Sie zu Hause feiern und nicht in einem RESTAURANT und müssen Sie mehr Leute unterbringen, als Sie setzen können, verzichten Sie auf das großartige ESSEN. Schieben Sie die Tische zur Seite und machen Sie Platz für eine Stehparty. Wie gesagt, dabei sein ist oft wichtiger als die Absage an die „gewiss verständnisvollen“ engsten Verwandten oder Freunde.

Eine Übersicht über die gängigsten Einladungen, ihre Dauer und was dabei zu beachten ist, finden Sie im Anhang.

TIPP

Für eine Einladung bedankt man sich bei den Gastgebern vier Mal:

1. *wenn Sie die Einladung erhalten,*
2. *nach dem Eintreffen bei den Gastgebern,*
3. *beim Verabschieden,*
4. *am darauf folgenden Tag.*

EINLADUNGSBÜCHER

… führt man privat zu Hause. Dies ist eine sinnvolle Sache, damit Sie festhalten, wer wann zum ESSEN kam und was Sie kredenzt haben. So vermeidet man, unbewusst zweimal hintereinander denselben Gästen den Rindsbraten zu servieren oder immer die gleichen Leute miteinander einzuladen. Es gibt sie in verschiedenen Ausführungen mit Tabellen für die SITZORD-

NUNG, Speisekarten, Getränkeliste, wer war eingeladen, hat abgesagt, welche Tischdekoration wurde verwendet usw. Man bekommt sie in schöner Lederausführung im Fachhandel (eignen sich auch als GESCHENK).

ELEGANZ

... ist die Summe von feiner innerer Art und vornehmer erlesener äußerer Erscheinung. Die elegante Lösung eines Problems wird alle durch seine Gewandtheit und Harmonie erfreuen. Spricht man eine Sprache elegant, so ist es eine Wohltat für das Ohr. Man kann sich auch elegant aus einer Affäre ziehen.

ELTERLICHE ERZIEHUNG

... muss man in allen Kulturen als wertvolle Ergänzung zum juristisch verankerten elterlichen Obsorgerecht betrachten. Der Begriff „elterliche Sorge" fasst die Rechtsbeziehungen zwischen Eltern und KIND zusammen. Die elterliche Sorge ist ein unverzichtbares und unübertragbares absolutes Recht der Eltern. Natürlich definiert die elterliche Sorge nicht einen Machtanspruch der Eltern, sondern das Bedürfnis des Kindes nach Schutz und Hilfe, um sich zu einer eigenverantwortlichen Persönlichkeit innerhalb der sozialen Gemeinschaft zu entwickeln.

Ein gutes Vorbild ist einem Kind, das sich geliebt und angenommen fühlt, zuerst der wichtigste Haltepfeiler in der Bildung seines ersten eigenen Weltbildes. Innere Haltung und äußere Umgangsformen werden zuerst stolz kopiert, in den Jahren des Erwachsenwerdens kritisch geprüft, gerne verworfen und im praktischen Leben dann teils wieder reaktiviert, teils durch eigene persönliche Formen verbessert oder verdrängt. Das vorbildhafte Benehmen gegenüber den eigenen Kindern wird diese nachhaltig prägen, das gute Beispiel der Eltern – vom Umgang mit anderen Menschen über KLEIDUNG bis zur Handhabung des EssBESTECKs – ist hier wichtig. Gute Umgangsformen und ein sicheres Auftreten sind das Ticket für jeden jungen Menschen, das ihm Türen öffnet, die sonst verschlossen blieben. Für all diese Punkte, das ist unser Bemühen, steht dieses Buch.

TIPP

Die Wiener Kinderpsychologin, Pädagogin und Gründerin der VES (Vienna Elementary School), Dr. Sigrid Schauberger, vertritt

die Auffassung, dass „ein Kind bis zu seinem zehnten Lebensjahr die wesentlichen Formen des guten Umgangs lernen sollte. Was es bis dahin nicht zu seinem eigenen Wesen gemacht hat, wird es nur mehr schwer lernen. Dabei sind im Rahmen eines geordneten Zusammenlebens auch Regeln sehr wichtig. Die Regeln sind das Treppengeländer, an dem sich das Kind festhalten kann, wenn es Stufe für Stufe selbstständig erklimmt."
Und deshalb kann ich nur wiederholen: Früh übt sich, wer die Klaviatur der modernen Umgangsformen später locker und selbstverständlich zu seinem Vorteil nutzen will.

An alle Eltern:
„Ihr seid die Bogen, von denen eure Kinder als lebende Pfeile ausgeschickt werden."
Khalil Gibran

E-MAIL

... ist der schnelle BRIEF, im Gegensatz zur herkömmlichen *„Snail-Mail"*, der Briefpost. Hier sind die Regeln des Briefeschreibens manchmal aufgehoben. Aber keine Sorge, wir haben neue Anregungen für Sie zusammengetragen:

In diesem zurzeit schnellsten und formlosesten Medium der – trotzdem ausführlichen (vergleiche *SMS*) – schriftlichen KOMMUNIKATION

muss man:

- bedenken, dass eine Mail an die falsche Adresse kommen kann.
- bedenken, dass der Empfänger die Mail auf Knopfdruck theoretisch an alle Menschen weiterschicken kann und somit vielleicht intime oder private Information mit Ihrem Namen und Absender weitergibt (bedenken Sie das auch bei Mails, die Sie erhalten haben und unzensiert an mehrere Menschen weiterleiten – Sie werden als deren geistiger Vater angesehen).
- Mails, die man nicht autorisiert und trotzdem weiterleitet, mit entsprechendem Kommentar versehen wie „finde ich nicht OK!", „Bin dagegen!" etc.
- in internationalen Mails Umlaute immer ausschreiben (ä = ae, ü = ue, ß = ss etc.), da nicht deutschsprachige Computer einen merkwürdigen Zeichensalat daraus produzieren.
- die Rechtschreibprüfung in Anspruch nehmen (Ihre Orthografie ist nach wie vor eine Ihrer VISITENKARTEN).
- kurze Mails verfassen – wenn Sie auf einem HANDY oder einem *Blackberry* 100 Wörter lesen müssen, werden Sie trübsinnig.

- sofort oder zumindest rasch antworten. Es ist ein schnelles Medium und fordert eine flotte Reaktion.
- bevor Sie ein großes Dokument als Anhang verschicken, private Empfänger vorwarnen und eventuell um eine passende E-Mail-Adresse bitten.

kann man:
- alle Wörter kleinschreiben, auch Hauptwörter.
- kürzer und prägnanter sein als in einem formellen Schreiben.
- GRUSSformeln wie „Liebe Grüße" mit lg abkürzen (mfg = mit freundlichen Grüßen), falls die Adressaten gute Bekannte sind.
- die Mail, auf die Sie antworten, unterhalb Ihres Textes stehen lassen. Damit können Sie leicht, ohne viel zu wiederholen, den Inhalt bestätigen oder korrigieren.
- eine Lesebestätigung verlangen und geben, wenn man will.

TIPP

Ihre E-Mail hat mehr Klasse, wenn Sie ihr einige Elemente aus dem klassischen Briefverkehr einverleiben wie eine im „Briefkopf" vorkommende Überschrift („An Herrn Donald Mustermann PERSÖNLICH") verleihen, gefolgt von der Anrede „Sehr geehrter Herr Mustermann!" und den

Text in alter Tradition „Mit freundlichen Grüßen“ beenden. Ich schreibe fast ausschließlich solche Mails – und selbstverständlich groß und klein.

ENTSCHULDIGUNG

... ist die Verzeihung, aber auch das Verzeihen. Weiß man vom Fehler eines anderen, so ist es eine der elegantesten Lebensregeln, dass man, ehe man tadelt, sich überlegt, ob man entschuldigen kann. Man entschuldigt sich immer, wenn man einen Fehler begeht, aber auch, wenn einem ein Missgeschick passiert. Eine Entschuldigung muss man annehmen.

ERSTKOMMUNION

... ist das zweite von sieben Sakramenten in der katholischen Kirche. Voraussetzung dafür ist, dass das Kind getauft ist. Zur Erstkommunion wird das KIND von seinem Taufpaten (siehe PATENSCHAFTen) begleitet. Gewöhnlich findet dieses Fest mit acht Jahren statt. Ihm geht der Erstkommunionsunterricht voraus. Die KLEIDUNG des Kindes wird meist im Unterricht festgelegt, wobei lange weiße Kleider ebenso üblich sind wie helle Kutten. Die Angehörigen kleiden sich dem Anlass entsprechend festlich.

Es gibt einen Festgottesdienst in der Kirche, wo die Eingliederung des Kindes in die christliche Gemeinschaft gefeiert wird. Hier darf das Kind zum ersten Mal die Kommunion (in Form der Hostie = Leib Christi) empfangen. Dies ist der Zeitpunkt, wo das Kind in die Tisch- und Mahlgemeinschaft der Erwachsenen aufgenommen wird.

Der Taufpate schenkt seinem Schützling eine persönliche Kerze, auf welcher der Name des Kindes, Geburtstag, der Kommunionstag und Ort, Kirche und Name des Pfarrers zu lesen sind. Während der kirchlichen Zeremonie wird diese Kerze zum ersten Mal angezündet. Sie ist eine bleibende Erinnerung und wird an Namens- oder Geburtstagen angezündet. Sie kann auch als Firmkerze weiterverwendet werden. Für beide Feste kann auch die Taufkerze verwendet werden.

Anschließend an den Gottesdienst findet die Feier im engsten Familienkreis statt.

ESSEN

… zählt zu den Bereichen des täglichen Lebens, bei denen die Schule des guten Benehmens schrecklich viel mitzureden hat. Während momentane Regenten der großen Küche, die Franzosen, hier manchmal sehr leger sind, ist es der österreichisch-deutschen Tradition und den Briten vorbehalten, nahezu steif zu wirken.

Unsere Regeln sind wirklich sehr streng: kerzengerades SITZEN, Füße parallel ruhig unter dem Tisch, keine Ellbogen am Tisch, die Arme eng am Körper, mit vollem Mund spricht man nicht, niemand verlässt den Tisch, kein Schlürfen und Schmatzen und so weiter – das hat schon so manches Kinderherz verstimmt. Dass KINDER richtig essen lernen müssen, ist trotzdem allen klar – diese Umgangsform wird zu einer ihrer wichtigsten gesellschaftlichen und beruflichen VISITENKARTEN.

TIPP

Dass Kinder lernen, richtig und schön zu essen, ist ein wichtiger Teil der ELTERLICHEN ERZIEHUNG. Das hat nichts mit Herkunft zu tun, sondern ausschließlich mit gutem Benehmen.
Eltern, die dies vernachlässigen, stellen die gesellschaftliche und berufliche Zukunft ihrer Kinder auf wackelige Füße. Menschen, die nicht richtig und natürlich mit BESTECK umgehen, Gläser falsch halten, sich mit vollem Mund unterhalten, werden im Berufsleben nie für repräsentative Aufgaben herangezogen werden. So werden ihnen auch gewisse Gesellschaftsschichten verwehrt bleiben. Das ist vielleicht altmodisch, aber eine bekannte Tatsache.
Und übrigens: Wenn man einmal nicht weiter weiß, ist es auch kein Beinbruch. Ich kenne niemanden, der sich nicht schon einmal in seinem Leben gefragt hat: „Und wie isst man das jetzt?“
Manche Speise stellt uns wirklich vor die Frage: Wie isst man sie? Wir wollen nicht alle aufzählen, da Sie sicher wissen, wie man einem Schnitzel oder einer Suppe zu Leibe rückt. Aber finden Sie im Anhang unter ESSEN eine kleine Liste der Exoten der TAFELFREUDEN – und ein paar alte Bekannte, die öfters zu Unklarheiten führen.

P.S.: Es ist kein FAUXPAS, wenn Sie schweigend zum Essen übergehen, nachdem die Gastgeberin damit begonnen hat.

EUROPÄER

... zu sein ist ein Bonus, den man uns in die Wiege gelegt hat und den wir hegen und pflegen – wie jeder Mensch die Traditionen seines Kontinents, seiner Heimat hochhält. Europas Kultur, seine Werte und seine Etikette prägen die Welt.

In den Worten der Historikerin Britta Orgovanyi-Hanstein:
„Kein anderer Kontinent hat mit so viel Kraft und Brutalität,
Wissen und Technik, Ausbeutung und wirtschaftlichem Denken,
Innovation und Kultur diesen Erdball beeinflusst wie Europa."

Könnte man dem Kontinent einen Benimmratgeber vorhalten, so würde der ehemalige Kommissar der EU, Dr. Franz Fischler, in einem „Elmayer für Europa" drei Tugenden an die Spitze stellen:

1. zuallererst die Betonung der Gemeinsamkeiten des Kontinents,
2. dann den Respekt vor und die Bewahrung der kulturellen Vielfalt

und schließlich,

3. dass es keinen Titelkult mehr geben sollte.

FAIRNESS

... ist ein wichtiger Teil von gutem Benehmen. Man erwartet sie in SPORT und Spiel gleichermaßen wie im Geschäftsleben. Fairness steht für ehrliches, anständiges und gerechtes Verhalten.

Das sind Attribute, die wir gerne für uns in Anspruch nehmen, aber auch von unserem Gegenüber erwarten. Ist jemand nicht fair, so muss er damit rechnen, sich als Partner oder Gegner zu disqualifizieren.

FAUXPAS

... ist ein sehr nützliches FREMDWORT für Dinge, die tatsächlich manchmal sehr befremdlich sein können.

TIPP

Über den Fauxpas geht man hinweg, als wäre er nicht geschehen. Ein Beispiel gefällig? Kaiser Franz Joseph I. hat einmal in einer Tischgesellschaft, als jemand unabsichtlich ein Glas Wein umgestoßen hat, sein eigenes Glas auch umgestoßen. Damit war es kein Fauxpas mehr (wenngleich es auch nicht zur Hofetikette erhoben wurde).

FAXE

... werden noch einige Zeit entweder vom Computer versandt oder über die Faxmaschine. Was drauf sein muss, sehen Sie unter BRIEFE im Anhang.

FENG-SHUI

... hat Einzug gehalten in Haus und Garten. Wer mit Asiaten Geschäfte macht, sollte die Wichtigkeit von Feng-Shui nicht unterschätzen. Dabei kann es für uns westliche Menschen zu scheinbar irrationalen Entscheidungen kommen, die ihre Wurzeln im guten oder eben schlechten Feng-Shui haben (wichtig für Wohnungsmakler).

Geschäftseingänge und Büros in China werden immer nach den strengen Regeln des Feng-Shui gestaltet sein. Die Rede ist von der Taoistischen Lehre von Wind und Wasser, in der Praxis die Kunst der harmonischen Lebensraumgestaltung. Volkstümlich denkt man zunächst an eine Menagerie von Fächern, Windspielen und Aquarien, und wenn Sie Ihr Haus gelb streichen, gewinnen Sie im Lotto. Tatsächlich bauen die Chinesen seit Jahrhunderten auf Feng-Shui, wenn es darum geht, Städte zu entwerfen, Häuser zu planen und ihre Toten zu begraben. Heute gehört Feng-Shui in Hongkong, Taiwan, Singapur und den vielen Städten, die eine hohe chinesische Bevölkerungszahl aufweisen, zum Alltagsleben. In der Geschäftswelt werden Feng-Shui-Meister bei der Standortbestimmung von Büros und Geschäften konsultiert.

TIPP

Das Foyer meiner Tanzschule Elmayer habe ich nach den Prinzipien des Feng-Shui gestaltet. Im Mittelpunkt steht eine harmonische, geschwungene Rezeption, deren Theke nicht heraussteht, sondern nach innen gewölbt ist und so die Besucher willkommen heißt. Die Harmonie, die dieses neuartige Eingangskonzept bei uns erzeugt, lässt an einigen Tagen innerhalb von Minuten hunderte Tanzschüler – Ankommende wie Weggehende – durch diesen relativ kleinen Raum reibungslos passieren.

FERNSEHEN

… ist eines unserer Fenster in die Welt. Es sollte wie jedes *on-line entertainment* nicht unser Familienleben bestimmen, sondern klug und selektiv verwaltet werden.

TIPP

Selbstverständlich schalte ich den Fernseher sofort ab, wenn Besuch kommt, es sei denn, wir wollen gemeinsam eine Sendung ansehen oder CNN bringt gerade „breaking news“ von einem weltbewegenden Ereignis.

FINGERFOOD

… erfreut sich immer größerer Beliebtheit. Kulinarisch betrachtet wurde hier alles Feine auf den Punkt gebracht. So auch dieser Eintrag. Gesellschaftlich gesehen ist Fingerfood unglaublich praktisch und meist bei COCKTAILPARTYS anzutreffen. Die größten Köche des Landes schicken die kleinsten Sendboten ihrer lukullischen Künste in makrobiotischer Größe auf seltsam gebogenen Löffelchen, auf Zitronengrashalmen aufgespießt oder in kleine Stanitzel abgefüllt. Der Klassiker ist das Kanapee, das belegte Brötchen. Heute kann man stehend ganze Menüs durchkosten. Fingerfood wird von dienstbaren Geistern auf Tabletts gereicht. Es gilt als unfein, mehrere Speisen gleicher Art zu „hamstern“. Fragen Sie den Kellner ruhig, was er Ihnen da präsentiert. Oft gibt er Ihnen eine komplette Zutatenliste, manchmal weiß er leider gar nicht, was er da serviert.

TIPP

Oft weiß ich nicht, wohin mit dem benutzten Löffel. Ich kann Gastgebern nur empfehlen, Ablegemöglichkeiten wie Teller oder Tabletts zur Verfügung zu stellen, damit nicht der antike Bei-

stelltisch verunreinigt wird. Außerdem sollte das PERSONAL genau wissen, welche Gerichte es serviert.
Das ist besonders für Menschen mit Allergien wichtig, die immer genau informiert sein müssen, welche Köstlichkeiten sie zu sich nehmen.

FIRMUNG

… ist eines der sieben Sakramente der katholischen und der orthodoxen Kirche. Vorraussetzung für die Firmung ist, dass der Firmling getauft ist und aus freiem Willen gefirmt werden will. Dann wird der Firmling im Firmunterricht in der zugehörigen Pfarre auf dieses Fest vorbereitet.

Der Zeitpunkt der Firmung variiert. In der orthodoxen Kirche und in der katholischen Kirche im Osten wird die Firmung mit der TAUFE verbunden (hier entfällt der Unterricht). In der westlichen katholischen Kirche dagegen ist erforderlich, dass der Firmling seine Bestimmung als Christ erkennen kann. Das Firmalter schwankt und liegt heute gewöhnlich zwischen 13 und 17 Jahren. Ein Jugendlicher dieses Alters ist religionsmündig und kann so seine Taufe selber bestätigen. Doch auch jeder noch nicht gefirmte Erwachsene kann auf Verlangen gefirmt werden. Dies kann auch gleichzeitig mit der Aufnahme in die katholische Kirche und der TAUFE geschehen.

Die KLEIDUNG der Firmlinge wird beim Firmunterricht festgelegt (siehe im Anhang unter Kleidung), Gäste sind festlich gekleidet.

Bei der Zeremonie erhält der Firmling „durch die Salbung das Siegel des Heiligen Geistes“. So wird ihm das Sakrament gespendet. In manchen Regionen ist es üblich, dass sich der Firmling einen Heiligennamen aussuchen darf, den er durch die Firmung als weiteren Namen annimmt. Die Firmung ist nicht Voraussetzung für eine kirchliche HOCHZEIT.

Anschließend an den Gottesdienst findet die private Feier statt. Meistens trifft man sich zu einem festlichen Mittagessen in einem RESTAURANT. Eingeladen sind die nächsten Verwandten wie Großeltern, Geschwister, Onkel und Tanten, Kusinen, Tauf- und Firmpaten. Traditionell verbindet man dies mit einem Ausflug, entweder in der Gruppe oder anschließend nur der Pate mit seinem Schützling. Hier reicht die Palette vom Alpenrundflug bis zur Fahrt im Riesenrad.

Zur Firmung erhält der Firmling Geschenke von seinen Eltern, den Paten (siehe unter PATENSCHAFTen) und den Verwandten. Für den Firmpaten gibt es traditionelle GESCHENKE:

- die geweihte goldene Kette mit einem Kreuz
- die goldene Uhr
- die Firmkerze (es kann auch die Taufkerze verwendet werden)
- die Schuhe

Will man von der Tradition etwas Abstand nehmen, sind Ihrer Fantasie keine Grenzen gesetzt.

Alle anderen Verwandten werden vielleicht trotzdem etwas schenken, was bleibenden Wert hat (Familienschmuck, Münzen ...). Mit einem Kuvert, in dem sich ein Gutschein oder BarGELD befindet, hat Ihr Firmkind sicherlich auch Freude.

FISCHMESSER

... sind gerne negierte Instrumente. Sie haben aber tatsächlich eine wichtige Bedeutung, obwohl sie über keine Schneide verfügen. Damit werden keine Gräten durchtrennt, und somit entstehen nicht jene lebensgefährlichen kleinen Knochenspitzen, die sich dann in Luftröhren bohren und zu einem schmerzhaften Erstickungstod führen können.

FITNESS

... ist jener Zustand, den der Körper nie erreichen kann, wenn wir ausschließlich so leben würden, wie es unser beruflicher und schulischer Alltag heute vorgibt. KINDER gehen nicht mehr täglich große Distanzen zu Fuß in die Schule. Sie nehmen den Bus und beschweren sich schon über 10 Minuten Fußweg. Das AUTO wird selbst für die kürzesten Strecken angeworfen. In vielen Berufen übernehmen Maschinen die ehemals körperlich beschwerliche Arbeit.

So halten wir unseren Körper aber nicht gesund. Es ist somit unsere Verpflichtung, dafür zu sorgen, dass wir regelmäßig Bewegung machen, SPORT ausüben, uns vital halten. Daher gibt es für alle, die nicht in einem Sportclub fix engagiert sind, das fesche Wort Fitnessbewegung.

Menschen, die verantwortungsvolle Positionen einnehmen, müssen zuerst beweisen, dass sie fähig sind, die Verantwortung für sich selbst zu übernehmen. Nur wer diese Disziplin hat, sich gesund ernährt und darauf achtet, dass der Körper fit und damit gesund ist, kann auch ein Vorbild für andere sein, nicht zuletzt für die junge Generation.

TIPP

Fitness bin ich meinem Körper schuldig. Dazu zählt ausreichend Sport und die richtige Ernährung, die für meinen Körper am besten ist. Ich benütze gerne die Treppen und versuche Rolltreppen und Aufzüge zu meiden, wo es geht. Ein gutes, fittes Aussehen ist auch eine Verpflichtung, die man oft – quasi als Eintrittskarte – in eine Verbindung wie eine Ehe mitbringt. Leider muss ich sagen, dass viele – nach ein paar Jahren betrachtet – diese Eintrittskarte schon beim Empfang vergessen zu haben scheinen. Natürlich darf man von Äußerlichkeiten nicht auf Charaktereigenschaften schließen.

FKK

… hat natürlich seine Unbekleidungsvorschriften. Am Freikörperkultur-Badestrand ist man nackt. Bekleidet sein ist ein AFFRONT. Ziehen Sie sich aus, oder zurück.

FLIEGE

… ist ein Halsschmuck (bei Anzug, SMOKING und FRACK), den man stilecht selbst bindet, und das geht so, wie anschließend abgebildet. Mancher bindet die Fliege, indem er sich das entsprechende Stück Stoff um den Hals legt, die Augen schließt, an eine hübsche Tanzpartnerin denkt und eine Masche bindet. Festziehen und fertig. Fliegen können so etwas locker, aber sehr individuell werden. Die Zeichnung ist daher vielleicht hilfreich.

TIPP

Das Mascherl, wie die Schleife oder Fliege in Österreich heißt, liegt oft vorgebunden im Schrank, damit es nicht unter Zeitdruck gebunden werden muss. Diese „eisernen" Mascherln verwende ich manchmal, wenn ich in kürzester Zeit vom Anzug in den Frack oder Smoking umsteigen muss.

FLIRT

… ist der erste Funke des Feuers einer neuen Beziehung. „Sagen Sie, flirten Sie mit mir?" darf man ruhig fragen, wenn man gar nicht mehr weiter weiß. Der stilvolle Flirt wird aber keine Opposition heraufbeschwören, sondern hoffentlich eine kleine Flamme entzünden. Man überreicht vielleicht ein Kärtchen, eine TELEFONnummer. Früher ließen DAMEn noch einen HANDSCHUH fallen, damit der Kavalier einen Grund hatte, ihnen nachzueilen.

TIPP
Beim berühmten und entscheidenden ersten Eindruck benötigt eine Frau weniger als eine Zehntelsekunde, um für sich zu entscheiden, ob ihr ein Mann gefällt. Ein Blickkontakt bis zu einer Zehntelsekunde (!) signalisiert bereits eine Überlegung. Der berühmte erste Blick der danach benannten Liebe dauert meist nicht länger als eine Sekunde.

Aber aufgepasst, Männer: Oft missdeuten wir den gedankenverlorenen Blick einer Frau, die uns nicht einmal bewusst wahrgenommen hat.
Aber wie reagiert die Frau, wenn eine andere Frau sie aufreizend und bezaubert anlächelt und sie aber straight, also dem männlichen Geschlecht zugeneigt ist? Was sagt der Mann, dessen Geschlechtsgenosse ihm auffordernde Blicke zuwirft?
Falls Sie zu keinem weiteren Kontakt ermutigen wollen, ziehen Sie sich höflich zurück, bringen Sie das Gespräch auf einen (zur Not erfundenen) andersgeschlechtlichen Partner und vermeiden Sie körperliche Berührungen, die missverstanden werden könnten.

FLUCH

... der Karibik, des Pharaos und so weiter kennt man ja aus dem Kino. Der andere Fluch ist der, den man selbst (nicht) ausstößt. Legen Sie sich ein „Fluchtwort" zurecht. Sollten Sie also in die prekäre Situation geraten, einmal einen Fluch über Ihre Lippen kommen zu spüren und ist dieser Fluch zum Beispiel ein Wort, das wie ein *Sch*impfwort beginnt, so ist Ihr Fluchtwort, nachdem die ersten drei Buchstaben *Sch* schon zu laut über Ihre Lippen gerutscht sind, zum Beispiel „Schade".

FRACK

... ist das eleganteste KLEIDUNGsstück für den Abend, das Männern erlaubt, souverän und makellos auszusehen, vorausgesetzt, Sie haben rechtzeitig jemanden gefunden, der Ihnen beim Ankleiden behilflich war. Frack trägt man wie den SMOKING nur nach

17.00 Uhr, daher bitte nicht zur Hochzeit. Mehr darüber erfahren Sie im Anhang.

TIPP

Da ich den Frack so häufig als meine „Arbeitskleidung“ benütze, bin ich im Anlegen dieses in jeder Hinsicht vielschichtigen Kleidungsstückes schon so geübt, dass zur Not zehn Minuten reichen, um ihn alleine anzuziehen, während mancher Mann dies gar nicht alleine kann. So ist das auch mit allen anderen Handhabungen und Gesellschaftsregeln: üben, üben, üben – und je früher, desto besser.

FRÄULEIN

... hört man in Österreich und in Teilen Deutschlands zum Beispiel den höflichen Gast im Kaffeehaus rufen, wenn er die junge Dame, die für den Service zuständig ist, anspricht. Ein Fräulein ist aber in der Gesellschaft auch eine „junge Dame“, die – um DAME zu sein – noch ein wenig zu jung, aber – um noch als Mädchen zu gelten – schon zu alt ist (wir haben natürlich auch die charmante Anrede für ein nicht mehr ganz kleines Mädchen, das wir mit „junges Fräulein“ titulieren).

TIPP

Meine „Marktforschung“ zu diesem heiklen Thema in meinen zahlreichen Seminaren für Gastronomiepersonal ergibt, dass die Damen am liebsten mit dem Vornamen angesprochen werden, also „Frau Maria“. „Fräulein“ liegt an zweiter Stelle, während das verzweifelte Rufen „Entschuldigung“ mancher Gäste immer noch zu wenig klar zum Ausdruck bringt, dass der Gast einen Wunsch hat.

Der Versuch, Fräulein durch „Frau Oberin“ als Pendant zum Herrn Ober zu ersetzen, ist schon vor Jahren kläglich gescheitert. Ich kenne auch keinen gleichwertigen Ersatz für „Fräulein“ als Anrede für junge Mädchen. Eine Zehnjährige mit Frau anzu-

sprechen, ist absurd. Sie wird sich erstaunt umsehen und meinen, ich spreche mit ihrer Mutter. Doch ab welchem Alter darf und soll man ein weibliches Wesen mit „Frau“ ansprechen? Ab wann küsst man ihr – im passenden Rahmen – eventuell sogar die Hand? Die Teilnehmerinnen in unseren Jugendtanzkursen im Alter von 14 bis 18 Jahren wünschen, dass wir sie mit Fräulein ansprechen. Etwa mit 20 ist es erwünscht, gleich angesprochen zu werden wie die eigene Mama. Ab diesem Zeitpunkt ist dann auch der HANDKUSS angebracht, besonders, wenn ich andere Frauen mit diesem GRUSS bedacht habe. Im Zweifelsfall sage ich natürlich eher „Frau“ als „Fräulein“.

FRAGE

... ist eine Grundlage der Konversation. Die Kunst des richtigen Fragens kennt die interessierte Frage, die ein Gespräch stimulieren kann, die feststellende „Ist das nicht ein traumhafter Schnee?“, die Zustimmung hervorrufen soll.

Wesentlich ist, dass Sie nur fragen, was Sie wirklich interessiert. Jede Oberflächlichkeit verhindert sonst ein „Öffnen“ des anderen. Also bitte wohlüberlegte Fragen stellen, die durch eine interessierte Haltung und Mimik untermalt werden sollten. Da die Wissenschaft alles benennen darf, von Halbwertszeit bis zur Partikelfilterung, hat sie hier den Namen „Trichtermethode“ für die gute alte Qualität des gezielten Fragens gefunden. Es heißt, erst weite, offene Fragen stellen – dann immer gezielter auf den Punkt bringen, bis man in der Mitte aller Antworten ist. Sehen Sie im Anhang selbst, wie das tabellarisch dargestellt aussieht.

Wer spricht und fragt, sollte auch Hin- und ZUHÖREN können.

FREMDWÖRTER

... machen sich immer gut, solange sie richtig eingesetzt werden. Lateinische Begriffe oder moderne Worthülsen werden *ad libidum* eingesetzt, aber *à la longue* nicht darüber hinwegtäuschen, dass Sie *de facto* nichts zu sagen haben, sollte das der Fall sein.

Eine Liste mit den gebräuchlichsten lateinischen und französischen Fremdwörtern finden Sie in unserem Anhang.

FUSSGÄNGER

... gehen in Kontinentaleuropa rechts, links wird überholt. Auf Rolltreppen steht man rechts, und links wird gegangen. Muss man vom Gehsteig herunter, um einem entgegenkommenden Passanten auszuweichen, so wird derjenige auf die Straße treten, der den auf dieser Seite entgegenkommenden Verkehr sieht. Jüngere weichen Älteren aus, Herren machen DAMEn Platz. Rollstühle und Kinderwagen haben selbstverständlich Vorrang.

Beim Gehen überlässt der Herr seiner Begleiterin oder der Rangniedere dem Ranghöheren den Platz an seiner rechten Seite. Auf dem engen Gehsteig wird allerdings der Kavalier dort zu finden sein, wo der Verkehr ist, oder wo es unangenehmer zu gehen ist, um „Gefahren“ von seiner Begleitung fernzuhalten. Im Gehen – auch wenn es altmodisch klingt – raucht, trinkt und isst man nicht.

TIPP

Einer Dame oder anderen ranghöheren Persönlichkeiten überlasse ich immer die rechte Seite. Damit signalisiere ich einfach, dass ich sie hoch schätze. Außerdem verrät diese Geste eine gewisse Bildung und Lebenskultur.

GÄHNEN

... muss der Mensch lautlos, wenn er müde ist. Oft ist es ein Zeichen von Sauerstoffmangel. Bitte halten Sie sich die flache linke Hand vor den Mund. Der einfachste Beweis einer guten Kinderstube.

GÄSTEBUCH

... zu führen, ist eine schöne Angewohnheit und verleiht Ihrer EINLADUNG zu TAFELFREUDEN einen weiteren Anstrich von Klasse. Es ist allerdings eine Unsitte, das Gästebuch dem Gast knapp vor seinem Abschied zu unterbreiten. Legen Sie es vor, solange Ihre Gäste noch in Ruhe beisammensitzen. So ein Eintrag möchte doch wohlüberlegt sein und erfordert oft das gesamte dichterische Talent des Eintragenden, sonst ergeht es Ihnen noch wie Joachim Ringelnatz.

„So an ein Stammbuch hingezerrt,
hat man Verdruss,
Man fühlt sich aufs Klosett gesperrt,
Obwohl man gar nicht muss."

Joachim Ringelnatz

TIPP

Ich schreibe in Gästebücher, weil ich einfach gerne zu Gast bin und der BLUMENstrauß für die Gastgeberin nur eine kleine AUFMERKSAMkeit ist. Hier darf ich meinen Dank verewigen. Beim späteren Durchblättern dieser Gästebücher werden Erinnerungen an Menschen und gemeinsam verbrachte Stunden wach, die längst in Vergessenheit geraten waren. Bin ich gerade nicht in Dichterlaune, so genügt auch „Vielen herzlichen DANK – es war wunderbar!"

GANG

... kommt von Gehen. Ihr Gang ist Teil Ihrer Erscheinung. Der Hinterkopf und der Rücken sollten eine annähernd gerade Linie bilden. Eine schlaffe Haltung signalisiert Müdigkeit und wenig gesellschaftliche Routine. Die Arme hängen auch beim Gehen seitlich am Körper herab, pendeln aber leicht in der Bewegung mit. Heben Sie Ihre Füße beim Gehen, „schlurfen" Sie nicht. Treten Sie mit den Fersen auf und rollen Sie den Fuß über die Zehenspitze geradeaus ab. Geht man treppauf, setzt man nur die Fußballen auf.

Wir vermeiden den Einsatz der Fersen. Treppab setzt man zuerst die Fußballen auf, dann leicht die Ferse.

Herren sollten ihren Gang mit flachen SCHUHEn mit Ledersohle und Absätzen nicht höher als zwei Zentimeter üben. Da Damen unmöglich bei riesigen Sieben-Meilen-Schritten mithalten können, sollten diese nicht zu groß sein.

Junge DAMEn, die mit ihrem Gang unzufrieden sind, sollten für geraume Zeit ihre bequemen Hosen und flachen sportlichen Schuhe gegen einen Rock und *High-Heels* tauschen. „Plötzlich Prinzessin".

GEBURTSANZEIGEN

... werden versandt, wenn der neue Erdenbürger gesund und wohlbehalten angekommen ist (siehe im Anhang unter BRIEFE). Sie beinhalten meist

- ein Foto,

aber immer

- die Namen der Eltern und des Kindes,
- das Geschlecht des Kindes (ein Bub/Sohn; Mädchen/Tochter),
- das Geburtsdatum, vielleicht sogar die genaue Zeit,
- die Größe und das Gewicht
- und dass, was zu wünschen wäre, Mutter und Kind wohlauf sind.

GELD

„... ist etwas, worüber man nicht spricht!", lautet eine Konversations-Benimmregel, ironisch ergänzt durch den Satz: „Geld hat man!" Tatsächlich werden täglich in der Öffentlichkeit diesbezüglich Diskussionen geführt (Steuern, Pensionen/Renten, Abgaben) und Geldgewinne in Lotto, Toto und Casinos beworben. Eine der beliebtesten TV-Attraktionen heißt ‚Millionenshow'.

In Mitteleuropa ist es eher unüblich, sein Gehalt und andere Vermögensverhältnisse zum Thema zu machen, in Asien und Amerika ist man diesbezüglich offener.

TIPP

Als Europäer bin ich immer erschrocken, wenn der fremde US-Passagier im Flugzeug erzählt, wie viel er verdient. Ich wäre dann aufgefordert, ebenfalls die Karten auf den Tisch zu legen. Dieser Aufforderung komme ich nicht nach, sondern wechsle eher das Thema.

GENTLEMAN

... ist der Inbegriff des *Herrn*. Aus dem Englischen, gerne auch auf Deutsch zitiert, umreißt dieses Wort in knapper Perfektion jene männliche Erscheinung, die niemals Kummer bereitet und dadurch besticht, dass sie in ihrer Allgegenwärtigkeit zu keiner Zeit hervorsticht. Die Unauffälligkeit, mit der er in allen Situationen eben jene meistert, signalisiert seine Zurückhaltung in allen Lebenslagen. Er ist der Ritter der modernen Gesellschaft, der *Darling* der *Society* und diskreter Vertrauter zu allen Zeiten.

GENTLEMEN'S AGREEMENT

... ist eine Vereinbarung unter EHREnmännern, für die man keine Verträge und keine Zeugen braucht, und die einzuhalten eine Ehrensache ist. So eine Vereinbarung wird nie schriftlich geschlossen.

GESCHENKE

... sollten immer großzügig sein, opulent und nutzlos, sagt eine alte Theorie. Das klingt verlockend, aber wir wollen grundsätzlich abwägen, wem, wann und wozu.

„Was schenkt man dem, der alles hat?", ist die quälende Frage, die man sich oft stellt. Geschenkboutiquen haben sich da auf ein Sammelsurium von Dingen spezialisiert, von denen man erst, wenn man sie sieht, erfährt, dass man sie braucht, auch wenn man nicht weiß, wozu.

Wir können Ihnen nicht sagen, was man schenken soll, da dies eine zu persönliche Sache ist und nicht den Benimmregeln unterliegt. Sie können aber TAKT beweisen, wenn Sie bei Menschen, die Ihnen nicht sehr nahe stehen, folgende Punkte beachten:

Dem nicht nahe bekannten Herrn schenkt man nicht:

- KRAWATTEN (und alles, was seinen Geschmack in puncto KLEIDUNG in Frage stellen könnte oder ihn der Verpflichtung unterwirft, Dinge tragen zu müssen, die ihm vielleicht gar nicht gefallen)
- Rasierwasser (und alles, was seine persönliche Note in Frage stellen könnte)
- ein FITNESSgerät (und alles, was seine Sportlichkeit in Frage stellen könnte)

Der nicht nahe bekannten Dame schenkt man nicht:

- PARFUM (und alles, was ihre Erscheinung in Frage stellen könnte)
- MAKE-UP-Artikel (und alles, was ihr Aussehen in Frage stellen könnte)
- Pflegegutscheine (und alles, was ihr Auftreten in Frage stellen könnte)

GELD zu schenken ist unter Familienmitgliedern möglich. Meist wird es in einem Kuvert mit einem kleinen Billett übergeben. Auch seinen Mitarbeitern kann man Geld schenken, am besten zu Weihnachten oder an Geburtstagen sowie vor einem längeren Urlaub.

TIPP

Dem Geschenk steht der DANK als Pendant gegenüber, nicht das Gegengeschenk. Sich „zu revanchieren" klingt eher nach Rache als nach Dankbarkeit.

GESCHMACK

... ist sprichwörtlich etwas, worüber man nicht streiten kann. Der gute Geschmack ist meist in seiner Unauffälligkeit versteckt, doch schlechter Geschmack fällt uns sofort auf: Er zeigt sich in unpassender oder schlecht komponierter KLEIDUNG, bei dem falschen Aufbau eines Menüs, der Wahl eines zu starken PARFUMs oder unpassender Worte. Schlechter Geschmack kann sehr verletzend sein oder einfach das Empfinden stören.

Man kann dazu Stellung beziehen, indem man sich nicht bedingungslos dem Mainstream unterwirft.

Johann Peter Eckermann meinte im Gespräch mit seinem väterlichen Freund Goethe: „Geschmack kann man nicht am Mittelgut bilden, sondern nur am Allervorzüglichsten." Dem ist nichts hinzuzufügen.

GLAUBENSGEMEINSCHAFTEN

... in Österreich unterscheiden zwischen gesetzlich anerkannten Kirchen und Religionsgesellschaften – und staatlich eingetragenen religiösen Bekenntnisgemeinschaften.

Erstere haben durch ihre Stellung als Körperschaft des öffentlichen Rechtes neben religiösen auch soziale, gesellschaftliche und kulturpolitische Aufgaben zu erfüllen, die dem Gemeinwohl dienen.

Im Anhang finden Sie die Liste mit den anerkannten Kirchen und den Bekenntnisgemeinschaften sowie den österreichischen Feiertagen.

TIPP

Respekt und schlussendlich Akzeptanz sind sicherlich jene Attribute, die wir in Zukunft nach Jahrzehnten der Toleranz am liebsten erleben wollen. Allen empfehle ich das schöne Wort Nächstenliebe.

GLEICHGESCHLECHTLICHE BEZIEHUNGEN

... sind immer häufiger anzutreffen. Bei EINLADUNGEN ist ein homosexuelles Pärchen genauso zu behandeln wie jedes andere Paar. Wie bei heterosexuellen Paaren gilt, dass man alle Paare getrennt setzt. Schriftliche Einladungen ergehen mit vollem TITEL in beider Namen der Angesprochenen.

GLEICHGESCHLECHTLICHE PARTNERSCHAFTEN

Seit 1. Jänner 2010 können gleichgeschlechtliche Paare in Österreich eine EINGETRAGENE PARTNERSCHAFT (EP) eingehen. Dieser Vertrag bietet einen formal rechtlichen Rahmen für gleichgeschlechtliche Paare, in dem Rechte und Pflichten gegenseitig, aber auch gegenüber Dritten festgelegt sind.

Die Eingetragene Partnerschaft wird vor der Bezirksverwaltungsbehörde geschlossen (BH oder Magistrat). Ähnlich einer Eheschließung müssen diverse Dokumente und ein Antrag gestellt werden. Man kann einen gemeinsamen Namen oder einen Doppelnamen wählen. Die Partnerschaft wird auf unbestimmte Zeit, also nicht befristet eingetragen, Zeugen müssen nicht anwesend sein. Die Möglichkeit einer feierlichen Zeremonie ist individuell verschieden; erkundigen Sie sich rechtzeitig, wo was möglich ist. Momentan ist die Stadt Wien hier sehr entgegenkommend, sie ermöglicht den Paaren in den Amtsräumen eine feierliche Übergabe durch einen Standesbeamten, aber auch an allen anderen Orten, wo auch TraumHOCHZEITEN stattfinden können. Auch einige andere Städte wie Innsbruck, Linz, Salzburg oder Villach bieten Standesamt und Trauungssaal an. Die EP kommt nicht durch ein Ja-Wort zustande, sondern mit der Eintragung in das Partnerschaftsbuch. Manche Behörden lassen jedoch auch das Ja-Wort, den Kuss der Brautleute und den Ringtausch zu. Nach der Partnerschaftsschließung ändert sich der Familienstand nicht wie bei Ehepaaren auf „verheiratet", sondern bleibt „ledig". Eine EP wird nicht „geschieden", sondern „aufgelöst". Ein weiterer Unterschied ist die fehlende Treuepflicht.

GRANT

... ist die Wiener Bezeichnung für Schroffheit, Skepsis, Unmut. Der Grantige ist nicht generell übellaunig, sondern er ist verführbar, er wartet nur darauf, dass ihm jemand Widerstand leistet und sich von seinem Grant nicht abschrecken lässt. Ein seltsames Wort – woher stammt es wohl?

Grantige Granden

Zur Zeit Karls V., der als spanischer König Karl I. regierte, waren viele Spanier in Wien. Darunter auch höchster Adel, wohlbekannt als die „Granden von Spanien". Die feinen Herren waren für ihren Hochmut und ihre schroffe, abweisende Miene berühmt. Aus dieser Zeit stammt der bei uns sprichwörtliche Stolz des Spaniers. Bald spöttelte man in Wien über einen hochfahrenden, verschlossenen Menschen, er betrage sich wie ein Grande, eben grand(t)ig.

TIPP

Die edle Herkunft soll den Grant aber nicht rechtfertigen. Für ihn gilt ebenso wie für schlechte Laune: Man hat sie nicht. Es ist unzumutbar, sich mit schlechter Laune in Gesellschaft zu begeben.

GRÜSSEN

... Sie lieber einmal zu viel, als jemanden zu vergessen.

Ein gewinnender Gruß heißt den anderen willkommen; er entspannt, kann, wenn er von Herzen kommt, Probleme wegwischen und die richtige Stimmung erzeugen. Man grüßt zunächst *par distance* mit einem freundlichen Nicken und aufrechtem Blickkontakt. Auch die Dame nickt grazil. Kommt man sich näher, grüßt man verbal, gefolgt von einem HÄNDEDRUCK oder einem HANDKUSS. Unter Freunden und Bekannten ist die Umarmung, das BUSSI-BUSSI, durchaus üblich.

Wer wen zuerst grüßt, ist genau festgelegt, und es lohnt sich, diese einfachen Regeln ein für alle Mal zu verinnerlichen.

Es grüßt zuerst:

der Herr die DAME,
der Jüngere den Älteren,
der Rangniedere den Ranghöheren,
der in einen Raum Eintretende,
der auf eine Gruppe Zugehende,
die Gastgeber ihre Gäste.

Für Details sehen Sie doch bitte im Anhang unter GRUSS nach.

Bei der französischen Accolade – dem Wiener als „Bussi-Bussi", in Deutschland als „Küsschen" bekannt – reicht man dem Gegenüber die rechte Hand oder hält ihn mit beiden HÄNDEn an der Schulter. Original Französisch berühren sich nacheinander die rechten, die linken und wieder die rechten Wangen. Dabei wird immer ein leichter Kuss angedeutet. In Österreich und in Deutschland begnügt man sich meist mit einer „Rechts-Links-Kombination", also nur zwei angedeuteten Küssen.

HÄNDE

... sprechen Bände – wieder so ein Spruch, aber durchaus wahr. Halten Sie Ihre Hände nicht verkrampft und immer sichtbar. Beide Hände sichtbar sind ein Signal der Offenheit, Hände in den Hosentaschen hingegen sagen über Sie nichts Gutes: Sie wirken unhöflich, unsicher und haben etwas zu verbergen. Eine Hand in der Hosentasche galt früher in bestimmten Kreisen als Zeichen, dass Sie möglicherweise bewaffnet sind. In Skandinavien und in Japan ist es gesellschaftlich gänzlich unmöglich, auch nur eine Hand in der Hosentasche zu haben.

Am besten hängen Ihre Arme ungezwungen am Körper herunter oder dienen manchmal zum Unterstreichen des Gesagten. Sie können Ihre Hände auch vor dem Körper ineinanderlegen. Bedenken Sie jedoch, dass alle Bewegungen ein Teil Ihrer KÖRPERSPRACHE sind.

TIPP

Natürlich ist es auch heute unelegant, im Gespräch eine Hand in der Tasche zu haben. Aber: Auf viele Menschen (vor allem in den USA und in Deutschland) wirkt es sogar entspannt und locker, wenn eine Hand in der Tasche steckt. Modefotografen beispielsweise lichten männliche Models fast nur so ab.

HÄNDEDRUCK

... ist heute die international gängige Form der Begrüßung und somit oft der erste engere persönliche Eindruck, den man von einem Menschen erhält. Die Hand des zu BeGRÜSSENden schüttelt man nicht, obwohl man doch eigentlich sagt, dass man „jemandem die Hand schüttelt". Man sagt aber auch – und das ist richtig – „jemandem die Hand geben". DAMEn hingegen reichen ihre Hand. Wer wem und wie das alles genau geht, haben wir im Anhang unter Händedruck vorbereitet.

Auch als Rangniederer sollte ich auf andere zugehen und zum Händedruck kommen. Dabei stellt man sich frontal vor den zu Grüßenden, verringert die Distanz, die rechte Körperseite rückt näher, man hebt seine rechte Hand leicht an, ohne sie vorzustrecken, erfasst nun die gereichte Hand, indem man gerade, nicht von oben, in sie „hineinfährt".

TIPP

Ich kann aus dem Händedruck manches lesen. Ein feuchter Händedruck vermittelt mir Nervosität, ein zu fester kann genauso ein Resultat von Unsicherheit sein wie auch ein zu leichter.
Ein tiefer Blick in die Augen während des gesamten Händedrucks hilft, mehr über den anderen zu erfahren.
Außerdem signalisiert man damit einander Interesse, AUFMERKSAMKEIT, Offenheit und Ehrlichkeit.

Ein schmerzhaft fester Händedruck kompensiert oft fehlende Selbstsicherheit und kann zur Tortur werden, speziell wenn die solcherart Begrüßte SCHMUCK an den Fingern trägt.
Damen darf man nie als Erster die Hand geben. Ich kann alle Damen nur höflichst ersuchen, uns Männern hier zu helfen und die Unsicherheit des „wer – wem – zuerst" zu eliminieren, indem sie rechtzeitig ihre Hand zur Begrüßung reichen.
Ich habe die EHRE und Freude, viele japanische Schüler in der Tanzschule Elmayer unterrichten zu dürfen. Sie berichten mir, dass man sich nun auch in Japan unter Freunden die Hände schüttelt, wobei der Augenkontakt nicht so wichtig ist wie bei uns. Das Verbeugen ist eine sehr elegante und traditionelle Begrüßung. Seine feinen Nuancen liegen in der Tiefe und der Anzahl der Verbeugungen, eine Kunst, von der wir kaum etwas verstehen.

Da wir gerne das Land des Lächelns besuchen, ein kleiner Ausflug nach Thailand. So außergewöhnlich wie das asiatische Königreich ist auch sein Gruß. Der „Wai" ist

besonders charmant. Dabei werden die Handflächen auf Brusthöhe mit den Fingerspitzen nach oben ineinandergelegt, während sich der Kopf in die Richtung des zu Grüßenden verneigt. Man reicht dem anderen daher nie die Hand zum Gruß.
Als „Asiatischer Händedruck" wird scherzhaft das Austauschen von VISITENKARTEN bezeichnet, das im Geschäftsleben immer zuallererst stattfindet.
Dabei halte ich meine eigene Visitenkarte mit beiden Händen, sodass der Text für den anderen lesbar ist. Dann überreiche ich die Karte mit einer leichten Verbeugung und empfange dabei meist die Karte des anderen in der gleichen Form.

HANDKUSS

... ist der charmante Unterschied. Die Tatsache, dass man als österreichischer Verfasser einer *SMS* im T-9-Schreibmodus das Wort „Handkuss" als unbekanntes Wort vorfindet, wirft höchstens ein bezeichnendes Licht auf die verantwortlichen Programmierer. Obsolet ist der Handkuss damit keinesfalls. Pflicht ist er bei kirchlichen Würdenträgern wie dem Papst, bei dem das Kreuz auf dem HANDSCHUH geküsst wird. Bei Bischöfen und Äbten wird der Ring geküsst.

Diese eleganteste Form der Begrüßung zwischen einer Dame und einem Herrn entstammt dem Spanischen Hofzeremoniell. Im 16. Jahrhundert kam der Handkuss über Österreich nach Deutschland. Er geht von der DAME oder vom kirchlichen Würdenträger aus, die die Hand zum Kuss „reichen".

TIPP

Reicht mir eine Dame die Hand, so wird ihr Handrücken leicht schräg stehen. Damit habe ich nun zwei Möglichkeiten.
1. Spüre ich, dass die Dame keinen Handkuss wünscht, indem sie meine Hand drückt und sich dem Anheben der ihren widersetzt, so darf ich keinesfalls den Handkuss erzwingen und werde mit einem normalen Händedruck und einer leichten Verneigung die Begrüßung abschließen.
2. Hält die Dame ihre Hand locker, so beginne ich mit dem Handkuss. Dabei ziehe ich die Hand langsam nach oben zu mir (was die Dame zulässt), während ich mich mit meinem Gesicht über die Hand beuge. Ich deute einen Kuss meist nur an (geräuschlos!), stoppe knapp oberhalb der Hand, richte mich wieder auf, während die Dame ihre Hand wieder zurückzieht. Während der Verbeugung spreche ich natürlich nicht, gegrüßt habe ich schon zuvor (das war quasi die Pflicht, der Handkuss ist die Kür).
Die Konversation setze ich fort, nachdem ich der Dame wieder in die Augen sehe.

HANDSCHUHE

... sind nicht nur elegante, sondern auch praktische ACCESSOIRES. Sie reichen als Handbekleidung bis in die ägyptische Geschichte um 1200 v. Chr. zurück. Es gilt als unpersönlich, den Händedruck in Handschuhen durchzuführen, besonders, wenn der zu BEGRÜSSENDE keine trägt. Tragen beide Handschuhe, gehört es sich im Prinzip, sie anzubehalten.

Heute ist es üblich, dass man rasch den rechten Handschuh auszieht. Ihr Gegenüber wird höflich abwarten, bis Sie zur Begrüßung bereit sind. DAMEn behalten auf BÄLLEn und auch gelegentlich im Theater ihre eng anliegenden Handschuhe an. Zum ESSEN ziehen Sie sie aus. Herren entledigen sich in geschlossenen Räumen ihrer Handschuhe und ihres HUTes und jeder anderen Kopfbekleidung. Die Ausnahme macht die Tanzschule Elmayer, wo die jungen Herren aus hygienischen Gründen mit Handschuhen tanzen. Details im Anhang unter ACCESSOIRES.

HANDY

... klingt zwar Englisch, heißt im angelsächsischen Sprachraum allerdings *mobile*, *mobile phone*, *cell phone* oder *cellular phone*, aber nicht Handy! Wir besprechen dieses Thema unter TELEFONIEREN.

HAUSGÄSTE

... sollte man nur dann für mehrere Tage bei sich aufnehmen, wenn man dementsprechende Räumlichkeiten hat. Es ist für einen Gast sehr unangenehm, wenn er das Gefühl hat, er blockiert tagelang Ihr Wohnzimmer.

Als Gast deklarieren Sie im Vorhinein die Dauer Ihres Besuches. Bringen Sie nicht Ihre gesamte Garderobe mit, das sieht zu sehr nach Umzug aus. Wenn es HAUSPERSONAL gibt, so geben Sie Ihre Wünsche dem Gastgeber bekannt, er wird sie an sein Personal weitergeben. Als Gast sollten Sie sich darauf beschränken, nur persönliche Utensilien einzupacken. Seife, Föhn, Handtücher, Bettwäsche wird der Gastgeber gerne für Sie bereithalten.

Beim Eintreffen übergibt man ein kleines GastGESCHENK, meist der Gastgeberin und den Kindern. Eine nette Geste ist es, während des Aufenthaltes BLUMEN zu besorgen oder die Gastgeber in ein RESTAURANT zum Abendessen einzuladen. Nach-

dem man abgereist ist, schreibt man entweder einige Zeilen des DANKes oder bedankt sich telefonisch für die Gastfreundschaft.

Als Gastgeber ist es praktisch, dem Gast einen eigenen Schlüssel zu geben. Es ist höflich, wenn Sie sich nach dem Tagesplan des Gastes erkundigen und ihm dann entweder Tipps für Ausflüge oder für Besichtigungen geben. Wenn es Ihre Zeit erlaubt, werden Sie sicherlich auch einiges gemeinsam unternehmen.

Der Gastgeber wird seinem Gast die Essenszeiten mitteilen, falls er die Mahlzeiten im Haus einnimmt.

Der Besucher wird sich auch bemühen, sein Zimmer in Ordnung zu halten (falls es Personal gibt, wird es das Bett machen und das Bad reinigen). Als Hausgast bringt man eigene Gäste nur nach vorheriger Absprache und nur tagsüber mit.

HAUSPERSONAL

… entlastet bei der Hausarbeit und im Garten und *managed* vielleicht sogar einen ganzen Haushalt.

Wir unterscheiden daher zwischen der Hilfskraft, die nur stundenweise bei uns arbeitet, und einem Hausangestellten.

Für beide Gruppen gelten wichtige Kriterien, von denen wir für Sie eine Auswahl im Anhang zusammengetragen haben.

HEIRATSANTRAG

TIPP

Wer sich zu diesem großen Schritt entschließt, sollte sich vielleicht die Geschichte durchlesen, die man mir kürzlich erzählt hat:
Vor vielen Jahren besuchte ein junger Mann allabendlich seine Freundin in deren Elternhaus. Spät am Abend fuhr er jeden Tag wieder heim. Eines Abends fragte er sie, ob sie ihn heiraten möchte. Sie willigte ein. Der junge Mann wusste, dass er nun die Eltern der Braut fragen musste. Es war zehn Uhr abends. Der Papa saß im Wohnzimmer vor dem Fernseher. Die Mama schlief schon. Der ungeduldige junge Mann nahm sich ein Herz, ging zum Schwiegerpapa in spe und fragte einfach: „Darf ich Ihre Tochter heiraten?"
Der Papa warf dem späten Werber einen vielsagenden Blick zu, stand ohne große Worte auf, ging zur Bibliothek und sagte endlich: „Soso. Sie wollen um die Hand meiner Tochter anhalten?" Und ohne eine Antwort abzuwarten, setzte er fort: „Na, dann wollen wir doch einmal nachsehen, wie man das richtig macht und wie das im Elmayer steht." Sprach's und griff nach dem Buch meines Großvaters.
(Das Paar ist heute über 20 Jahre glücklich verheiratet, aber diese Geschichte zählt zu ihren besonderen Lieblingsanekdoten).
Also, wie geht's richtig?

Um die Hand einer jungen DAME hält man genau genommen zweimal an. Zuerst fragt man die Dame selbst. Willigt sie ein, so wird der wohlerzogene Herr bei den Eltern seiner Auserwählten um deren Hand bitten.

Der Fantasie sind bei dieser berühmten Frage keine Grenzen gesetzt. In welcher Atmosphäre Sie den Antrag vorbringen, welche Einfälle, Szenarien und Vorbereitungen Sie damit verbinden, bleibt Ihnen überlassen. Heben Sie sich diesen Moment für ein schönes Abendessen, einen Wochenendausflug oder eine andere besondere Situation auf. Entführen Sie die Geliebte an einen romantischen Ort. Schenken Sie ihr einen schönen Ring. Die Erinnerung an diesen Augenblick wird Sie – siehe oben – ein Leben lang begleiten.

Sind Sie sich einig, so hält man nun auch offiziell um die Hand der jungen Dame an. Dazu sollte *sie* ihre Eltern bitten, den jungen Mann zu empfangen, „da *er* offiziell um meine Hand anhalten möchte“. Die zukünftigen „SCHWIEGERELTERN“ werden den jungen Werber sicherlich gerne bitten, zum Beispiel am nächsten Sonntag zum Tee zu kommen.

Als junger Herr bringen Sie zu diesem Anlass Ihrer künftigen Schwiegermutter einen BLUMENstrauß mit (an diesem Tag nicht Ihrer Verlobten). Es ist durchaus üblich, dass man sich nun zusammensetzt, um herauszufinden, wie sich das junge Paar denn seine Zukunft vorstellt. Dabei darf auch der finanzielle Aspekt zur Sprache gebracht werden. Schließlich ist eine Ehe, zu jung geschlossen und ohne finanzielle Absicherung, von Anfang an enormen Spannungen ausgesetzt. Das sollte man sich vernünftigerweise ersparen. Dabei ist es wichtig, dass beide Seiten aufrichtig über ihre materiellen Möglichkeiten Auskunft geben, um ein realistisches Bild zu bekommen. Dann wird man sich um einiges bewusster in dieses aufregende Abenteuer stürzen. Es ist auch durchaus üblich, wenn das Paar noch sehr jung ist, dass die Eltern zwar einwilligen, aber eine Frist vereinbaren, die das Paar abwarten sollte (z. B. bis das Studium oder die Ausbildung abgeschlossen ist ...).

Die Feier der Verlobung kann man nun ansetzen. Entweder wird es das kleine Abendessen mit den Eltern beider Partner oder eine große Feier. Das ist auch der Anlass, bei dem man die Verlobungsringe ansteckt. Das besprechen wir unter VERLOBUNG.

HOCHZEIT

... das Fest der Emotionen. Wie aufregend, ich kann es nicht erwarten. Oh, wär's nur schon vorbei! Ob wohl alles gut geht?

Wir haben vom HEIRATSANTRAG gehört, sind durch die VERLOBUNG gegangen, nun ist der Moment gekommen: die Hochzeit.

In unserem schönen Europa haben wir von der klassischen internationalen Hochzeit im schneeweißen Brautkleid über die schlichte Zeremonie auf dem Standesamt bis zur ländlichen Trachtenhochzeit die ganze Bandbreite der Möglichkeiten. Wir wollen Ihnen noch ein paar hübsche traditionelle Regeln der Etikette für festliche Verlobungen und Hochzeitsrituale mitgeben. Vielleicht finden Sie in diesem reichen Fundus etwas, das Ihnen Spaß macht.

Brautpaare wollen durch die Art ihrer Eheschließung ein Zeichen setzen. Manche wollen es leger, manche originell, manche ohne traditionellen Pomp, um nicht vom eigentlichen Zweck des Ereignisses abzulenken. Jede Religion hat ihre eigenen Rituale, die wir gerne respektieren. Alle sind darauf ausgerichtet, dass zwei Menschen, die einander lieben, im Kreise ihrer engsten Freunde einander das Jawort fürs Leben geben. So ist die Hochzeit auch immer, sei es in Sachen der KLEIDUNG, der Zeremonie oder wer im Mittelpunkt steht, ausschließlich ein Fest für die beiden Brautleute, die an diesem Tage alle anderen ausnahmsweise überstrahlen dürfen.

Die kirchliche Hochzeit als eines der heiligen Sakramente ist im christlichen Europa eine der wichtigsten Feierlichkeiten. Ihr geht in der Regel die Verlobung voraus, die man extra bekannt geben kann.

Die Vermählungsanzeige ist auch in Zeiten, wo man alles selbst am eigenen Tintenstrahldrucker produziert, besser in der traditionsbewussten Druckerei aufgehoben. Die Eltern der Braut schicken separat von den Vermählungsanzeigen bei Hochzeiten (im näheren Umkreis der meisten Eingeladenen) spätestens drei Wochen vorher eine Einladung an ihre Gäste. Bei langfristig geplanten Trauungen oder sollte die Hochzeit im Ausland stattfinden (sind also Anreisen, Flugbuchungen und Hotelreservierungen erforderlich), ist es sehr wichtig, ein *Save the date* Monate im Vorhinein zu versenden. Heiraten ist eine recht komplexe Angelegenheit, viele Dinge müssen beachtet werden. Studieren Sie unsere „Heiraten-Checkliste" im Anhang.

TIPP

Ein erfahrener Organisator, der die Verantwortung für die Vorbereitung, den Ablauf und die Leitung dieser „Veranstaltung" übernimmt, kann wesentlich dazu beitragen, dass dieser Tag für Brautpaar und Gäste harmonisch abläuft. Diese verantwortliche Person sollte alle Ihre Wünsche kennen und verlässlich umsetzen. Priorität haben die Wünsche der Ehrengäste – und die sind die Brautleute selbst! Es soll ja ihr schönster Tag werden.

HOCHZEITSLISTEN

... dienen der Sicherstellung, nur zu bekommen, was man wirklich benötigt. Sie liegen in diversen Fachgeschäften auf. Ihre Existenz den geladenen Gästen kundzutun, ist Sache der Brauteltern.

HOCHZEITSTAGE

... gehören zu den Fixterminen, die man nicht vergessen sollte. Gefeiert wird nach Lust und Laune, und zwar dort, wo man will. Falls Sie meinen, Sie dürfen nur die ganz großen Hochzeitstage feiern, unterschätzen Sie die Kreativität deutscher Feierkunst, wie die diesbezügliche Tabelle in unserem Anhang darstellt. Jedes Ehejahr hat seinen Namen (siehe im Anhang unter Hochzeitstage).

HOROSKOPE

... sind für viele unserer Mitbürger Entscheidungshilfen. Einige sind danach regelrecht süchtig. Manche Menschen lassen sich persönliche Horoskope erstellen, da sie an den Einfluss der Sterne auf unsere Energie, unser gesamtes Leben glauben, wobei auch die Kraft des Mondes große Bedeutung hat. Danach werden dann geschäftliche Entscheidungen getroffen, Hochzeitstermine festgelegt und der Rest des Lebens geplant. Solange sich diese Angewohnheit im erträglichen Rahmen hält, ist verständnisvolle Toleranz angesagt. Falls Sie nicht daran glauben, belächeln Sie daher andere nicht, sondern gehen Sie galant darüber hinweg. Darunter fallen auch Wunderheiler, viele Formen von Aberglaube und andere Dinge, für die wir von den Wissenschaften (noch) keine plausiblen Erklärungen haben.

TIPP

Ich respektiere diese Dinge bei anderen Menschen, fühle mich aber völlig frei davon. Eine lustige Geschichte möchte ich Ihnen aber nicht vorenthalten. Es hat mit Aberglaube zu tun. Oder doch nicht?

Im Londoner Hotel Savoy residiert Kaspar, der Kater für spezielle Augenblicke. Sollten sich bei einem gesetzten Dinner 13 Gäste an einer Tafel einfinden, so wird rasch für Kaspar, eine ca. 50 Zentimeter hohe hölzerne Katzenstatue, ein 14. Gedeck aufgelegt. Dem hölzernen Gast wird das gleiche Menü wie allen anderen serviert. Ein alter Aberglaube ist, dass bei 13 Gästen der erste, der den Tisch verlässt, als Erster sterben muss. Dummerweise ist das schon zweimal passiert, und so muss die hölzerne Katze Kaspar einfach immer als Erster die Tafel verlassen, ehe sich auch die anderen 13 auf den Weg machen.

HUNDE

… sind des Menschen bester Freund. Bei ihnen heißt die Erziehung „Abrichten“. Der liebste Freund sollte schon abgerichtet sein, bevor Sie ihn auf die Gesellschaft loslassen. Sonst lassen Sie ihn bitte besser zu Hause. Fragen Sie immer, ob Hunde erlaubt sind. Es gibt Anlässe, zu denen Ihr vierbeiniger Liebling nicht mitgenommen werden sollte. Dazu zählen die meisten Sportveranstaltungen, speziell jene, bei denen andere Tiere involviert sind.

Kommandieren Sie nicht fremde Hunde, denn Sie kennen Ihre Eigenheiten nicht. Greifen Sie fremde Hunde nur an, nachdem Ihnen deren Besitzer die Erlaubnis dazu erteilt haben. Stecken Sie ihnen keine Leckerbissen zu.

Alle Hundeverbote sind unbedingt zu beachten. Als Gastgeber erwartet man von Ihnen, dass Ihr Hund nicht jeden Gast kläffend und hochspringend begrüßt. Als Gast sollte Ihr Hund ähnlich diszipliniert sein.

TIPP

Ich bin ja selbst Hundebesitzer und gehe mit meinem domestizierten „Wolf“ jeden Tag mehrmals spazieren. In Wien stolpere ich immer wieder über Hundekot. Das ist natürlich in allen öffentlichen Bereichen eine Zumutung für jeden Menschen. Ich habe kleine Säckchen dabei, um die Rückstände meines Hundes verschwinden zu lassen. Diverse Gemeinden stellen Hundebeutel in Entnahmegeräten zur Verfügung. Die muss man einfach verwenden. Ich nehme mir übrigens auch kein Blatt vor den Mund, Hundehalter, die dies verabsäumen, darauf aufmerksam zu machen und ihnen eines meiner Säckchen anzubieten.

HUT

… ist ein wichtiges ACCESSOIRE. Mann trägt wieder Hut. Dame sowieso. Seit dem 17. Jahrhundert nimmt man die Kopfbekleidung beim GRUSS ab. Mann zieht den Hut mit der linken Hand, um die rechte für einen eventuellen HÄNDEDRUCK freizulassen.

TIPP

Natürlich gibt es auch in dieser Regel eine Ausnahme: Stellen Sie sich vor, jemand kommt von vorne links auf Sie zu. Wenn Sie Ihren Hut nun mit der linken Hand ziehen, dann hielten Sie ihn Ihrem Entgegenkommenden ja förmlich unter die Nase. Also zieht man in so einer Situation den Hut mit der rechten. Will man auch noch die Hand geben, wechselt die Kopfbedeckung in die linke Hand. Dort bleibt sie während des Gespräches, falls es nicht zu kalt ist, regnet oder schneit.

Den weichen Hut ergreift man vorne oben, den steifen wie zum Beispiel einen Zylinder oder einen Homburg an der Krempe. Man führt ihn seitlich (und nicht zwischen sich und dem zu Grüßenden) bis in Schulterhöhe und setzt ihn nach dem erfolgten Gruß wieder auf.

Der Homburg (Hut) wurde vom Prinzen von Wales (später König Edward VII.) im ausgehenden 19. Jahrhundert in seinem typischen eleganten Grau beim Bad Homburger Hoflieferanten Möckel in Auftrag gegeben. Edward sah den Hut das erste Mal bei seinem Neffen, Kaiser Wilhelm II., in Homburg. Kaiser Wilhelm II. trug den Hut in einer grünen Variante zu einer Jagduniform. Das neue Design verbreitete sich schnell und verdrängte alsbald den Zylinder sowie die Melone.

Der Uniformträger und alle Träger von schirmlosen Kopfbedeckungen müssen ihre Kopfbedeckung nicht abnehmen. In geschlossenen Räumen werden alle Kopfbedeckungen, die man zum Gruß hebt, abgenommen. (Als Ausnahme gelten zum Beispiel Synagogen.)

JÄGER tragen auch immer einen Hut. An ihm werden Revierabzeichen oder besonders herausragende Abschusstrophäen (Gamsbart) befestigt.

Damen lassen ihre Kopfbedeckung beim Gruß in jedem Fall auf und dürfen sich damit sogar in geschlossenen Räumen aufhalten. Auf ausladende Hüte wird man in einem Theater oder Kino verzichten und sie an der Garderobe abgeben.

IMAGE

... ist der Eindruck, den man hinterlässt. Er begründet den Ruf, den man hat. Was tut man nicht alles für ein gutes Image? Man fährt ein schickes AUTO, geht zu einem feinen Friseur, hält sich einen zum Image passenden HUND, geht prestigeträchtigen SPORTarten nach und umgibt sich nur mit gewissen Leuten. Firmen haben ihr Image, das (auch) um viel GELD gepflegt wird.

INTEGRATION

... ist eines der Schlagwörter unserer Zeit. Es bedeutet Eingliederung in ein größeres Ganzes. Integration setzt immer den Wunsch voraus, irgendwo eingegliedert zu werden, sei es in eine Schulklasse oder in einen Freundeskreis, sei es ein neuer Kollegenkreis oder eine geografische veränderte Situation. Manchmal ist es eine völlig neue Umgebung, ein anderer Kulturkreis, manchmal ist es zeitlich begrenzt oder für immer.

Derjenige, der sich integrieren möchte, wird versuchen, sein neues Umfeld besser kennenzulernen, sein Verhalten den neuen Situationen anzupassen. Hier sind Neugierde, Offenheit, Lernwille und Mut besonders wichtig. Haben wir ein neues Mitglied, das sich integrieren möchte, werden auch wir uns bemühen, den anderen kennenzulernen, seine Probleme zu verstehen.

Integration ist ein gegenseitiges Aufeinander-Zugehen, wobei es aber eindeutig das Ziel ist, das vorgefundene bestehende Ganze zu stärken. Respekt, Toleranz, Ehrlichkeit und Achtung helfen beiden Seiten, diese Situation zu meistern. Vorurteile, die meistens auf beiden Seiten bestehen, sollten abgebaut werden.

Gelungen ist Integration, wenn nach einem bestimmten Zeitraum nicht mehr feststellbar ist, wer „neu dazugekommen" ist. Integration um jeden Preis wird nicht funktionieren. Wenn man feststellt, dass sich jemand gar nicht in eine Gemeinschaft integrieren möchte, dann sollte man das auch akzeptieren. Dann gibt es kein Miteinander, sondern bestenfalls ein Nebeneinander.

INTERNET & FREIZEIT

Der Umgang mit dem Internet birgt aber auch Gefahren. Vor allem Kinder und Jugendliche verlieren sich oft im Netz. Spielsucht oder stundenlang Bekannte und auch Unbekannte im facebook zu verfolgen, sind oft die Folge. Zeitliche Limitierung, Abgrenzen und Aufklärung sind hier gefragt, Eltern-Kind-Konflikte sind manchmal unvermeidbar. Vernünftiger Umgang ist ein Muss. Die Geschwindigkeit birgt auch Konfliktpotenzial, zu schnelles Reagieren auf eine Nachricht, ein Bild etc. Die Hemmschwelle ist gering, durch den Verlust der direkten Kommunikation eskalieren Konflikte leichter (gerade bei Jugendlichen). Auch die Wissenschaft hat sich mit diesen Phänomenen schon auseinandergesetzt. Neueste Ergebnisse der Hirnforschung haben einen Zusammenhang mit Vorstufen zu Burnout-Syndromen gefunden, viele „user" haben keine Tiefschlafphasen mehr, sind emotional instabil und scheuen persönliche Face-to-face-Kontakte. Gute Informationen sind unabdingbar für die optimale Nutzung dieser neuen Kommunikationsform.

INTERNET & SOCIAL MEDIA

SOCIAL-MEDIA-Plattformen sind aus unserem täglichen Leben nicht mehr wegzudenken. Wir sprechen hier von FACEBOOK, TWITTER, XING, Linkedln, diversen CHATS und BLOGGs, die sich mittlerweile auch zu professionellen tools entwickelt haben. Unterscheiden Sie klar zwischen beruflich genutzten Plattformen oder Seiten und privaten, wobei Sie sich darüber im Klaren sein müssen, dass alles, was im www ist, theoretisch für jeden sichtbar und nachvollziehbar ist. Seien Sie also vorsichtig mit Informationen, Meinungen und Fotos, die Ihnen vielleicht in absehbarer Zukunft schaden könnten.

Das INTERNET ist keine Erfindung für Kinder. Jene Bereiche, die von der Jugend genützt werden, sind aber nicht klar abgegrenzt. Jeder hat auf alles Zugriff.

Für Social Media gilt: Die Versicherung, „... das können nur meine Freunde sehen", ist irreführend. Jeder „Freund", der „alles" sehen kann, kann theoretisch das Gesehene kopieren und unbeschränkt weiterpublizieren.
Daher gilt: Was im Web ist, ist öffentlich!

Arbeitgeber googeln gerne mal ihre Bewerber. Umgekehrt kann man immer öfter auch schon als Angestellter (Jobbörsen) über diese Plattformen Informationen über zukünftige Arbeitgeber finden und sich so ein Bild von den Arbeitsbedingungen und der Mitarbeiterzufriedenheit machen.

Fachbegriffe wie digitale Reputation (welche Informationen gibt es im Netz über Sie) beschreiben Ihre „DIGITAL FINGERPRINTS". Sie sind längst täglicher Sprachgebrauch. NETWORKING wird so wesentlich erleichtert. Achten Sie also auf Ihr social branding.

INTERNET-TELEFONATE

... werden von Anbietern wie Skype, Dialpad etc. zu sehr günstigen TELEFONtarifen angeboten und werden über Ihren Computer geführt. Bei dieser Form der KOMMUNIKATION wird oft Ihr Porträt – wie beim CHAT – mitgesendet. Es sollte groß und gut erkennbar sein. Man spricht zumindest mit Kopfhörern, da der Widerhall der eigenen Stimme beim Empfänger nicht gerade höflich ist. Am besten ist ein *Headset*. Diese Kombination aus Mikrofon und Kopfhörer ist mit dem Computer verbunden. Geeignete Haustelefone können ebenfalls angesteckt werden.

Hier besteht meist parallel die Möglichkeit, Texte als *Instant Message* (IM) gleichzeitig zu übermitteln und Dokumente mitzuschicken.

Vor Konferenzgesprächen gehört es sich, alle Teilnehmer rechtzeitig zu verständigen und um ihr Einverständnis zu bitten.

TIPP

Konferenzgespräch: Damit alle pünktlich sind, vereinbaren Sie eine international nachvollziehbare Uhrzeit (CET = Central European Time, GMT = Greenwich Mean Time).

INTERNET-VIDEOTELEFONATE

Über eine Kamera kann man sich dem Gesprächspartner sichtbar machen und am eigenen Bildschirm dessen Konterfei bewundern. Dafür sollte man für ausreichende Beleuchtung sorgen. Die Kamera ist am besten so aufgestellt, dass sie nur Ihr Porträt zeigt.

Achten Sie auf den entsprechenden Hintergrund. Es gelten die Regeln wie bei einem persönlichen Treffen. Wenn es sich um ein geschäftliches Gespräch handelt, wird man also entsprechend gekleidet sein.

Vor Beendigung des TELEFONates bespricht man, dass man nun das Gespräch beendet. Man verabschiedet sich deutlich, und der Ältere oder Ranghöhere wird höflich aufgefordert, die Verbindung zu beenden. Damit erspart man sich den abrupten Abbruch der KOMMUNIKATION und die Mühe, nochmals anrufen zu müssen, nur um zu bestätigen, dass es jetzt eben aus ist.

IRONIE

… ist „ein Schild stabiler als Eisen", lautet ein alter Spruch. Eine Ausdrucksform, deren Gebrauch bis vor Kurzem jeder britische Oberschüler noch erlernte, was zum sprichwörtlichen britischen trockenen Humor führte. Aber Vorsicht, nicht jeder kann ironisch sein, es erfordert einige Übung. Es ist auch nicht jedermann gewillt, Ihre Ironie als solche zu verstehen. Irgendwann im Leben lernt jeder Ironiker, dass nicht alle den gleichen Humor haben wie er. Dann wird er ernster und besinnlich. Das nennt man dann die Ironie des Schicksals.

JAGD

… ist eine zur Wildhege und -pflege gedachte Verpflichtung gegenüber der Natur. In Ermangelung natürlicher Feinde, die vom Menschen vertrieben wurden (Wölfe etc.), und in Hinblick auf Wildschäden muss man den Wildbestand kontrollieren. Die Jagd als gesellschaftliches Ereignis war und ist seit Jahrhunderten eine informelle Plattform für Geschäft und Politik (heute ist Golf die Konkurrenz). Wenn Sie zu einer Jagd eingeladen werden, haben wir hier vielleicht ein paar nützliche Hinweise für Sie:

- Der Gruß der Jäger ist „Weidmannsheil“, der mit denselben Worten erwidert wird.
- Die KLEIDUNG sollte in gedeckten Farben sein, feste SCHUHE und ein HUT.
- Lassen Sie sich von Ihrem Jagdherrn die örtlichen Besonderheiten erklären und über das freigegebene Wild informieren.
- Wenn Sie erfolgreich ein Stück Wild erlegt haben, wird der Jagdherr Ihnen den „Bruch“ überreichen. Bruch nennt man einen Zweig oder etwas Laub von der Stelle des erlegten Tieres, etwas mit dem „Schweiß“ (Blut) des Tieres benetzt. Der Jagdherr bricht ihn ab, nimmt seinen Hut, legt den Zweig darauf und überreicht ihn dem Jäger. Dieser nimmt auch seinen Hut ab und befestigt den „Bruch“ auf der rechten Seite seines Hutes.
- Als Anerkennung (für ein erlegtes Wild) wird man zu Ihnen dann „Weidmannsheil“ sagen, worauf Sie mit „Weidmannsdank“ antworten.

- Am Ende einer Jagd werden Sie wahrscheinlich zum „Schüsseltrieb“ (gemeinsames Essen und Trinken) gebeten werden, wo dann das Jägerlatein zum Einsatz kommt.
- Bei dieser Gelegenheit wird Ihnen der Jagdherr vielleicht ein Revierabzeichen schenken, das Sie dankend annehmen und hinten an Ihrem Hut befestigen.
- Beim Zuprosten sind die richtigen Worte „Weidmannsheil“, das Glas hält der Jäger immer links (es ist auch so gedeckt – das stammt noch aus der Zeit, als auf der rechten Hand der Jagdfalke saß).
- Wenn Sie zur BEERDIGUNG eines Jagdfreundes eingeladen sind, befestigen Sie einen kleinen Zweig auf der linken Seite des Hutes. Am Grab nehmen Sie den Zweig wieder herunter und werfen ihn ins Grab.

TIPP

Wenn Sie bei einem Jäger zu Gast sind und er Ihnen stolz seine Trophäen zeigt, bewundern Sie diese gebührend.
Die richtigen Worte sind „großartig“ oder „kapital“. Eine Runde im Fettnäpfchen gefällig? Versuchen Sie, beim Anblick eines kapitalen Geweihs eines Zwölfenders entzückt auszurufen: „Sind das schöne Hörner!“

JOUR FIXE

... ist jene praktische Institution, zu der man regelmäßig an einem bestimmten Wochentag (jeden ersten Montag im Monat, jeden 8. des Monats, jeden Dienstag ...) zur selben Stunde im selben Haus eine sympathische Gesellschaft vorfindet. Leider mangelt es unserer Zeit an solchen interessanten *get-togethers,* bei denen unterhaltsame Zeitgenossen einander treffen und plaudern.

Zum Jour fixe lädt man eine Kerngruppe von Freunden mehrere Male, bis es sich eben zum „fixe“ auswächst. Es ist nicht nötig, jedes Mal EINLADUNGEN (siehe auch Anhang) zu verschicken, aber ein paar Anrufe schaden nie. Es ist durchaus erwünscht, dass jeder Gäste mitbringt. Dazu zählen auch Gäste aus dem Ausland, die gerade in der Stadt sind. Die Charakteristik eines Jour fixe ist, dass neue Gäste immer wieder frischen Schwung in die Runde bringen. Jeder kann neue Kontakte knüpfen.

TIPP
Ein Jour fixe ist nur so gut wie des Gastgebers Bemühungen, interessante Gäste zusammenzubringen. Als Gastgeber sollte ich großzügig ESSEN und Getränke (der Tageszeit entsprechend) zur Verfügung stellen. Abends ist die Einladungszeit nach 19.00 Uhr mit open end unbegrenzt, nachmittags kann man zum Beispiel von 16.00 bis 18.00 Uhr laden. Kulturelle Darbietungen können durchaus Fixpunkt sein. Die regelmäßige Runde zum Karten- oder Schachspiel gehört hier natürlich auch dazu.
Achtung: Sollte der Jour fixe einmal ausfallen oder eingestellt werden, muss ich so viele Gäste der Vergangenheit wie möglich darüber informieren, da es sonst zu unliebsamen Enttäuschungen kommen kann.

JUBILÄEN

... sind immer wieder ein willkommener Anlass für eine EINLADUNG. Denken wir nur an die Geburtstage, Gründungstage, Gedenktage, Todes- und andere Jahrestage. GESCHENKE werden dem Anlass angepasst sein. Folgendes kann, aber muss nicht gemacht werden:

Geburtstag: Führen Sie eine Geburtstagskartei, bitten Sie ein Familienmitglied, Sie zu erinnern, lassen Sie sich über das Internet von diversen Webseiten, die so einen Service anbieten, rechtzeitig aufmerksam machen, aber vergessen Sie bloß nie den Geburtstag eines lieben Menschen. Und wenn doch, gratulieren Sie lieber zu spät als gar nicht.

Hochzeitstag: Die Eheleute feiern dieses Fest miteinander und mit ihren Kindern. Man gratuliert als Trauzeuge, enger Verwandter, Teilnehmer an der Hochzeitsfeierlichkeit und Freund. Ist einer der Ehepartner verstorben oder ist die Ehe geschieden, ist Einfühlungsvermögen am Platz.

Namenstag: Wird nur in streng katholischen Familien, dort aber gleichwertig mit dem Geburtstag gefeiert.

Todestag: Die nächsten Angehörigen besuchen das Grab, bringen BLUMEN und zünden Kerzen an.

Firmenjubiläen: Wenn sie gefeiert werden, wird man Mitarbeitern, ehemaligen Mitarbeitern und Geschäftspartnern eine schriftliche EINLADUNG schicken. Es kann ein Fest geben, vielleicht zusammen mit einer kulturellen Veranstaltung.

TIPP
Notorische Vergesser von Jubiläen bitten ihre BLUMENhandlung (speziell für Hochzeitstag, wichtige Geburts- und andere Tage), darüber Kalender zu führen und am Vortag oder am Jubeltag per SMS oder TELEFONisch daran zu erinnern.
Ich führe einen simplen Jahreskalender, auf dem jeden Monat ersichtlich ist, wer in meinem Bekannten- und Verwandtenkreis Geburtstag hat.

JUNGGESELLE

… nennt sich der Herr, solange er nicht oder nicht mehr verheiratet ist.

KAUGUMMI

... heißt nicht nur so, sondern ist auch wirklich Gummi. Was uns die Industrie nicht erzählt: Die natürliche Kaumasse besteht aus Harzen, Kautschuk und Milchsaft des Gummibaumes, der vorwiegend in Südamerika, Indonesien und Malaysia wächst. Der eingedickte Saft wird in festen Blöcken zur Weiterverarbeitung zu den Herstellern geschickt. Dort stellt man dann AUTOreifen daraus her, Tennisbälle oder Kaugummi. Im Falle des Kaugummis werden natürliche und künstliche Rohstoffe kombiniert, um ihm den bestmöglichen Geschmack und „Biss" zu verleihen. Die schier endlose Haltbarkeit ist das Problem (siehe Autoreifen). Also entsorgen Sie Ihren Kaugummi nirgendwo, wo er Verdruss bereiten könnte.

Wer ihn aus medizinischen Gründen (zum Beispiel Nikotin-Kaugummi) kauen muss, tut dies möglichst unbemerkt in seinem dabei bitte geschlossenen Mund, verzichtet auf den Riesenballon oder die krachende Knallblase in der Öffentlichkeit und entsorgt das gute Stück, indem er es in ein Papier einwickelt und in einen Haushaltsmülleimer wirft. Im Gespräch mit jemandem darf man natürlich weder essen noch Kaugummi kauen.

In Singapur war von 1992 bis 2004 Kaugummi verboten.
Da die öffentlichen U-Bahnstationen und die Marmorböden der Kaufhäuser bald von den Überresten des Kaugenusses übersät waren, griff man zu dieser radikalen Lösung.
Heute dürfen Apotheken an registrierte Käufer zu therapeutischen Zwecken zuckerfreie und Nikotin-Kaugummis abgeben.

KENNENLERNEN

Vom „Aufriss" bis zur „Anmache" reichen die nicht immer eleganten Bezeichnungen für das Ansprechen des anderen Geschlechtes. Aber wie geht man vor?

Erstens einmal: Trauen Sie sich und suchen Sie Augenkontakt! Fast immer ist der andere dankbar, dass Sie den Reigen eröffnet haben („Endlich traut sich einer!"). Und falls nicht, so wird Ihnen niemand böse sein, Sie aber haben vielleicht die Chance verpasst, einen interessanten Menschen kennenzulernen.

Der Klassiker „So ein Wetter heute" signalisiert, dass Sie ein Gespräch wünschen. „Leider ist mir noch nichts Besseres eingefallen", kann man nachschicken. Damit sollte das Eis gebrochen sein.

Seien Sie originell, doch nicht um jeden Preis. Situationsbedingt suchen Sie möglichst ein gemeinsames Thema. Bei einer Ausstellung, in Museen, in der Oper oder im Theater ist das leicht. Streben Sie eine positive Formulierung an. Statt „Finden Sie es hier auch so heiß/kalt/stickig/laut/eng?“ sagen Sie: „Ist es hier nicht herrlich/aufregend/interessant?“

KLASSIKER, DIE NOCH IMMER FUNKTIONIEREN:

Darf ich Sie ansprechen?
Darf ich Sie um diesen Tanz bitten?
Möchtest Du tanzen?
Bist Du/Sind Sie alleine hier?
Kennen wir uns nicht von/vom ...?
Darf ich Sie auf einen ... einladen?
Ich beobachte Sie schon die ganze Zeit ...
Haben Sie nachher schon was vor?
Eine(n) Freund/Freundin bitten, das Terrain zu sondieren und sich vermittelnd einzuschalten.

KLASSIKER DER MODERNE, DIE „POLITISCH KORREKT“ SIND:

Beim *Clubbing*: Wegen der herrschenden Lautstärke ohne Aufforderung einen anderen Tänzer auf der Tanzfläche „antanzen“, auf gutes *Movement* und Augenflirt setzen und hoffen, dass es „funkt“.

Bar: „Wollen wir miteinander was trinken?“ bis zu „Darf ich Dich auf einen Drink einladen?“

Mädchen dürfen Jungs ansprechen und auffordern.

Handynummer aufschreiben und dem anderen zukommen lassen.

KINDER

Euch verzeiht man so manches „Hoppala“ in der Öffentlichkeit. Dennoch gilt für alle Eltern der einfache Grundsatz: Erziehen Sie sie bitte zu Hause. Der Ausgang in die OPER, in ein RESTAURANT oder zu Freunden sollte nicht zur öffentlichen Disziplinierung verkommen. Damit würden Sie ja doch nur demonstrieren, dass Sie es eben zu Hause verabsäumt haben, die wichtigsten Grundregeln für das bevorstehende Ereignis auszugeben.

TIPP
Sollte es jemals zu Problemen disziplinärer Art zwischen Ihrem Kind und einem fremden erwachsenen Menschen kommen, so sind Sie die Ansprechperson, nicht Ihr Kind.
Sie dürfen erwarten, dass andere Menschen Ihre Kinder mit Respekt behandeln. Falls Sie nicht vor Ort sind, kann ein enger Verwandter oder eine damit betraute Person an Ihrer Stelle handeln. Sonst sollte sich das Kind zurückziehen und verlangen, dass der fremde Erwachsene mit seinen Eltern spricht.
Von Ihnen wird erwartet, dass Ihre Kinder nicht zur Belästigung anderer werden und zu Erwachsenen höflich und respektvoll sind.

KINDER AM TELEFON

Oft hebt Ihr Kind Ihr TELEFON ab und kommt mit unerwünschten Anrufern am Telefon ins Zimmer gelaufen: „Mama, für Dich, irgendeine Frau!“ Wünschen Sie das nicht, so erklären Sie Ihrem Kind vorher, wie Sie es gerne hätten oder dass das Telefon tabu ist.

TIPP
Auch für Kinder gilt: Wenn sie einen Anruf entgegennehmen, melden sie sich mit ihrem Namen. Leider muss man aber in diesem Zusammenhang auch warnen, dass sich die Kleinen nicht mit vollem Namen melden sollten, wenn sie alleine zu Hause sind. Da genügen ein „Hallo“ und die strikte Anweisung, dass sie niemals jemand Fremdem die Adresse verraten sollten, und schon gar nicht, dass sie alleine zu Hause sind.

KINDER IM PUBLIKUM

Die Kunst hat in Kindern ein wichtiges (ehrliches) Publikum. Es gibt zahlreiche Kinderbühnen, wo man es mit dem ruhig Sitzen und nicht Tratschen nicht ganz so genau nimmt. So ist auch der

Zugang zur ernsten Musik so einfach und jugendfreundlich geworden, dass Erwachsene oft ganz neidvoll auf die Schar der Kinder blicken, die mit strahlenden Augen in eine dieser Veranstaltungen drängt. Vor nicht allzu langer Zeit war „Peter und der Wolf" oder das Kasperltheater noch das Einzige, wo ein Erzähler die Kinder auf die aufregende Wolfsjagd des kleinen Peter begleitete. Heute gibt es Kinderkonzerte und Kinderopern, dabei werden große Orchester in liebevoller Erklärung vorgestellt und wird auf das unruhige Sitzfleisch der kleinen Zuhörer Rücksicht genommen.

Manche Eltern meinen, selbst versäumte Kulturerziehung bei ihren Kleinen nachholen zu müssen, und „schleppen" die Armen in Aufführungen, die diese eindeutig überfordern. Lassen Sie sich beraten. Dass Ihre fünfjährige Tochter schon in einer Wagneroper war, wird niemanden beeindrucken.

Trotzdem sollten Sie Ihr Kind immer vorher darauf vorbereiten, was es zu sehen oder zu hören bekommt. Und haben Sie wirklich einmal etwas Unpassendes gewählt oder Ihr Kind hat gar keine Freude daran, gehen Sie nach Hause und probieren Sie es ein anderes Mal wieder.

TIPP

Mit kleinen Kindern sitzt man am besten oberhalb eines Orchesters (auf einem Balkon oder in einer Loge). Da können die Kleinen nicht nur hören, sondern sehen auch alles, was so im Orchestergraben passiert. Die Zeit verfliegt gleich doppelt so schnell. In einer Loge fällt es auch nicht auf, wenn man mal kurz raus muss.

KINDER IM RESTAURANT

Die große Herausforderung, Kinder in ein RESTAURANT mitzunehmen, können Sie in Hinkunft am besten spielend meistern. Dafür ist es sinnvoll, den Kindern zu Hause zum ESSEN dieselben Rahmenbedingungen zu schaffen wie in einem Restaurant, da Sie sonst nicht allen Ernstes verlangen können, dass die jüngste Generation das alles beherrscht.

TIPP

Kindern macht es enormen Spaß, an besonderen Tagen zu Hause „Restaurant" zu spielen. Da kann man den „Ernstfall" perfekt proben. Machen Sie dann den tatsächlichen Besuch eines Restaurants zum „Ereignis", und Sie werden erstaunt sein, wie perfekt sich Ihre Kinder zurechtfinden.

So klappt es sicher:

- *Alle ziehen sich zum ESSEN um.*
- *Der Tisch wird festlich gedeckt.*
- *Vor dem Essen auf die TOILETTE gehen.*
- *Anschließend die HÄNDE waschen.*
- *Am Tisch, den man während des Essens nicht verlässt, findet man ein Tischtuch, SERVIETTE, Gläser, verschiedene BESTECKe zu verschiedenen Gängen.*
- *Im RESTAURANT käme nun die Speisekarte.*
- *Ihr Kind sucht alleine oder mit Hilfe aus.*
- *Der Familienvorstand oder Einladende bestellt. Das gilt auch für Getränke.*
- *Nun kommt das Essen, über das man kurz spricht.*
  Die Mutter (oder wer immer gekocht hat) erklärt, was es ist.
  Die Kinder lernen verschiedene Speisen kennen und lieben und werden sich im Restaurant bei der Auswahl leichter tun.
- *Vormachen, wie man schön und richtig isst.*
- *Alles unter unserem Motto: „Früh übt sich".*

Pommes frites sind in heißem Fett gebackene Kartoffelstreifen. Werden sie in einem Restaurant auf einem Teller serviert, mit paniertem oder gegrilltem Fleisch oder alleine mit Ketchup und/oder Mayonnaise, werden sie mit der Gabel aufgespießt, erforderlichenfalls mit dem Messer zurechtgestutzt und wie alle Kartoffeln gegessen.
Angeblich schmecken Pommes und Würstchen am besten, wenn man sie mit den Fingern isst. Das kann man jederzeit im Strandbad oder an einem Würstelstand ausprobieren. Im eleganten Restaurant isst man Würstchen mit Besteck.
P.S.: Man stiehlt Pommes nicht mit den Fingern von anderen Tellern.

Während des Winter- oder Sommerurlaubs bieten Hotels meist „Halbpension“ an. In sehr eleganten Häusern haben Kinder ihre eigene Abendessenszeit, während der sie ihr Essen im RESTAURANT einnehmen (meist ein bis zwei Stunden vor dem regulären Abendservice). Da wird ihnen dann ein spezielles Kindermenü serviert. Eine Begleitperson sollte unbedingt dabei sein. Wenn dann das formelle Abendessen beginnt, sind die Kleinen schon im Bett und Mami und Papi können in Ruhe ihr „Dinner“ genießen.

TIPP

Am Buffet, das für Erwachsene gemacht ist, sind Kinder – wie so mancher Erwachsener – oft maßlos. Woher sollen sie auch wissen, wie viel in ihre kleinen Bäuche hineinpasst? Eltern müssen ihren Kindern hier beistehen. Dem Gastronomen kann man bei einer großen Kinderschar empfehlen, ein eigenes Kinderbuffet aufzubauen. Wenn alle Kinder in einem eigenen Raum speisen, sind viele unserer Regeln – leider – mangels Aufsicht außer Kraft gesetzt.

Von Ihnen erwartet man, dass Sie Ihre Kinder im Zaum halten. Das heißt, dass die Kleinen nicht lauter sind als andere Gäste, nicht selbstständig Bestellungen aufgeben, nicht den Tisch verlassen, im RESTAURANT herumlaufen und dem Servicepersonal im Weg stehen.
Vom Gastronomen erwartet man, dass er kindergerechte Stühle hat und für die Wartezeit den Kindern kleine Ablenkungsspiele wie Malsachen zur Verfügung stellt. Der clevere Gastronom wird alles daran setzen, Kinder perfekt zu betreuen, da ihm so die Ruhe und Sympathie all seiner erwachsenen Gäste inklusive der Eltern gewiss sind.

KINDER IM HOTEL

Meist müde, hungrig und von allen anderen einfachsten Bedürfnissen geplagt, erreicht man das Hotel. Vom Hotelier erwartet man, dass er seine neuen Gäste rasch zum Zimmer durchschleust und nicht mit lästigen Formalitäten quält. Außerdem sollten etwaige Fernsehkanäle mit nicht jugendfreiem Inhalt im Kinderzimmer sofort gesperrt werden (Eltern darauf aufmerksam machen!). So es sich nicht um ein ausgesprochenes Kinderhotel handelt, beachten Sie bitte Folgendes:

1. Von Eltern darf man erwarten, dass sie mit Weitblick die Zimmer vergeben und sich nicht von ihren Kleinen in eine Entscheidung drängen lassen („Papi, Mami, wir wollen hier schlafen! Da ist so ein großer FERNSEHER!“). Badezimmer und deren Ausstattung sind ebenfalls ein Kriterium (das Bad mit dem Whirlpool oder der Sauna ist Ihres!).
2. Lassen Sie sich Zusatzschlüssel geben.
3. Überprüfen Sie sorgfältig diverse Zugangsmöglichkeiten (= Fluchtmöglichkeiten), Balkone und Terrassen.
4. Klären Sie die Safebenützung. Falls es sich um einen Safe mit Zahlencode handelt, nehmen Sie ihn in Betrieb, um zu verhindern, dass Ihre Kinder Ihnen zuvorkommen und dann die Kombination vergessen. Beim Auschecken daran denken!
5. Sie müssen die Zugangsberechtigung zur Minibar abklären.
6. Überprüfen Sie das Zimmer auf diverse lebensgefährliche Fallen (lockere Steckdosen in Bodennähe, Haarföhn im Badezimmer, Balkon etc.).
7. Sie müssen auch die eigenständige Benützung des AUFZUGs im Hotel verbieten. Kleine Kinder drücken manchmal den falschen Knopf, landen in einem anderen Stockwerk, verlassen dort den Lift und „gehen verloren“. Hotelsicherheitsdienste können darüber Romane schreiben.
8. Erklären Sie Ihren Kindern, dass man ein Hotelzimmer nicht verwüstet. Es ist nicht notwendig, dass das

PERSONAL im Zimmer verstreute Kleidungsstücke und Spielsachen unter Betten und hinter Möbeln hervorholen muss.

9. Machen Sie Ihre Kinder darauf aufmerksam, dass im Zimmer nebenan jemand wohnt, der vielleicht gestört ist, wenn sie zu laut sind.

KINDER IM CLUB

Private Clubs sind selten der Platz, an dem man Kinder antrifft. SPORTclubs bilden hier die Ausnahme. Hier gilt, dass sich Kinder – wie alle Erwachsenen – ausnahmslos an die Clubregeln halten müssen. Dies gilt insbesondere für Lärmbelästigung und vor allem auch für KLEIDUNG. Wer einen Sport ausübt, sollte die gleiche Sportkleidung tragen wie die Erwachsenen. Gilt ein Dresscode, so ist er meist auch für Kinder, aber sicherlich für Jugendliche gültig. Den Rest regeln die Vereinsstatuten.

KLEIDER

Kleider machen Leute. Nach allen Liberalisierungen gilt das mehr denn je. Jetzt wollen wir aber doch einmal festhalten, dass eine Jean und ein T-Shirt am rechten Ort genauso „fesch“ sein können wie ein FRACK. Die hochgeschlossenen indischen Designersakkos beim abendlichen Empfang, das lässig über der Hose getragene schwarze Hemd in der Disko – alles zu seiner Zeit, und Sie sind immer perfekt gestylt.

Wie wichtig gute Kleidung und der damit optische Eindruck ist, bestätigt in einer interessanten Feststellung die bekannte österreichische Fernseh-Meteorologin Dr. Christa Kummer. Sie hat folgende Erfahrung gemacht:
„Ich werde am nächsten Tag regelmäßig darauf angesprochen, welche Kleidung ich am Vortag in der ‚Zeit im Bild‘ während meines kurzen Auftrittes trug, während die Leute meist vollkommen vergessen haben, wie das Wetter wird.“

Im Anhang finden Sie eine Aufstellung der wesentlichen DAMEN-, Herren- und Jugendgarderobe, was man wann wo anzieht und welche SCHUHE man dazu trägt. Dabei erklären wir die klassischen Standards, mit denen Sie einfach nie danebenliegen.

Was Ihnen die Mode noch so alles bietet und wie viel Sie sich davon selbst zutrauen, das, verehrte Leserin, verehrter Leser, überlassen wir Ihrem guten GESCHMACK.

TIPP

Es ist mir schlicht unangenehm, falsch gekleidet zu sein, sei es nun under- oder overdressed. Heute ist mir klar: zum rechten Zeitpunkt am rechten Ort die rechten Sachen. Aber wie motiviert man einen Jugendlichen dazu?

Ab acht oder zehn Jahren kann ein Bursche schon einen Anzug tragen – und das tun die kleinen GENTLEMEN ja wirklich gerne. Jugendliche rebellieren später dann möglicherweise und wollen sich nicht mehr an Kleiderordnungen halten. Ein Freund verriet mir da einmal seinen kleinen Trick. Vor einem gemeinsamen Besuch einer Burgtheater-Premiere sagte er einmal zu seinem Sohn: „Ich gehe übrigens in Anzug und KRAWATTE in diese besondere Vorstellung. Aber wenn Du das nicht möchtest, wird jeder für Dich Verständnis haben: schließlich bist Du ja noch ein KIND."

Es hat nicht einmal zehn Minuten gedauert, und der junge Mann stand neben ihm und fragte: „Papi, wie binde ich die Krawatte?"

Vielleicht haben Sie damit Erfolg, und wenn nicht, besteht die Chance, dass Ihr Jugendlicher dann im Theater feststellt, dass er als einer der Wenigen (außer einigen Kindern, zu denen er ja nun wirklich nicht mehr gehört) underdressed ist. Das könnte ihm peinlich sein, und er wird diese Situation das nächste Mal

vermeiden. Auch wenn unsere inneren Werte und unsere Stimmung zählen, trägt unser Äußeres doch wesentlich zur Atmosphäre bei.

KÖRPERPFLEGE

... ist eine tägliche Notwendigkeit und hat in unserer Zeit nichts mehr mit Luxus zu tun. Was man alles anstellen kann, um sich – und damit seine Umwelt – zu verwöhnen, wollen wir aber trotzdem nicht unter den Tisch fallen lassen. Bitte besuchen Sie den diesbezüglich reich bestückten Anhang.

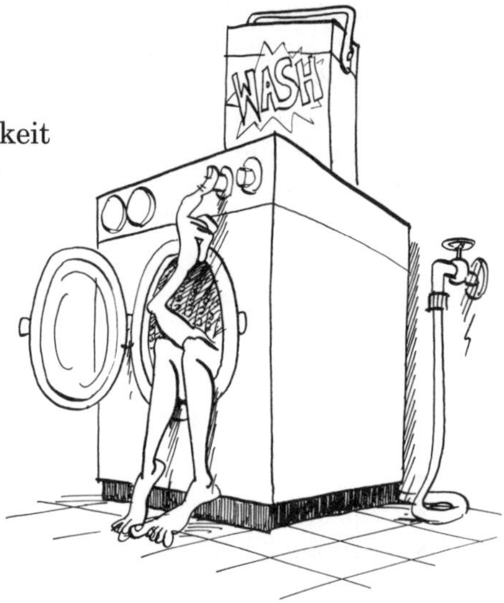

KÖRPERSPRACHE

... nennt man den nonverbalen Informationsaustausch unter Menschen. Wir erhalten so eine erste VORSTELLUNG von einem Menschen. Dabei sollten wir aber nicht unbedingt aus physischen Eindrücken auf psychische Eigenschaften schließen! Die Körpersprache ist eine wichtige Informationsquelle, die bewussten und unbewussten Bewegungen und Haltungen können Unterschiedliches reflektieren.

Wichtig ist das Gesamtbild, nicht die isolierte Interpretation eines „Symptoms“. Ein flackernder unsteter Blick könnte sehr unterschiedliche Emotionen verraten, von Unsicherheit oder Nervosität bis zur Angst oder Scham, Langeweile oder Schuldgefühl.

„Der Körper ist ein Handschuh der Seele, seine Sprache das Wort des Herzens.“
Samy Molcho

TIPP

Wie macht man's richtig?
Politiker und Spitzenmanager trainieren ihre Auftritte. Nichts wird mehr dem Zufall überlassen. Aber bekommt man uns damit wirklich so leicht dran?

„Der Körper kann nicht lügen", sagt der berühmte Pantomime Samy Molcho. So wird nur eine wirklich positive Lebenseinstellung zu einer attraktiven Ausstrahlung führen. Damit sollte man also anfangen. Überlegen Sie, wie Sie sich optimal motivieren können. Leider gibt es kein Rezept, das alle individuellen Motivationsbedürfnisse erfüllt. Ich kann Ihnen nur raten, ein eigenes „Motivationsprogramm" auf Abruf gespeichert zu haben (ein schöner Traum, tiefes Atmen, ein großes Ziel). Das kann in schwierigen Situationen ein rettendes Erfolgsrezept sein. Schauen Sie sich selbst zu, trainieren Sie gewisse Gesten oder Blicke vor dem SPIEGEL und sammeln Sie Feed-back von Freunden, Kollegen und Kolleginnen.

Diese Übersicht zeigt Ihnen auf einen Blick, was entscheidet:

- Haltung
- Figur
- Sprache
- Stimme
- Frisur
- Bewegungen
- Motorik
- Gestik
- Mimik
- Händedruck
- Geruch
- Pflege
- Blickkontakt
- Kleidung
- Schmuck

Was spielt alles eine Rolle? Werfen Sie bitte einen Blick in unseren Anhang unter Körpersprache.

KOMMUNIKATION

... ist in großer Vielfalt möglich. Sie können sich an Ihren Sekretär (das Möbel) setzen und einen romantischen BRIEF schreiben oder eine *SMS* in Ihr Handy tippen.

Neue Medien, so viel steht fest, benötigen neue Regeln, und wir haben sie natürlich für Sie auf den letzten Stand gebracht. Sehen Sie bitte nach unter ANRUFBEANTWORTER, BRIEFE, CHAT, E-MAIL, FAXE, INTERNET-TELEFONIE und INTERNET-VIDEO-Konferenz, TELEFONIEREN, SMS, HANDY und MOBILTELEFON.

TIPP

Ihr Benehmen ist ein wichtiger Teil Ihrer Botschaften an Ihre Umwelt. Benehmen ist Kommunikation.

KOMPLIMENTE

… macht Mann einer DAME, aber warum nicht auch durchaus eine Dame dem Herrn?

Soll ein Kompliment Wirkung zeigen, sei es wohlüberlegt und nicht schnell dahingeplappert. Übertreiben Sie ein bisschen, sind Sie ein CHARMEur; tragen Sie zu dick auf, wird man Sie nicht mehr ernst nehmen, es sei denn, Sie beherrschen einen gekonnten Augenaufschlag.

KOMPROMISSE

… sind für jede Form des Miteinanders, sei es beruflich oder privat, unerlässlich. Das Leben fordert andauernd Kompromisse. Je mehr TAKTgefühl jemand besitzt, umso souveräner wird diese Person einen gemeinsamen Nenner suchen und mit CHARME und Verhandlungsgeschick erreichen, dass beide Parteien zufrieden sind. Ein Kompromiss ist nur dann ein guter Weg, wenn alle Beteiligten mit allen Punkten einverstanden sind. Überlegen Sie sich rechtzeitig, auf welche Standpunkte Sie unbedingt beharren müssen und welche Punkte veränderbar sind.

Sind Sie kompromissbereit, werden Sie versuchen, mit Alternativvorschlägen für die verhandelbaren Punkte in das Gespräch einzutreten. Bemühen Sie sich, bei jeder Form von Verhandlung sachlich und objektiv zu bleiben. Sie schätzen das ja auch bei Ihrem Gegenüber.

TIPP

Schließen Sie nur Kompromisse, die Sie auch bereit sind einzuhalten. Erwartet man von Ihnen allzu viele Kompromisse, dann sollten Sie überlegen, ob Sie hier nicht ohnehin auf verlorenem Posten stehen und Sie sich an anderer Stelle vielleicht besser verwirklichen können. Stures Beharren auf dem eigenen Standpunkt zeigt wenig Lebensart. Auch wenn es schmerzt, anschließend darf man sich auf die Schulter klopfen. Das folgende Sprichwort sagt alles:
„Der Klügere gibt nach, der Esel fällt in'n Bach."

KONFIRMATION

... ist das evangelische Pendant zur FIRMUNG. Sie findet sich bei Gläubigen mit dem Bekenntnis Evangelisch A. B. (Augsburger Bekenntnis), Evangelisch H. B. (Helvetisches Bekenntnis) und Mitgliedern der Evangelisch-Methodistischen Kirche. Konfirmandenunterricht hat das Ziel, die Jugendlichen mit dem christlichen Glauben vertraut zu machen und ihnen ihre Verantwortung als Christen näher zu bringen.

Jugendliche werden in der Regel mit 14 oder 15 Jahren konfirmiert.

Diese Handlung ist kein Sakrament, sondern ein Akt, bei dem der/die Jugendliche das bekräftigt, was die Eltern und der Taufpate bei der TAUFE stellvertretend versprochen haben.

Der Taufpate begleitet seinen Schützling bei der Konfirmation. Offiziell enden dann die Aufgaben der Paten, weil mit ihr die „christliche Erziehung" abgeschlossen ist. Wenn sich im Laufe der Zeit aber gute Kontakte zwischen Paten und Patenkind entwickelt haben, können diese natürlich bestehen bleiben.

Um konfirmiert zu werden, muss Ihr Kind getauft sein. Das kann auch erst kurz vor der Konfirmation geschehen. Zur Kirchenmitgliedschaft reicht die Taufe. Wer allerdings eine Patenschaft übernehmen will, muss konfirmiert sein (siehe Näheres dazu im Anhang unter PATENSCHAFT).

Mit der Konfirmation wird das Recht zugesprochen:

- Pate zu werden
- eine Nottaufe vorzunehmen
- als Erwachsener an kirchlichen Wahlen teilzunehmen
- in kirchliche EHREnämter gewählt zu werden

Da die Konfirmation eine feierliche Zeremonie darstellt, ist auch die KLEIDUNG dementsprechend festlich. Die Konfirmanden sind einheitlich (mit dem Pfarrer abgesprochen) gekleidet.

Anschließend an den Gottesdienst findet eine kleine Feier (entweder ein Mittagessen oder eine Kaffeejause) statt. Eingeladen sind die Großeltern (Urgroßeltern), Onkel und Tanten, Kusins und Kusinen sowie der Taufpate. Das traditionelle Konfirmations-GESCHENK ist die goldene Uhr oder ein Familienschmuckstück. Ein Kuvert mit BarGELD oder einem Gutschein ist aber ebenso in Ordnung.

KRAWATTE

Google kennt eine halbe Million Webseiten über die Geschichte der Krawatte, also ein viel beachtetes Thema (vergleichsweise haben Schuhbänder wenig Anerkennung gefunden).

Es gibt zahllose Knoten. Vom einfachen Englischen Knoten über den Onassisknoten bis zum Persischen Knoten (der aber nicht der Gordische Knoten ist, auch wenn er so aussieht) reicht die Palette. Da mischen wir uns gar nicht ein. Welche Krawatte wann getragen wird, steht unter Kleidung im Anhang. Dort finden Sie auch die gängigsten Krawattenknoten und eine Anleitung dazu.

TIPP

Die meisten gängigen Krawatten sind zu kurz. Wenn sich nicht bald alle betroffenen Männer stark machen, glaubt die Krawattenindustrie noch, es sei alles bestens! Wenn Sie über 1,80 Meter groß sind und von normaler Statur, verweigern Sie den Kauf von Krawatten unter einer Länge von 1,50 Meter. Meist sind sie 145 Zentimeter, idealerweise wären sie aber 155 Zentimeter lang, um damit alle eleganten Knoten durchführen zu können, die den Mann zieren sollen. Dabei soll auch der schmale Endteil der Krawatte immer noch lang genug sein, um bis zur Bauchmitte zu reichen und somit leicht durch die dafür vorgesehene Schlaufe auf der Rückseite der Krawattenfront zu passen (und bitte nicht ins Hemd stecken!).

KRITIK

... soll Verbesserung zur Folge haben. Wenn Sie sich veranlasst sehen, Kritik zu üben, dann bemühen Sie sich, konstruktiv zu kritisieren. Selbstverständlich ohne den Pfad der Höflichkeit zu verlassen.

„Sie werden sich wundern, wie oft Sie das Beste bekommen, wenn Sie es nur immer nachhaltig einfordern.“
William Somerset Maugham, englischer Romancier

TIPP
Wenn ich junge Leute höflich darauf AUFMERKSAM mache, dass sich beispielsweise ein Herr nicht vor einer DAME durch die Türe zwängt, habe ich immer DANK für den guten Tipp geerntet. Es ist ja der Ton, der die Musik macht.

KÜSSCHEN

... selbstverständlich unter GRUSS und ZÄRTLICHKEITEN abgehandelt.

KUPPELN

... gehört zu den traditionsreichsten Leidenschaften so mancher Dame. Das Geschäft der Heiratsvermittler ist Bestandteil vieler Kulturen. Dabei hat man den charmanten JUNGGESELLEN im Auge, der wohl unter „die Haube“ gehört, und das Pendant, die junge Dame, deren Wunsch nach einem geeigneten Partner nachgeholfen werden kann.

TIPP
Verraten Sie Ihre Absichten nicht den Betroffenen und geben Sie Gott Amor eine Chance. Zu offensichtlich gestellte Kuppelfallen schnappen oft nicht zu, da die Beteiligten verkrampft sind. Eine zwanglose EINLADUNG in einer nicht zu großen Gruppe eignet sich hervorragend.

L 17

… ist der flotte Name für einen Antrag auf eine „vorgezogene Lenkberechtigung" für die Führerscheinklasse B, die man ab dem vollendeten 16. Lebensjahr beantragen kann. In den Ländern, wo es dieses System schon länger gibt, sind heute nur mehr 7 Prozent der Fahranfänger in Unfälle verwickelt, gegenüber 30 Prozent von denen mit der herkömmlichen Führerscheinausbildung.

TIPP

Hier gibt es nur zwei Regeln:

1. *Eltern: Bleiben Sie ruhig und geduldig. Schreien ist sinnlos und erhöht die Nervosität.*
2. *Jugend: Auch wenn Sie die Autorität der Elterngeneration prinzipiell in Frage stellen: Hier ist es angebracht, die Tatsache bedingungslos zu akzeptieren, dass Ihr Beifahrer und Lehrer viel mehr Erfahrung als AUTOfahrer hat.*

LANGEWEILER

… sollte man prinzipiell nicht einladen. Das ist leichter gesagt als getan, manchmal bringt ein Freund einen mit und schon haben wir den Salat. Langeweiler (englisch: *bores*) kommen in zwei Kategorien: Die einen reden nichts und breiten einen Schleier des Schweigens über jeden Tisch, die anderen reden dauernd. Der ersten Gruppe kann man helfen, indem man sie mit FRAGEN wie „Was machen Ihre Kinder?" oder „Waren Sie im Winter verreist?" (siehe *SMALL TALK*) aus der eisernen Reserve lockt.

TIPP
Ich kenne da eine Spezies Mensch, die gerne dauernd redet. Diese Leute sind nur vom Gastgeber in den Griff zu bekommen. Ein dezenter Hinweis wie „Mein Lieber, ist das nicht die Geschichte, die Du uns schon letztes Mal erzählt hast?" kann hier, so er auf sensible Ohren stößt, Wunder wirken.

LAUSCHEN

... ist ebenso wenig erlaubt wie durch Schlüssellöcher zu schauen. Wird man allerdings ungewollt Zeuge einer Situation oder eines Gespräches, so ist DISKRETION EHREnsache. Sie haben nichts gesehen und nichts gehört.

LEBENSLAUF

... siehe BEWERBUNG

LEIHGABEN

... können zum Problem werden, etwa dann, wenn Sie sie verlieren oder beschädigen. Eigentlich sollte man sich so wenige Dinge wie möglich von anderen leihen.

Zum Beispiel GELD zu leihen ist unter Freunden und Verwandten immer eine unangenehme Sache. Eine kurze formlose

Notiz *IOU* vom englischen *I owe You* kann man sich vom Borger unterschreiben lassen. Doch wie schon eine alte Weisheit sagt: „Freunden borgt man kein Geld, man gibt es ihnen." Wenn Sie KINDER haben, werden Sie wahrscheinlich immer wieder damit konfrontiert, dass sie sich alltägliche Dinge ihrer Freunde ausleihen: das Polo oder die Jacke, den Armreif oder Haarschmuck, das *Playstation*-Spiel, die CD.

Erklären Sie ihnen ruhig, welche Verantwortung sie damit übernehmen und dass sie im schlimmsten Fall das Geborgte ersetzen müssen. Dinge, die man sich ausleiht, gibt man zum vereinbarten Zeitpunkt in tadellosem Zustand (Kleidung gereinigt) zurück. Werden aus Versehen Dinge beschädigt, kann das zu einer Belastungsprobe für die Freundschaft führen. Ein geliehenes AUTO gibt man gereinigt und vollgetankt zurück.

LOBBY

... ist die Halle eines Hotels und – für viele wichtig – eine Interessengruppe von Menschen. Im Lobbyismus bildet sich eine Lobby, in der die Lobbyisten versuchen, ihre Interessen durchzusetzen. So viel zum Sprachgebrauch.

Woher kommt der Ausdruck?
Im Willard Hotel in Washington – das so ziemlich in der Mitte zwischen Kapitol und Weißem Haus liegt – kehrten die Kongressabgeordneten gerne zwischen den Sitzungen ein. In der „Lobby" saß zu seiner Zeit der Präsident Ulysses Grant, dem man in einer Ecke einen bequemen Fauteuil platzierte, wo er sich gerne ausruhte.
Einige Abgeordnete hatten das herausgefunden und belagerten den Präsidenten in der Lobby, um ihm ihre Interessen zu unterbreiten. Für diese hartnäckigen Gruppierungen, die einander im Verfolgen ihrer gemeinsamen Ziele unterstützten, fand der Präsident bald einen passenden Namen: Er nannte sie die Lobbyisten.
Heute ist der Ausdruck durchaus auch für außerparlamentarisches Betreiben verwendbar.

LÜGEN

„Lügen haben kurze Beine" ist ebenso bekannt wie
„Wer einmal lügt, dem glaubt man nicht,
und wenn er auch die Wahrheit spricht".

Beide Sprichwörter haben ihre Berechtigung. Es gehört sich schlichtweg nicht, die Unwahrheit zu sagen. Es ist immer komplizierter und erfordert mehr Aufwand, als sich gleich an die Wahrheit zu halten. Das erfordert allerdings mehr Mut. Aber was soll man tun, wenn die Situation sehr heikel ist ? Hier ist Schweigen immer ein guter Rat. Wenn es gar nicht anders geht, kann man für einen Freund eine kleine Notlüge erfinden. Dann aber sollten Sie den Freund dazu bewegen, die Sache schnellstens selbst in Ordnung zu bringen.

TIPP

Doch wie sieht die Realität aus? Täglich flüchten wir in Notlügen, um die harten Wahrheiten abzufedern. „Da bin ich nicht zu spät aufgebrochen", sondern „der Verkehr war zu dicht". Die „Straße war schmutzig", wenn ich „zu faul war, die Schuhe zu putzen". Das lässt sich x-beliebig fortsetzen.

Manchmal ist es richtig, solche Ausflüchte einzusetzen, um eine Konfrontation und vor allem Respektlosigkeit zu vermeiden. Ihrer Inflation sollte ich bei mir selbst aber bewusst entgegenwirken und öfter den Mut haben, zu meinen Fehlern zu stehen.

MÄNNER

... gibt es mehrere Milliarden, doch was macht einen Mann zum Herrn? Gute Frage. Es hat wohl mit Bildung und Anstand zu tun, mit Haltung und sicherem Auftreten, mit einem noblen Geist, Selbstbewusstsein und einem feinen Wesen. Es ist hier wie bei der Schauspielerei: Es gibt keine Kriterien, wodurch sich ein guter von einem schlechten Schauspieler unterscheidet, aber man spürt es sofort.

MAKE-UP

... nennt man die dekorative Kosmetik, die überwiegend dem schöneren Geschlecht jenen Anstrich verleiht, an dem das männliche Geschlecht gerne kleben bleibt wie eine Fliege an der Parkbank neben dem Täfelchen „frisch gestrichen".

Besonders bei Make-up gilt: Weniger ist mehr! Tagsüber verwendet die DAME sehr dezente Farben. Am besten geschminkt sind Sie, wenn man zweimal hinschauen muss, ob Sie geschminkt sind. Je später der Abend, desto kräftiger dürfen die Farben werden. Wenn Sie Ihre Augen farblich besonders hervorheben, ist der Lippenstift dezenter, wenn Sie sich für knallrote Lippen entscheiden, sind die Augen nur sehr leicht betont. Wenn Sie einen Ball besuchen, sollten Sie mit dem Kleid Ihren Friseur besuchen, dass er die Frisur optimal auf die Robe abstimmen kann. Das Make-up wird auch auf das Kleid abgestimmt. Bei festlichen Anlässen kann man auch Goldpuder oder Glitzerpartikel für Haut oder Haar verwenden.

Make-up und PARFUM sind die chemische Kriegsführung der Frau zur Eroberung eines Mannes.

Peter Sellers

MARTINICOCKTAIL

... ist vielleicht der berühmteste aller COCKTAILS. Die Zahl der Bars, die sich als Erfinder dieser Mischung aus Gin oder Wodka mit trockenem Wermut rühmen, ist Legion. Vom Ritz in Paris bis zu einem New Yorker Barkeeper namens Martini, der das Getränk 1912 zum ersten Mal aus dem Shaker geschüttelt haben soll, reicht die Palette. Während Amerikaner darauf schwören, dass „ihr" Martini mit Gin – und nur mit Gin – gemacht wird, haben wir mit dem britischen Superagenten James Bond einen Verfechter einer interessanten *Cross-over*-Theorie. Lesen Sie selbst, was 007-Vater Ian Fleming in seinem ersten Bond-Buch „Casino Royal" im Jahre 1953 zu Papier gebracht hat:

Geschüttelt oder gerührt?
Der Martinicocktail wird eigentlich im Rührglas gemixt. Daher muss James Bond immer wieder extra darauf hinweisen: „Geschüttelt, nicht gerührt! Und zwar so:
3 Teile Gordons Gin
1 Teil Wodka
1/2 Teil Kina Lillet (französischer Wermut, Anm. der Red.)
Das Ganze schütteln, bis es eiskalt ist, in eine Champagnerschale abseihen, mit Zitrone abspritzen und die Schale mit ins Glas geben."
P.S.: Kina Lillet gibt es nicht mehr, nehmen Sie Lillet Blanc.

MASSGESCHNEIDERTE MODE

... (KLEIDUNG und SCHUHWERK) gehört für manche zum guten Ton und stellt den Gipfelpunkt persönlicher ELEGANZ dar. Hier ist man nicht an die Vorgaben der laufenden Modesaison gebunden. Die Dame kann sich von ihrem Schneider (Couturier) ihr persönliches Modell anfertigen lassen. Der Herr weiß seine Garderobe in den besten Händen seines Schneiders, der Sakkos und Anzüge nicht nur anpasst und schneidert, sondern sich auch um die Reinigung und das Bügeln kümmert. Heute läutet die digitale Vermessung eine Renaissance der Maßanzüge ein. Es wird immer einfacher, individuelle Wünsche von der Stange zu befriedigen – auch wenn das paradox klingt.

Der gute alte Schneiderberuf wird nicht aussterben. Die unverwechselbaren Vorzüge von kunstvoller, handwerklicher Maßarbeit liegen auf der Hand: Jedes Detail kann nach Ihren individuellen Wünschen gestaltet werden. Die exklusive handwerkliche Verarbeitung, auf Ihre persönliche Figur zugeschnitten, garantiert eine exzellente Passform und einen vorzüglichen Tragekomfort. Im kreativen Prozess von Design und Anproben können Sie Ihre individuellen Wünsche mit einfließen lassen.

Der Schustermeister nimmt Maß und „bleibt bei seinem Leisten" (jene Holzform, die dem Fuß nachgeformt ist und ihm zum Aufbau des Schuhes dient).

Die offensichtlichen Erscheinungsmerkmale der maßgeschneiderten Garderobe, ihre Vor- und Nachteile, finden Sie im Anhang.

Frauen sind eitel.
Männer? Nie!

Kurt Tucholsky

TIPP

Ist es elegante Schlamperei oder Unart, den untersten Ärmelknopf beim Maßsakko offen zu lassen? Gewiss unterstreicht man damit, dass es sich um ein Maßsakko handelt. Aber ob Sie das nötig haben, müssen Sie selbst entscheiden.

MEDIATOR

... ist ein gesellschaftlich anerkannter Beruf, der sich um eine außergerichtliche Konfliktschlichtung im Sinne aller beteiligten Parteien bemüht. Naturgemäß kommt er zum Beispiel in der

Schule, wo Lehrer zwischen aggressiven Schülern vermitteln müssen, im Rahmen einer SCHEIDUNG, wenn es um die Teilung des Vermögens geht, oder in einer Firma, in der Geschäftsführung und Betriebsrat uneins sind, zum Einsatz.

Mögliche Einsatzgebiete:

- Scheidungen, Erbschaftsstreitigkeiten
- Mobbing
- Organisationsberatung bei betrieblichen Umstrukturierungen
- Umweltfragen (wie Bürgerinitiative kontra Stadtverwaltung)
- Konflikte an Schulen
- Konflikte zwischen Arbeitnehmer und Arbeitgeber
- Täter-Opfer-Ausgleich
- Streitigkeiten aller Art

Vorteile der Mediation:

Eine Mediation ist weder eine Gerichtsverhandlung noch eine Schlichtung. Der Mediator ist ein Vermittler, der die Ansichten beider Parteien anhört, sie aber nicht bewertet oder ein Urteil ausspricht, sondern versucht, eine Übereinkunft zwischen beiden zu erzielen. Beide Parteien sollten bereit sein, sich zu einigen. Die erzielte Einigung führt zu einer Win-win-Situation in jeder Hinsicht, da eine Mediation auch noch wesentlich billiger als ein Prozess vor Gericht ist.

MENSCHEN MIT BEHINDERUNG

Es gibt wichtige Grundregeln, die man beim Benehmen gegenüber BEHINDERTEN MENSCHEN beachten sollte, um das Zusammenleben auf gleichberechtigter Basis zu ermöglichen. Das Kennen dieser Grundregeln hilft Unsicherheiten im Umgang miteinander abzubauen. (Wir verdanken dieses Wissen dem Journalisten Manfred Fischer, dessen Mobilität seit 2002 ein ROLLSTUHL gewährleistet.)

„Ich bin in erster Linie Mensch und erst viel später behindert." Diesem Satz werden vermutlich alle Personen, die behindert sind, zustimmen. Trotzdem wird in der Öffentlichkeit häufig von „den Behinderten" gesprochen. Viele behinderte Menschen empfinden diese Verallgemeinerung als „unschön" und diskriminierend.

Die undifferenzierte Wortwahl kann leicht verbessert werden. Behinderte Personen empfinden es angenehmer, als „behinderter Mensch" oder als „Mensch mit Behinderung" bezeichnet zu werden, oder einfach als „behinderte Frau", „behinderter Mann", „behindertes Kind", „behinderte Journalistin" usw.

Beispiele für weitere Begriffe/Worte, die nicht verwendet werden sollten:

- *Invalide – korrekt: behinderter Mensch*
- *der Blinde – korrekt: blinder Mensch*
- *der Gehörlose – korrekt: gehörloser Mensch*
- *ein Taubstummer – korrekt: gehörloser Mensch*
- *geistig behindert – korrekt: Mensch mit Lernschwierigkeiten oder Mensch mit mentaler Behinderung*
- *Mongoloid – korrekt: Mensch mit Down-Syndrom*
- *Liliputaner, Zwerg – korrekt: kleinwüchsiger Mensch*

Man unterscheidet vier Großgruppen bei behinderten Menschen:

- mobilitätsbeeinträchtigte Menschen (Rollstuhlfahrer, Menschen mit Krücken ...),
- hörbeeinträchtigte und gehörlose Menschen,
- sehbeeinträchtigte und blinde Menschen,
- Menschen mit Lernbehinderung oder mentaler Behinderung (früher: „geistig behinderte Menschen").

Verhaltensregeln sind auch im Umgang mit kleinwüchsigen Menschen und Menschen mit Sprachbehinderung zu bedenken.

Folgende Grundregeln gelten für Menschen mit unterschiedlichen Behinderungsformen und sollten unbedingt beachtet werden:

- Menschen mit Behinderung wollen keine besondere Behandlung. Am besten begegnet man ihnen mit dem gleichen Respekt wie anderen Mitmenschen. Überfürsorgliches und bemitleidendes Verhalten ist fehl am Platz.
- Fragen Sie einen behinderten Menschen, ob und wie Sie ihm in einer Situation helfen können. Er weiß dies selbst am besten und gibt Ihnen die richtigen Ratschläge.
- Fragen Sie am besten sofort, ohne lange zu beobachten – Letzteres wird als unangenehm und unhöflich empfunden. Wird keine Hilfe benötigt, akzeptieren Sie dies. Hilfe darf nicht aufgedrängt werden. Helfen Sie bitte nicht ungefragt!
- Treffen Sie einen behinderten Menschen in Begleitung (persönlicher Assistent, Gebärdensprachdolmetscher, Familienmitglied, Mitreisender), sprechen Sie nicht nur mit der Begleitperson. Werden Sie vom behinderten Menschen etwas gefragt, geben Sie ihm die Antwort – nicht der Begleitperson.
- Bildet sich eine Gesprächsrunde, ermöglichen Sie es unaufgefordert, allen daran teilzuhaben – für Menschen im Rollstuhl oder kleinwüchsige Menschen können sich hierbei Schwierigkeiten ergeben. Achten Sie darauf.
- Allzu intensives Nachfragen nach den Gründen einer Behinderung wird selten als besonderes Interesse an der Person gesehen, eher als unnötige Neugier.
- Nicht jede Behinderung ist sofort ersichtlich: Menschen mit Herzschrittmacher, Organtransplantationen oder einer Beinprothese muss man ihre Behinderung nicht offensichtlich ansehen. Beachten Sie dies, wenn Sie um Hilfe gebeten werden.

Mobilitätsbeeinträchtigte Menschen

Begeben Sie sich bei einem längeren Gespräch mit einem Menschen im Rollstuhl auf dessen Augenhöhe. Gehen Sie in die Hocke oder setzen Sie sich auf einen Sessel. Dies gilt auch für kleinwüchsige Menschen.

Fragen Sie einen Rollstuhlfahrer nie, wie lange er schon „an den Rollstuhl gefesselt“ sei. Durch ihn erlangen diese Menschen größere Mobilität und sie/er fühlt sich nicht daran gefesselt.

Wenn Sie einem Rollstuhlfahrer Hilfe leisten, kündigen Sie dies an, z. B.: „Ich fahre jetzt mit Ihnen los.“ Wenn Sie über eine

Stufe helfen und nicht sicher sind, wie dies zu geschehen hat, fragen Sie nach.

Sehbeeinträchtigte und blinde Menschen

Richtiges Führen: Bieten Sie Ihren Arm an und der BLINDE MENSCH hakt sich bei Ihnen ein oder legt die Hand auf Ihre Schulter. Gehen Sie dann in „normalem" Tempo neben bzw. leicht schräg vor dem blinden Menschen.

Mit blinden oder sehbeeinträchtigten Menschen in normaler Lautstärke sprechen. Stellen Sie sich immer mit Ihrem Namen vor, damit der blinde Mensch sicher weiß, wen er vor sich hat.

Korrekt und präzise formulieren: Angaben wie „dort", „hier drüben" oder „da vorne" sagen einem blinden Menschen nichts.

Besser: „Vor Ihnen steht ein Sessel und links daneben ein Tisch."

Wenn Sie einem blinden Menschen einen Sitzplatz zeigen, legen Sie seine Hand auf die Rückenlehne des Sessels.

Verlassen Sie einen blinden Menschen, sagen Sie ihm dies – auch ob und wann Sie wiederkommen.

Blindenführhunde sind Tiere bei der „Arbeit". Sie sollten nicht gestreichelt oder gefüttert werden, ohne dies mit ihrem Besitzer abzusprechen.

Dies gilt auch für die Service- bzw. Begleithunde anderer behinderter Menschen.

Gehörlose und hörbeeinträchtigte Menschen

Wichtig ist es, Blickkontakt herzustellen. Treten Sie in das Blickfeld des Menschen, mit dem Sie kommunizieren möchten, und winken Sie.

Oder:

Tippen Sie vor dem Ansprechen dem GEHÖRLOSEN MENSCHEN auf den Arm oder die Schulter – gehörlose Menschen haben weniger Scheu vor Berührung als hörende Menschen.

Sehen Sie einen gehörlosen Menschen während eines Gesprächs direkt an, damit er von Ihren Lippen ablesen kann und weiß, dass Sie mit ihm sprechen.

Sprechen Sie deutlich und in Hochsprache. Lauter zu sprechen ist sinnlos: Hörbeeinträchtigte Menschen haben meist ein Hörgerät.

Haben Sie Geduld. Manchmal ist es notwendig, Inhalte zum besseren Verständnis zu wiederholen. Nehmen Sie Papier und Bleistift zur Kommunikation zu Hilfe, wenn dies der gehörlose Mensch wünscht. Sprechen Sie in kurzen, leicht verständlichen Sätzen.

Bei Menschen, die stottern, ist es z. B. unhöflich, deren begonnene Sätze zu beenden. Man muss ihnen die Gelegenheit geben, auszusprechen – auch wenn dies manchem „schnellen" Zeitgenossen schwerfallen mag.

MINUTENSCHLAF

... ist eine ganz besondere Kunst. In Asien durchaus salonfähig (oder eher „bürofähig"), im angelsächsischen Raum als *catnap* bekannt, ist dieser kurze, tiefe und entspannende Schlaf die zentrale Regenerierung zur Tagesmitte. In Japan ist der „Inemuri" in der U-Bahn berühmt, wobei es als Gipfel der Kunst gilt, Sekunden vor dem Aussteigen aufzuwachen.

Meist hält man ihn nach dem Mittagessen, wenn der Zuckerspiegel seinen Tiefpunkt erreicht und der Energiepegel in den roten Bereich rutscht.

Wer in einem Büro arbeitet, sollte sich unbedingt schlaumachen, ob diese Form von Entspannung dort üblich ist. Immerhin gibt es schon Unternehmen, die in dem kleinen Schlummer ihrer Angestellten eine positive Unterbrechung sehen. Die Ruhepause des Minutenschlafs ist unverzichtbarer Teil von schöpferischer Arbeit, die neue Energie freisetzt (tatsächlich führt der Wunsch nach mehr Entlastungsschlaf die Hitliste der Wünsche der Angestellten an). Die moderne Schlafforschung empfiehlt den Minutenschlaf, um biologische Leistungstiefs aufzufangen. Mit einem gut durchdachten Bürokonzept sowie Möglichkeiten der Entspannung und KOMMUNIKATION ist ein wichtiger Schritt in diese Richtung getan. Drei Minuten ungestörtes autogenes Training am Schreibtisch im „Kutschersitz" wirken wahre Wunder.

TIPP

Man sollte am besten nur drei bis zehn Minuten, aber nie länger als zwanzig Minuten schlafen. Lassen Sie sich wecken oder

halten Sie einen Schlüsselbund in der Hand. Wenn Sie entspannt einschlafen, fällt dieser auf die Tischplatte oder den Boden, und Sie sollten durch das Geräusch aufwachen.
Die totale Entspannung hat sich eingestellt, und Sie sind wieder fit. Einschlafen kann man am allerbesten, indem man der natürlichen Müdigkeit nachgibt. Autogenes Training hilft. Alles Übungssache.

Die österreichische Japanologin Brigitte Steger befasst sich mit Schlafgewohnheiten, insbesondere mit der in Japan verbreiteten Schlafvariante „Inemuri", die Fähigkeit, auf ein inneres Kommando einschlafen zu können. Eine rund 500 Seiten starke Dissertation über die kulturhistorischen und sozialanthropologischen Erkundungen japanischer Schlafgewohnheiten „(Keine) Zeit zum Schlafen?" ist mittlerweile eine Art wissenschaftlicher Bestseller geworden.

MOBILTELEFONE

... werden auf Deutsch meist HANDY genannt. Mehr darüber bei uns ebendort – wirklich ausführlich aber unter TELEFONIEREN.

MONOGRAMME

... zieren Hemden, TASCHENTÜCHER, AUTOtüren, das Reisegepäck, BESTECK, Bettwäsche, Tischwäsche, eine Füllfeder oder SCHMUCKstücke. Ihr Sinn liegt darin, zu demonstrieren, dass dieses Stück exklusiv für seinen Besitzer gefertigt wurde. Es ist das persönlichste Label unserer Labelgesellschaft. Sein Geheimnis liegt in der dezenten Größe.

Auf Hemden sollte es möglichst in der Stofffarbe gehalten sein, also ein leicht erhabener, nicht weithin sichtbarer Schriftzug, der meist aus den Anfangsbuchstaben des Vor- und Nachnamens besteht. Der Schriftzug ist entweder auf der Mitte der linken Hemdenbrust, bei Sporthemden auf der Brusttasche oder auf der Außenseite einer Manschette. Es zu groß zu wählen, gilt als unelegant, dient es doch lediglich dazu, die Zuordnung der Hemden in den richtigen Schrank zu ermöglichen.

Auch ein (eigenes) Wappen kann Taschentücher und alle anderen eingangs angeführten Dinge zieren. Das entscheidet Ihr guter GESCHMACK.

NACHBARN

... hat jeder von uns. Wir haben manchmal mehr, manchmal weniger Berührungspunkte, darum sollten wir bemüht sein, ein gut nachbarliches Verhältnis zu etablieren.

Zieht man in ein neues Haus/Wohnung, so wird man es Ihnen danken, wenn Sie sich den neuen Nachbarn VORSTELLEN. Dies geschieht fast immer spontan im Stiegenhaus, am Gartenzaun oder in der Tiefgarage, meist schon während des Umzugs.

Ein informelles „Guten Tag, darf ich mich vorstellen, mein Name ist Marie Müller. Ich habe die Wohnung im dritten Stock gemietet. Darf ich Sie einmal zum Tee (einem Glas WEIN) einladen, wenn ich mich etabliert habe?“ genügt.

Falls sich das nicht ergibt, läuten Sie einfach bei Ihren Nachbarn kurz an (nicht vor 9.00 Uhr wochentags oder 11.00 Uhr am Wochenende; abends nicht nach 19.00 Uhr, auch nicht während der Mittagspause). Stellen Sie sich kurz vor (nicht länger als 5–10 Minuten) und bieten Sie ein näheres KENNENLERNEN (falls Sie die Leute sympathisch finden) zu einem späteren Zeitpunkt an.

Wie gut Sie Ihre Nachbarn kennenlernen wollen, hängt natürlich ganz von Ihnen ab. Es ist auch durchaus akzeptabel, wenn sich der Kontakt auf den gelegentlichen Gruß oder ein „Wie geht es Ihnen?“ beschränkt.

Wenn Sie dann schon eingerichtet sind, können Sie Ihre Nachbarn einzeln oder alle auf einmal, vielleicht im Rahmen einer

HousewarmingPARTY, einladen (siehe im Anhang unter Einladungen).

Wenn Sie ein Fest bei sich geben und es daher etwas lauter werden kann, informieren Sie Ihre Nachbarn vorher darüber und entschuldigen Sie sich für die Lärmbelästigung schon im Voraus. Auch wenn Sie Umbauarbeiten planen, die Lärm oder Schmutz verursachen, ist es höflich, wenn Sie Ihre Nachbarn darüber in Kenntnis setzen.

TIPP

Wenn ich zu einer Haus-Einweihungsfeier eingeladen bin, bringe ich traditionell Salz und Brot (Symbol für Wohlstand und Sesshaftigkeit) als Willkommensgruß mit. BLUMEN oder eine Flasche WEIN sind immer eine gute Idee. Wohn-Accessoires können ins Auge gehen und werden auch nicht erwartet.

NAME DROPPING

... ist eine heikle Angelegenheit. Versuchen Sie in einer Ihnen nicht bekannten Gesellschaft zuerst herauszufinden, welche Namen wohl als allgemein bekannt gelten könnten, welche sehr wohl persönlich bekannt sind und so weiter. Ziehen Sie nämlich über einen Abwesenden her, der sonst ein gerne gesehener Gast der Runde ist, so sitzen Sie bis zu den Ohren im Fettnäpfchen.

Ein hilfreicher Gastgeber oder Tischnachbar wird Ihnen rasch mit einer passenden Bemerkung zur Seite stehen („Ja, schade, dass er heute nicht hier ist, er ist ja ein SPORTsfreund unseres Gastgebers ...“).

Sie können schnell als Wichtigtuer dastehen, nur weil Sie eben bedeutendere Menschen kennen als Ihr Gegenüber. Allerdings kann es manchmal taktisch klug sein, einen Namen beiläufig fallen zu lassen. Hier ist Ihr Fingerspitzengefühl erforderlich.

TIPP

Name dropping macht sich für einige Leute besonders gut, und die anderen hören mit offenem Mund zu. Nur dann funktioniert das. Die kühle Antwort eines Londoner Taxifahrers in einem Pub dazu lautete: „Stopp dropping names, the Queen told me yesterday.“

NATIONALFEIERTAGE

... soll man feiern, wie sie fallen. Die österreichischen Botschafter im Ausland veranstalten zum Nationalfeiertag am 26. Oktober meist eine kleine PARTY. Dabei trägt man österreichische Tracht, die daher nicht im Gepäck fehlen darf, wenn man zu dieser Zeit auf offizieller Auslandsreise ist.

In EUROPA haben sich einige Länder durchgesetzt, der irische St. Patrick's Day ist besonders für die heimische *Pub*-Szene ein Gewinn. Wenn Sie nichts für diese patriotischen und oft militärischen Feiern übrig haben, respektieren Sie, dass diese für viele Menschen sehr wichtig sind. Da haben wir zum Beispiel Malta, eines der kleinsten EU-Mitgliedsländer. Es hat die meisten nationalen Feiertage (fünf!) in der Europäischen Union. Das Vereinigte Königreich von Großbritannien und Nordirland hat eigentlich gar keinen nationalen Feiertag – zumindest keinen offiziellen. Und trotzdem feiern auch die Briten: An jedem zweiten Samstag im Juni (also ohne festes Tagesdatum) wird nämlich der Geburtstag des amtierenden Staatsoberhaupts, Königin Elisabeth II., gefeiert. Die hat zwar eigentlich am 21. April Geburtstag, aber mit Hoffnung auf schöneres Wetter wurde der Junitag zum offiziellen Geburtstag erklärt.

Bei den Griechen zum Beispiel wird am 28. Oktober der Erhebung gegen den Faschismus gedacht. An diesem Tag bedeutete Griechenlands „Nein“ zu einem Ultimatum des italienischen Diktators Mussolini den Eintritt der Griechen auf der Seite der Alliierten in den Zweiten Weltkrieg. Der französische Nationalfeiertag erinnert an den Beginn der Französischen Revolution mit dem Sturm auf die Bastille am 14. Juli 1789.

Die europäischen Nationalfeiertage sind im Anhang zu finden.

NETIQUETTE

... ist die Kunst, mit anderen *Netizens (Internet Citizens)* reibungslos auszukommen. Rudimentär betrachtet ist das Internet ein riesiges Netzwerk, das auf Bedarf Millionen von Computern und ihre Benutzer miteinander vernetzt. Damit treten Sie in Kontakt mit Ihren Mitmenschen.

Bitte vermeiden Sie unbedingt:

- persönliche Beleidigungen
- Verletzung religiöser, ethischer und weltanschaulicher Empfindungen anderer Netzteilnehmer

- rassistische oder faschistische Äußerungen und Aufforderungen zu Gewalttaten
- Werbesendungen und Kettenbriefe

Mehr darüber finden Sie unter KOMMUNIKATION.

TIPP

Als Veranstalter und Moderator von Foren grenzen Sie sich gegenüber unerwünschten Publikationen ab. Beziehen Sie eindeutige Positionen wie: „Wir übernehmen keine Verantwortung für Nichteinhaltung der Netiquette, behalten uns allerdings vor, Teilnehmer, die gegen die gesetzten Regeln verstoßen, auszuschließen.“

OKKULTISMUS

... Geheimwissenschaften, Lehren und Praktiken, die sich mit der Wahrnehmung übersinnlicher Kräfte beschäftigen. Geisterbeschwörung, Gläserrücken und ähnliche Spielchen durchkreuzen immer wieder die Fantasien von gewissen Cliquen. Das ist noch harmlos, aber wenn satanische Gruppierungen mehr als die gelegentliche Gänsehaut einfordern und zum Gehorsam aufrufen oder gar Dinge verlangen, die andere Menschen gefährden oder in Angst und Schrecken versetzen, so sollte man etwas dagegen unternehmen und sich ganz rasch zurückziehen. Oft gesellen sich Hassgruppierungen und Drogendealer dazu, die viel positive Energie und letztlich Geld kosten. HÄNDE weg!

OPER, THEATER, KONZERTE, ERÖFFNUNGEN UND FILMPREMIEREN

... sind allesamt gesellschaftliche Anlässe, bei denen es – das wird den geneigten Leser nicht überraschen – ein paar Regeln gibt, die das Miteinander an diesen Stätten der Kunst bedeutend angenehmer gestalten.

Zunächst kleidet man sich dem Anlass entsprechend. Während Jeans und ein T-Shirt zum Popkonzert genau das Richtige sind, ist bei einem Besuch eines der Landestheater, dem Wiener Burgtheater, der Staatsoper, der Konzerthäuser, dem Musikverein und ähnlichen Bühnen elegante KLEIDUNG erwünscht. Vergessen Sie nicht: Kleidung beeinflusst die Atmosphäre.

Beachten Sie bitte ein paar Grundregeln, und es wird Ihnen leichter fallen, einen ungestörten Kunstgenuss zu erleben:

In der Oper, im Theater und Konzert:

- Seien Sie bis spätestens fünf Minuten vor Beginn an Ihrem Platz. Zu spät Kommende stören die Vorstellung. Oft werden Sie auch erst in der ersten Pause eingelassen.
- Sie sind nicht alleine. Verhalten Sie sich also ruhig, plaudern Sie nicht und vermeiden Sie alles, was stören könnte, vom raschelnden Auspacken eines Zuckerls bis zum dröhnenden SCHNÄUZEN. Das sollte man alles vorher erledigen.
- Vorher sollte man möglichst nichts gegessen haben, das stark nach strengen Gewürzen oder Zutaten wie Zwiebel oder Knoblauch riecht. Auch übermäßigen ALKOHOLgenuss kann

man kaum verbergen! Man isst und trinkt nicht während der Vorstellung.

- Wenn jemand auf seinen Platz muss, so stehen die anderen in der Reihe auf und lassen ihn durch. Der Neuankömmling geht dabei als höfliche Referenz mit dem Gesicht zu den anderen und bedankt sich mit einem kurzen „DANKE" für das Aufstehen. Ist Mann in Damenbegleitung, so geht Mann voran und klappt den Sitz für die DAME herunter.
- Am Ende einer Vorstellung applaudiert man. Hat es Ihnen nicht gefallen, so buhen Sie nicht lautstark heraus, sondern reduzieren Sie Ihren Applaus auf ein Minimum. Der Applaus ist das Brot der Künstler, und es ist nur höflich, sich für eine gelungene Vorstellung zu bedanken. Man klatscht mit den vier Fingern der einen HAND (ohne Daumen) in die Handfläche der anderen Hand. Nicht beide hohlen Hände zusammenknallen wie Tschinellen und auch nicht mit den Fingern scheinbar vornehm klappernd Beifall spenden.

„Während Sie dort hinten auf den billigen Plätzen bitte mit Ihren Händen klatschen, können die Herrschaften in den vorderen Reihen mit ihren Juwelen rasseln."

John Lennon während eines Konzerts der Beatles vor der Königlichen Familie und hochelegantem Publikum in der Royal Variety Show in London, 1963.

Feierliche **Eröffnungen** wie die Inbetriebnahme einer Anlage oder einer Institution haben oft eine limitierte Gästeliste. Daher erscheint man pünktlich und dem Anlass entsprechend gekleidet. Die VERNISSAGE hat hier eigene Gesetze.

Bei einer **Filmpremiere** applaudiert man – so es einem gefallen hat – nach dem Ende der Vorführung.

ORDEN

... werden für besondere Leistungen verliehen. Meistens bekommt man sie in dreifacher Ausfertigung. Eine Knopfversion für das Revers des dunklen Anzugs. Diese Form kann man zu festlichen Anlässen unaufgefordert tragen. Der Bruststern mit Schärpe oder der Orden am Halsband für die Uniform oder den FRACK und die kleinere Ausführung davon für den SMOKING (Revers). Die wichtigsten österreichischen Orden finden Sie bitte unter AUSZEICHNUNGEN im Anhang. Von besonderer Bedeutung ist der 1430 ins

Leben gerufene Orden des Goldenen Vlieses. Er wird entweder vom spanischen König oder vom Oberhaupt des Hauses Habsburg verliehen. Der Zenit ist der vom Vatikan verliehene Pius-Orden (erster Klasse ist erblich, zweiter Klasse nicht).

PARFUM

... sollte stets sehr sparsam verwendet werden. Vermeiden Sie unbedingt ein Durcheinander verschiedener Duftstoffe (Deodorant sollte geruchlos sein, Körpercreme entweder den gleichen Duft wie das Parfum haben oder neutral sein, Vorsicht bei Haarspray!). Ergänzendes finden Sie unter KÖRPERPFLEGE.

TIPP

Bedenken Sie, dass der Duft, der Sie umgibt, prägend für den ersten Eindruck ist.

PARTE

... ist eine Traueranzeige. Man verschickt sie, wenn man Freunde, Verwandte, Geschäftspartner oder Kollegen vom Ableben eines Angehörigen verständigen möchte. Hier kann es sich um eine einfache Anzeige handeln, die nur als Information dient (es wird erwähnt, wer wann verstorben ist, und die Namen der Trauernden), oder um eine gleichzeitige Verständigung mit den BEERDIGUNGSdaten und einer Kondolenz-Empfehlung.

Die Reaktion darauf ist die Kondolenz. Bei engen Freunden und Verwandten empfiehlt sich eine sofortige Reaktion, ein persönlicher Besuch oder ein rascher Anruf. Wenn man an den Begräbnisfeierlichkeiten nicht teilnehmen wird und auch keinen Kondolenzbesuch macht, schickt man ein Beileidsschreiben an den oder die nächsten Hinterbliebenen. Drücken Sie Ihr aufrichtiges (aber nicht „herzliches“!) Beileid aus oder innige Anteilnahme.

PARTNER

... sind Mitinhaber eines Unternehmens oder aber Lebensgefährten. Auch hier gibt es zahlreiche Varianten der Beziehung, bei der Sie weder verlobt noch verheiratet sein müssen. Stellen Sie sich vor, Sie leben seit zehn Jahren mit derselben Frau/Mann an Ihrer Seite, sind aber nicht verheiratet. Sie werden eingeladen und müssen rasch antworten, ob Sie alleine kommen oder nicht. Wie meldet man den Partner korrekt an?

TIPP

„Ich komme in Begleitung" ist immer korrekt. Bei der Begrüßung stelle ich meine Partnerin mit ihrem eigenen Namen vor. Selbstverständlich können Sie heute von Ihrem Partner auch als Ihrer Frau oder Ihrem Mann sprechen. Niemand wird sich über den anderen Familiennamen wundern, da es bei der Eheschließung heute nicht mehr obligatorisch ist, den Namen des Mannes anzunehmen. Es interessiert wahrscheinlich auch niemanden, ob Sie tatsächlich einen Trauschein haben. Sind Sie allerdings verheiratet, so sind Sie Mann und Frau.
Ich spreche nie von meiner Gemahlin und schon gar nicht von meiner Gattin, sondern von meiner Frau. Ich erkundige mich aber nach dem „Befinden der Frau Gemahlin". Diese Ausdrücke sind aus der respektvollen Begriffswelt nicht wegzudenken. Jungen Menschen sind eher die Begriffe „Freund" oder die „Freundin" vorbehalten.

PARTNERSUCHE IM INTERNET

... ist zu einer echten Alternative zu traditionellen Anbahnungsmethoden geworden. So manches Glück wurde schon aus den Fäden des weltweiten Netzes gesponnen. Verwenden Sie keine falschen Fotos (NETIQUETTE), machen Sie keine irreführenden Angaben, sonst werden Sie nie den Partner finden, der wirklich zu Ihnen passt. Falsche Bescheidenheit ist ebenso wenig am Platz wie Angeberei. Beschreiben Sie sich, wie Sie sich wirklich sehen, streuen Sie charmante Bemerkungen ein wie „sagt man über mich" oder „wäre ich gerne, aber tatsächlich bin ich ...".

Sollte Ihnen wirklich die Fantasie fehlen, sich selbst treffend zu beschreiben, so bitten Sie Ihren besten Freund/Freundin um eine kurze Schilderung Ihrer Person samt Ihren herausragenden Charaktereigenschaften.

PARTY

... ist der englische Sammelbegriff für viele Formen der EINLADUNG.

PARTY-CRASHING

... nennt man das unangemeldete Auftauchen bei einer Party, bei der man nicht eingeladen ist. Kann sich nur erlauben, wer mit dem Gastgeber gut bekannt ist und weiß, dass er nur aus Versehen nicht auf der Einladungsliste aufscheint. Sonst muss mit negativen Konsequenzen gerechnet werden.

PATENSCHAFT

... ist eine Verantwortung, die man übernimmt. Meist ist man Pate für ein Kind (Tauf-, Firmpate oder für bedürftige Kinder in der Ferne), man kann aber auch die Patenschaft für einen Baum im Regenwald, ein Haus, eine Institution oder ein Tier im Zoo übernehmen.

Traditionell verwenden wir den Begriff „Pate“ (lateinisch: *pater*, Vater). Ein Pate – und analog die Patin – sind so etwas wie elterliche, erwachsene Freunde, die das Patenkind auf seinem Lebens- und Glaubensweg begleiten, es unterstützen und dabei auch elterliche Funktionen übernehmen können.

Wenn Sie bei einem katholischen Kind Tauf- oder Firmpate sein möchten, müssen Sie das 16. Lebensjahr vollendet haben, katholisch und gefirmt sein und dürfen nicht aus der Gemeinschaft der

Kirche ausgetreten sein. Wenn Sie verheiratet sind, dann auch kirchlich getraut und vor allem nicht geschieden und wiederverheiratet. Auch sollte Ihre ganze Lebensführung den christlichen Werten entsprechen und nicht Anlass zu öffentlichem Ärger geben (für Protestanten: siehe Konfirmation).

Der Taufpate wird vor der Geburt von den Eltern ausgewählt. Es kann ein guter Freund oder Verwandter sein. Er begleitet das Kind bei der TAUFE, der ERSTKOMMUNION und der FIRMUNG, bis es volljährig ist. Das Kind trägt den Vornamen des Paten meist als zweiten oder dritten Vornamen.

Der Firmpate kann von den Eltern, aber auch von den Firmlingen einige Monate vor der Firmung ausgesucht werden. Er soll sein Firmkind auf dem Weg ins Erwachsenenleben begleiten und unterstützen, also auch bis zum 18. Lebensjahr.

Es ist durchaus üblich, dass Tauf- oder Firmpaten ihrem Patenkind zum Geburtstag, zu Weihnachten, zu besonderen Anlässen wie der Matura oder Hochzeit ihre Wertschätzung in Form eines GESCHENKES zuteil werden lassen.

Zur Taufe, Firmung oder KONFIRMATION werden die Patenkinder beschenkt.

Was schenkt man nun?

- Zur Taufe schenkt man etwa eine Goldmünze, die – von den Eltern verwaltet – im Besitz des Kindes bleibt.
- Bei beiden Anlässen sind Tauf- oder Firmkerze üblich.
- Zur Taufe bekommt das Taufkind eine vom Priester geweihte goldene Kette mit einem Schutzengel. Beliebt sind auch goldene Taufringe mit eingraviertem Namen und Taufdatum. Er kann an der Kette getragen werden oder wird aufbewahrt.
- Zur Erstkommunion schenkt der Taufpate seinem Taufkind den Rosenkranz und das Gebetbuch.
- Zur Firmung oder Konfirmation schenkt man traditionell einen Ausflug. Buben erhielten früher die berühmte goldene Uhr, die geweihte Goldkette mit dem Kreuz ist für beide üblich. Heute schenkt man auch GELD oder eine Wochenendreise in Begleitung (z. B. nach Rom).
- Traditionell kauft der Firmpate seinem Schützling die neuen SCHUHE zu seiner neuen KLEIDUNG (symbolisch für einen neuen Lebensabschnitt, neuen Weg. Früher bekamen Kinder zu diesem Anlass die ersten „richtigen“ Schuhe.).

Mehr über den kirchlichen und juridischen Aspekt dieser Aufgaben finden Sie in unserem Anhang.

PELZ

... ist neben Pflanzen vermutlich eines der ältesten Kleidungsstücke der Menschheit. Durch Profitgier werden Zuchtpelztiere immer noch in nicht artgerechter Massentierhaltung systematisch gequält. Wer Pelz trägt, setzt sich daher der Kritik aus, dieser Tierquälerei Vorschub zu leisten.

Pelztragende DAMEN zu beschimpfen, ist trotzdem unfair. Viele wertvolle Pelze sind vererbt oder von Tieren, die artgerecht gelebt haben. Als Dame werden Sie den Pelz ohnedies nur tragen, wenn es wirklich kalt ist.

Vielleicht vermeiden Sie Veranstaltungen, bei denen Sie Menschen treffen könnten, die sogar auf LederSCHUHE verzichten.

PERSONAL

... für den „Hausgebrauch" ist jenes Segment, das wir uns aus diesem sonst viel zu komplizierten Thema herausgesucht haben. Wir behandeln es daher unter HAUSPERSONAL.

PLAYBOYS

... sind jene unsterblichen Exemplare männlicher Erdbewohner, denen zum Ernst des Lebens die Armut fehlt. Ihre Unbeschwertheit des Seins wird – wenn überhaupt – nur gelegentlich von düsteren Wolken selbstzerfleischender Sinnfragen verdunkelt. Der Profi kommt in der Regel rasch darüber hinweg. Er weckt interessanterweise in Frauen das Verlangen, ihn zu domestizieren. So erobert diese Gattung Mann unkompliziert Frauenherzen, ist aber ob der Leichtigkeit dieser Erstürmung meist enttäuscht und legt das Mandat daher oft über Nacht wieder zurück. Das Resultat ist Unverständnis und häufig ein gebrochenes Herz.

PROTOKOLL

… heißt in unserem Fall jenes Reglement, das bei offiziellen Veranstaltungen alle Verhaltensregeln bestimmt. Manchmal minutiös. Staatsbesuche werden oft so genau getimt, dass der Chauffeur um 11.13 Uhr vorfährt und um 11.15 Uhr der Herr Bundeskanzler den Staatsgast begrüßt. Wie unter PÜNKTLICHKEIT beschrieben, sind die Engländer hier Weltmeister.

Ein Protokoll gibt es aber auch bei BÄLLEn, bei HOCHZEITen und bei allen Veranstaltungen, bei denen viele Menschen so koordiniert werden müssen, dass jeder einen maximalen Genuss erlebt.

TIPP

Ich empfehle Generalproben bei wichtigen Anlässen. Dabei wird rasch ersichtlich, ob allen Beteiligten klar ist, welche Rolle sie spielen müssen und wie die einzelnen Rädchen des Protokolls ineinandergreifen.

PÜNKTLICHKEIT

… ist Ihr Garant für den guten Eindruck. Wenn Sie zu einer EINLADUNG pünktlich klingeln (das ist in Mitteleuropa drei bis fünf Minuten nach der Einladungszeit!), haben Sie die erste große Hürde schon gemeistert.

Die Uhrzeit ist für alle Menschen gleich. Sollte man meinen. Daher verabredet man sich zum Beispiel zu einem gewissen Zeitpunkt an einem bestimmten Ort. Obwohl alle alles unternehmen, um auch pünktlich dort zu sein, gibt es einige, die immer zu spät

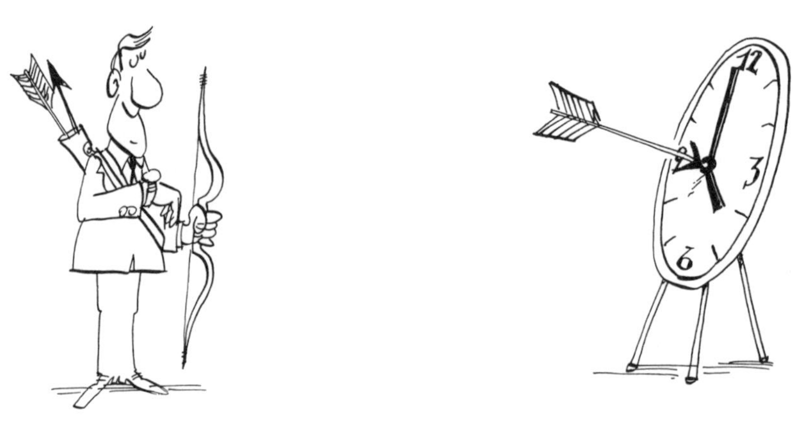

kommen. Das ist grobe Unhöflichkeit. Es ist unhöflich, zu einer Tennisstunde, dem Friseurtermin oder einem Besichtigungstermin zu spät zu kommen. Es ist auch unhöflich, zu spät in die Schule zu kommen oder seine KINDER zu spät bei einer Veranstaltung abzuliefern.

„Bester Beweis einer guten Erziehung ist die Pünktlichkeit",
sagte Gotthold Ephraim Lessing, während einer, der es wissen musste,
ein für alle Mal festlegte:
„Pünktlichkeit ist die Höflichkeit der Könige."
Louis XVIII., König von Frankreich

Pünktlichkeit ist der Respekt vor der Zeit des anderen. Sie signalisiert Rücksicht, Wertschätzung und Verlässlichkeit.

So wie das Pendel der Uhr schlägt auch die Pünktlichkeit in eine andere Richtung aus, wenn ein Gast zu früh erscheint. Da im Tohuwabohu einer EINLADUNG oft bis zur letzten Minute alle Vorbereitungen auf Hochtouren laufen, ist der Gast, der schon um halb acht statt um acht auftaucht, eine Belastung. Zu früh Kommende sollten vor der Türe warten, bis es acht ist.

Ist die Dauer einer Veranstaltung angegeben (COCKTAILs, Empfänge und diverse vormittägliche Veranstaltungen), so sind die Beginnzeit und die Endzeit durchaus ernst zu nehmen. Man verabschiedet sich spätestens zehn Minuten vor dem geplanten Ende.

Einladungen in ein RESTAURANT oder einen privaten Club sollte man so ansetzen, dass man ein zeitliches Polster zwischen Eintreffen der Gäste und dem ESSEN einplant. Dabei können die Anwesenden schon einen APERITIF zu sich nehmen.

In der Schweiz, in Österreich und Deutschland sind die angegebenen Zeiten auch wirklich so gemeint und auch von ausländischen Gästen einzuhalten. Wie es in einigen anderen Ländern aussieht, finden Sie unter Pünktlichkeit im Anhang.

TIPP

Im Geschäftsleben ist es meist von Nutzen, sogar ein wenig zu früh zu kommen. Meist muss man noch die Hürde einer Anmeldung an einer Rezeption nehmen, dann wird man erst in ein Besprechungszimmer geführt, und schon kann eine kleine Verspätung entstehen. Kalkulieren Sie das bei Ihrem nächsten Termin ein.

Um der Unpünktlichkeit ein Schnippchen zu schlagen, schreibt man auf die Einladung als Beginnzeit: „19.30 für 20.00 Uhr". Das ist die elegante Bezeichnung für: „Gäste sind ab halb acht willkommen, aber um acht müssen alle da sein!"
Auf der Einladung liest sich das so: Herr und Frau Maxmuster laden XYZ zu einem Abendessen.
Datum, XX
Zeit: 19.30 für 20.00 Uhr

In Österreich schreibt man auch:
19.30 s. t. (sine tempore = pünktlich)
19.30 c. t. (cum tempore = 15 Minuten Verspätung sind gestattet und einkalkuliert, die akademische Viertelstunde)

QIGONG, YOGA, TAI-CHI, FELDENKRAIS UND PILATES

Gutes Benehmen entspringt einer natürlichen Einstellung, einer ungekünstelten Lebensweise. Was hilft es, nach vorne höflich zu lächeln, wenn Sie tatsächlich in Ihrem Innersten zum Zerbersten gespannt sind. Meditationsformen aus der fernöstlichen und unserer Gesellschaft haben in den letzten Jahren zahlreiche Anhänger gefunden. Längst ist der Satz „Ich gehe zum Yoga“ oder „Ich mache Feldenkrais“ nicht mehr eine belächelte Aussage, bei der sich meist Frauen scheinbar ins *Out* der jutebewehrten Alternativszene stellen.

Seit mehr als 5.000 Jahren führen taoistische und buddhistische Stile zu ganzheitlicher Gesundheit. Wir sind sicher nicht schlecht beraten, uns ein wenig damit zu befassen. Sie verhelfen uns zu einer gesunden Balance und Ausgeglichenheit, die im stressreichen Alltag nur von Vorteil sein kann. Mit Qigong kann man die Lebenskraft Qi trainieren und viel für seine Gesundheit und sein Wohlbefinden tun. Gestärkt werden innere Balance, allgemeiner Gesundheitszustand und das Immunsystem. Ähnlich wie Yoga oder Tai-Chi verbinden diese sanft fließenden meditativen Atemübungen Körper, Geist und Seele zu einer Einheit. Qi-

gong verträgt sich gut mit östlicher Meditation wie Zazen (Zen), Yoga, Tai Chi Chuan (Tai Ji Quan) und asiatischer Kampfkunst (Bagua, Shinyi, Aikido, Karate, Judo, Taekwondo). Auch mit westlichen Entspannungsmethoden wie autogenem Training, Moshé Feldenkrais' Lehre, Pilates und progressiver Muskelentspannung ist es gut kombinierbar. Zahlreiche Fachinstitute bieten Kurse mit professionellen Lehrern an.

Das Qi fließt in Energiebahnen (Meridianen).
Sie sind vergleichbar mit den Adern, in denen das Blut fließt.
Die Meridiane durchziehen den Körper wie ein Netz,
das Organe und Körperteile miteinander verbindet.
Kann die Lebensenergie nicht richtig fließen, erkrankt der Mensch.

RAUCHEN

… hat seine gesellschaftliche Akzeptanz – wie es scheint – weitgehend eingebüßt. Raucher werden in klar abgegrenzte Gettos verbannt (siehe Flughafen, Restaurants, Bars). Trotzdem ist Rauchen immer noch weit verbreitet. Das gilt auch für den privaten Bereich. Wer nicht wünscht, dass in seiner Wohnung geraucht wird, darf davon ausgehen, dass sein Wunsch akzeptiert wird. Allerdings ist dieses Anliegen den Gästen bereits klar zu machen, bevor sie planen, Ihrer EINLADUNG Folge zu leisten. Raucher sollten die Chance bekommen zu entscheiden, ob sie eine Einladung in eine Nichtraucherwohnung annehmen wollen.

Obzwar es den Rauchern nicht leicht gemacht wird, heute ihrer Sucht zu frönen, gibt es noch genügend private Salons, in denen man ungehindert zum Glimmstängel greifen darf. Hier gelten nach wie vor die klassischen Regeln des Raucher-Einmaleins:

- Ein Herr bietet der DAME Feuer an, wenn sich diese anschickt, eine Zigarette zu rauchen. Sollte er selbst kein Feuer haben, so darf er die Dame bitten, ihm ihre Streichhölzer oder ihr Feuerzeug zu leihen.
- Bevor sich der Herr eine Zigarette nimmt, wird er der Dame eine anbieten.

Nicht geraucht werden darf beispielsweise:

- Überall, wo ausdrückliches Rauchverbot herrscht.
- Wenn man vorher nicht um Erlaubnis gefragt hat.

- In einem Raum, in dem noch gegessen wird, also auch nicht zwischen den Gängen.
- in öffentlichen Verkehrsmitteln
- im Flugzeug
- in Aufzügen
- auf der Tanzfläche
- auf der Straße
- in Gegenwart von Schwangeren
- bei Beerdigungen
- Aus Rücksicht, wenn jemand darum bittet, nicht zu rauchen.

In einem RESTAURANT oder einem Geschäft raucht (trinkt und isst) das Personal nicht vor Gästen.

Für Zigarren- oder Pfeifenraucher gibt es noch mehr Einschränkungen. Sogar in Lokalen, in denen das Rauchen (von Zigaretten) gestattet ist, sind Zigarren oder Pfeifen manchmal nicht erlaubt. Falls Sie nicht sicher sind, erkundigen Sie sich vorsichtshalber vorher beim PERSONAL.

REDE

Eine Rede sollte wie das perfekte Kleid einer Dame sein:
lang genug, um alles abzudecken,
kurz genug, um interessant zu bleiben.

Ihr Auftritt vor versammeltem Publikum ist oft eine einmalige Chance. Sie entscheiden, ob Ihre Rede im Gedächtnis haften bleibt oder im Trubel der Veranstaltung untergeht. Sie sollten Ihre Rede vorbereiten, am besten schreiben Sie sie im Volltext auf und lesen sie mehrere Male laut, bis Sie während des Lesens aufblicken können, um Blickkontakt mit dem Publikum zu suchen (siehe SPIEGEL). Stichwörterzettel sind nur für sehr geübte Redner ausreichend. Und noch ein Grundsatz: Selbst der beste Redner bereitet sich wirklich gut vor.

Warum muss man überhaupt eine Rede halten? Sie macht Familienfeiern, HOCHZEITen und Geburtstage für die Jubilare zu unvergesslichen Ereignissen. Man kann Mitarbeiter motivieren, Kunden informieren, Unternehmen präsentieren, aber auch jemanden ehren.

Sollten Sie nicht der Gastgeber sein, fragen Sie diesen nach den anwesenden EHREngästen. Wurden die Ehrengäste von einem Vorredner schon begrüßt, so werden sie von Ihnen nicht mehr einzeln erwähnt. Es genügt ein pauschales „Sehr geehrte Ehrengäste“. Bei einer langen Liste darf man die Namen vorlesen.

„Für eine gute Stegreifrede brauche ich mindestens drei Wochen!“
Mark Twain

Wann muss man reden:
1. bei familiären Feiern
2. bei der Eröffnung einer neuen Filiale oder einer neuen Abteilung
3. bei der Jahreshauptversammlung eines Vereins
4. bei der Generalversammlung einer AG oder Genossenschaft
5. bei der Pressevorstellung eines neuen Produkts oder einer Spendenaktion
6. bei betriebsinternen Veranstaltungen
7. bei der Pressekonferenz
8. bei tragischen wie freudigen Anlässen
9. Wenn man für eine Sache verantwortlich ist, um etwas kämpft oder Leute überzeugen will.
10. Wenn man darum gebeten wird.

Der beste Redner:
1. Beginnt rechtzeitig (Tage!) vor dem Anlass mit dieser Arbeit, sonst flattern die Nerven.
2. Nimmt seine Rede auf und spielt sie sich vor, um Fehlerstellen zu entdecken.
3. Kann seine Rede so gut wie auswendig.

4. Spricht kurz und pointiert (fünf Minuten).
5. Wärmt seine Stimmbänder wie ein Sänger auf und „singt sich ein“.

Ein schlechter Redner:
1. Trinkt ALKOHOL vor der Rede und lallt.
2. Beginnt mit: „Ich bin kein guter Redner …“
3. Wackelt hinter dem Rednerpult.
4. Klopft auf und bläst in das Mikrofon.
5. Spricht in einer SPRACHE, die die Mehrzahl der Zuhörer nicht versteht.

Die gute Rede:
1. Hat eine Einleitung, die wie ein Blitz einschlägt.
2. Es folgt eine unterhaltsame Geschichte.
3. Sie endet mit einem unauslöschlichen Schluss-Satz.

Sprechen Sie deutlich und versuchen Sie, Ihr bestes Hochdeutsch an den Tag zu legen. Füllwörter, Floskeln und das berühmte „äh“ versucht man zu vermeiden. Leider sind manche Menschen der Meinung, dass sie ohnedies perfekte Sprecher sind. Sie sollten sich „vielleicht oder gerade deshalb“ die inoffizielle Hitparade der Füllwörter in unserem Anhang ansehen.

Das Protokoll sagt:

Während Sie als Redner bei einem Vortrag oder einer Veranstaltung rechtzeitig erfahren werden, wann Sie dran sind, sind bei ESSEN und Banketts klare Richtlinien gesetzt, wann Sie sich erheben dürfen, um nun das Ihre zur Veranstaltung beizutragen.

Hochzeitsessen: Ist der Geistliche anwesend, so spricht er vor dem Brautvater. Der Vater der Braut spricht nach dem ersten Gang, der Vater des Bräutigams nach dem zweiten Gang, dann die Gäste in der Reihenfolge ihres Verwandtschaftsgrades, Alters und ihrer freundschaftlichen Verbundenheit mit dem Brautpaar.

Offizielle Essen, Diplomatenkreise: Ansprache des Gastgebers nach der Vorspeise, der Gast erwidert vor dem Dessert.

TIPP

Bei Diners bis zu zweieinhalb Stunden sollten Ansprachen vor oder nach dem Dessert gehalten werden, um nicht den Ablauf der

Küche zu stören. Bei sehr langen Geschäftsessen, bei denen es sehr wichtig ist, dass die Gäste eine bestimmte Information mitbekommen, empfehle ich kurze Ansprachen möglichst noch vor der Vorspeise.

REICHTUM

... ohne Anstand und Umgangsformen ist wie ein Rohdiamant.

Wertvoll, aber nicht gefasst. Der Reiche ist wohltätig und milde und er hilft, wo er kann und wo er darf. Seit 1919 – seit der Gründung der Tanzschule Elmayer – hängt dieser Spruch im Foyer.

Wir sind stolz darauf:

„Ohne Schicklichkeit ist alles Wissen eitel
und ohne Anstand bist Du nur ein Bettler,
auch wenn Du gehst in goldglänzender Seide
und Dein Sklave hinter Dir Deinen Goldsack trägt."

Konfuzius, 500 v. Chr.

REIFE

... ist die Fähigkeit des Jugendlichen, das Rechte auch dann zu tun, wenn es die Eltern empfohlen haben.

REISEN

... zählt zu den wichtigsten Freizeitaktivitäten der Mitteleuropäer. Nachdem Sie Ihr Urlaubsziel gewählt haben, wählen Sie die passende KLEIDUNG, erkundigen Sie sich bei exotischen Destinationen nach speziellen Sitten und Gebräuchen, was man tut und was man eben unbedingt vermeiden sollte. Im Anhang finden Sie wertvolle Tipps zur Reise im Flugzeug, mit dem Zug, mit dem Schiff, an den Strand und in die Berge, mit Kindern und mit einem Hund.

RESTAURANTS

... dienen dem Verwöhntwerden und nicht der reinen Nahrungsaufnahme. Man speist, statt zu essen, man genießt, und zum Schluss verlangt man die Rechnung, statt einfach nur „zu bezahlen". Hier wird von Ihnen einige Erfahrung mit diversen Speisen gefordert. Sie sollten sich ein wenig mit WEIN auskennen. Als Gastgeber haben Sie reserviert und sind – mit Unterstützung des fachkundigen PERSONALs – der Herr des Tisches.

Unsere Tipps im Anhang (unter KLEIDUNG, RESTAURANT, EINLADUNG, ESSEN, TAFELFREUDEN) klären die wesentlichsten Punkte.

RITTERTUM

… ist ein historischer Begriff aus einer Zeit des mittelalterlichen Kriegerstandes, als Herren noch auf Pferde als Fortbewegungsmittel angewiesen waren, die Musik nicht aus dem *iPod* kam, sondern aus der Kehle eines Minnesängers, ein Kettenhemd zur Garderobe zählte und ein gut geschliffenes Schwert bei keinem Ausritt fehlen durfte. Wie groß unser Interesse am Mythos romantischer ritterlicher Tugenden auch heute ist, zeigt wohl der Erfolg von Tolkiens „Herr der Ringe“, der Alt und Jung durch über eintausend gedruckte Seiten hin zur Filmtrilogie in ihren Bann zog.

Tatsächlich repräsentiert das Rittertum eine von EHRE und Treue geprägte Geisteshaltung, die in moralischer Hinsicht die Etikette aller nachfolgenden Generationen prägte. Ein „ritterliches“ Verhalten ist vorbildhaft. Das Ehrenwort eines Ritters hatte schon genügt, um ihm im Falle einer Gefangennahme die Ketten zu ersparen. Diese Haltung fand ihren modernen Gegenpart in der Offiziersehre. Während des Ersten Weltkrieges – zum Beispiel – wurde österreichischen Offizieren in italienischer Kriegsgefangenschaft die Waffe nicht abgenommen. Sie hatten ihr EHREnwort gegeben, sie nicht zu verwenden.

Heute noch kennen wir den Orden der Templer von Jerusalem mit seiner 900-jährigen Geschichte oder den Souveränen Malteser-Ritter-Orden. Diese Orden sind karitativ tätig, betreiben Krankenhäuser und Rettungsgesellschaften. Ritterliche Tugenden wie Ehre, Gerechtigkeit, Tapferkeit, Mut und Besonnenheit wurden vereint mit den Werten Beständigkeit, Selbstdisziplin, Treue und Mildtätigkeit, die den Ritter aus- und kennzeichnen. Im Einzelnen bedeutet dies Zuverlässigkeit, Aufrichtigkeit und Freigebigkeit im alltäglichen Handeln wie auch das Gefühl für ein faires Miteinander. Wobei wir wieder bei modernem Benehmen wären.

TIPP
Ich finde, dass wir uns diese positiven Seiten der Ritterlichkeit wieder mehr zu eigen machen sollten: Zuverlässigkeit und eine aufrechte, mutige Haltung.

Einen feinen Eindruck vom Stil des Wiens der Monarchie vermittelt – voll des Geistes und der Ironie der „Welt von Gestern" – folgende Anekdote.

Biagio Marin, Dichter aus Grado, studierte an der Wiener Universität und meldete sich, als er vom Eintritt Italiens in den Ersten Weltkrieg hörte, als entschlossener Patriot beim Rektor in Wien ab. Er wollte, ließ er wissen, durch seinen Eintritt in die italienische Armee mithelfen, die Monarchie der Habsburger mit Waffengewalt zu Fall zu bringen.

Zu seiner Überraschung verabschiedete ihn der Wiener Rektor überaus höflich und wünschte ihm in tadellosem Italienisch alles Gute für sein Vorhaben. Kaum in die italienische Armee eingetreten, wurde Marin von einem Offizier wegen einer Kleinigkeit angebrüllt, was er mit der Bemerkung quittierte: „Als Bürger der k. u. k. Monarchie bin ich einen feineren Umgangston gewöhnt!"

SCHEIDUNG

... bringt schmerzhafte Belastungen und stellt die Fähigkeit der handelnden Personen, sich gut zu benehmen, auf eine sehr harte Probe. Die Ehe an sich, ihre Haltbarkeit und ihre Geltung als gesellschaftliche Institution, als Kernzelle des Staates und sicherer Hafen für eine Familie ist nach wie vor einer der höchsten Werte unserer Gesellschaft. Die Statistik aber spricht anders: Seit 1951 hat sich in Österreich – grob interpretiert – die Zahl der Eheschließungen halbiert, die der Scheidungen verdoppelt. In manchen Gegenden Russlands liegt die Scheidungsrate schon bei 90 Prozent.

Wer von einer Scheidung betroffen ist, hat sich seiner Umwelt gegenüber nicht zu rechtfertigen. Es gibt keine Billets, keine Vordrucke und keine Etikette, wie man seine Scheidung kundtut. Da die Scheidung ein Scheitern im privaten Rahmen darstellt, spricht man darüber auch nur mit engen Angehörigen und persönlichen Freunden. Um ihnen den weiteren Umgang mit dem ehemaligen Paar zu ermöglichen, sollten Sie Ihre Freunde nicht zwingen, sich für einen von beiden zu entscheiden. Hat das Scheitern ausschließlich persönliche Gründe, so besteht kein Grund für Freunde, sich nur für einen zu entscheiden, und wenn grobe Vergehen der Grund waren, so regelt sich das ohnehin von selbst. Sollten Sie in der Öffentlichkeit stehen und Ihr Privatleben eine breitere Masse interessieren, so trachten Sie danach, dass Sie – möglichst einvernehmlich – alle Nachrichten steuern und herausgeben, bevor sie Ihnen entgleiten.

TIPP

In unserer Zeit gehen auch andere Lebensgemeinschaften in die Brüche. In meinem Freundeskreis gibt es immer wieder einmal so ein „geschiedenes" Pärchen. Dabei entsteht fast immer das Problem: Mit welchem der beiden bleibt man in Kontakt? Das ist nicht leicht zu lösen und manchmal ein „Eiertanz". Wir sollten versuchen, zu beiden Teilen fairen und freundschaftlichen Umgang zu pflegen und etwa für ein Gespräch beiden Seiten zur Verfügung zu stehen. Wenn einer der beiden nicht möchte, dann sollte derjenige es selbst entscheiden und nicht die Freunde für ihn. So hat man es wenigstens versucht und sich nicht gegen einen entschieden. Ich versuche daher nie, Partei zu ergreifen und Dinge zu bewerten, denn meist kenne ich ja nur die „halbe Wahrheit" einer Seite.

Bei Einladungen lade ich einmal sie ein und das andere Mal ihn. Ein neuer Lebensabschnitt hat für die Getrennten begonnen. Darauf müssen wir Rücksicht nehmen und helfen, dass die sozialen Kontakte nicht abreißen. Anständigerweise wird sich – zumindest am Anfang – er eher bei ihren besonders guten Freunden zurückziehen und umgekehrt. In Wien nennen wir die Leute „Gschaftlhuber", die in solchen Momenten gerne Informationsdienst spielen, indem sie die „Getrennten" mit den aktuellsten Infos über den oder die Ex versorgen: Vermeiden Sie das unbedingt – die Wunden sind noch frisch und vieles kann einfach nur verletzend sein, auch wenn es nicht so gemeint ist.

SCHIRM

... ist natürlich unter ACCESSOIRES.

SCHMUCK

... ziert Sie, sollte Sie aber nicht wie ein Christbaum dekorieren. Vermeiden Sie, Metalle zu mixen (selbst weißgoldene Ohrringe und eine gelbgoldene Kette), bleiben Sie bei einer Sorte von Steinen oder Perlen. Brillanten kann man noch am besten mischen. Man trägt maximal zwei Ringe an einer Hand, dann aber an der anderen nur einen. Eine schlichte Halskette ist ideal zu einem gemusterten Kleid, viele bunte Steine zieren eine einfärbige Unterlage. Bei Uhren unterscheidet man sportlich und elegant. Die einzige Benimmregel, die wir hier kennen, lautet: Zum Frack trägt der Herr nie eine Armband-, dafür aber eine Taschenuhr.

Im Geschäftsleben werden Damen das Tragen des eigenen Schmuckes den Geschäftsinteressen unterwerfen und sich nicht prunkvoller schmücken als ihre Kundinnen.

SCHNÄUZEN

… oder seine Nase putzen sollte man immer, wenn die Nase läuft (bitte nicht hochziehen) oder man niesen muss. Man „bläst seine Nase“, sagen die Engländer übersetzt, was die Sache besser trifft. Dies tut man in sein eigenes Stoff- oder Papiertaschentuch. Muss man mit Schnupfen in eine Gesellschaft, so ist es appetitlicher, genügend Papiertaschentücher dabei zu haben, anstatt sich immer wieder in dasselbe Stofftaschentuch zu schnäuzen. In Gesellschaft drehen Sie sich von den Leuten weg, auch bei Tisch beugen Sie sich bitte leicht zur Seite, ein wenig nach hinten oder stehen kurz auf. Das gebrauchte TASCHENTUCH wird eingesteckt und dann in einem geschlossenen Papierkorb entsorgt. Sind Sie sehr erkältet, wird Ihr Gastgeber Verständnis haben, wenn Sie dieses Mal aus Rücksicht auf die anderen Gäste nicht kommen. Es wäre eine Zumutung und würde allen anderen den Abend verderben. Mehr über dieses ACCESSOIRE im Anhang.

SCHUHWERK

… ist eine VISITENKARTE Ihrer Persönlichkeit. Schuhe sollten immer geputzt sein und sich farblich an die KLEIDUNG anpassen. Bei Damen passen die Schuhe zur Tasche, bei Herren zum Gürtel.

Umso festlicher der Anlass, umso dünner die Ledersohle, gilt für DAMEn und Herren. Bei DAMEn wird der Absatz höher, je eleganter die Garderobe ist. Im Anhang unter Kleidung finden Sie den kleinen Wegweiser durch die Welt der Schuhe.

TIPP

Wer wie ich sehr viel auf hartem Großstadtpflaster unterwegs ist, sollte Dämpfungsmaßnahmen treffen. Heute gibt es bereits sportlich-elegante Herrenschuhe mit luftgepolsterter Gummisohle. Gedämpfte Laufschuhe sind also nicht erforderlich. Zu eleganter Kleidung verwende ich natürlich elegante Schuhe mit dünner Ledersohle und einer dämpfenden Einlage. Bei Schlechtwetter bewähren sich die guten alten Gummigaloschen, die man über den geputzten Schuh zieht.

SCHWANGERSCHAFT

... ist natürlich etwas Wundervolles, wenn sie von zwei Menschen, die sich mögen und schätzen, gewollt (oder ungewollt, aber trotzdem willkommen) herbeigeführt wurde. Prinzipiell verkündet man die freudige Nachricht im engsten Kreis, formell ist hierbei nichts zu beachten, was den üblichen Rahmen von Diskretion und Takt sprengt. Erst nach der Geburt wird man auch postalisch aktiv (siehe GEBURTSANZEIGEN). In Gegenwart von Schwangeren sollte man besonders rücksichtsvoll sein und auf das RAUCHEN völlig verzichten. Wenn es im Wartezimmer zu wenig Sitzplätze gibt, werden Sie gern zu Gunsten einer Schwangeren verzichten, und wenn Sie ihr vor dem Haus begegnen, voll bepackt mit Einkäufen, wird sie Ihnen sehr dankbar sein, wenn Sie ihr behilflich sind.

TIPP

Damit Ihr Kind im späteren Leben nicht benachteiligt ist, nutzen Sie die Zeit der Schwangerschaft, sich mit allen Fragen der ELTERLICHEN ERZIEHUNG vertraut zu machen. Dazu gehört auch und vor allem, Ihr eigenes Benehmen zu verbessern – und wer hat da nichts zu verbessern? Bald werden Sie (die Eltern) die wichtigsten Personen für einen Menschen sein, der vertrauensvoll alles für perfekt hält, was Sie machen. Sie werden kopiert und sind Vorbild.

SCHWIEGERMÜTTER UND -VÄTER

... haben es nicht immer leicht, die Schwiegersöhne und -töchter aber auch nicht. Meist sind die Eltern der Braut und des Bräutigams glücklich mit der Wahl ihrer Kinder und empfinden die Ehe ihres Sprösslings nicht als den Verlust ihrer Tochter oder Sohnes, sondern als Gewinn einer neuen Tochter oder Sohnes. Doch oft genug kommt es vor, dass hier von Anfang an der Wurm drin ist, wenn wir das einmal so salopp formulieren dürfen.

Lassen Sie uns auch das kurz erläutern. Vergessen Sie als Eltern nicht, dass die Kinder noch ein ganzes Leben und somit ihre Entwicklung vor sich haben. Wenn Sie Ihrem zukünftigen Schwiegerkind mit Hochachtung und Respekt entgegentreten, so werden Sie es ihm leichter machen, diese in ihn/sie gesetzten Erwartungen eines Tages auch zu erfüllen. Meist hilft, an seine eigenen Anfänge zurückzudenken und nicht dauernd zu versuchen, geheime Wünsche und unerfüllte Sehnsüchte in das eigene Kind hineinzuprojizieren.

Verständnis ist auch von der Seite der jungen Ehepartner gefordert. Oft entsteht der Eindruck, dass hier ein „Fremder" ein geliebtes Kind seinen Eltern in eine ungewisse Zukunft entführt. Diesbezügliche Ressentiments muss man verstehen und sie am besten energisch entkräften, indem man die zukünftigen Schwiegereltern in berufliche und private Pläne einweiht. Das bedeutet allerdings nicht, dass daraus Einmischung (wie: „Ich meine es ja nur gut ...") und Manipulation erwachsen dürfen.

TIPP

Versuchen Sie mit Respekt und Verständnis aufeinander zuzugehen. Wird nicht gleich oder gar nicht geheiratet, so handelt es sich trotzdem um eine Partnerschaft (auch wenn sie GLEICHGESCHLECHTLICH ist), die akzeptiert werden soll. Ob jemand heiraten will oder nicht, ist heute eine ganz persönliche Entscheidung. Sich da einzumischen, halte ich für unklug. Die rapide steigende Scheidungsrate sollte uns zu denken geben, bevor wir ungefragt Ratschläge erteilen. Grundsätzlich sind mir die Lebenspartner meiner Kinder genauso willkommen wie ihre Ehepartner. Wenn es sich nicht um kurze Beziehungen handelt, biete ich ihnen das Du bei passender Gelegenheit an und bemühe mich, sie freundschaftlich zu unterstützen, wo ich kann. Ich erkundige mich rechtzeitig bei beiden, wie sie vorgestellt werden möchten (Freund / Freundin, Begleitung, Lebenspartner / Lebenspartnerin, Frau / Mann). Je nach Dauer der Beziehung teile ich die SITZORDNUNG bei Tisch ein: Langjährige Paare werden getrennt, kurzzeitige zusammengesetzt.

SELBSTBEHERRSCHUNG

... wird von uns in jeder Lebenslage gefordert. Auch wenn es noch so befreiend sein kann, sich auszuleben und seinem inneren Drang Ausdruck zu verleihen, gelten Wutausbrüche als ungehobelt. CONTENANCE ist das Zauberwort. Tief durchatmen. Später können wir darauf stolz sein oder uns ewig ärgern, dass wir nicht fähig waren, uns zu beherrschen.

TIPP
Für Wien-Besucher ist es wichtig zu wissen, dass es oft viel schlimmer klingt, was echte Wiener einander auf offener Straße an den Kopf werfen, als es gemeint ist. Zeuge eines Wortgefechtes zwischen einem Fiakerkutscher und einem echten Wiener Taxifahrer zu werden, ist für den Fahrgast erschütternd. Wenn sich sein Fahrer anschließend zufrieden grinsend zurücklehnt und die Wortwahl seines Widersachers anerkennend bewundert, dämmert es dem Fahrgast, dass er einem sportlichen Wettbewerb beiwohnen durfte.

SENIOREN

... gilt unser größter Respekt. In allen Kulturen sind die „Alten" die Ranghöchsten. Sie dürfen sich erwarten, dass wir ihnen in der Öffentlichkeit unseren Sitzplatz anbieten, ihnen Lasten abnehmen und Verständnis haben, dass es bei ihnen oft nicht mehr so flott geht wie bei den Jüngeren. Wir dürfen uns von ihnen erwarten, dass sie Verständnis für unsere beruflichen, privaten und familiären Verpflichtungen haben.

SERVIETTEN

... sind im Idealfall aus Stoff, können aber auch aus Papier sein. Sie dürfen aber bei keinem ESSEN fehlen. Die Serviette liegt entweder einmal gefaltet links neben dem Teller oder kunstvoll zu einem Boot (oder Hut oder ...) gefaltet auf dem Platzteller. Setzt man sich zu Tisch, nimmt man die Serviette zur Hand, öffnet sie nur zur Hälfte und legt sie sich auf den Schoß. Sie dient hier zum Schutz der KLEIDUNG. Im RESTAURANT (siehe auch unter TAFELFREUDEN) positioniert man die Serviette, bevor man einen Blick in die Speisekarte wirft. Manchmal ist der Kellner dabei auch behilflich. Während oder nach dem Essen tupft man sich leicht mit der Innenseite der Serviette den Mund ab (da das MAKE-UP unangenehme Spuren hinterlassen kann), faltet die Serviette ein- oder zweimal und legt sie wieder links neben den Teller. Falls Sie während des Essens den Tisch verlassen, so falten Sie die Serviette nur lose zusammen und legen sie auf den Sessel, weil nur die Gastgeber als Erstes dieses Zeichen geben dürfen, mit dem die Tafel aufgehoben ist. Läuft Ihre Nase, so benützen Sie bitte Ihr eigenes Stoff- oder Papier-TASCHENTUCH. Legt die Gastgeberin ihre Serviette auf den

Tisch, so kann das ein Zeichen dafür sein, dass die Tafel aufgehoben ist.

TIPP
Habe ich eine Stoff- und eine Papierserviette, so lege ich beide auf den Schoß und verwende die Papierserviette, um mir meine Hand oder die Finger zu säubern oder nach der Fingerbowle zu trocknen, wenn ich Speisen mit der Hand essen musste.

SEX

... ist die wichtigste Sache der Welt, für viele auch die schönste. Es ist ein langer Prozess, bis Jugendliche sich diesem Thema ehrlich nähern, ohne aufschneiderische Märchen zu erzählen (wo es doch oft für den anderen so beruhigend wäre, die Wahrheit zu kennen). Für fast alle Jugendlichen ist das „erste Mal" eine wahre Herausforderung. Bemerkenswert und Respekt einflößend ist die Haltung jener, die sich dieses Kapitel für die Ehe aufheben. Die Frage aber bleibt: Wie stellt man es an, wie verhält man sich dabei?

Leider ist es nicht so einfach. Es gibt kein allgemein gültiges Rezept. Wenn es ein „Man nehme" gäbe, stünde an erster Stelle die Zeit. Es ist ganz besonders wichtig, dass Menschen, die einander körperlich näher kommen wollen, es vorher zuerst geistig tun sollten. So entsteht Vertrauen, und man weiß, was für den anderen wichtig ist, worüber er sich freut und was ihm Angst macht.

Und noch etwas: Es ist nicht wichtig, wann man zum ersten Mal Sex hatte. Hinterher entscheidet nur das Wie und unter welchen Umständen.

Sex ist nicht nur *Fun,* sondern vor allem auch Verantwortung. Verantwortung für sich selbst, seinen Partner und die eventuellen Folgen. Da wäre einmal die Frage der Verhütung, die kein Tabu sein darf. Sprechen Sie unbedingt vorher mit Ihrem Partner, Arzt oder einem Vertrauten darüber. Es ist nicht peinlich! Klären Sie das im Vorfeld, nicht unmittelbar vorher. Das zerstört dann doch jede Romantik.

Ein Herr wird als Beweis seiner Besonnenheit immer ein Kondom bei sich führen. In Zeiten der Gleichberechtigung muss auch eine Dame dies mitführen und darauf bestehen. Jugendliche sollten ohne Kondome keinen Verkehr haben. Die Risiken sind vielfältig und leider zu groß. Trotz Aufklärung steckt sich allein in Österreich täglich mindestens ein Mensch mit dem HIV-Virus (AIDS) an. Bevor Sie sich länger binden und somit auf Verhütungsmaßnahmen verzichten wollen, ist es durchaus legitim, wenn beide Partner sich vorher einem Bluttest unterziehen. Gegenseitiger Respekt und Rücksichtnahme sind auch hier elementar.

Ein schönes gemeinsames Erlebnis sollte auch gemeinsam ausklingen.

Ein rasches Davonlaufen nach dem Sex ist entweder vorher gut begründet vereinbart oder einfach TAKTlos.

SINGLE

... ist jemand, der im Unterschied zum Alleinstehenden bewusst und willentlich allein, ohne feste Bindung an einen Partner lebt. Gutes Benehmen ist vor allem dann wichtig, wenn man mit anderen Menschen auf engem Raum in einer Gemeinschaft lebt. Dies trifft auf Singles nicht zu. Als Single läuft man deshalb Gefahr, weniger Rücksicht üben zu müssen. Es fehlt die Notwendigkeit, täglich KOMPROMISSE zu schließen. Das ist gefährlich, weil Umgangsformen Übung brauchen.

TIPP

Gerade für Singles empfehle ich die Eigenbeobachtung als wichtiges Mittel, um

Schwächen zu erkennen und dagegenarbeiten zu können. Nehmen Sie auch Kritik von Freunden als ein wohlwollendes Zeichen ernst. Pflegen Sie möglichst viel gesellschaftlichen Umgang. Falls Ihr Freundeskreis zu klein ist, rate ich Ihnen zum Besuch eines Tanzkurses, SPORTvereines etc.
Sehr kommunikativ sind HUNDEspaziergänge. Wenn Sie keinen eigenen Hund ausführen können, ist der Nachbarhund oder der Hund Ihrer Freunde für Bewegung dankbar, und Ihnen tut sie auf jeden Fall gut.
Möchten Sie einen Single zum Abendessen einladen, bieten Sie ihm an, in Begleitung zu kommen. Wenn er alleine zusagt, können Sie gerne noch jemanden dazubitten, wenn es die SITZORDNUNG erfordert.

SITZEN

... mag gelernt sein. So wirft man sich nicht in das Sitzmöbel, hockt nicht auf Sessellehnen und spreizt auch nicht seine Knie weit auseinander. Das Überkreuzen der Beine über den Knien findet nur im Freundeskreis statt, die Knöchel darf man unter dem Sessel oder davor dezent kreuzen.

Heute setzt man sich bequem und locker an den Tisch. Beim ESSEN berührt der Rücken die Lehne nicht, sonst natürlich schon. Sitzen Sie möglichst gerade und so nahe, dass die Arme auf der Tischkante ruhen. Dabei bleibt man mindestens eine Handbreite von den Ellbogen entfernt, die am Tisch nichts zu suchen haben.

SITZORDNUNG

... klingt zwar altmodisch, doch es ist für die Gäste angenehmer, wenn sie einen Platz zugewiesen bekommen. Auch kann die geschickte Platzierung Ihrer Gäste einen wesentlichen Beitrag zum Gelingen des Abends leisten. Traditionell sitzen Gastgeber und Gastgeberin einander gegenüber. Mehr dazu finden Sie unter TAFELFREUDEN.

So setzen Sie Ihre Gäste richtig (zwei und vier Gäste):

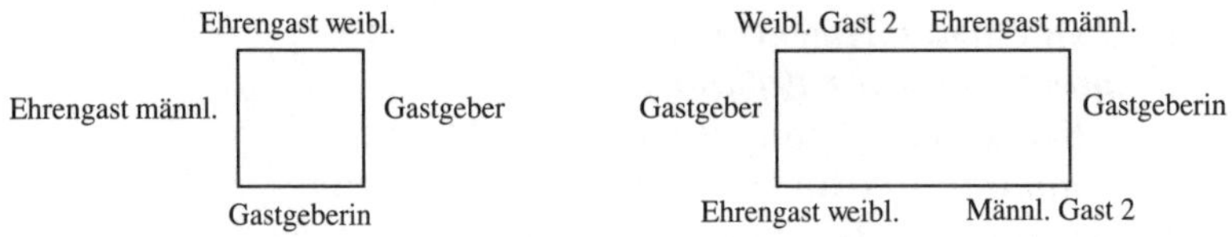

SLEEP-IN

... findet zum Beispiel in der Schule statt. Alle KINDER rücken mit Schlafsäcken ein und verbringen die Nacht im Jogginganzug, sind furchtbar aufgeregt, schlafen kaum und sind am nächsten Tag müde, aber um eine Erfahrung reicher, die das Gemeinschaftsgefühl stärkt.

SLEEP-OVER

... ist der Hit bei unseren Kindern, die gerne bei ihren Freunden die Nacht verbringen. Meist am Wochenende oder in den Ferien, manchmal hilft es aber auch aus der Patsche, wenn man die elterliche Aufsichtspflicht kurzfristig nicht wahrnehmen kann und sein Kind bei Freunden unterbringt. Da es oft daran scheitert, dass hier niemand weiß, wer wen zu kontaktieren hat, hier der klare Leitfaden.

Am besten fragen beide Kinder zu Hause, ob es genehm ist, zum *Sleep-over* zu einem Freund zu gehen oder einzuladen. Dann müssen die Erziehungsberechtigten miteinander sprechen. Die Einladenden müssen die Erziehungsberechtigten des Eingeladenen anrufen.

Ein kurzes Gespräch genügt, um die wesentlichen Punkte abzuklären:

1. Unser Kind möchte Ihr Kind einladen, bei uns zu übernachten.
2. Wissen Sie schon davon?
3. Ihr Kind darf gerne bei uns schlafen!
4. Erlauben Sie es auch?
5. Für wie lange?
6. Wann genau (!) hinbringen/abholen?
7. Gibt es Dinge, die beachtet werden müssen (Allergien des Gastkindes, Medikamente ...)?

Sie bringen Ihr Kind hin.
Von Ihnen wird erwartet:

1. Zahnbürste, Haarbürste, persönliche KÖRPERPFLEGEprodukte, Pyjama und Hausschuhe sind im Gepäck.
2. Saubere Unterwäsche und KLEIDUNG zum Wechseln für den nächsten Morgen oder die nächsten Tage (genügend Wäsche mitgeben).
3. Teilen Sie dem Gastgeber mit, ob Ihr Kind schon gegessen hat, wie viel es isst und wie oft.
4. Erklären Sie Ihrem Kind, dass nun die Eltern der Freundin/des Freundes die Verantwortung übernommen haben und daher auch alle relevanten Entscheidungen treffen dürfen (die auch befolgt werden müssen).
5. Falls Ihr Kind gerade Medikamente nehmen muss, übergeben Sie sie den Gastgebern mit genauen Anweisungen. Lassen Sie die Arzneien immer in den Schachteln inklusive der Beipacktexte. In einem Notfall können die Gasteltern schneller reagieren.
6. Es ist durchaus üblich, dass Sie per TELEFON (oder falls Ihr Kind ein Handy hat) Ihrem Kind „Gute Nacht" wünschen oder sich am nächsten Vormittag erkundigen, ob alles in Ordnung ist. Mehr wäre übertrieben.
7. Falls ein Zeitpunkt des Abholens vereinbart ist, seien Sie bitte PÜNKTLICH.
8. Vergessen Sie nicht, sich herzlich zu bedanken und Ihr Kind daran zu erinnern, dies ebenfalls zu tun.

Sie bekommen ein Gastkind. Von Ihnen wird erwartet:
1. dass Sie es liebevoll aufnehmen;
2. dass Sie eine Schlafgelegenheit mit sauberer Bettwäsche, Handtücher und Seife zur Verfügung stellen;
3. dass Sie anwesend sind oder für eine zuverlässige Aufsicht (Erwachsene, keine Geschwister unter 18 Jahren) sorgen;

4. dass Sie es den Tageszeiten entsprechend verpflegen;
5. dass Sie nur dem Alter entsprechende Unterhaltung zulassen (DVD, TV, Druckschriften etc.);
6. dass die Kinder zeitgerecht ins Bett kommen;
7. dass Sie die Eltern kontaktieren und anbieten, das Kind jederzeit nach Hause zu bringen (wenn möglich), falls es ein unvorhergesehenes Problem gibt (z. B. das Kind hat schrecklich Heimweh);
8. dass Sie vor der Abreise alle sieben Sachen Ihres kleinen Gastes zusammenpacken und dafür sorgen, dass nichts vergessen wird.

Sleep-over ist auch durchaus bei älteren Kindern, also *Teenagern* oder Studenten, üblich. Hier sind die vorher besprochenen Regeln nicht unbedingt immer anzuwenden. Aber auch hier gilt: Ihr Kind sollte Sie vorher fragen, ob es in Ordnung ist, wenn ein Freund bei ihm übernachtet oder es bei einem Freund eingeladen ist. Etwa ab dem 16. Lebensjahr wird man nicht unbedingt immer Kontakt mit den anderen Eltern aufnehmen. Obwohl man natürlich schon wissen möchte und sollte, in welchem Umfeld das Kind sich befindet.

Nun haben Sie also einen Übernachtungsteenager (junger Bursche oder junges FRÄULEIN).

Von ihm wird erwartet:

- dass er/sie sich höflich und freundlich benimmt und sich für die Gastfreundschaft bedankt;
- dass er/sie seine persönlichen Badezimmer-Utensilien mitbringt, einen Pyjama und frische Wäsche für den nächsten Morgen;
- dass er/sie sich an ein eventuelles RAUCHverbot hält;
- dass er/sie sich an ein eventuelles ALKOHOLverbot oder -limit hält;
- dass das TELEFON nicht ungefragt benutzt werden darf, weder hereinkommende Anrufe entgegengenommen noch eigene Telefonate auf Kosten des Gastgebers geführt werden.

Falls Ihr Kind schon das Alter erreicht hat, in dem man jemanden in der Disko kennenlernt und sich dann spontan um 4 Uhr früh entscheidet, das Gästezimmer anzubieten, sollte Ihr Sohn/ Ihre Tochter Ihnen vielleicht eine Notiz in der Küche hinterlassen, dass es einen Gast gibt. Der immer frisch gewaschene Gästebademantel an strategisch günstiger Stelle ist hier eine gute Idee.

SMALL TALK

... nennt man die leichte Konversation für schwere Augenblicke. Schwer nämlich dann, wenn Sie zum Beispiel auf einer COCKTAILPARTY einem vollkommen Fremden gegenüberstehen und einfach nicht wissen, was Sie sagen sollen.

Die wichtigste Mitteilung: Trauen Sie sich! Erfahrene Zeitgenossen legen sich einige Tagesthemen zurecht, die auf keinen Fall ethnische oder religiöse Gefühle verletzen dürfen. Das berühmte „Wetter“ ist immer praktisch, besonders wenn es außergewöhnliche Kapriolen schlägt. Wer gerade von einer REISE zurückgekehrt ist, kann hier ein Thema suchen. Ein neu erschienenes BUCH oder eine THEATERaufführung ist immer ein Rettungsanker. Raffinierte regen durch eine gute FRAGE ein Gespräch an, Provokante werfen etwas in die Runde in der Hoffnung, dass sich ein paar Gäste aus der Reserve locken lassen. Wissenschaftlich betrachten wir das unter dem Punkt SPRACHE. Sie müssen nicht als Alleinunterhalter auftreten, die meisten lauschen ohnedies höflich in der Hoffnung, als Nächster selbst etwas erzählen zu dürfen.

Small Talk bei einer EINLADUNG:

Eine Langzeitstrategie sollte man sich für ein Abendessen oder andere längere Miteinander zurechtlegen. Da hilft es nicht, dass man sich mit einer kurzen Überlegung über den nullten Thermodynamischen Hauptsatz davonstiehlt. Ein Segen, wenn die Tischdamen oder -herren das gleiche Hobby haben und darüber Erfahrungen austauschen. Ein Drama, wenn sich ein Gast nur in sein Fachwissen verliert und nichts Allgemeingültiges zum Besten zu geben weiß. Wenn Sie nichts zu sagen haben, klauen Sie sich ein Thema aus einer Konversation heraus, das Sie interessiert und über das Sie etwas wissen. Der brillante Erzähler von großartigen Geschichten, der *Raconteur,* ist ein strahlender Stern im Diadem einer Abendgesellschaft, und jeder Gastgeber wird sich glücklich schätzen, so einen Unterhaltungsmagneten in seiner Mitte zu wissen.

Er wird nicht so unhöflich sein, nur mit einer einzigen Person während des ganzen Mahles zu plaudern.

Anekdoten auf kleine Zettelchen zu schreiben und unter dem Tisch nachzublättern, per SMS WITZE anzufordern oder permanent nach der Uhr zu schauen und sich halblaut über die LANGEWEILE zu beklagen, gilt als höchst unfein. Warum sind Sie nicht gleich zu Hause geblieben?

Small Talk im Flugzeug:

Für Langstreckenflüge gilt: Man grüßt beim Niedersetzen seinen Sitznachbarn. Ein kurzes Abtasten mit den Fragen nach Nationalität, „Urlaub oder geschäftlich?“, „Zum ersten Mal dorthin?“ und so weiter gilt am Anfang eines Fluges nicht als aufdringlich, vor allem nicht in den USA. Bei uns wird oft schon die FRAGE nach der Gegend, aus der man kommt, als anmaßend am Beginn einer Konversation empfunden. Hier empfiehlt sich eine allgemeine Feststellung mit positivem Inhalt wie z. B.: „Über den Wolken scheint immer die Sonne, das liebe ich so am Fliegen.“ Diese einleitenden Sätze verpflichten nicht zu mehr. Den Rest überlässt man der gegenseitigen Sympathie. Bei Interesse können Sie ja weiterplaudern und erfahren vielleicht zwischen Los Angeles und Frankfurt alles über die JAGD auf Rotwild mit der Armbrust. Wenn Sie noch ein paar Tipps zur Destination brauchen oder loswerden wollen, ist noch Zeit vor der Landung. Am Ende des Fluges verabschiedet man sich von seinem Sitznachbarn und wünscht noch eine gute Weiterreise. Damen hilft man natürlich mit ihrem Handgepäck, das man ihnen aus dem Gepäckfach herunterhebt. Da im engen Gang des Flugzeugs immer Platzmangel herrscht, ist eine hilfreiche Hand beim Mantelanziehen ebenfalls erwünscht. Weiter sollte diese Hilfestellung aber unaufgefordert nicht gehen, da man die DAME kompromittieren könnte.

Small Talk am Schilift:

Grabesstimmung regiert oft am Schilift. Für die gesamte Strecke sitzen fremde Menschen nebeneinander und bringen es nicht zustande, ein freundliches Wort an den anderen zu richten. Trauen Sie sich doch einmal über das herrliche Panorama, den fantastischen Schnee, das traumhafte Wetter etwas zu sagen. Fragen Sie die Gäste aus anderen Ländern, wie bei ihnen die Schiverhältnisse sind. Betrachten Sie Small Talk auch als Chance, etwas Neues zu lernen oder Ihre Fremdsprachen zu trainieren. Die letzte Liftkatastrophe mit genauer Anzahl der Todesopfer gehört hier nicht zu den Topthemen.

TIPP

In EUROPA gilt es als unhöflich, sofort nach dem Beruf zu fragen. Mein Gegenüber wird sich verschließen, statt sich zu öffnen. In Amerika und Asien ist das oft Bestandteil jeder ersten Konversation („Where are you from?", „Which business are you in?"). Bei uns fühlt man sich offensichtlich leichter taxierbar.

Für den Einstieg zur Eröffnung einer Konversation, auf die man aufbauen könnte, möchte ich Ihnen hier ein paar Anregungen geben. Stellen Sie möglichst keine persönlichen Fragen am Beginn:

- *„In diesen Räumen eingeladen zu sein, ist schon ein Privileg."*
- *„Hier hat man wenigstens Platz, vor der Türe gab es ja keinen Parkplatz mehr."*
- *„Man brauchte drei Hände, wenn man mit einem Glas und einem Teller in der Hand noch jemanden begrüßen wollte."*
- *„Also ich muss schon sagen, ich komme gerade aus Hongkong. Wie sich diese Stadt verändert hat … Waren Sie kürzlich einmal da?"*

Nach dieser Aufwärmphase können zunächst solche Fragen gestellt werden, die das Gegenüber betreffen, aber nicht seine Privatsphäre berühren:

- *„Sind Sie auch vollkommen fremd hier?"*
- *„Kennen Sie unsere Gastgeber privat oder haben Sie beruflich mit ihnen zu tun?"*
- *„Sind Sie auch mit der U-Bahn gekommen?"*

„Ein Klatschmaul spricht über andere,
ein Langeweiler über sich selbst –
und ein brillanter Gesprächspartner spricht über Sie."

SMOKING

... wird auch noch als *black tie* oder als kleiner Abendanzug des Herrn bezeichnet. Es ist die KLEIDUNG des eleganten Herrn, nicht vor 17 Uhr, also nur zu Abendveranstaltungen. Es gibt ihn in Schwarz oder Nachtblau. Die weiße Jacke, also das Dinnerjackett, wird nur im Sommer oder in den Tropen getragen. Zum Smoking passt die schwarze Masche und der Kummerbund. Die schwarze Weste tragen Sie zum Smoking, wenn Sie Kellner sind. Finden Sie bitte alle anderen Details im Anhang unter Kleidung.

SMS

... ist die Abkürzung für *short message service.* Sie wird vom HANDY aus oder aus dem Internet verschickt (auf ein anderes Handy) und ist ideal, um Treffpunkte, Schulnoten, TELEFONnummern oder kurze Informationen zu übermitteln. Auch für ein „DANKE für das Abendessen!" ist es wie geschaffen. Es gilt als Stilbruch, per *SMS* eine Beziehung zu beenden oder andere persönliche Nachrichten zu übermitteln, um einer unmittelbaren Konfrontation aus dem Weg zu gehen.

Laut Beschluss des Oberlandesgerichtes darf man sich jetzt in Österreich per SMS bei seinem Arbeitgeber krank melden, sofern nichts Gegenteiliges im Arbeitsvertrag steht und der Dienstgeber ausdrücklich die direkte Kommunikation via Mobiltelefon mit ihm gestattet. Eine KÜNDIGUNG PER SMS ist jedoch nicht gesetzeskonform, da die nötige Schriftform nicht erfüllt und die Zuordnung der Person nicht sofort möglich ist.

Auf Englisch sind Abkürzungen weit verbreiteter als bei uns: „4u" heißt zum Beispiel „für Dich" (for you), „cu" bedeutet „wir sehen uns" (see you), „lol" steht für „laut lachen" (laughing out loud) und so weiter.

SNOB

… ist streng technisch die Abkürzung von *sine nobilitas*, also ohne ADELSTITEL. Der Snob ist ein manieriertes Exemplar der Gattung Mensch, das voller Verachtung für alle bürgerlichen Klischees einen pathetischen Anspruch auf extravagantes Verhalten zur Schau stellt. Den Snob findet man in der *High Snobiety,* wo er sich mit seinesgleichen über die Niederungen der Gesellschaft mokiert, falls er ihnen überhaupt so viel Bedeutung beimisst.

SPIEGEL

… sind hilfreich und praktisch. Ein Kontrollblick hinein, bevor man das Haus verlässt oder zu einer wichtigen Besprechung geht, ist unerlässlich. Sitzt die KRAWATTE gut, ist die Frisur noch in Ordnung oder hält das MAKE-UP noch? Auch während eines langen Abends ist zwischendurch ein Blick in den Spiegel angebracht. Die DAME wird jedoch nicht ihr Make-up bei Tisch auffrischen.

Wenn Sie eine REDE vorbereiten, ist es immer ganz gut, wenn Sie sie einmal vor dem Spiegel halten. So merken Sie, ob Sie ausreichend Blickkontakt mit dem Publikum haben, und können auch Ihre KÖRPERSPRACHE bewusst miterleben und steuern.

TIPP

Bevor ich irgendwo auftrete, blicke ich noch kurz in einen Spiegel, um zu prüfen, ob mein Äußeres meinen Vorstellungen entspricht, meine Frisur nicht zerstört ist, die Krawatte richtig sitzt und keine Überreste des vorhin gegessenen Mohnbrötchens auf meinen Zähnen vom Inhalt meines Vortrages ablenken.

SPORT

… ist ein wesentlicher Teil unseres Lebens. Viele zeigen im Sport ihr „wahres Gesicht“ und verlieren in der Hitze des Gefechts jene höfliche Maske, hinter der sie sich sonst verbergen. Eine Runde Golf kann zur Charakterstudie werden, bei der man für gewöhnlich einen tiefen Blick in die Seele seines Mitspielers genießt.

So gibt es neben den „Spielregeln" zahlreiche Gesten und ungeschriebene Gesetze, die, werden sie nicht eingehalten, nicht als Regelverstoß, aber doch als AFFRONT ausgelegt werden können. Sie haben sich über die Zeit als richtiges Benehmen in dieser oder jener Sportart etabliert – obwohl sie in keinem Regelbuch stehen. Auch hier gilt, dass man Rücksicht nimmt auf den anderen. Oft lassen sich Spieler gehen, wenn sie merken, dass sie verlieren. Das ist in keiner Sportart FAIR gegenüber dem Gegner und wirft ein bezeichnendes Licht auf Ihre Lebenseinstellung.

Halten Sie sich an die nachfolgende Etikette, und Sie werden auf der Piste, am Golfplatz oder beim Tennis als Mitspieler geschätzt werden, wenn Sie wissen, was Sie tun müssen und welches Verhalten zur reibungslosen Abwicklung dieses Sports notwendig ist. Fast bei jeder Sportart gibt es spezielle KLEIDUNGsvorschriften. Bitte erkundigen Sie sich rechtzeitig, was Sie dafür benötigen. Im Anhang finden Sie wichtige Anregungen für ein tadelloses Verhalten beim Schifahren, beim Tennis, beim Golf, beim Polo, beim Fußball, im Fitnessclub, in der Sauna, im Solarium und im Schwimmbad.

SPRACHE

... ist mit dem optischen Eindruck die zweite wichtige Wahrnehmung, die uns hilft, einen Menschen besser einzuschätzen. Interessanterweise ist es dabei oft weniger bedeutend, was gesagt wird, sondern wie es gesagt wird. Bei der REDE ist es besonders wichtig, seine KÖRPERSPRACHE auf den Text abzustimmen. Nikita Chruschtschow, der Zentralsekretär der Sowjetunion in den Jahren 1953–1964, wurde berühmt mit seiner REDE, in der er seinen Schuh auszog und damit vor der UNO-Vollversammlung 1960 auf das Rednerpult trommelte. Alle sehen dieses Bild vor sich, auch hier weiß niemand mehr, was er dazu gesagt hat. Die geprobte und die Stegreifrede sind daher nicht nur Sprache, sondern auch Auftritt.

TIPP

„Die Sprache ist jene vokale Botschaft, die zusammen mit anderen Signalen wie der Körpersprache, also Gesten und Haltung, auf mehreren Kanälen empfangen wird. Wir als Sender solcher Zeichen sollten die Sprache mit Körpersprache und anderen Hinweisen abgleichen.“
Es kommt auf den richtigen Ton und die Wortwahl genauso an wie auf meinen Gesichtsausdruck, Blickkontakt, HÄNDEDRUCK, meine Haltung, ja sogar meine Frisur und KLEIDUNG, kurz mein ganzes Äußeres, ob meine Botschaft richtig ankommt oder nicht.

Lassen Sie uns einen kleinen Ausflug in die Welt der Sprachforschung unternehmen. Oft steckt hinter der Sprechweise manipulierende Absicht. Eine heisere, müde Stimme unterstreicht hohe Arbeitslast; ein munterer Klang dient zur Motivation anderer; der so genannte Brustton ist der akustische Vater der Überzeugung. Im Anhang finden Sie interessante Deutungen unserer Stimme. Wir nutzen unseren Tonfall auch zur Beeinflussung bei Ansprachen. Wer etwas Interessantes in einem eintönigen Gemurmel herunterleiert, stößt auf taube Ohren.

SPRACHLOSIGKEIT

… tritt ein, wenn jemand für die Vielfalt der deutschen Sprache eine einfachere Lösung findet. Da Jugendliche immer wieder von der älteren Generation ersucht werden: „Kannst Du nicht einmal etwas anderes als immer nur *coooool* sagen?“ und es oft nicht können, haben wir eine kleine Liste als Schummelzettel angelegt.

TIPP

Cool = abenteuerlich, ansehnlich, auffallend, ausgefallen, außergewöhnlich, beachtlich, bedeutend, bedeutungsvoll, beein-

druckend, besonnen, beträchtlich, bewundernswert, bewundernswürdig, bombig, brillant, chillig, dope, eindrucksvoll, enorm, entwaffnend, erstaunlich, fantastisch, gefasst, geil, gelassen, genial, groß, großartig, herausragend, hervorragend, imponierend, imposant, kühl, laut, locker, lässig, ruhig, klasse, krass, märchenhaft, nennenswert, ohnegleichen, prima, sagenhaft, sensationell, sondergleichen, spektakulär, stattlich,

spitze, spitzenmäßig, stark, super, toll, überhöht, überraschend, ungeläufig, überwältigend, unvergleichlich, verblüffend.

An diesem Beispiel kann man erkennen, dass unsere reiche deutsche Sprache uns hilft, nie sprachlos zu sein. Wir brauchen uns nur etwas anzustrengen.

TÄTOWIERUNG UND PIERCING

... sind bleibende, äußere Veränderungen. Sie als momentanen Protest gegen das Establishment zu betrachten, geht daher ins Leere. Man kann es ja einfach einmal ausprobieren. *Tatoos* kann man aufkleben, was den gewünschten optischen Effekt erzielt. Wundern Sie sich nicht, wenn man Sie schief ansieht – Tätowierungen kommen aus der Welt der Seefahrt und der Gefängnisse.

Das echte *Tatoo* hingegen ist eine Wunde, die lange nachbehandelt werden muss, bis sie vollständig verheilt ist. Der Eingriff ist gefährlich und oft wegen mangelnder Hygiene mit Blutvergiftungen als Draufgabe bedacht. Menschen, die sich so einer Tortur unterzogen haben, sind ideale Ansprechpersonen (Würdest Du es wieder tun? Beim selben Tätowierer? etc.) Hilfreich zur Entscheidungsfindung ist sicherlich auch die Beratung, wie man ein *Tatoo* wieder entfernen lassen kann. Die sehr teure und schmerzhafte Rubinlasertherapie steht bei *Tatoos* an erster Stelle.

Das *Piercen* ist durch seine noch längere Ausheilzeit des durchstochenen Körperteiles etwas, was man sich unter Umständen schon nicht mehr wünscht, wenn man es dann endlich hat. Informieren Sie sich hier ganz genau und entscheiden Sie in Ruhe und nie unter Druck, ob Sie wirklich monatelang warten wollen, bis so eine Wunde verheilt ist.

TIPP

Alles, was die Haut durchlöchert oder lebenslang ziert, sollte vorher genau überlegt werden, da sich diese Schmuckarten nicht rückgängig machen oder entfernen lassen. Dem Druck seiner

Gruppe oder Clique nachzugeben und sich tätowieren zu lassen, ist im Moment verlockend. Dies führt aber oft zu Problemen in der Familie, Gesellschaft und am derzeitigen Arbeitsplatz oder verhindert eine künftige Anstellung. Viele Unternehmen haben diesbezüglich sehr strenge Richtlinien, weil dieser äußere Eindruck nicht dem Bild (= IMAGE) entspricht, das von dem Unternehmen erwartet wird. Schließlich repräsentiert jeder Mitarbeiter in den Augen des Kunden das Unternehmen.

TAFELFREUDEN

… im eigenen Heim erfordern eine Meisterleistung an Koordination, Überblick und Fantasie. Sie haben gerne Gäste, Sie schulden jemandem eine EINLADUNG, Sie begehen ein JUBILÄUM, es gibt frische Austern! – jede Tafelfreude hat ihren Anlass.

Was immer es auch ist, man lädt Menschen ein. In unserem Fall zu uns nach Hause.

Dabei müssen Ihre Gäste über gewisse Dinge informiert sein, damit sie sich bei Ihnen wohlfühlen und nicht von unerwarteten Rahmenbedingungen überrascht werden. Auch Sie sollten ein paar Dinge über Ihre Gäste wissen. Anhand einer „Kleinen" und einer „Großen Einladung" haben wir für Sie wichtige Eckpunkte so einer erfolgreichen Tafel aufgelistet.

Wir kennen die unkomplizierte ***Kleine Einladung***
(ohne PERSONAL, die Gastgeber übernehmen alle Arbeiten):

Umso kleiner die Runde, umso besser haben Sie die Sache im Griff. Die Zahl der DAMEn und Herren sollte bei „gesetzten Essen" ausgewogen sein. Zwei Pärchen für die kleinste Zahl der Einladung sind ideal, drei Personen ein Minimum, da sich somit immer Gesprächspartner finden, auch wenn die Gastgeber einmal länger in der Küche verschwinden.

Wahl der Gäste:
Nicht weniger als die drei Grazien,
Nicht mehr als die neun Musen,
So ergibt sich die rechte Zahl,
Für ein gelungenes Abendmahl.

Bei allen Einladungen wählt man immer mit Bedacht Menschen, die einander entweder kennen oder solche, die sich voraussichtlich etwas zu erzählen haben.

- Vermeiden Sie allzu große soziale Unterschiede.
- Achten Sie auf mögliche Sprachbarrieren.
- Bauen Sie nicht unbedingt auf einen Freund, dessen Qualitäten als Unterhalter Sie schätzen (Achtung vor dem LANGEWEILER).
- Lädt man jemanden zum ersten Mal zu sich ein, den man bei einer Festivität in einem anderen Haus kennengelernt hat, so ist es üblich, die damaligen Gastgeber ebenfalls zu sich zu bitten.
- Ihre Künste des KUPPELNs können Sie hier ebenso unter Beweis stellen, sollten Sie in Ihrer Fantasie ein „Traumpaar" haben.

Einladung aussprechen

Die EINLADUNG wird in diesem Rahmen telefonisch ergehen, vielleicht sogar sehr spontan und kurzfristig. In diesem Gespräch werden alle Rahmenbedingungen für die Einladung geklärt. Eine schriftliche Einladung als Erinnerung kann aber zusätzlich nicht schaden (siehe im Anhang unter Einladung).

- Sie sollten kulinarische Vorlieben und Abneigungen (eventuelle Allergien) Ihrer Gäste erkunden. Fragen Sie direkt danach.
- Stellen Sie in Aussicht, welche KLEIDUNG der Hausherr tragen wird, damit sich der Herr des eingeladenen Pärchens danach richten kann. Damen sind ohnedies immer korrekt gekleidet.
- Teilen Sie mit, wer sonst noch eingeladen ist. Gäste wollen sich aufeinander vorbereiten. Hier kann man im Vorfeld Antipathien klären und eventuell noch korrigieren (und sei es die Gästeliste).
- Erklären Sie eventuell Anfahrtswege, wo läutet man an, gibt es Parkplätze für Gäste, soll man besser mit dem Taxi oder mit öffentlichen Verkehrsmitteln kommen usw.

Vorbereitungen:

- Die Stunden vor der Einladung wird man in der Küche und mit den Vorbereitungsarbeiten rund um den Tisch verbringen.
- TOILETTE überprüfen, Papier nachfüllen, Reserverolle. Handtücher bei Gästewaschbecken, Seifen, Eau de Toilette, vielleicht Kamm und Bürste.
- Garderobe vorbereiten.
- Aschenbecher, Zigaretten und Zündhölzer bereitstellen, falls bei Ihnen geraucht werden darf.
- Vasen in verschiedenen Größen vorbereiten.
- Der Tisch wird liebevoll gedeckt. Tischdecken sind meist einfärbig, als Dekoration bieten sich zahlreiche Gegenstände an (von Großmutters Augarten-Porzellan bis zu Swarovski-Kristall). Erlaubt ist, was gefällt. Klassisch ist ein weißes Damasttischtuch mit weißen StoffSERVIETTEN. Abends werden aber auch dunkle Tischtücher aufgelegt.
- Schöne Kerzenleuchter sind immer ein Augenschmaus.
- BLUMEN, aber Vorsicht, dass sie nicht die Sicht behindern.
- Planen Sie nicht zu viele verspielte Gänge, sondern konzentrieren Sie sich auf drei Gerichte, die Sie gut können. Eine Vorspeise, die Sie fertig auf einem Teller schon vor dem Eintreffen der Gäste anrichten können, ist praktisch. Der Hauptgang wird Sie wieder in die Küche rufen, ehe Sie sich bis zum Dessert ganz den Gästen widmen können.
- Sollte Ihnen Kochen nicht liegen, fragen Sie einen Freund, der gerne und gut kocht, oder chartern Sie einen Koch. Mietköche sind darauf spezialisiert, so einen Abend für Sie zum vollen Erfolg werden zu lassen.
- Das BESTECK wird gemäß den zu servierenden Gängen aufgelegt (siehe Zeichnung im Anhang).
- Nur so viele Gläser, wie Getränke geplant sind. Bier, WEIN und Wasser. Halten Sie ein wenig Platz frei, damit Ihre Gäste ausnahmsweise auch ihre APERITIFgläser zu Tisch mitbringen können.
- WEIN dekantieren oder Flaschen öffnen, Weißwein kalt stellen, eventuell einen Eiskübel (mit Wasser und Eis füllen, nicht nur Eis, sonst passt die Flasche nicht mehr hinein!), Leitungswasser in einen Krug füllen, nichtalkoholische Getränke; alles auf das *Sideboard* (Anrichte) stellen.
- Flaschen haben am Tisch nichts zu suchen.

- Eventuell Brot für die Vorspeise schneiden, in einen Brotkorb, zudecken.
- Salz und Pfeffermühle bereitstellen.

Verspätungen

- PÜNKTLICHKEIT ist eine Zier, doch viele kommen ohne ihr. Laden Sie, wenn Sie um acht Uhr mit dem Service beginnen wollen, für 7.30 Uhr ein. Sie formulieren das so: „Bitte kommt um halb acht für acht Uhr."
- In der Regel werden alle HANDYnummern bekannt sein. Sie müssen immer vor und während der Einladung erreichbar sein, falls es zu einer VERSPÄTUNG kommt. Falls übrigens Ihnen etwas dazwischenkommt, alle rechtzeitig verständigen. Besser eine halbe Stunde verschieben als absagen.

Die Gäste sind da

- Der Gastgeber selbst, ein Kind des Hauses oder das PERSONAL öffnet.
- Die Gastgeberin kommt zur Begrüßung, bei der sie eventuell BLUMEN in Empfang nimmt (falls Sie diese nicht ohnehin schon vorher abgeben ließen). Der Besucher hilft seiner Begleiterin aus dem Mantel.
- Machen Sie neu angekommene Gäste bekannt. Regen Sie eine Plauderei an, aus der Sie sich jederzeit in die Küche verabschieden können. Während ein Gastgeber kocht, kümmert sich der andere um die Getränke.
- Nicht nur Getränke als APERITIF reichen, sondern auch kleine Grüße aus der Küche, damit Ihre Gäste nicht auf nüchternen Magen ALKOHOL trinken müssen. Geeignet sind Brötchen mit Speck- oder Lachsaufstrichen sowie *FINGERFOOD*, die eine solide Unterlage bilden. Salziges Knabbergebäck oder Chips machen durstig und erfüllen nicht die Aufgabe.
- Der Aperitif kann bis zu einer Stunde, wird aber in der Regel etwa 30 Minuten dauern. Das gibt Ihnen zeitlichen Spielraum, der zu spät Kommende genauso verkraftet wie auch ein kleines Malheur in der Küche. Kochen Sie deshalb so, dass nach dem geplanten Eintreffen der Gäste bis zum Essen genügend Zeit für den Aperitif bleibt.
- Handelt es sich um eine Gegeneinladung, so kocht man bewusst andere Gerichte, als jene Gastgeber serviert hatten, die nun Ihre Gäste sind.

- Gegeneinladungen sollten übrigens innerhalb von sechs Monaten erfolgen. Man darf dabei auch in ein Restaurant einladen, obwohl die Einladung ins eigene Heim immer die ranghöchste ist.

Placement

- Für das Placement von vier oder sechs Personen finden Sie bitte eine Grafik unter Sitzordnung.
- Bitten Sie zu Tisch, so wird der Gastgeber vorangehen und den Gästen die Plätze zuweisen. Jeder Herr zieht den Sessel seiner Tischdame heraus und bittet sie, Platz zu nehmen. Vorsichtig schiebt er den Stuhl in Harmonie mit ihrem Niedersetzen an den Tisch, bis die DAME vollständig Platz genommen hat.
- Nachdem alle Damen Platz genommen haben, setzen sich auch die Herren.
- Sollte die Gastgeberin selbst servieren, wird sie öfters den Tisch verlassen. Dazu müssen sich die Herren nicht erheben.
- Nun wird der Gastgeber die Getränke einschenken. Er schenkt sich aus der Flasche, die er vor Ankunft der Gäste schon selbst verkostet hat, einen symbolischen Probeschluck ein und geht dann auf die rechte Seite seiner Tischdame, schenkt ihr ein, geht zur zweiten, dritten ... Dame, dann zur Gastgeberin, dann zu den Herren und füllt letztendlich seines.
- Während des Essens steht der Hausherr immer wieder auf und schenkt nach. Jeder Herr achtet darauf, dass es seiner Tischdame an nichts mangelt.
- Nach dem Hauptgang ist es durchaus höflich gegenüber der Dame des Hauses, wenn der Herr des Hauses die Teller abserviert und in die Küche trägt. Damit bleibt die Dame des Hauses den Gästen jetzt erstmals in Ruhe erhalten und darf die Anerkennung, die ihr für ihr gewiss großartiges Essen gebührt, genießen.
- Vor dem Dessert verlässt die Gastgeberin wieder kurz den Tisch, um die Nachspeise anzurichten.
- Jetzt ist der richtige Zeitpunkt für das GÄSTEBUCH gekommen (bei großen Essen finden die REDEN vor dem Dessert oder ganz zum Schluss statt).
- Nach dem Dessert bietet man eventuell einen DIGESTIF an.
- Es ist durchaus üblich, als Nichtraucherhaushalt RAUCHER zu bitten, zum Genuss einer Zigarette hinauszugehen (Ter-

rasse, Garten, Gang), wenn es den Rauchern vorher bekannt war, dass sie in eine Nichtraucherwohnung eingeladen sind.
- Zum Schluss hebt die Dame des Hauses die Tafel auf, indem sie ihre SERVIETTE locker gefaltet links von ihrem Teller ablegt. Das ist entweder das Zeichen, in einen angrenzenden Salon zu wechseln oder den Heimweg anzutreten.
- Höfliche Gäste verabschieden sich gegen Mitternacht.

Am Ende begleiten die Gastgeber die Gäste gemeinsam zur Garderobe und dann zur Türe.

TIPP
In einen Nichtraucherhaushalt starke Raucher zu bitten, ist immer eine unangenehme Sache. Man kann sie natürlich hinausbitten, um im Freien oder am Gang zu rauchen. Angenehm ist das allerdings für keinen der Beteiligten. Also lade ich Raucher, von denen ich weiß, dass sie auf ihre geliebte Zigarette nach dem Dinner nicht verzichten können, einfach in ein RESTAURANT ein.

Die große Einladung
(mit PERSONAL; Dame und Herr des Hauses widmen sich ausschließlich den Gästen):

Die große Einladung ist gewiss aufwändiger, aber noch immer kein Grund, nervös zu werden.

Werden Sie sich darüber klar, was Sie machen wollen: Ein gesetztes ESSEN für mehr als neun Leute ist nicht gemütlich, da wird man eher eine PARTY mit Buffet veranstalten. Mit der notwendigen Unterstützung fachkundigen Personals ist aber auch das keine Hexerei. Mehrere Tafeln, genügend Raum, und schon können Dutzende Menschen unter Ihrem Dach oder in Ihrem Garten fröhlich feiern.

Gehen Sie auch hier systematisch vor. Hier ist Ihre Checkliste:
- Budget
- Anzahl der eingeladenen Gäste
- Gästeliste
- EINLADUNGEN (schriftlich/telefonisch)
- Benutzen Sie Ihre eigenen, persönlichen Einladungen (Anhang: Einladungen). Dresscode nicht vergessen.
- Schriftliche Einladungen signalisieren immer einen besonderen Anlass.

- Einladungen drei Wochen vor dem geplanten Termin versenden.
- Bitten Sie um Antwort. „U. A. w. g." ist das Kürzel für die deutsche Version: „Um Antwort wird gebeten". Französisch: RSVP für *Répondez sil vous plaît,* eine Aufforderung, der man als Eingeladener möglichst rasch und unbedingt nachkommt.
- Wählen Sie die gewünschte Antwortmöglichkeit wie TELEFON, FAX oder E-MAIL.
- Welche Speisen: serviertes Essen/Buffet/Kanapees?
- Welche Getränke?
- Genügend Raum für Garderobe
- Eingangsgestaltung
- PERSONAL/Hilfskräfte
- Dekorationen (Gedecke, SERVIETTEN, Tischtücher, Tischkarten, Tischschmuck, Raumdekoration)
- Unterhaltung (Musik, TANZfläche, Spiele)
- Etwas komplizierter diesmal das *Placement*: Die Gastgeberin führt den Vorsitz (falls Sie nicht den Bundespräsidenten eingeladen haben). An einer Tafel sitzt gegenüber der Gastgeberin der Gastgeber. Bei mehreren Tischen sollten Sie Augenkontakt halten können. Sie haben zusammen vier Ehrenplätze zu ver-

geben (je einen links und rechts neben der Gastgeberin und dem Gastgeber). Diese Plätze stehen den Personen mit den höchsten gesellschaftlichen Rängen zu. Da empfiehlt es sich manchmal sogar, bewusst Gäste mit verschiedenen Rangstufen zu laden, damit man diese Frage leicht in den Griff bekommt. Nehmen Sie die Liste der Namen und nummerieren Sie sie nach der Rangordnung. Verteilen Sie alle um den Tisch. Achten Sie darauf, dass Ehepartner, Geschwister und Verwandte getrennt werden und auch Leute, die sich nicht mögen, nicht beisammensitzen – Sie verstehen jetzt, warum es dafür dereinst Zeremonienmeister mit einem Hang zu mathematischen Problemen gab. Oder wie sagte der Diplomat, Reisende und Schriftsteller Hans-Otto Meissner:

„Weil die Menschen früher keine anderen Sorgen hatten,
erfanden sie welche, darunter auch die Tischordnung,
an deren Sinn und Nicht-Sinn
schon so manche Freundschaft zerbrach.“

- Bei einer hohen Gästezahl mit mehreren Tischen ist ein gezeichnetes Placement an der Garderobe sehr praktisch, damit sich die Gäste orientieren können, wo sie sitzen und wer ihre Tischnachbarn sind.
- Das ist für alle Beteiligten beiderlei Geschlechts schon deshalb wichtig, da es ja des Herrn oberste Pflicht ist, für das Wohl seiner Tischdame zu sorgen. Er wird ihr gegebenenfalls vorlegen oder ihr leeres Glas wieder auffüllen. Vor allem aber ist es seine oberste Pflicht, die DAME an seiner Seite gut zu unterhalten! Er vertritt dort quasi den Gastgeber.
- Hoffentlich findet sich kein Witzbold, der in letzter Sekunde die Tischkarten vertauscht, um seine Favoritin an seiner Seite zu wissen oder einer zugeteilten Dame zu entfleuchen. Das wäre obendrein ungehörig.
- Der Herr erhebt sich, wenn seine Tischdame den Tisch verlässt und nicht, wie es vielfach falsch gemacht wird, wenn eine andere Dame aufsteht.
- Verabschieden Sie sich zwischen 23.00 und 24.00 Uhr.
- Bei einer Gesellschaft möchte man oft durch seine Verabschiedung nicht stören. Falls man schon früher aufbrechen muss, kann man sich unauffällig „französisch“ empfehlen, indem

man sich nur von seinem unmittelbaren Gesprächspartner und den Gastgebern verabschiedet.

- Nach einer Einladung ist es üblich, sich innerhalb von 24 Stunden telefonisch oder handschriftlich bei seinen Gastgebern zu beDANKen.

Tischkarten sind kleine Kärtchen, die oberhalb des Dessertbestecks aufgestellt werden. Auf der Vorder- und Rückseite befindet sich der Name des jeweiligen Gastes, eventuell mit Titeln.

Bei besonderen Anlässen kann man auch eine Menü-Karte erstellen. Auf dem Deckblatt kann der Anlass mit dem Datum stehen, auf der linken Seite die begleitenden Weine und Getränke und auf der rechten Seite die Menüfolge. Hat man mehrere Tische, sollte jeder Tisch mindestens eine haben. Es ist auch eine nette Erinnerung, wenn man eine Karte für jeden Gast macht, der sie sich dann mitnehmen kann. Beispiele finden Sie bitte in unserem Anhang.

TAKT

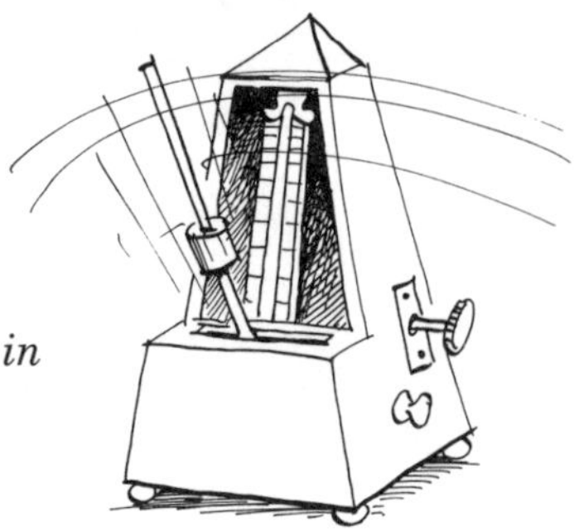

TIPP

Ich finde, dass Taktgefühl die wichtigste Fähigkeit im Umgang mit Menschen ist. Wenn es mir gelingt, mich in mein Gegenüber versetzen zu können, habe ich die besten Chancen, in der jeweiligen Situation das Richtige zu tun. Ich weiß, dass es sehr schwer ist, Taktgefühl zu verbessern. Wir haben nur eine Chance dazu, wenn wir uns immer wieder einige Grundsätze zu Herzen nehmen:

- *Ich will meine Menschenkenntnis verbessern.*
- *Ich interessiere mich brennend für Menschen.*
- *Ich weiß, dass diese Fähigkeit für den Erfolg entscheidend ist, weshalb ich mich voll motiviere, hier besser zu werden.*
- *Ich mag, schätze und akzeptiere Menschen trotz aller Schwächen, die sie haben.*
- *Ich bin mir bewusst, dass ich Enttäuschungen erleben werde, lasse mich aber nicht von meinem Ziel abbringen.*
- *Ich gehe auf Menschen zu, ergreife die Initiative, nehme jede Gelegenheit wahr, andere besser kennenzulernen.*

TALKSHOWS UND TV GANZ ALLGEMEIN

Herr Müller von nebenan war schon mal in einer *Talkshow*. Die Frau vom Gemüsestand am Markt war gestern im FERNSEHEN. Ein Bekannter hätte es fast in die begehrte Mitte der ‚Millionenshow' geschafft. Noch nie war die Wahrscheinlichkeit so groß, selbst einmal ins Fernsehen zu kommen. Und sieht man sich schließlich im Fernsehen, ärgert man sich grün und blau. Hätte man doch etwas deutlicher gesprochen, wäre doch die Bluse nicht so weit offen gewesen, hätte man doch den Knopf der KRAWATTE vorher noch einmal überprüft.

Da die Medien immer mehr begriffen haben, dass die lokale Berichterstattung „über den Gartenzaun" genauso wichtig ist wie der Blick in die weite Welt, sind auch „Sie" und „Ich" ins Visier der gnadenlosen Kameras geraten.

Wie reagiert man also, wenn man plötzlich selbst vor der Kamera steht?

Natürlich ist man nervös – aber auch große Stars haben Lampenfieber. In einem Fernsehstudio wird man professionell auf gewisse Verhaltensweisen aufmerksam gemacht. Doch erwischt es Sie auf offener Straße, so ist es gut, einmal tief durchzuatmen, rasch zu prüfen, ob der Bereich rund um das Gesicht in präsentablem Zustand ist (Frisur, Brille, Halstuch, Kragen, Krawatte). Fragen Sie ruhig vorher, ob Sie in die Kamera schauen sollen oder zum Interviewer. Überlegen Sie, bevor Sie antworten, diese Zeit des Schweigens wird meist ohnedies bei der Vorbereitung der Sendung weggeschnitten. Sprechen Sie immer deutlich und möglichst in Schriftdeutsch. Vermeiden Sie unnötige Füllwörter und peinliche „ähs". Im Anhang unter Füllwörter finden Sie eine Liste mit den häufigsten Ausrutschern.

TANZEN

... ist wahrscheinlich so alt wie die Menschheit. Zu tanzen ist und bleibt ein tiefes Bedürfnis aller Völker, unabhängig von ihrem kulturellen und entwicklungsgeschichtlichen Standard.

Tanzen zu Musik macht enorm großes Vergnügen. Heute ist für den modernen Gesellschaftstanz vor allem dieser Faktor ausschlaggebend. Der Spaß am gemeinsamen Erlebnis wird natürlich größer, je mehr die Partner im Tanz harmonieren. *„It takes two to Tango"* ist nicht nur die Grundlage des täglichen Miteinanders, sondern vor allem des Tanzes. Über die Geschichte des Tanzes plaudern wir in unserem Anhang unter Tanzen.

Grundsätzlich unterscheiden wir im Welttanzprogramm

Standardtänze:

1) Wiener Walzer
2) Langsamer Walzer oder Englischwalzer
3) Tango
4) Foxtrott oder Slowfox
5) Quickstepp

Lateinamerikanische Tänze:

1) Rumba
2) Cha-Cha-Cha
3) Samba
4) Jive
5) Boogie und Rock 'n' Roll
6) Paso Doble

Moderne Bewegungstechniken und Modetänze
wie Square-, Line-, Südamerikanische und Karibische Tänze usw. bereichern heute das Leben vieler Tanzbegeisterter.

TIPP

Auch „Patzer" können Vergnügen bereiten – vorausgesetzt man hat Humor. Ich erlebe das in der Ballsaison ja fast täglich bei der bei Wiener BÄLLEn sehr geschätzten Publikumsquadrille, die oft Hunderte Menschen um Mitternacht oder noch später tanzen.
Wir können übrigens stolz sein auf unsere fantastische Balltradition in Wien. Da wehen die feinen Abendkleider übers Parkett, die FRACKschöße wirbeln durch die Luft. Es ist eine Freude, dies Nacht für Nacht in der Donaumetropole miterleben zu dürfen. Nirgendwo in der Welt sind die großen traditionellen Ballfeste so

lebendig wie in Wien. Das ist lebendige Kultur, die Jugend macht begeistert mit, und jeder Mann und jede Frau ist herzlich willkommen, dabei mitzuwirken.

TASCHENTÜCHER

... gibt es aus Papier und Stoff. DAME wie Herr sollten stets ein Taschentuch bei sich tragen, der Herr zwei, um immer eines für die Dame bereitstellen zu können. Wie alles Praktische sind Papiertaschentücher nicht sehr elegant, aber hygienischer (siehe SCHNÄUZEN). Man verwendet sie nur einmal, ein gebrauchtes Taschentuch bietet man natürlich nie anderen an. Das Stofftaschentuch trägt meist ein MONOGRAMM. Ein Taschentuch wird niemals über den Tisch gereicht oder auf den Tisch gelegt.

TIPP

Bei einer Erkältung wappnen Sie sich mit einem Vorrat an sauberen Papiertaschentüchern. Die lassen Sie nach – einmaliger! – Benutzung in Ihrer Tasche verschwinden – nicht im offenen Papierkorb – und entsorgen sie später in einem geschlossenen Behälter. Schnupfen, husten und niesen Sie in die linke Hand, so verringern Sie die Infektionsgefahr für Menschen, denen Sie die Hand schütteln.

TAUFE

... ist ein Fest, bei dem der Täufling in die christliche Gemeinschaft aufgenommen wird. Es findet in ähnlicher Form in katholischen und evangelischen Kirchen statt. Üblicherweise suchen die Eltern vor der Taufe einen Paten (siehe PATENSCHAFT) für ihr Kind aus.

Paten sollten folgende Voraussetzungen erfüllen:
- der jeweiligen Religionsgemeinschaft angehören
- das 16. Lebensjahr vollendet haben
- getauft, gefirmt oder konfirmiert sein
- falls verheiratet, auch kirchlich getraut

Falls Sie sich für niemanden entscheiden können, können Sie Ihr Kind auch ohne Paten taufen lassen.

Der genaue Ablauf wird in einem Taufgespräch mit dem Priester oder Pfarrer besprochen. Meistens findet die Taufe im Anschluss an einen Gottesdienst statt.

Die KLEIDUNG ist festlich, das Baby trägt sehr oft ein langes weißes Taufkleid (kann auch in der Familie weitergegeben werden).

Nach dem kirchlichen Teil feiert man das Ereignis dann im engsten Familienkreis.

Zur Taufe bekommt das Kind die Taufkerze und eine geweihte Goldkette mit einem Schutzengerl von seinem Paten. Sehr oft tritt an die Stelle des Engerls ein Taufring mit eingraviertem Namen und Datum, der an der Kette getragen wird. Die übrige Verwandtschaft schenkt natürlich auch etwas (Goldmünzen, kleine Becher, Schälchen oder Glöckchen aus Silber mit Gravur …).

TEETOTALLER

… ist die internationale Bezeichnung für jemanden, der keinen ALKOHOL trinkt. Er hat es in unserer Gesellschaft des Alkoholkonsums nicht immer leicht, muss aber respektiert und versorgt werden. Fruchtsäfte, Tees und Mineralwasser bereithalten.

TIPP

Don't Drink and Drive ist meine Devise. Wenn ich Auto fahren muss, trinke ich keinerlei Alkohol. Das führt dazu, dass ich oft den ganzen Abend zu hören bekomme, wie arm ich bin, dass ich diesen herrlichen Wein nicht genießen darf. Dieses Nötigen ist in unserer Kultur, aber auch in vielen anderen Kulturen tief verwurzelt. Besonders im Geschäftsleben ist es unter Männern meist unmöglich, Alkohol abzulehnen. Als Gastgeber biete ich einem Gast – ohne ihn zum berühmten „Glaserl" zu drängen – alkoholfreie Getränke an, wenn er den Wunsch dazu äußert.

TELEFONIEREN

... ist in Ungnade gefallen, weil es jeder öffentlich und überall macht. Da ist eine clevere Erfindung nach hinten losgegangen. Doch niemand zwingt Sie, sich der globalen permanenten Erreichbarkeit auszusetzen. Die integrierte Sprachbox erlaubt es jedem HANDYbenutzer, bedeutend selektiver mit seinen Anrufen umzugehen als in Zeiten des Festnetzanschlusses. Bei den analogen Telefonen ahnte man höchstens, wer am Telefon war. Heute sehen Sie meist, wer anruft. Wer seine Nummer nicht übertragen lässt, läuft Gefahr, prinzipiell abgewiesen zu werden. Außerdem können Sie zum ersten Mal im AUTO Selbstgespräche führen, ohne von anderen Autofahrern merkwürdig angesehen zu werden. Schließlich sprechen Sie ja offensichtlich in die unsichtbare Freisprechanlage.

Beim MOBILTELEFON (HANDY) können nur Rücksicht, Respekt und Toleranz unter Handybenutzern die Balance des Zusammenlebens ermöglichen. Gehen Sie immer davon aus, dass ein Anruf im Zusammensein mit anderen Menschen stört. Lautes Sprechen ist verpönt. Suchen Sie zum Telefonieren einen Ort auf, an dem Sie niemanden stören.

Hier einige Standardsituationen:

- Sie sind in einem Gespräch (*Meeting*): Prinzipiell keine Anrufe, Handy ausschalten. Sie können ruhig am Anfang des Gespräches Ihr Handy auffordernd ausschalten, „damit wir nicht gestört werden“, um zu demonstrieren, dass Sie das Gleiche von Ihren Gesprächspartnern erwarten.
- Sie sind in einem *Meeting* und erwarten einen wichtigen Anruf (gravierende private Gründe/Angehörige in einer Notsituation/von Belang für dieses Gespräch), so erklären Sie eingangs, dass Sie das Handy deshalb eingeschaltet lassen. Ihre anwesenden Gesprächspartner sollten Ihnen prinzipiell immer wichtiger sein.
- Sind Sie in einem Gespräch und das Handy läutet: Entschuldigen Sie sich für die Störung (sehr wichtig!) und entscheiden Sie nach einem Blick auf das Display, ob Sie den Anruf annehmen. (Achtung: Es wirft ein fragwürdiges Licht auf Sie, wenn

Sie die Entscheidung, einen Anruf nicht anzunehmen, mit einer abfälligen Bemerkung über den Anrufer begründen.)

- Sie sind alleine in einem RESTAURANT oder einem öffentlichen Verkehrsmittel: Es gilt als Unsitte, einen fehlenden Essenspartner durch einen Telefonpartner zu ersetzen, wenn dadurch andere Gäste zu Zeugen Ihrer Telefonate werden.
- Sie sind in einem Zugabteil: Verlassen Sie das Abteil für ein längeres Gespräch. Die kurze Auskunft, wo Sie sind und dass Sie später zurückrufen, kann man auch im Beisein der anderen Fahrgäste geben.
- Im Flugzeug ist das Mobiltelefon immer auszuschalten.

TIPP

Ich versuche mir immer bewusst zu sein, wo sich mein Handy befindet, damit ich es sofort griffbereit habe, sollte es einmal in einer unpassenden Situation läuten! Dann kann ich diese ärgerliche Störung wenigstens rasch beheben. Dazu fällt mir eine Anekdote ein: Als Claudia Stöckl bereits ihre Mikrofone auf dem Frühstückstisch für ihre Ö3-Sendung ‚Frühstück bei mir' aktiviert und unser Gespräch begonnen hatte, läutete ausgerechnet mein Handy. Ich brachte es umgehend zum Verstummen und entschuldigte mich mit einem Augenzwinkern: „Das war jetzt natürlich Absicht, damit ich Ihnen demonstrieren kann, wie man mit so einer peinlichen Situation umgeht."

Anscheinend habe ich damit den Irrglauben mancher Hörer bestätigt, dass ich unfehlbar bin.

Immer gilt:

- Die persönliche HANDYnummer ist etwas Intimes. Daher lässt man sich die Nummer geben und erfragt sie nicht. „Wie kann ich Sie am besten erreichen?" ist die korrekte und dezente Frage.
- Da es im Berufsleben aber oft unerlässlich ist, erreichbar zu sein, sollte man sich nicht zieren, seine Nummer preiszugeben. Alles andere wirkt unprofessionell.
- Wer sein Handy eingeschaltet hat und abhebt, muss nicht gefragt werden, ob man stört. „Haben Sie ein paar Minuten Zeit?" oder „Könnten wir etwas Wichtiges besprechen?" ist aber meist angebracht.
- Behalten Sie während des Abendessens Ihr Handy in der Tasche (*Vibracall*). Es hat im RESTAURANT oder auch zu

Hause nichts auf dem Tisch verloren. Geschäftsbesprechungen bilden da eine Ausnahme, speziell, wenn Sie einen wichtigen Anruf erwarten.

- Melden Sie sich mit Ihrem Namen. In der Öffentlichkeit können Sie auch mit „Hallo, ja bitte“ oder Ähnlichem antworten, wenn Sie nicht wollen, dass Umstehende Ihren Namen hören.
- Sprechen Sie nie lauter als normal. Das belästigt Ihre Umgebung. Außerdem könnte Ihnen jemand zuhören, für dessen Ohren Ihr Gespräch nicht bestimmt ist.
- Ist ein Telefonat beendet, legt man erst auf, wenn der ältere oder der weibliche Gesprächspartner aufgelegt hat. Ruft man einen Kunden oder eine höhergestellte Persönlichkeit an, so legt man erst auf, nachdem diese aufgelegt haben. Schließlich gilt es als unfein, dem Gesprächspartner das laute Tuten des Besetztzeichens zuzumuten.

TIPP

Nicht jedermann schätzt es, seine Nummer bei mir gespeichert zu wissen. Es ist auch möglich, dass jemand anderer von diesem Apparat anruft. Deshalb spreche ich oft den Anrufer nicht mit seinem Namen an, obwohl ich gesehen habe, wer anruft.

Das Telefon ist immer abgeschaltet:

- bei Beerdigungen
- in der Kirche
- bei Gericht
- im Flugzeug
- im Krankenhaus
- im Kino, Theater, der Oper und ähnlichen Veranstaltungen (SMS ist im Notfall erlaubt, aber Achtung, auf Vibrationsalarm schalten!)
- als Fahrer ohne Freisprechanlage im Auto
- beim Sport mit anderen Menschen
- … und einfach überall, wo es einem der gesunde Menschenverstand oder ein Verantwortlicher verbietet.

Klingeltöne:

Für die meisten ist das Klingeln unserer Handys wie der Wintereinfall. Es kommt unerwartet und man ist nicht darauf vorbereitet. Dabei sagen Klingeltöne eine ganze Menge über Sie aus. Sind Sie ein Mensch, der es lieber laut hat? Wollen Sie auf sich aufmerksam machen oder sind Sie ein dezenter Genießer? Die Industrie hat uns nicht nur eine flächendeckende Anzahl von Klingeltönen zur Verfügung gestellt, die mit „Klingeln" wirklich nichts mehr zu tun haben, sondern bietet nun auch die Möglichkeit, selbst welche zu komponieren. Die kleinen Mozarts unter uns tun das auch. Mitunter werden ganze Symphonien aufgeführt. Lassen Sie Ihr Telefon nicht zu lange „klingeln". Bitte.

TIMING

... bedeutet zum richtigen Zeitpunkt die richtigen Dinge zu machen, eine Frage von Fingerspitzen- und TAKTgefühl, Disziplin und Organisationstalent.

TISCHMANIEREN

... haben wir unter KINDER schon besprochen, aber eines ist hier ein für alle Mal festzuhalten: Mit den Schauergeschichten von den Büchern unter dem Arm, mit denen Generationen von Kindern gezwungen wurden, mit angelegten Ellbogen bei Tisch ihre Speisen zu verzehren, ist Schluss!

TIPP

Spätestens ab dem dritten Lebensjahr kann ein Kind mit zwei Esswerkzeugen richtig und geschickt hantieren. Ein Kind kann aber, wenn es auf einem normalen Sessel an einem normalen Tisch sitzt, nicht mit angelegten Ellbogen vernünftig essen, da es zu nieder sitzt. Nur durch das – zugegeben unschöne – Wegspreizen der Ellbogen ist es so tief sitzend überhaupt in der Lage, das BESTECK halbwegs vernünftig zu führen. Das ist manchmal in einem RESTAURANT unvermeidbar. Die Lösung sind entweder Unterlagen (Telefonbücher) oder Kinderstühle. Auf keinen Fall sollte man aber diese Tischkultur vernachlässigen – später wird es immer schwieriger, sie zu lernen. Siehe auch im Anhang: Besteck und wie ich es richtig halte.

Apropos Tischmanieren: Liebe Erwachsene, legen Sie nicht Ihren HUT, HANDSCHUHE, HANDY, Brieftasche, AUTOschlüssel, TASCHENTÜCHER und Handtaschen auf den Tisch.

TITEL

... sind eine heikle Angelegenheit. Zumindest in Österreich ist es mitunter unverzeihlich, wenn man den falschen erwischt. Akademische Titel gehören in der ANREDE zum Namen, andere nicht unbedingt. Wenn Sie sie doch führen, so kommen zuerst Berufstitel, dann akademische Titel gefolgt vom Namen (OSTR. DR. Waller). In Deutschland und der Schweiz genügt meist der Name alleine, Titel werden – wenn überhaupt – fast ausschließlich gemeinsam mit dem Namen ausgesprochen. In Österreich kann man jemanden nur mit dem Titel ansprechen, in Deutschland könnte die „Frau Diplomkauffrau" dies als AFFRONT empfinden oder es einfach belächeln.

Wenn Sie bisher dachten, es sei kompliziert, warten Sie ab, es kommt noch besser. Akademische Grade und Standesbezeichnungen können in Österreich in alle Dokumente zwingend eingetragen werden. Österreich ist als kreatives Land bekannt, und so ließ man sich einiges einfallen.

Titel und akademische Grade finden Sie, geneigter Leser, im Anhang.

TOAST

... ist in diesem Fall nicht geröstetes Weißbrot, sondern der Trinkspruch, der ausgebracht wird. Zum „Toasten" erhebt man sich, wartet, bis man die AUFMERKSAMKEIT der Anwesenden genießt, und spricht laut und deutlich. Muss man zuerst die AUFMERKSAMKEIT auf sich lenken, so klopft man mit einem festen Gegenstand wie einem BESTECK gegen ein Glas, ohne es zu zerschlagen. Man sollte nur etwas sagen, wenn man eine originelle Idee hat oder eine enge persönliche Beziehung zu dem Ereignis, auf das man eingeht.

Es gibt Toasts für alle Gelegenheiten, ganze BÜCHER wurden darüber geschrieben. Es können Reime sein oder kurze Texte. Der beste Toast ist kurz und führt dazu, dass alle ihr Glas erheben und auf eine zu ehrende Person oder Sache trinken. Wer im Rang niedriger ist, wartet, bis ranghöhere Personen einen Toast ausgebracht haben.

TOILETTE

... das ist das Verwirrende, heißt auf Französisch Frisiertisch (kommt von Putzen, „sich" aufputzen, herausputzen). Wer also von einer eleganten Abendtoilette spricht, meint nicht den kleinsten Raum des Hauses, sondern eine feine Abendkleidung. Daraus leitet sich ja auch der Toilettenfehler ab, wenn ein Knopf oder ein Reißverschluss irrtümlich offen steht. Unter guten Freunden, aber auch, wenn man der Einzige ist, der diesen Schaden erkennt und sozusagen „melden" kann, muss man dem Betroffenen sofort unter vier Augen Bescheid sagen.

Wer das Klosett sucht, fragt nach dem „stillen Örtchen", nach der „Toilette" oder: „Wohin darf ich gehen, wenn ich wohin gehen muss?" Im RESTAURANT gehen auch DAMEn (außer sie begleiten ein Kind) alleine auf die Toilette, indem sie sich „kurz entschuldigen".

TREPPEN

… betritt ein Herr in Begleitung einer DAME hinter ihr. Er geht zwei Stufen hinter ihr hinauf, hinab vor ihr. Diese nette Tradition ist nur zur Sicherheit der Dame gedacht, da der Kavalier sie im Falle eines Sturzes auffangen kann, beim Hinuntergehen könnte sie sich auf ihn stützen.

TRINKGELD

Ludwig Hirschfeld fasste in seinem amüsanten „Was nicht im *Baedeker* steht" (Baedeker ist die älteste deutschsprachige Reiseführerserie) die Trinkgeldsituation in Österreich sehr einfach zusammen: „Es ist üblich, mehr zu geben als das Übliche."

Nun, wie viel ist üblich? Das ist relativ leicht auf den Punkt gebracht: zehn Prozent der Rechnungssumme, wenn man zufrieden war, 15 bis 20 sind schon ein ganz großes Dankeschön für exquisitesten Service. Das gilt auch international.

Kein Trinkgeld nach einem großen Menü ist eine sehr klare Nachricht an den Besitzer des Lokales, der sich in diesem Falle unverzüglich mit dem Gast verständigen muss, ob vielleicht etwas nicht in Ordnung war. In New York habe ich einmal einen Oberkellner erlebt, der Gäste bis auf die Straße verfolgte, weil sie aus Protest gegen den schlechten Service in seinen Augen zu wenig Trinkgeld gegeben hatten. Trinkgeld ist nämlich ein wichtiger Teil des Einkommens des Servierpersonals, speziell in Amerika und Australien ist es der Hauptbestandteil. Kein Trinkgeld zu geben ist daher nur in wirklich begründeten Ausnahmesituationen zulässig.

TIPP

An Bord eines Schiffes oder in einem Hotel, in dem man länger Urlaub macht, geben Sie am ersten Abend dem Chef de Rang, das ist der Oberkellner Ihres Reviers, ein „à conto" auf das zu erwartende Trinkgeld, am Ende jeder Reisewoche gibt man den Rest.

Im Taxi wird man nur auf den nächsthöheren Betrag aufrunden, der Chauffeur, der Ihnen die Koffer bis zur Haustüre trägt, wird aber sicherlich besser belohnt werden. Hotelpagen genügt eine Euromünze für das Aufhalten der TÜRE oder für ein herbeigerufenes Taxi, dem Stubenmädchen lässt man im Schnitt einen Euro pro Tag bei der Abreise an einer auffälligen Stelle im Zimmer (Nachtkästchen, Schreibtisch) liegen.

Hat man viele Zusatzdienste von der Hausdame (*Housekeeping*) eingefordert, so kann man sich auch großzügiger zeigen. Der Gepäckträger wird je nach Menge des Gepäcks beschenkt, international kann man einen Euro pro Koffer als durchaus passend ansehen. Der Concierge, wenn er all seine Künste spielen ließ und sich als Arrangeur des Unmöglichen („hoffnungslos vergriffene“ Opernkarten) und Organisator des Außergewöhnlichen bewährt hat, verdient natürlich eine sehr anständige Summe. Wie oft hat man schon das Vergnügen?

In der Schweiz ist es mancherorts üblich,
auf den Rappen genau – also ohne Trinkgeld – abzurechnen.
Das Hotel Metropole in Hanoi, Vietnam, hat es auf die Spitze getrieben.
Hier findet man eine strikte „no-tipping policy“.
Das Personal ist stets freundlich um den Gast bemüht und überbietet sich
in all seinen Leistungen. Nur wenn es zum Trinkgeld kommt,
reagiert es ablehnend. Damit will es demonstrieren,
dass alle Gäste gleich gut behandelt werden und sich niemand
mit Extrazuwendungen einen Vorteil erkaufen kann.

© *famoushotels.org*

TÜREN

… öffnen sich für den, der sich gut benimmt, wie von selbst. Das ist natürlich nur sinnbildlich gemeint. Die Etikette, wer vor wem durch die Türe geht und wer wem die Türe aufhält, ist in einer Grafik dargestellt.

Sehen Sie selbst:

So geht es durch Türen:

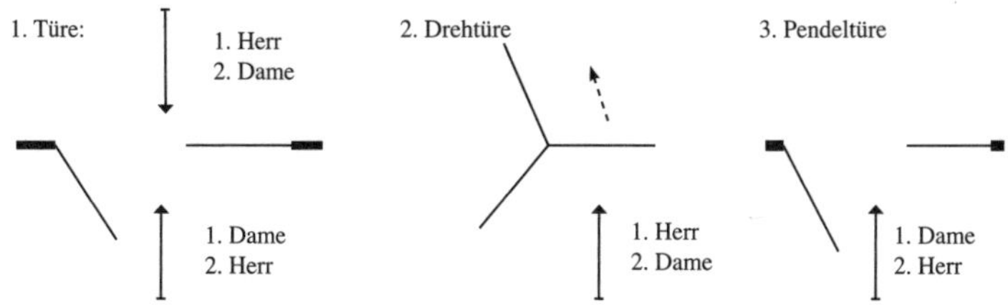

1. Die Türe geht zu mir auf:
   Der Herr zieht die Türe zu sich, die DAME geht durch, der Herr folgt.
2. Die Türe geht von mir weg auf:
   Der Herr geht voraus durch die Türe, hält sie der Dame auf, die nachfolgt.
3. Drehtüre:
   Der Herr geht vor.
4. Pendeltüre:
   Wie 1.

TIPP
Ist die Zeit knapp, so werde ich nicht auf diversen Vorrangregeln bestehen, sondern praktischerweise meinen Vorrang entweder aufgeben oder ihn einer Dame nehmen, um nicht unnötig zu behindern. Ein charmanter Hinweis auf die Notwendigkeit des Bruchs der Etikette wird gewiss jede Frau verstehen, und damit hat man wieder bewiesen, dass man es schon besser gewusst hätte.

ÜBERSIEDLUNGSANZEIGE

... beinhaltet Ihre alte und Ihre neue Adresse („Wir sind umgezogen") und wird per E-MAIL, aber definitiv effektiver und persönlicher als BRIEF versandt. Ein Beispiel finden Sie bitte im Anhang unter Briefe.

UNDERSTATEMENT

... ist die Untertreibung – wenn Sie einer Sache viel weniger Bedeutung verleihen, als sie es verdienen würde. Das ist, bezieht es sich auf andere Menschen, manchmal unhöflich. Sprechen Sie hingegen in dieser Form von Ihren eigenen Leistungen, so gelten Sie als bescheiden und sympathisch und landen vielleicht sogar das *„understatement of the year"*.

VERLIEBTE

„Mit Verliebten ist vernünftigerweise gar nicht umzugehen; sie sind so wenig als andre Betrunkene zur Geselligkeit geschickt; außer ihrem Abgotte ist die ganze Welt tot für sie."

Adolph Freiherr von Knigge, 1752–1796

(1788 publizierte Knigge sein wichtigstes Werk „Über den Umgang mit Menschen", ein philosophischer Leitfaden zum Gebrauch für den gesellschaftlichen Lebensalltag. Erst im 19. Jahrhundert wurde es in einem der zahlreichen Nachdrucke von dem Prediger Friedrich Philipp Wilmsen um den Teil, der Etikette lehrte, erweitert. Das legte den Grundstein zu dem weit verbreiteten Irrtum, dass Knigge selbst eine Benimmfibel geschrieben hätte.)

TIPP

Verliebt zu sein ist einfach wunderbar. Zunächst wagt man kaum, es zuzulassen – es kann doch gar nicht sein, dass dieses göttliche Geschöpf etwas für mich Sterblichen empfindet. Wird es aber erwidert, so werden wir von einer solchen Welle des Glücks überrollt, dass für andere der Eindruck entstehen kann, wir hätten unser Gehirn vorübergehend abgeschaltet. Außenstehende haben kein Recht, dieses Glück durch abfällige Bemerkungen lächerlich zu machen, egal wie alt oder wie jung die Betroffenen sind. So tiefe Gefühle respektiere ich. Verliebten verzeihe ich viel. Trotz aller Zuneigung sollten sie aber Zärtlichkeiten in der Öffentlichkeit in Grenzen halten.

VERLOBUNG

... ist ein Eheversprechen. Die Verlobungsanzeige teilt Freunden und Verwandten mit, dass Sie einander versprochen haben, zu heiraten. Möchte man die Verlobung in größerem Kreis feiern, so ist es elegant, dies kurz auf diesem Billett handschriftlich zu vermerken. Eine EINLADUNG mit genauer Zeit- und Ortsangabe schickt man separat.

Meist handelt es sich um einen kleinen Empfang am späten Vormittag, gereicht wird praktischerweise Handliches wie Kanapees, *FINGERFOOD,* frische Säfte, Mineralwasser und – warum nicht – ein Gläschen Champagner zum Anstoßen. Vergessen Sie nicht, dass ein Verlobungsessen mit den beiden Brautleuten und den beiden Elternpaaren zu sechst auch sehr stimmungsvoll sein kann.

Eine Regel, wie lang die Verlobungszeit dauert, gibt es nicht. Der HOCHZEITstermin kann sich nach den Jahreszeiten richten (viele heiraten gerne im Wonnemonat Mai), nach beruflichen, studienbedingten oder anderen persönlichen Terminen. In manchen Fällen kann eine Verlobung mehrere Monate oder sogar Jahre dauern, schließlich soll sich ja „gut prüfen, wer sich ewig bindet".

TIPP

Viele vergessen, dass die Verlobung auch einen rechtlichen Aspekt hat. Die Verlobung (nach dem Wortlaut des ABGB das „Eheverlöbnis") wird allgemein als ein Vorvertrag qualifiziert, welcher auf den Abschluss einer Ehe abzielt. Lesen Sie mehr über die Rechtsgrundlage im Anhang.

VERMÄHLUNGSANZEIGE

… besprechen wir unter HOCHZEIT, ein Muster findet sich im Anhang.

VERNISSAGEN UND BUCHPRÄSENTATIONEN

… kennen an sich keine Bekleidungsvorschriften. In der Galerie für moderne Kunst sind Jeans genauso angebracht wie elegantere KLEIDUNG. Zur Eröffnung einer Albrecht-Dürer-Ausstellung in der Wiener Albertina werden Sie sicherlich ein festliches *Outfit* wählen. Vernissagen dienen der Eröffnung einer Ausstellung, der Künstler und sein Werk stehen im Mittelpunkt, und TAKTvollerweise stiehlt man ihnen nicht die Schau. Meist hält ein Kenner der Materie, oft auch der Künstler,

eine REDE. Daher ist es höflich, relativ PÜNKTLICH zu erscheinen. Die Rede setzt man am besten eine halbe Stunde nach dem Einladungszeitpunkt an. Dem Redner wird applaudiert.

TIPP

Als Besucher komme ich möglichst früh zur Eröffnung einer Ausstellung.
Dies gibt mir Gelegenheit, die Werke in Ruhe zu besichtigen und anschließend die Ansprachen besser zu verstehen.
Bei der „verwandten" Buchpräsentation gilt es als unhöflich, die Hochstimmung des Augenblickes durch den Ausruf „Ich habe einen Druckfehler entdeckt!" zu stören.

VERSPÄTUNG

... ist bei uns in Mitteleuropa eine peinliche Sache. In anderen Ländern gehört es fast zum guten Ton, der PÜNKTLICHKEIT eine lange Nase zu drehen.

Bleiben wir in heimischen Gefilden: Ist es absehbar, dass man zu einer Verabredung zu spät kommt, so muss man dies dem Wartenden augenblicklich mitteilen. Ein Anruf sollte nicht nur eine ENTSCHULDIGUNG für die Verspätung beinhalten, sondern auch den zu erwartenden neuen Zeitpunkt des Eintreffens. Der so Informierte wird andererseits dem zu spät Kommenden nicht unbedingt das Gefühl vermitteln, große Unannehmlichkeiten zu verursachen.

Wie viel und ob Sie international zu spät kommen dürfen, finden Sie unter Pünktlichkeit im Anhang. Verlassen Sie sich aber nicht darauf – vielleicht erwartet man von Ihnen als EUROPÄER europäische Pünktlichkeit.

VIP

... ist die Abkürzung für *very important person*. Sehr oft findet man VIPs in eigens dafür abgegrenzten Revieren, was praktisch ist, da sie sich sonst kaum ausnehmen ließen und als VIP eigentlich nicht erkennbar wären. Wirkliche VIPs sind nämlich ausgesprochen bescheiden.

VISITENKARTEN

... haben noch so einen romantischen alten Namen. *Business Cards* und private Karten enthalten die Information, die Sie weitergeben sollen oder möchten.

Alle Karten passen in Kartenhalter und Karteikästchen für Visitenkarten, wenn sie nicht größer als 55 x 90 Millimeter sind. Ihre *Business Card* muss Ihren Berufstitel und Ihre Position und den Namen des Unternehmens beinhalten. Das Design entspricht der *Corporate Identity* des Arbeitgebers.

Private Karten von Eheleuten oder Einzelpersonen tragen Namen, eventuell akademische TITEL und alle Details, die man bereit ist bekannt zu geben. Es kann auch eleganterweise nur Ihr Name angeführt sein, und je nach Lust und Notwendigkeit werden Sie weitere Details handschriftlich hinzufügen.

Fotografien auf geschäftlichen Karten sind praktisch, da sie den Erinnerungseffekt erhöhen, gelten aber als unelegant – wie vieles Praktische im Leben.

Wenn ich von meinem Gegenüber eine Visitenkarte erhalte, überreiche ich im Gegenzug meine Karte. Karten übergibt man mit einer Hand und der Bemerkung: „Darf ich Ihnen meine Karte geben?“ In Asien nimmt man die Karte mit beiden Händen, dreht sie so, dass der andere sie lesen kann, hält sie mit beiden Daumen und Zeigefingern an den oberen Ecken und überreicht sie mit einer leichten Verbeugung. Dabei nimmt man geschickt die Karte des anderen entgegen, studiert sie kurz und weiß somit, mit wem man es zu tun hat. Ab dem Rang eines Ministers aufwärts bittet man nicht um eine Visitenkarte.

Wollen Sie jemandem eine VORSTELLUNG bei Freunden ermöglichen, so ist es hilfreich, wenn Sie eine Ihrer Visitenkarten mitgeben und zwei Zeilen der Empfehlung auf die Rückseite schreiben. Abkürzungen wie p. p. (*pour presentation* und Ähnliches) wird vermutlich heute niemand mehr verstehen. Handgeschriebene Vermerke auf Visitenkarten sind durchaus korrekt. Nur Ihre Unterschrift gehört nicht auf das kleine Kärtchen.

VORSTELLUNG

„Stellen Sie sich vor …“
„Schöberl.“
„Sie sollen sich nicht vorstellen, sondern sich vorstellen, dass wir …“
Karl Farkas und Ernst Waldbrunn in einer Doppelconférence

„Darf ich mich vorstellen?“ ist die wichtige FRAGE, mit der ich jemanden darauf aufmerksam machen sollte, dass ein historischer Moment bevorsteht: Zwei oder mehrere Menschen treffen einander das erste Mal. Wenn Sie nicht einem so scharfzüngigen Kabarettisten wie Karl Farkas gegenüberstehen, werden Sie dazu auch Gelegenheit bekommen. Zum Beispiel bei einem COCKTAIL geht man diesen Weg.

Wir hatten das schon beim einander BEKANNT MACHEN erwähnt, aber hier nochmals: KINDER stellen ihre Freunde ihren Eltern vor, indem sie sagen: „Darf ich Dir meine Freundin Eva vorstellen?“, und nicht: „Eva, das ist meine Mami!“ Trifft die Mama auf das Fräulein Eva alleine in dem Zimmer ihrer Tochter, weil diese gerade hinaus musste, so wird Eva aufstehen und sagen: „Guten Tag, darf ich mich vorstellen, mein Name ist Eva.“

Zwei Beispiele:

1. Auf der Straße:
   Zwei alte Bekannte treffen einander in Begleitung je einer DAME. Nun beGRÜSSEN sich zuerst die Herren. Dann er-

greift der ältere das Wort und sagt zu seiner Begleiterin: „Darf ich Ihnen Herrn Soundso vorstellen, den ich im letzten Urlaub kennengelernt habe? (Kurze Pause) Frau XY, meine Vorgesetzte." Hierauf macht der jüngere Herr die beiden Damen bekannt, bevor er den älteren Herrn seiner Begleiterin vorstellt.

2. Fremd beim Empfang:
   Bei einem Empfang trete ich auf eine Gruppe zu, in der niemand steht, der mir bekannt ist. Die Personen sind etwa ranggleich. Ich grüße, nenne meinen Namen und eine Zusatzinformation über mich (wenn passend, meine Firma oder den Grund meiner Anwesenheit oder meine Verbindung zum Gastgeber). Kommt nun sofort ein Gespräch in Gang, ist es manchmal besser, auf das Händeschütteln zu verzichten. Korrekt ist es allerdings, nun mit Handschlag der Reihe nach die einzelnen Personen zu begrüßen, wobei jede ihren Namen nennt.

TIPP

Komme ich beispielsweise am Buffet mit einer unbekannten Person ins Gespräch, versuche ich, mich so früh wie möglich vorzustellen. In öffentlichen Verkehrsmitteln bleibt man meist anonym. Nur bei längeren Reisen im Bus, mit der Bahn, mit dem Schiff oder im Flugzeug ist es empfehlenswert, eine Vorstellung zu einem möglichst frühen Zeitpunkt herbeizuführen.
Unterhalte ich mich gerade und jemand aus meinem Umfeld tritt hinzu, so unterbreche ich die Unterhaltung sofort, um die Personen vorzustellen oder bekannt zu machen, falls sie gleichrangig sind. Sollte mir ein Name entfallen sein, führt manchmal kein Weg daran vorbei, mich für diese Tatsache zu entschuldigen und nach dem Namen zu fragen.

DAS VORSTELLUNGSGESPRÄCH

... ist ein weiterer großer Schritt im Rennen um den begehrten Job. Die Einladung dazu bedeutet, dass Ihre schriftliche Bewerbung in die engere Wahl der Kandidaten für eine bestimmte Position gezogen wurde.

Nun heißt es, sich clever vorzubereiten. Sie haben es nämlich in der Hand – und damit den Job vielleicht schon in der Tasche. Also, was passiert nun?

TIPP

Eine Bewerbung ist ein Angebot, das Vorstellungsgespräch ist nun das weiterführende Verkaufsgespräch mit einem Kunden, mit dem ich eine besonders rege, langjährige Kooperation anstrebe. Dabei bin ich gleichzeitig der Verkäufer und das Produkt. Es ist meine Aufgabe zu erkennen, welche Vorteile ich dem Unternehmen bringen kann, indem ich meine Fähigkeiten mit den Anforderungen vergleiche und sie mit Feingefühl ins Gespräch bringe.

Ihre persönliche Checkliste finden Sie im Anhang, folgende Fragen werden besprochen:

1. Informationen sammeln
2. Pünktlichkeit
3. Höflichkeit
4. Der Weg zum Gespräch
5. Wie verhalte ich mich?
6. Mein äußeres Erscheinungsbild
7. Der Fragenkatalog
8. Wie verbleiben wir?

VORURTEILE

… sind nur so gut wie Ihr Wille, sie gegebenenfalls zu revidieren. Man muss nicht Darwin sein, um zu wissen, dass sich Menschen weiterentwickeln. Seien Sie also vorsichtig mit einst gefällten Vorurteilen.

TIPP

Sie heißen nicht umsonst Vorurteile. Ich versuche immer zu verhindern, dass ich sie zu einem Urteil werden lasse. Menschen sind unglaublich komplizierte Wesen. Niemand ist in der Lage, sein Gegenüber in Sekunden zu beurteilen. Ein voreilig gefälltes Urteil behindert meinen Blick auf das wahre Ich meines Gegenübers.

Sehen wir uns die Spitzen der Gesellschaft an: Wie viele haben sich nach einer radikalen Phase vom Revoluzzer von einst zum erklärten Verfechter des *Establishments* gemausert. Sie empfangen manchmal mit dem dazugehörigen Theater, aber doch stolz, ihre staatlichen Verdienstkreuze und danken höflich. Ehemalige Donauauen-Demonstranten küssen ordengeschmückt artig die Hände am Opernball, einst langmähnige Fußballgötter „quicksteppen" perfekt gestylt über das Parkett bei den ‚Dancing Stars'.

Vielleicht fällt Ihnen jemand in Ihrem Umfeld ein, über dessen Rehabilitierung Sie nachdenken sollten. Ältere setzen damit oft wertvolle Schritte.

VULGÄR

TIPP

Schlicht ist elegant, Bescheidenheit ist eine der sympathischsten Eigenschaften, Disziplin, Diskretion und Zurückhaltung sind weitere Erfolgsfaktoren. Wer diese Prinzipien zu seinen Leitsternen macht, läuft kaum Gefahr, vulgär, exhibitionistisch, angeberisch oder aufdringlich zu sein.

WALKER

... ist vielleicht ein neuer Begriff für uns. Sind Sie gerade *SINGLE* und wollen nicht auf die Einladung „mit Begleitung" verzichten? Organisieren Sie sich einen *Walker* oder eine *Walkerin*. Das ist ein guter unkomplizierter Freund, der gerne mitkommt, den verlangten Dresscode problemlos einhält und Ihnen den geforderten Partner für diese EINLADUNG, Aufführung, Eröffnung etc. abgibt. Walker kann man – ist die PARTY fortgeschritten und kein gesetztes Abendessen – alleine heimgehen lassen oder vor ihnen von der Bildfläche verschwinden. Ganz wie die Situation sich entwickelt.

WEINKARTE

... wird dem Gastgeber präsentiert. Sollte er kein Fachmann sein, so ist es üblich, dass er jemanden damit „beauftragt", einen Blick in die Weinkarte zu werfen. Vielleicht wird man auch mehrere Weinkarten präsentieren. Schließlich würde so das Gespräch über den Wein angeregt werden. So ist es immer dem Gastgeber vorbehalten, die Entscheidung zu treffen. Dazu versinkt der Aussuchende für verlorene Gesprächsminuten hinter der mehr oder weniger dicken Enzyklopädie der Freuden des Gottes Bacchus. Alle anderen widmen sich dem Gespräch. Eigentlich schade, dass man das Getränk, das fortan den Abend wesentlich beeinflusst, nicht demokratischer aussucht. Warum also nicht die Informationen der Weinkarte teilen? Dabei kann man bewusst nur die Weine zur Diskussion stellen, die das Budget erlaubt.

Beachten Sie für den europäischen Gebrauch sehr einfach folgende Ratschläge:

1. Die alten Regeln: Weißwein zu Fisch und hellem Fleisch, Rotwein zu dunklem Fleisch sind vielleicht schmackhaft, aber längst nicht mehr verpflichtend. Jede Farbe passt zu jedem ESSEN, was speziell für all jene wichtig ist, die gerne nur Rot- oder nur Weißwein trinken. Der Gourmet wird trotzdem immer bestrebt sein, zu jedem Gang den richtigen Wein zu wählen.
2. Das Alter eines Weines ist nicht immer ein Kriterium. Oft sind die Weine jung getrunken besser als die älteren. Manchmal ist es genau umgekehrt.
3. Fragen Sie in allen Belangen den Sommelier oder einen Ihnen kompetent erscheinenden Kellner (vielleicht den Wirt persönlich?). Darin ist er schließlich ausgebildet. Wie in allen Lebenslagen ist Unkenntnis auch hier keine Schande, das Darüber-Hinwegspielen kann hingegen einen Wein zur Folge haben, der keinem schmeckt.
4. Wer vor seinen Gästen nicht die preislichen Kriterien diskutieren möchte, kann dem Sommelier in der Karte ein oder zwei Weine zeigen, deren Preiskategorie man sich zumutet. Die einfühlsame Fachkraft wird daraufhin nur Weine empfehlen, die in dieser Klasse spielen.
5. Zugegeben, nur wenige Restaurants haben tatsächlich einen Sommelier. Basteln Sie Ihre eigene „Favoritenliste", die weit verbreitete Marken aus unserem Land beinhaltet. Da kann man schon mal eine sichere Aussage wagen wie etwa: „Mit einem Grünen Veltliner als trockener Weißwein kann nichts schiefgehen!" (siehe Anhang).

6. Der Probeschluck dient dazu, den ausgesuchten Wein zu verkosten. Zunächst studieren wir seine Farbe, indem wir das Glas leicht schwenken und gegen eine Lichtquelle halten. Dabei beobachten wir ebenso, wie rasch der Rand der Flüssigkeit vom Glas wieder nach unten rinnt. Je langsamer es geht (hohe Schlierenbildung), umso stärker ist der ALKO-

HOL- und Zuckergehalt. Dann drehen wir den Wein schnell im Glas, um ihn „aufzubrechen“ und sein Aroma zur Entfaltung zu bringen. Dann wird rasch die Nase an und in das Glas gehalten und der Duft tief eingesogen. Hier riecht man zum ersten Mal, ob der Wein korkt (siehe Tipp). Nun endlich kostet man den Wein. Dabei entscheiden Sie nun, ob er Ihren Vorstellungen entspricht und auch auf die restlichen Gläser verteilt werden darf. Dazu nicken Sie dem Sommelier oder dem servierenden Kellner zustimmend zu. Sind Sie sich nicht sicher, weil beispielsweise ein leichter Korkgeschmack Ihre Wahrnehmungen stört, so ist es kein Beinbruch, wenn man noch jemanden vom Tisch oder den Einschenkenden bittet, den Wein zu kosten.

7. Der Gastgeber kann den Probeschluck auch delegieren, falls er selbst keinen Wein trinkt oder einem Weinexperten den Vortritt lassen möchte.
8. Wein ist das einzige Getränk bei formellen Anlässen, mit dem man sich streng genommen zuprosten darf. Natürlich hebe ich in fröhlichen Runden manchmal ein Bierglas und sage: „Zum Wohl“.
9. Ein Weinglas hält man immer am Stiel, ohne dabei seine Finger wegzuspreizen.
10. Achtung: Speziell beim Besuch eines Wiener Heurigen oder einer Äppelwein-Kneipe unterschätzen ausländische Gäste gerne die Wirkung des Weines. Achten Sie bei asiatischen Gästen speziell darauf, dass sie nicht zu viel „erwischen“! Ihnen wäre der Gesichtsverlust am nächsten Morgen so peinlich, dass dies Ihre Beziehungen ernsthaft gefährden kann. Raten Sie zu einem Glas Wasser oder Mineral- oder Sodawas-

ser als Begleitgetränk und „trinken“ Sie Ihren Gästen vor, wie man es macht. Es ist unangenehm, seine Gäste betrunken zu machen, da auf die abendliche Freude am nächsten Morgen eine peinliche Leere folgt.

TIPP

Der Wein korkt, wenn die Flasche mit einem Korken verschlossen war, der zu viel Eigengeschmack an den Wein abgegeben hat (teilweise durch das künstlich forcierte Wachstum der Korkeiche verursacht – der Kork wächst großporiger und bietet Schimmelpilzen leichter Platz). Heute werden viele Weine mit Kunststoffkorken, Glas- oder Metallverschlüssen verschlossen und korken daher nie! Das ist übrigens nur akzeptabel, wenn der Wein, der solcherart nicht atmen kann, keine weitere Entwicklung in der Flasche benötigt.
Vorsicht ist auch bei der Lagerung geboten. Wein muss ohne Geruchsbelästigung gelagert werden, da er, wie der populäre Weinpfarrer Denk meint, „wie ein Jagdhund ist, der jede Witterung aufnimmt.“
Sollte Ihr Wein also korken und noch alle Gläser voll sein, kann und sollte man reklamieren. Der Wirt ist verpflichtet, den Wein zurückzunehmen und eine neue Flasche vor Ihren Augen zu öffnen. Es gilt als unhöflich, jede Menge Wein zu trinken und sich danach über einen Korkgeschmack zu beschweren. Sollten Sie als Gast der Einzige sein, dem der Korkgeschmack auffällt, so ist es unter guten Freunden gewiss kein FAUXPAS, wenn Sie den Gastgeber darauf aufmerksam machen. Bei einem Bankett, bei dem gleichzeitig aus mehreren Flaschen eingeschenkt wird, obliegt es dem jeweiligen Tisch, diesen Missstand zu melden.

Weine aus Österreich

Was trinkt man bei uns in Österreich? Auch Antialkoholiker sollten darüber Bescheid wissen, falls sie eines Tages eine Einladung geben. Unsere Weine eignen sich zu allen Anlässen, da wir trotz der kleinen Anbaufläche eine Vielzahl von verschiedenen Sorten anbauen und diese häufig sortenrein ausbauen (das heißt, der Wein wird nicht mit einer anderen Sorte vermischt, was zum Cuvée wird). Österreich ist ein traditionelles Weißweinland, aber gerade in den letzten Jahren punkten wir immer mehr mit unseren großartigen Rotweinen. Natürlich gibt es auch Rosé-Weine.

Eine besondere Spezialität aus der Steiermark ist der Schilcher. Aus dem Burgenland kommt der Individualist unter den Weinen, der Uhudler.

Viele bekannte Weinbauern lassen ihren eigenen Sekt abfüllen. Sekt (Schaumwein) ist der „Champagner“ der Österreicher.

Wenige stellen den Sekt mit derselben Methode her wie die Schaumweine in der Champagne (Region in Frankreich), woher der danach benannte Champagner kommt.

Drei verschiedene Verfahren zur Herstellung von Schaumwein (Sekt) werden unterschieden:

1. Flaschengärung: klassische Methode (Champagnerverfahren)
2. Tankgärung: Charmat-Verfahren
3. Versetzen mit Kohlensäure

Im Anhang finden Sie eine Liste der typischen österreichischen Weinsorten, Angaben über ihre Lagerfähigkeit und zu welchem ESSEN sie passen sowie besonders gute Jahrgänge des österreichischen Weines, Begriffe im Zusammenhang mit Wein und Weinklassifizierungen. Natürlich haben wir für Sie zur Orientierung auch eine kurze Liste ausländischer Weine angeführt.

WITZE

... sind kein Ersatz für eine amüsante Konversation, sondern bestenfalls die Pointen, die zu einer guten Geschichte passend nachgereicht werden (unter dem Motto: „Dazu fällt mir Folgendes ein: ...“). Sie sollten es aber bei dem einen belassen, auch wenn es Ihnen schwerfällt. Ungehörig ist es, Witze auf Kosten anderer zu machen oder in Gesellschaft von DAMEn unanständige Witze zu erzählen.

WOHLTÄTIGKEITSVERANSTALTUNGEN (*CHARITIES* ODER *FUND RAISING*)

... heißen jene Veranstaltungen, bei denen sich wohlhabende Menschen treffen, um ihr Vermögen auf möglichst unterhaltsame Weise in den Dienst eines wohltätigen Zweckes zu stellen. Manchmal handelt es sich um sportliche *Events,* aber auch um Abendessen, bei denen man pro Menü oder gar pro Tisch eine auffällig hohe Summe bezahlt, deren Reinerlös (Ihre Einnahmen minus Entstehungskosten = Reinerlös) bedürftigen Menschen oder Organisationen zugute kommt. Oft finden während des Dinners Versteigerungen statt.

Wenige der vergnügten Gäste großer Wiener Traditions-BÄLLE sind sich bewusst, dass die Mehrzahl dieser Veranstaltungen zu Gunsten wohltätiger Zwecke große Summen aufbringen. Beim Elmayer-Kränzchen (unser Ball in der Wiener Hofburg) wird alljährlich eine fünfstellige Summe aus dem Erlös dem Leiter des Hauses der Barmherzigkeit überreicht.

Wer an so einer Veranstaltung wie der jährlichen ‚Licht-ins-Dunkel'-Gala im FERNSEHEN teilnimmt, ist nahezu verpflichtet, jede vornehme Zurückhaltung fallen zu lassen und die anderen im Saale zu überbieten. Geschickte Firmenwerbung ist erlaubt. Da es darum geht, anderen Menschen zu helfen, wollen wir da ein Auge zudrücken.

Wohltätige Clubs wie Kiwanis, Rotarier oder Lions tun dasselbe, aber in großzügiger DISKRETION. Es gibt zahlreiche internationale und nationale Hilfsorganisationen, die wir ebenfalls nicht vergessen dürfen. Nobel spendet man anonym. Wie auch immer, es gilt, dass man hilft.

„Wer reich stirbt, stirbt ohne Ehre."

Andrew Carnegie, amerikanischer Stahlmilliardär (1835–1919), Begründer von Carnegie Steel Company

Andrew Carnegie verkaufte die Gesellschaft mit 65 Jahren und widmete sich seiner philanthropischen Ader. Während seines langen Lebens spendete er insgesamt über 350 Millionen Dollar.

X FÜR EIN U VORMACHEN

... ist der Versuch einer Täuschung, den man mit diesem alten Spruch: „Machen Sie mir kein X für ein U vor!" anprangert.

YACHTEN

... helfen uns, selbst unter dem Buchstaben Y eine Benehmensregel zu platzieren. Tatsächlich ist die Etikette an Bord von größter Bedeutung, da sie – wie beim Fliegen – nicht nur ein reibungsloses Miteinander in gedrängter Atmosphäre regelt, sondern auch einen wesentlichen Beitrag zu Ihrer Sicherheit – dem obersten Gebot – darstellt.

Wenn Sie selbst eine Yacht chartern oder als Gast mitreisen dürfen, werden Sie perfekt umsorgt, da es das oberste Gebot der *Crew* (so heißt Ihr PERSONAL auf See) ist, Sie zu verwöhnen. Auch wenn die folgenden Punkte Ihnen mehr als logisch und klar erscheinen, werden Sie sich wundern, wie viele Menschen dies immer wieder vergessen. Die Crew und Ihre Mitreisenden werden Ihnen dankbar sein, wenn Sie unsere Tipps im Anhang beachten. Da Ihre REISE Sie vielleicht auf ein Schiff führt, auf dem nicht Deutsch gesprochen wird, haben wir die wichtigsten Ausdrücke auch auf Englisch angeführt.

ZÄRTLICHKEITEN

... sind für Ihre Liebsten zu Hause reserviert. Vermeiden Sie Zärtlichkeiten, die zu Missverständnissen führen könnten. In der Öffentlichkeit kann hier der Eindruck einer Vertrautheit entstehen, der Ihre Reputation und/oder die Ihres Gegenübers belasten kann. Sie könnten auch Hoffnungen in jemandem wecken, die sie gar nicht wecken wollten.

TIPP

Hand in Hand durch den Park oder die City zu spazieren ist wunderbar und ein Ausdruck menschlicher Nähe und Wärme, der den grauen Alltag erhellt wie ein Sonnenstrahl, der sich durch den Nebel stiehlt. VERLIEBTE Pärchen vergessen in ihrer Zweisamkeit oft ganz, dass sie doch nicht allein sind. Heben Sie sich die Zärtlichkeiten für private Stunden auf, Sie brauchen doch sicher keine Zeugen. Gegen ein zärtliches Bussi ist nichts einzuwenden, ein leidenschaftlicher minutenlanger Kuss ist meist für den Beobachter störend und aufdringlich.

ZUHÖREN

„Zuhören kann heute keiner mehr!“, klagt die ältere Generation. Zu Unrecht. Die Quantität der Einflüsse hat sich in den vergangenen Jahrzehnten vervielfacht. So ist die Selektion wichtig geworden.

Dem Zuhören geht daher eine Entscheidung voran. Wollen Sie einem Mitmenschen Ihre Zeit widmen, so werden Sie ihm das entsprechende Maß an *Empathie* (griechisch: die Fähigkeit, sich in andere hineinzuversetzen) entgegenbringen.

Die acht besten Tipps zum Zuhören:

1. Nicken Sie regelmäßig zu dem, was Ihr Gegenüber sagt. Das animiert zum Weitersprechen (Interviewer-Prinzip).

2. Wahren Sie respektvoll Distanz.
3. Keine Unterbrechungen. Ihr Gegenüber hat sich einen gewissen Aufbau der Geschichte zurechtgelegt.
4. Studieren Sie diesen Aufbau. Ist Wesentliches vergessen, ausgelassen oder gar übersehen worden?
5. Beweisen Sie Geduld.
6. Hören Sie genau auf das Stimmverhalten.
7. Studieren Sie die KÖRPERSPRACHE, versuchen Sie, die innere „Landkarte“ des anderen zu verstehen.
8. Sammeln Sie FRAGEN, bis Ihr Visavis ausgesprochen hat.

… und Ihre Reaktion in acht Punkten:
1. Beweisen Sie Verständnis (im Sinne von Verstehen).
2. Beweisen Sie Mitgefühl (im Sinne von Einfühlen).
3. Stellen Sie nun gezielte Fragen.
4. Sie können sich nun selbst öffnen und etwas von Ihnen preisgeben (sonst fühlt sich die andere Person ausgehorcht).
5. Wollen Sie Vertrauen schaffen, so wählen Sie mit Bedacht den richtigen Zeitpunkt.
6. Achten Sie auf die Wahl des Ortes und der Zeit.
7. Vermeiden Sie bewusst Barrieren (z. B. hinter dem Schreibtisch oder aus dem Autofenster).
8. Schalten Sie Störfaktoren wie das HANDY aus.

ZYNIKER

… steht ironischerweise zuletzt. Das ist nicht zynisch gemeint. Ein scharfzüngiger Spötter wird nur so lange als Zyniker gelten, solange er nicht permanent, sondern gekonnt an bestimmten Stel-

len eine pointierte Spitze, ja manchmal beleidigende Bemerkung abgibt.

Die Dauerform des Zynismus nennt man in Österreich GRANT, die Übellaunigkeit, eine Unart, die den Träger dieser Unsitte von selbst ins Aus der Gesellschaft stellt.

Und genau dort
wollen wir ja nicht hin,
nachdem wir dieses Buch
nun schließen.

ANHANG

ACCESSOIRES

GÜRTEL, HOSENTRÄGER

Sie sind bei Herren unverzichtbar, wenn die Hose Schlaufen hat. Hier gilt: Schuhe und Gürtel (Leder) sollen in der gleichen Farbe sein. Die Schnalle darf nicht zu groß und aufdringlich sein. Zum SMOKING und FRACK trägt man Hosenträger. Falls Mann diese auch zu anderer Gelegenheit trägt, zieht man selbstverständlich sein Sakko nicht aus. Hosenträger sind keine Zierde, auch oder schon gar nicht, wenn sie Blümchen oder kleine Mickymäuse drauf haben.

Bei DAMEn sind Gürtel manchmal reiner Zierrat. Sie fallen durch ihr besonderes Design, Material oder ihre Schnallen auf. Mit dem passenden Gürtel können Sie aus Ihrem schlichten Kleid eine Kreation machen, die ungeahnte Wirkung erzielt. Wählen Sie jedoch mit Bedacht. Allzu üppige Gürtel mit kitschigen Verzierungen lassen darauf schließen, dass Sie um jeden Preis auffallen wollen.

HANDSCHUHE

Handschuhe sind heute meist dem Winter vorbehalten. Männer tragen am besten dunkelgraue Handschuhe, Wildleder in der Freizeit und Schwarz zur Trauerkleidung. Zum FRACK tragen Sie weiße Handschuhe.

Bei Damen darf es auch eine Farbe sein. Damen tragen sie auch bei festlicheren Anlässen. Wer einen Akzent setzen möchte, wählt z. B. rote Handschuhe zur roten Handtasche und dem roten Schal.

Im Allgemeinen sollten die Handschuhe die gleiche Farbe haben wie Tasche, Tücher oder Schals bzw. Kleid, Kostüm oder Mantel (die Farbe findet sich im Muster des KLEIDUNGsstückes wieder).

Zu Abendkleidern wird die Dame Spitzen- oder Satinhandschuhe tragen. Hier gilt: Je kürzer der Ärmel des Kleides, desto länger der Handschuh. Also bei ärmellosen Kleidern trägt man ganz lange Handschuhe. Auch beim Händeschütteln lässt man sie an. Nur zum Essen werden sie ausgezogen. Herren tragen Handschuhe in der TANZschule oder mit einer Uniform.

HANDTASCHEN

Handtaschen sind nur etwas für Damen. Natürlich ist es Ihnen überlassen, was Sie alles mitführen möchten. Doch wie so oft ist weniger mehr. Allzu große Rucksäcke oder Beutel wird eine Dame nicht mit sich herumtragen. Wenn Sie Ihren Laptop mitnehmen möchten, ohne es zu zeigen, gibt es dafür sehr schöne Ledertaschen, die auf den ersten Blick nicht als Laptop-Taschen zu erkennen sind.

Die Tasche sollte die Farbe Ihrer Schuhe haben.

Das Abendtäschchen ist klein. Wenn mehr als ein Lippenstift, TASCHENTUCH, etwas GELD und ein kleines HANDY hineingehen, ist es definitiv zu groß für den Abend. Die Abendtasche darf auch ein bisschen auffälliger sein, sei es im Design oder in der Ausführung. Und fällt Ihre Tasche einmal zu Boden und der Inhalt liegt verstreut unter dem Tisch, wird Sie der Herr erst fragen, ob er Ihnen helfen „darf". Falls der Inhalt nicht für seine Augen bestimmt ist, dürfen Sie auch höflich versichern, dass Sie das selbst erledigen.

HUT

Der HUT gewinnt wieder an Attraktivität. Er ist vielseitig einsetzbar. DAMEn können jedes mittelmäßige Kleid oder Kostüm mit dem passenden Hut um Klassen aufwerten. Sie können sich als streng, humorvoll, bieder oder extravagant darstellen. Er sollte definitiv immer in der Farbe zur Garderobe passen. Bei Damen sind auch Maschen, Bänder, Schleier und dezenter Zierrat erlaubt, aber bitte nicht den Obst- oder Gemüsehändler plündern. Wie so oft ist weniger mehr. Besonders bei Veranstaltungen, wo man Hintermänner hat, sollte auf zu große Hüte verzichtet werden. Im Sommer dient der Hut auch als Sonnenschutz und ist aus leichteren Materialien wie Leinen oder Stroh.

Damen lassen ihren Hut auf, wenn sie einen Raum betreten, Herren nehmen ihn sofort ab. Bei der flüchtigen Begrüßung ziehen sie nur kurz den Hut, um ihn dann wieder aufzusetzen. Er wird etwa auf Schulterhöhe gelüftet.

Herren tragen verschiedenste Kopfbedeckungen, von der Kappe bis zum Hut. Der *Chapeau Claque,* ein zusammenfaltbarer schwarzer Zylinder, und der klassische schwarze Zylinder begleiten den FRACK. Der *Homburg,* ein hoher Herrenhut aus Filz mit hochgebogener, eingefasster Krempe, ist in Schwarz und Nachtblau ein idealer Abendhut und in Grau oder Dunkelgrau ein von älteren Herren oder Diplomaten gern getragener Tageshut.

REGENSCHIRM

In England gehört er zur Ausstattung des klassischen und immer seltener gesehenen GENTLEMANs, in Mitteleuropa führen wir ihn nur mit, wenn es regnet oder alles auf einen Regenguss hinweist. Gehen Mann und Frau miteinander, so beschirmt der Herr seine DAME. Selbstverständlich fuchtelt man nicht mit dem Schirm und ist auf Gehsteigen bemüht, nicht mit anderen Schirmen zu kollidieren. Wenn man aneinander vorbeigeht, wird einer den Schirm leicht anheben und der andere seinen leicht senken. Bei starkem Gegenverkehr sollte man besonders Acht geben, dass man niemandem die Augen aussticht.

Herrenschirme sind meist schwarz oder dunkel gehalten, Damenschirme können gemustert sein, manchmal von Designerhand, aber niemals allzu schrill. Der *Knirps* ist der kleine Bruder des Regenschirmes, selbstredend nicht so elegant, aber ungemein praktisch auf REISEN.

Nasse Regenschirme legt man nicht auf die Rückbank des Taxis oder lehnt ihn an die Barockkommode der Erbtante, die man gerade besucht. Man lässt ihn vor der TÜRE stehen oder fragt höflich, ob es dafür einen Platz gibt. In Geschäften sollte ein Schirmständer vorhanden sein. Im AUTO ist es tatsächlich nicht so einfach, am besten legt man ihn auf den Boden vor den Rücksitzen – wird dann allerdings selbst etwas nass beim Einsteigen – oder in den Kofferraum.

SEIDENTUCH, SCHAL

Der Schal wird im Herbst und Winter von Mann und Frau gleichermaßen getragen. Er sollte zum Mantel passen (also kein karierter Schal zum karierten Mantel, sondern einer der beiden sollte einfärbig sein). Elegant sind dezente Seidenschals. Bei tieferen Temperaturen schützt Wolle besser. Der Schal wird sorgfältig angelegt (am besten vor einem Spiegel). Man kann ihn überkreuzt um den Hals legen oder herumwickeln und das eine Ende beim Hals vorne durchziehen, sodass es über den anderen Teil unter dem Kinn breit herunterhängt und den Mantelausschnitt füllt.

Das Seidentuch unter dem Hemd getragen ist für den Mann die legere Alternative zur KRAWATTE. Damen haben meist eine größere Anzahl an Seidentüchern. Es gibt sie in verschiedenen Größen und von den meisten Designern. Sie sollten farblich zu der Garderobe passen. Hier sind Sie auf Ihren guten Geschmack angewiesen. In der Übergangszeit wird man nicht ohne ein Tuch zum Mantel oder zur Kostümjacke ausgehen.

Der Pashmina-Schal ist besonders vielseitig. Es gibt ihn in allen Farben, er ist an kühlen Sommerabenden als Schultertuch über dem luftigen Kleid genauso angenehm wie im Winter zum Mantel. Auf REISEN bewährt er sich besonders, da er so klein zusammenlegbar ist, dass er beinahe in jede Handtasche passt.

SONNENBRILLE

Kann farblich abgestimmt auf die Garderobe sein, muss aber nicht. Akzente setzt Mann oder Frau mit einer besonders modischen oder außergewöhnlichen Brille, elegant ist dagegen die zeitlose Variante.

Sonnenbrillen, wie der Name schon sagt, sollten nur bei Sonnenschein getragen werden. Abends oder in geschlossenen Räumen tragen nur Menschen mit Augenleiden oder zwielichtige Gestalten Sonnenbrillen, Mitbürger, die ein blaues Auge verstecken wollen oder ihren *Hang-over* pflegen. Wenn man jemanden begrüßt (siehe GRUSS), ist es angenehm, wenn man die Sonnenbrille abnimmt, damit man einander in die Augen schauen kann.

SPAZIERSTOCK, STOCK

Der gute alte Spazierstock ist bei uns definitiv aus der Mode gekommen. Wenn ein Stock mitgeführt wird, dient er meist als Gehhilfe für ältere Mitbürger oder Stütze nach Verletzungen. Daher wird man den Stock beim Gehen nicht umherwirbeln oder ihn hin und her schwingen wie Charlie Chaplin.

Man deutet auch nicht mit dem Stock auf Personen. Wie in allen Bereichen gibt es auch bei Stöcken elegantere Modelle aus besonderem Holz sowie mit Silbergriffen, Edelsteinbesatz oder Verzierungen. Ein solcher Stock ist oft ein Familienerbstück, und nicht nur ein Stock.

STECKTUCH

Das Stecktuch des Herrn, französisch *Pochette,* ist weiß oder greift die Grundfarbe des Hemdes oder der KRAWATTE auf, nicht deren Muster, kann aber auch ein Muster haben: So zeigen Sie, dass Sie geschmackvoll kombinieren können. Das Stecktuch wird in die Brusttasche des Jacketts gesteckt. Entweder sind zwei Ecken sichtbar, oder es ist in der Mitte gerafft und locker eingeführt. Man kann es auch öffnen und leger in die Tasche stecken. Bei FRACK und SMOKING wird nur ein weißes Stecktuch benützt. Stecktücher haben keine MONOGRAMME.

TASCHENTUCH

Im Zeitalter von „Fe“ sind sie schon nicht mehr so selbstverständlich, die Stofftaschentücher. Sie sollten weiß oder mit einem dezenten Rand versehen sein und können auch ein gesticktes MONOGRAMM haben. Greifen Sie nicht zum karierten Holzfällertuch oder anderen modischen Kreationen. Stofftaschentücher sind eleganter und bei festlichen Anlässen ein Muss – außer… siehe oben.

DAMEn haben sie in der Handtasche parat, Herren tragen sie leicht zusammengeschlagen in der inneren Jacketttasche oder Hosentasche.

ALKOHOL

Alkopops sind Mischgetränke aus Spirituosen und Wasser, Limonade oder Saft. Sie werden größtenteils in handliche Flaschen oder Dosen in jugendlichem Design abgefüllt. Der durch Süßstoffe und Aromen geprägte Geschmack maskiert die Bitternis des Alkohols (4–6 Prozent), sodass auch KINDER diese Mischgetränke „wie Limonade" trinken können. Dabei enthält eine Flasche (ca. 275 ml) etwa 4 cl Schnaps! In einer Diskonacht können leicht sechs bis acht Flaschen Alkopops getrunken werden. Das wären 12 bis 16 einfache (à 2 cl) Schnäpse. Alkopops sind versetzt mit Koffein, Taurin, Inosit und Glucuronolacton, wie diese in *Energy Drinks* zu finden und die als Wachmacher oder Leistungsförderer bekannt sind.

Quelle: (*Bayerisches Staatsministerium für Umwelt, Gesundheit und Verbraucherschutz*)

Durchschnittlicher Alkoholgehalt in den gängigsten Getränken in Volumenprozent (%):

Bier	4,5–5,5 %
Spezialbiere (Weihnachtsbock etc.)	bis über 15 %
Wein, Sekt und Champagner	10–14 %
G'spritzter	ca. 5 %
Gin, Wodka, Bacardi, Cognac, Whisky	40–45 %
Alkopops	4–6 %

ANREDEN

(Anschriften unter BRIEFE im Anhang)

	Anrede	Vorgestellt als
KAISER & KÖNIG	Eure Majestät/ Königin von England: *Your Majesty,* in der Folge nur noch *„Ma'am"* (ausgespr. *Mam*)	Ihre Majestät, der König von … *His Majesty, the King* *Her Majesty, the Queen*
GROSSHERZOG, ERZHERZOG & PRINZ aus regierendem Haus *Royal Prince*	Königliche Hoheit (H.) *Your Royal Highness,* in der Folge *„Sir"* oder *„Ma'am"*	Seine/Ihre Königliche Hoheit *His/Her Royal Highness*

	Anrede	Vorgestellt als
HERZOG, FÜRST & PRINZ aus nicht regierendem Haus *Duke / Duchesse*	Hoheit (H.), Durchlaucht (D.) *Your Royal Highness*	Seine Hoheit, Prinz … *His / Her Royal Highness …*
GRAF aus standesrechtlichem Haus *Earl / Countess*	Hochgeboren (Hg.), Erlaucht (E.) *Lord / Lady*	Graf/Gräfin … *Lord / Lady …*
BARON/ FREIHERR *Lord / Lady*	Hochwohlgeboren (Hwg.)	Baron oder Herr von *Lord / Lady*
SONSTIGE Angehörige des Adels	Herr von … *Sir* + Vorname *Lady* + Vorname	Herr von … *Sir* + Vorname *Lady* + Vorname
PAPST *Pope*	Eure Heiligkeit *Your Holiness* *Most Holy Father*	Seine Heiligkeit, der Papst *His Holiness, the Pope*
KARDINAL *Cardinal*	Herr Kardinal, Eminenz *Your Eminence*	Seine Eminenz, Kardinal … *His Eminence Cardinal …*
ERZBISCHOF & BISCHOF *Archbishop / Bishop*	Herr Erzbischof, Herr Bischof, Exzellenz *Your Excellency*	Eure Exzellenz *Excellency*
DECHANT, PRIESTER *Priest*	Hochwürden (Hw.) Herr Pfarrer *Father*	*Father*
NONNE *Nun*	Schwester *Sister*	Ehrwürden, Ehrwürdige Schwester
BUNDES-PRÄSIDENT *President of …*	Herr Bundespräsident *Mr President*	Der Präsident der Republik Österreich *The president of the republic of Austria*

	Anrede	Vorgestellt als
BUNDESKANZLER, PREMIER-MINISTER *Chancellor / Prime Minister*	Herr Bundeskanzler Herr Premierminister *Chancellor / Prime Minister*	Der Bundeskanzler der Republik Österreich *Mr…, chancellor of the republic of Austria;* *The Prime Minister of…*, oder mit seinem Namen
BUNDESMINISTER *Minister*	Herr Minister *Minister*	
SEKTIONSCHEF, MINISTERIALRAT	Herr Sektionschef, Herr Ministerialrat	
EHEFRAU *Wife*	Gnädige Frau, Frau XY *Madam*	
BOTSCHAFTER, GESANDTER *Ambassador*	Herr Botschafter, Herr Gesandter *Your Excellency*	Eure Exzellenz *Your Excellency*, gefolgt von *Sir* oder *Madam*
REKTOR einer Universität oder Hochschule *Principal*	Eure Magnifizenz	
DEKAN *Dean*	Eure Spektabilität	
AKADEMISCHE GRADE TITEL	Frau (Herr) Doktor, Magister, Magistra (weibl.)	
RICHTER(IN) *Judge*	Herr (Frau) Rat *Your Honour*	

APERITIF

Folgende Aperitifs zählen zu den internationalen Standards:

Amerikanische Mixgetränke	Britische Aperitifs	Kontinentaleuropäische Aperitifs
Martini dry	Gin Tonic	Sherry (dry, medium, sweet)
Manhattan	Vodka Tonic	Vermouth (dry, bianco, rosso)
Old Fashioned	Whisky Soda	Campari/Soda/Orange
Side Car		Cynar
White Lady		Dubonnet
		Früchtebowle (Sekt- und/oder Weinbasis)
		Fruchtwodka

Imperialer Früchtewodka
Die Spezialität aus dem Hotel Imperial in Wien

2 Kilo geschälter und klein geschnittener Früchte in einen Krug geben (am besten eignen sich – je nach Saison – Ananas, Orangen, Äpfel, Birnen, Trauben etc.)

Darüber einen Liter Wodka und ein ausgewogenes Gemisch aus Kirsch, Gin und Benedictine (verlassen Sie sich auf Ihr Gefühl). Stellen Sie den Krug für mindestens acht Stunden in den Kühlschrank. Eisgekühlt servieren.

Aus dem Buch „Hotel Imperial Wien“ in der Serie „Die berühmtesten Hotels der Welt“
© famoushotels.org

AUSZEICHNUNGEN UND EHRENZEICHEN IN ÖSTERREICH

Rangordnung der Bundesauszeichnungen:

1. Groß-Stern des Ehrenzeichens für Verdienste um die Republik Österreich (erhält der Bundespräsident bei Amtsantritt)
2. Großes Goldenes Ehrenzeichen am Bande für Verdienste um die Republik Österreich
3. Großes Silbernes Ehrenzeichen am Bande für Verdienste um die Republik Österreich
4. Großes Goldenes Ehrenzeichen mit dem Stern für Verdienste um die Republik Österreich
5. Großes Silbernes Ehrenzeichen mit dem Stern für Verdienste um die Republik Österreich
6. Österreichisches Ehrenzeichen für Wissenschaft und Kunst

7. Großes Goldenes Ehrenzeichen für Verdienste um die Republik Österreich
8. Großes Silbernes Ehrenzeichen für Verdienste um die Republik Österreich
9. Österreichisches Militärverdienstzeichen
10. Österreichisches Ehrenkreuz für Wissenschaft und Kunst I. Klasse
11. Großes Ehrenzeichen für Verdienste um die Republik Österreich
12. Österreichisches Ehrenkreuz für Wissenschaft und Kunst
13. Goldenes Ehrenzeichen für Verdienste um die Republik Österreich
14. Silbernes Ehrenzeichen für Verdienste um die Republik Österreich
15. Ehrenzeichen für Verdienste um die Befreiung Österreichs
16. Goldenes Verdienstzeichen der Republik Österreich
17. Silbernes Verdienstzeichen der Republik Österreich
18. Goldene Medaille am roten Bande für Verdienste um die Republik Österreich (Lebensrettungsmedaille)
19. Goldene Medaille für Verdienste um die Republik Österreich
20. Silberne Medaille am roten Bande für Verdienste um die Republik Österreich (Lebensrettungsmedaille, wird seit 1968 nicht mehr verliehen)
21. Silberne Medaille für Verdienste um die Republik Österreich
22. Bronzene Medaille für Verdienste um die Republik Österreich (wird nicht mehr verliehen)
23. Österreichische Olympiamedaille 1964
24. Österreichische Olympiamedaille 1976
25. Bundes-Ehrenzeichen
26. Grubenwehr-Ehrenzeichen
27. Verwundetenmedaille 1. Klasse für Angehörige des Bundesheeres
28. Verwundetenmedaille 1. Klasse für Angehörige des Exekutivdienstes
29. Verwundetenmedaille 2. Klasse für Angehörige des Bundesheeres
30. Verwundetenmedaille 2. Klasse für Angehörige des Exekutivdienstes
31. Militär-Anerkennungsmedaille
32. Einsatzmedaille des Österreichischen Bundesheeres
33. Exekutivdienstzeichen
34. Wehrdienstzeichen 1. Klasse
35. Wehrdienstzeichen 2. Klasse

36. Wehrdienstzeichen 3. Klasse
37. Wehrdienstmedaille in Gold
38. Wehrdienstmedaille in Silber
39. Wehrdienstmedaille in Bronze
40. Milizmedaille

Daneben gibt es noch in jedem Bundesland mehrere Ehrenzeichen bzw. Ringe oder Medaillen für diverse Berufsgruppen etc.

Nicht mehr verliehen: Neben allen Orden der Österreichisch-Ungarischen Monarchie und jenen der 1. Republik auch der Maria-Theresien-Orden. Er wurde bis 1931 (letzte Sitzung des Ordenskapitels) 1241-mal verliehen.

BÄLLE

SELEKTION DER WICHTIGSTEN BÄLLE

(Falls nicht anders angegeben, finden diese Bälle in Wien statt.)

Akademikerball/Graz
Altkalksburger Ball (Palais Auersperg)
Altschottenball (Palais Auersperg)
Ball der Alt-Hietzinger (Parkhotel Schönbrunn)
Ball der Industrie und Technik/Techniker Cercle (Musikverein)
Ball der Offiziere des Bundesheeres/Ball of the Army Officers (Hofburg)
Ball der Pharmazie/Pharmacists' Ball (Hofburg)
Ball der Technik (Graz)
Ball der Technik/Engineers' Ball (Hofburg)
Ball der Universität für Bodenkultur/University of Agricultural Sciences Ball (Hofburg)
Ball der Wiener Wirtschaft/Economy (Hofburg)
Ball der Wirtschaftsuniversität Wien/Vienna Economics University Ball (Hofburg)
Ball des Wiener Korporationsringes/WKR-Ball (Hofburg)
Ball vom Grünen Kreuz – Jäger Ball (Hofburg)
Blumenball/Flower Ball (Rathaus)
Bonbon-Ball (Konzerthaus)
Brautkleider Ball/Weddingdresses (Wien/Hofburg, Salzburg Klessheim Kavalierhaus)
Concordia Ball (Rathaus)
Edelweißkränzchen (Salzburg/Kongresshaus)
Elmayer-Kränzchen/Elmayer School of Dancing Ball (Hofburg)
Fete Imperiale (Spanische Hofreitschule)
Hofburg Gala der Wiener Wirtschaft/Gala of the Viennese Industry (Hofburg)
Hofburgball der Wiener Kaffeesieder/Ball of the Viennese Coffee House Owners (Hofburg)
IAEA Ball (Hofburg)
Johann Strauß Ball (Kursalon)
Juristenball/Lawyers' Ball (Hofburg)
Kaiserball/Imperial Ball (Hofburg)
Life Ball (Rathaus)
Opernball (Staatsoper)
Opernredoute (Graz/Oper)
Philharmoniker Ball/Ball of the Philharmonic Orchestra (Musikverein)

Polizeiball (Rathaus)
Rudolfina-Redoute/Rudolfina Masked Ball (Hofburg)
Regenbogen Ball/The Imperial Rainbow (Hofburg)
Russischer Ball (Hofburg)
Technologenball/Technologists' Ball (Hofburg)
Vorarlbergerball (Palais Ferstel)
Wiener Ärzteball/Vienna Physicians' Ball (Hofburg)
Zuckerbäcker Ball (Hofburg)

DAS ELMAYER-KRÄNZCHEN

ist seit dem Bestehen der Tanzschule Elmayer (1920) der krönende Höhepunkt des Wiener Faschings. Auf dem Parkett der Wiener Hofburg treffen sich internationale Gäste und Ballbesucher aller Generationen. Unsere Debütanten treten an, um das neu erworbene tänzerische Können unter Beweis zu stellen. Seit vielen Jahren findet dieser letzte Ball der Wiener Faschingszeit am Faschingsdienstag in den prachtvollen Sälen der Hofburg statt.

Über 200 Paare, die größte Anzahl an Eröffnungspaaren aller Wiener Bälle, debütieren im majestätischen Rahmen. Die Mehrheit hat im Herbst begonnen, die Jugendtanzkurse der Tanzschule Elmayer zu besuchen. Sie sind echte Debütantenpaare. Gemeinsam mit den Formationspaaren und anderen erfahrenen Eröffnungspaaren ziehen sie mit Polonaisen ein. Nach einer Walzershow folgt der Eröffnungstanz nach einer Choreografie der Tanzschule Elmayer. Nach den Eröffnungsworten zeigen sie schließlich, dass sie auch den Linkswalzer beherrschen, bevor mit der Aufforderung „Alles Walzer" die Tanzfläche für alle Gäste freigegeben wird.

Der Ball beginnt bereits um 18.00 Uhr mit dieser sorgfältig einstudierten Eröffnung, für die die Tanzschüler fleißig geübt haben. Er endet daher auch schon um Mitternacht, auch als Referenz an den darauffolgenden Aschermittwoch und die damit beginnende Fastenzeit. Längst ist er ein Ball vieler Persönlichkeiten der Wirtschaft und Politik, der Diplomaten und Vertreter der Kunst.

In den Sälen der Hofburg wird an diesem Abend zu verschiedensten Musikstilrichtungen getanzt: von der eleganten klassischen Orchesterformation bis zur Bigband im Hauptsaal, von der Popband bis zur Disko findet sich für jeden Geschmack etwas. Als Show-Einlagen sehen wir nicht nur klassische Ballettdarbietungen, sondern auch die Performance unserer besten Elmayer-Tanzgruppen. Diese Walzer- und Latein-Formationen zeigen ihr Können auch bei internationalen Veranstaltungen und nehmen erfolgreich an Turnieren teil.

Allgemein gilt das ELMAYER-KRÄNZCHEN als einer der klassischen Bälle, um in der Wiener Gesellschaft zu debütieren. Unsere „Eleven“, im Jungdamen- und Jungherrenkomitee vereint, erfüllen diese Aufgabe jedes Jahr aufs Neue mit Bravour. Das Elmayer-Kränzchen ist darüber hinaus auch ein klassischer Treffpunkt der Generationen sowie der Absolventinnen und Absolventen: sozusagen eine gelebte „Social-networking-Plattform“. Der Erlös aus dem Verkauf der Tischkarten im Festsaal wird übrigens – auch das ist schon Tradition – gespendet.

BESTATTUNG

… eine Hilfestellung:

Nach Eintritt des Todes stellt der Arzt den Totenschein aus. Daraufhin kann das Standesamt die Sterbeurkunde ausstellen, die Sie für diverse Formalitäten wie Meldungen an Versicherungen, Pensionsstelle etc. benötigen.

DIE PARTE

Unmittelbar nach einem TODESFALL bleibt es die schwere Pflicht der Angehörigen, diesen bekannt zu geben. Üblicherweise sendet man die PARTE (TODESANZEIGE) mit der Nachricht des Ablebens an Verwandte, Freunde und Geschäftspartner des oder der Verstorbenen per Post. Eine Parte folgt zumeist einem vorgegebenen Aufbau, lässt aber dennoch Raum für persönliche Gestaltung (Text, Foto).

Die Reihenfolge der Unterschriften auf der Parte gliedert sich nach den Verwandtschaftsgraden: Ehegatten vor Kindern, Schwiegerkindern, Enkelkindern, Geschwistern der oder des Verstorbenen.

Damit dies bei einer großen Familie keine zu lange Liste wird, ergänzen die Hinterbliebenen diesen Teil meist mit den Worten „im Namen aller Verwandten“.

Es ist durchaus möglich, dass der Arbeitgeber des/der Verstorbenen zusätzlich zur Familie über das Ableben eines Mitarbeiters/einer Mitarbeiterin informiert, vor allem, wenn die Person vor der Pensionierung verstirbt und/oder eine herausragende Position im Unternehmen bekleidet(e). Für diesen Fall muss der Arbeitgeber unbedingt Rücksprache mit der Familie halten, was die Form einer eventuellen Anzeige in der Zeitung und den Inhalt der Todesnachricht betrifft.

Unmittelbare Geschäftspartner der/des Verstorbenen sind ebenfalls durch den Arbeitgeber so rasch wie möglich zu informieren. Dies kann auch per E-Mail geschehen.

RICHTIG KONDOLIEREN

Sollten Sie eine Parte bekommen, dann sollten Sie auf diese mit einem Trauerbrief antworten. Ein kurzes Telefonat mit den Hinterbliebenen, um sein BEILEID auszudrücken, ist ebenfalls passend.

Inhalte, die für einen KONDOLENZBRIEF geeignet sind:

- Erinnerungen an den Verstorbenen
- Würdigung des Verstorbenen
- Anteilnahme, Solidaritätsbekundung
- eigene Gefühle
- Hilfsangebot, Unterstützung
- Zitate
- Tod/Abschied allgemein

Muster Trauerbrief

Muster 1: Für nahe Verwandte/Freunde

Liebe/r …

Briefanfang
Die Nachricht, dass Name des/der Verstorbenen/Dein Mann/Deine Frau/XX gestorben ist, hat mich sehr getroffen.
Worte der Wertschätzung und der Anteilnahme XX fehlt mir.
Oder: Obwohl ich sicher nicht zu Eurem engsten Lebenskreis gehört habe, ich trauere mit Dir/Euch zusammen um einen liebenswerten Menschen. Ich wünsche uns/Euch den Mut, uns/Euch an die schönen Stunden und die guten Zeiten mit XX zu erinnern.
Zur Beisetzung werde ich bei Dir/Euch sein, und wenn Du jemanden zum Reden brauchst, steht Dir/Euch meine Türe immer offen.
Abschiedsworte

Deine/Dein
oder
In tiefem Mitgefühl

Muster 2: Für die Hinterbliebenen eines Geschäftspartners, eines Kollegen

> Werte/r (Hinterbliebene/n/r)/
> Sehr geehrte/r Frau/Herr XX,
>
> mit großer Bestürzung haben wir davon erfahren, dass Herr/Frau XX verstorben ist. Dies sind Augenblicke, in denen uns Menschen unerbittlich vorgeführt wird, wie zerbrechlich und vergänglich das menschliche Leben ist.
> In den vielen Jahren, die wir mit (Verstorbene/r) zusammengearbeitet haben, hat er/sie uns immer wieder durch seine/ihre Kompetenz, Großzügigkeit und seinen/ihren Humor beeindruckt, mit denen er/sie die Schwierigkeiten des Alltags meisterte.
> Uns bleibt die Achtung vor (ihr/ihm), die Erinnerung und die Dankbarkeit, sie/ihn gekannt zu haben.
>
> In tiefem Mitgefühl/Unser aufrichtiges Mitgefühl

TIPP
Der Trauerbrief sollte nicht zu lang sein. Der Absender soll darin sein Beileid ausdrücken und kurz die persönliche Wertschätzung für die/den Verstorbene/n schildern. Idealerweise wird der Brief von Hand und mit Tinte geschrieben und auf persönlichem Briefpapier verfasst. Nach Erhalt der Parte sollte die Antwort innerhalb einer Woche erfolgen.
Wenn Sie persönlich bzw. am Telefon kondolieren möchten, bereiten Sie sich vor und tun Sie dies nicht „spontan". So können Sie sicher sein, dass Sie in dieser schwierigen Situation auch die richtigen Worte finden.

Kondolieren per E-MAIL ist zwar nicht verboten, sollte allerdings nicht das einzige Mittel sein, um jemandem sein Beileid auszusprechen.

BRIEF und Telefonat sollten diese neue Kommunikationsform ergänzen. Was definitiv nicht geht, ist das Kondolieren per Kurznachricht (SMS).

Adressat des Trauerbriefs ist der Absender der Parte. Es ist durchaus üblich, mehrere Trauerbriefe zu schreiben.

TODESANZEIGE IN DER ZEITUNG

Die Bestattung Wien bietet seit Jahren ihren Kunden an, samstags eine TODESANZEIGE in der „Kronen Zeitung" zu veröffentlichen.

Auch in anderen Tageszeitungen besteht die Möglichkeit, eine solche aufzugeben. So können all jene informiert werden, die keine eigene Parte bekommen haben.

Im Internet ist zudem via *www.bestattungwien.at/bestattungskalender* ein Verzeichnis aller Trauerfeiern in Wien abrufbar, sofern die Hinterbliebenen eine solche Veröffentlichung nicht untersagt haben.

BLUMENSCHMUCK

Von Buketts über Sträuße bis hin zu Blumenkränzen ist natürlich alles erlaubt, außer die Hinterbliebenen bitten ausdrücklich, auf Blumenspenden zu verzichten. In diesem Fall ist es auch in Ordnung, „mit leeren Händen" zu einer Beerdigung zu kommen.

Eventuell nimmt man eine Blume mit, um diese ins offene Grab zu werfen. Die typische Trauerblume gibt es nicht. Rosen sind ebenso erlaubt wie (je nach Jahreszeit) Nelken, Schlüsselblumen, Lilien oder Chrysanthemen. Die Farbe Weiß, die in Asien die Trauerfarbe ist, spielt beim Blumenschmuck in Österreich traditionell eine wichtige Rolle. Aber auch hier gilt: Individuelle Vorlieben gehen vor.

TOTENWACHE UND AUFBAHRUNG

TOTENWACHE oder AUFBAHRUNG des Leichnams zu Hause sind Traditionen aus dem ländlichen Raum, die in Wien oder anderen Städten nicht üblich bzw. sogar verboten sind. So gilt in der Bundeshauptstadt ein „Haus- und Kirchenaufbahrungsverbot". Aufgebahrt werden nur Persönlichkeiten des öffentlichen Lebens an ihren letzten Wirkungsstätten (etwa im Wiener Burgtheater, in der Staatsoper, im Parlament etc.).

DIE RICHTIGE KLEIDUNG

Für Damen gilt: schwarzes oder dunkles hochgeschlossenes Kleid oder Kostüm bzw. ein Hosenanzug. Der Mantel ist schwarz oder dunkel (je nach Jahreszeit). Schwarz ist die Trauerfarbe, und somit ist fast alles, was schwarz ist, erlaubt. Keine Dekolletees, nackten Schultern oder unbedeckten Arme. Angehörige tragen schwarze Strümpfe. Kopfbedeckung ist bei Damen möglich.

Für Herren gilt: schwarzer Anzug, weißes Hemd, schwarze Krawatte, schwarze Schuhe, schwarzer oder dunkler Mantel (je nach Jahreszeit). Verwandte können einen TRAUERFLOR am linken Arm tragen.

Wenn man nicht unmittelbar verwandt ist: dunkler Anzug, Hemd mit dunkler Krawatte, schwarze Schuhe, dunkler Mantel. Der Hut ist bei der Trauerfeier unbedingt abzunehmen. Bei entsprechend schlechter Witterung kann er beim Trauerkondukt wieder aufgesetzt werden. Am Grab muss er allerdings wieder abgenommen werden.

Alltagsbekleidung wie Jeans und Turnschuhe haben bei einer Beerdigung nichts verloren.

Korrekte KLEIDUNG ist ein wichtiger Bestandteil, um dem oder der Verstorbenen die letzte Ehre zu erweisen. Vergessen Sie nicht auf Taschentücher!

MOBILTELEFONE bleiben selbstverständlich während aller Trauerfeierlichkeiten abgeschaltet.

IN DER AUFBAHRUNGSHALLE

Zu einer Beerdigung kommt man unbedingt überpünktlich, das heißt 15 bis 30 Minuten vor der Trauerfeier. Wenn man in die Halle eintritt, geht man gemessenen Schrittes an den Sarg oder die Urne, stellt sich davor und verbeugt sich kurz. Es ist mittlerweile auch durchaus üblich, nach dieser Verbeugung den nächsten Angehörigen zu kondolieren.

Bei der URNENBESTATTUNG gibt es die Möglichkeit, die Verabschiedung vorzunehmen, bevor der Sarg zur Einäscherung gebracht wird. Man kann auch die danach stattfindende Urnenbeisetzung zum zusätzlichen Festakt machen, oder nur eine von beiden.

Üblicherweise läuft eine TRAUERFEIER zur Erdbestattung wie folgt ab (* bei christlichem Ritus):

- Orgelakkord als Zeichen des Beginns
- Gesangliche und/oder musikalische Darbietung
- Orgelspiel (bei gleichzeitigem Einzug des Geistlichen und des Kreuzträgers)
- Schließen des Tores des Aufbahrungsraumes
- Einsegnung *) (eventuell mit Gesang)
- Gesangliche und/oder musikalische Darbietung
- Öffnen des Tores
- Orgelspiel, bis der letzte Trauergast den Aufbahrungsraum verlassen hat
- Auszug des Geistlichen und des Kreuzträgers *)
- Abtragen der Kränze, die im Kondukt zur Grabstelle gebracht werden (dies sind meist nur die Kränze der engsten Angehörigen, da diese in der Regel am Sarg direkt angebracht werden).
- Abtragen des Sarges

Bei einer Trauerfeier ohne religiöse Zeremonie ersetzt ein Nachrufredner den Geistlichen.

DER TRAUERZUG/KONDUKT

Direkt hinter dem Sarg oder der Urne gehen die nächsten Verwandten.

Ihnen ist es vorbehalten, bei der Beerdigung direkt am Grab zu stehen.

Die Reihenfolge eines Trauerzugs könnte wie folgt aussehen:

- Abordnungen von Vereinen oder Formationen von Uniformträgern mit ihren Musikkapellen, Fahnenträger jeweils an der Spitze.
- Kranzträger (können durch Blumenwagen ersetzt werden; der Kranz der Witwe/des Witwers ist stets der letzte vor dem/der Verstorbenen)
- Ordenträger (wenn der oder die Verstorbene Träger/in einer solchen Auszeichnung war, so werden diese auf Kissen aufgenäht getragen – auch hier gilt, dass der ranghöchste Orden dem oder der Verstorbenen am nächsten ist)
- Kreuzträger *)
- Geistlichkeit *)
- Nachrufredner
- Sarg
- Familie
- Trauergäste

AM GRAB

Die Trauerfeier an der Grabstelle wird üblicherweise wie folgt ablaufen:

- Segnung des Grabes *)
- Versenkung des Sarges
- Einsegnung *)
- Eventuell Nachruf(e)
- Gesangliche und/oder musikalische Darbietung

Bei einer SARGBESTATTUNG ist es Brauch, dass die Trauergäste Erde ins offene Grab werfen. Für christliche Begräbnisse gilt, dass sich die Gäste danach bekreuzigen. Angehörige und enge Freunde können eine Blume nachwerfen. Im Falle einer Urnenbestattung wird auf diese Tradition verzichtet. Im Rahmen von Gruftbestattungen werden immer Blumen verwendet und nie Erde.

Nach der Zeremonie kondoliert man den Hinterbliebenen noch einmal persönlich – kurz und mit Handschlag –, bevor man den Friedhof verlässt. Dabei wird man sein „Beileid“ aussprechen (und zwar nicht sein „herzliches“, sondern „aufrichtiges“, „tief empfundenes“ oder einfach „Mein Beileid“).

Wenn Sie an der gesamten Trauerfeier teilnehmen, ist es nicht unbedingt notwendig, den Hinterbliebenen zwei Mal zu kondolieren (in der Aufbahrungshalle und an der Grabstelle), könnte dies doch für die Trauernden mehr Belastung als Trost sein. KONDOLIEREN Sie in diesem Fall am Ende der Zeremonie, d. h. am Grab. Es ist allerdings möglich, dass auf Wunsch der Familie am offenen Grab „von Beileidsbezeugungen Abstand genommen werden möge".

In den meisten Fällen wird dies der Konduktleiter (ein Mitarbeiter der Bestattung oder der Friedhöfe) rechtzeitig verkünden. Diese Bitte ist natürlich unbedingt zu respektieren.

TRAUERREDEN

Es ist der Planung der Hinterbliebenen vorbehalten, ob und wie viele REDEN es geben soll. Bei konfessionellen Begräbnissen ist es üblich, dass der Geistliche dies übernimmt. Es ist aber auch möglich, dass ein professioneller Nachrufredner die Trauerrede hält oder dass es mehrere Reden gibt.

DAS VERHALTEN AUF FRIEDHÖFEN

Manche Friedhöfe wirken zwar wie große Parkanlagen und werden auch als Naherholungsgebiete genützt, es gelten aber spezielle Regeln und diese wiederum müssen besonders bei einem Begräbnis beachtet werden. Die Besucher müssen ihr Verhalten während ihres Aufenthalts der Würde und Widmung eines Friedhofes anpassen. Das Betreten von Grabstellen ist verboten – dies betrifft natürlich auch die umliegenden Gräber bei einer Einsegnung.

Selbstverständlich ist die Benützung von Sportgeräten wie Skateboards oder Rollschuhen untersagt. Auch Tiere sind auf dem Friedhof nicht zugelassen – ausgenommen sind Blindenführ- und Partnerhunde für behinderte Personen.

DAS TOTENMAHL

Je nach Wunsch der Angehörigen gibt es nach der Bestattung ein gemeinsames Essen, bei dem noch einmal alle Gäste zusammenkommen und der/des Toten gedenken. Die Hinterbliebenen sprechen meist eine persönliche Einladung zum Totenmahl direkt auf der Beerdigung aus. Manchmal wird bereits auf der Parte eine Einladung in ein Lokal vermerkt.

Der Ursprung dieses Brauches liegt darin, dass die Angehörigen nicht sofort allein gelassen werden sollten, sondern die Möglichkeit haben, sich in vertrautem Kreis Schmerz und Trauer von der Seele reden zu können.

Der LEICHENSCHMAUS kann zu Hause bei den Hinterbliebenen oder in einem nahe gelegenen Restaurant stattfinden. Er dauert in der Regel etwa zwei Stunden und beinhaltet einen Imbiss oder Ähnliches. Auch beim Totenmahl kann es eine oder mehrere Würdigungen der oder des Verstorbenen geben. Diese sollten aber jedenfalls mit den Hinterbliebenen vorher besprochen werden.

Witze, Albernheiten sowie zu viel Alkohol sind fehl am Platz.

Der Trauerredner hält sich kurz (maximal drei Minuten). Der ranghöchste Redner spricht zuletzt.

Eine Sitzordnung ist auch bei diesem traurigen Anlass angebracht. Für die Gäste ist es meist angenehmer, wenn sie einen Platz zugewiesen bekommen. Grundsätzlich gilt, dass nähere und ranghöhere (ältere) Verwandte und Freunde näher bei den Angehörigen sitzen als die anderen Gäste.

DAS KONDOLENZBUCH

Wenn ein KONDOLENZBUCH bei der Trauerfeier aufliegt, dann sollte man sich in dieses mit kurzer Widmung und Namen einschreiben. Mittlerweile gibt es auch die Möglichkeit virtueller Kondolenzbücher. Diese geben weiter entfernt lebenden Verwandten und Freunden, die nicht zur Beerdigung kommen können, die Möglichkeit, sich einzutragen und so Abschied zu nehmen.

Über Online-Bestattungskalender verschiedener Institute kann auf Wunsch im Zuge der Veröffentlichung der Parte im Netz auch ein Online-Kondolenzbuch bereitgestellt werden.

DANKSAGUNG NACH DER BESTATTUNG

Nach der Bestattung erhalten die Hinterbliebenen vom Arrangeur eine Liste der Blumenspenden und können sich dann mit einer Karte für Anteilnahme, Kondolenzschreiben und Blumen bedanken.

Diese vorgedruckte oder handgeschriebene Danksagung sollte in Büttenpapier oder ähnlicher Papierqualität sein und so rasch als möglich versendet werden.

DIE SEELENMESSE

ist eine Messe, die man für einen Verstorbenen lesen lässt. Entweder unmittelbar nachdem jemand verstorben ist oder auch in regelmäßigen Abständen, wie z. B. jedes Jahr am Geburtstag, Sterbetag etc. des Verstorbenen. Die SEELENMESSE, auch Seelenamt, Totengedenkmesse, TOTENMESSE oder Requiem genannt, sollte mit dem Geistlichen, der die Messe hält, abgesprochen werden. Ganz nach persönlichen Vorlieben kann man einen Chor, einzelne Sänger oder Musiker einbinden. Je besser die Musik ausgewählt ist, desto feierlicher gestaltet sich diese Feier. Bei Persönlichkeiten, die viele Leute gekannt haben, aber nicht alle zur Beerdigung eingeladen werden sollen, ist dies eine gute Möglichkeit, vielen Menschen die Möglichkeit des Abschiednehmens und des Kondolierens zu geben.

TRAUERFEIERN NICHT CHRISTLICHER RELIGIONSGEMEINSCHAFTEN

Christliche oder nicht konfessionelle Trauerfeiern stellen den Großteil der Begräbnisse dar, aber natürlich nicht alle. So gibt es seit 2008 einen islamischen Friedhof in Wien. Der Wiener Zentralfriedhof hat Abteilungen für alle Konfessionen. Sollten Sie zu einer nicht christlichen Trauerfeier eingeladen sein, machen Sie sich mit den speziellen Regeln vertraut. Blumen sind beispielsweise bei Begräbnissen vieler Glaubensrichtungen dezidiert nicht erwünscht – Gleiches gilt auch für Gesang oder Musik.

Wenn Sie mehr über die Begräbnis-Riten verschiedener Konfessionen erfahren möchten, wenden Sie sich bitte an die jeweilige Glaubensgemeinschaft.

Die Trauerzeit für Witwen beträgt traditionell ca. ein Jahr, für Witwer ein halbes. Familienfeierlichkeiten und kulturelle Veranstaltungen dürfen besucht werden.

Wenn Sie auf dem Land im AUTO einem Trauerzug begegnen, werden Sie anhalten und warten, bis der Zug vorüber ist. Männer nehmen ihre HÜTE ab.

BEWERBUNG

… und vieles, was man darüber wissen sollte.

IHRE BEWERBUNGSMAPPE

… ist heute auch ein vollelektronisches Textdokument, das auf Ihrem PC gespeichert ist. Um es unveränderbar und leicht lesbar zu machen, werden Sie es als *pdf*-Dokument (*portable document format*) speichern, das als Anhang einer E-MAIL prompt abgeschickt werden kann. Ihr elektronisches Bewerbungsschreiben hat nach wie vor die gleichen Inhalte. Sie sparen sich aber eine Menge Porto und Geld für die Mappen, da Sie nur mehr eine einzige Mappe samt sauberen Kopien Ihrer Zeugnisse, schön gebunden, produzieren müssen. Diese werden Sie zu einem persönlichen Gespräch mitnehmen.

Ihre Zeugnisse sind eingescannt als *attachment* (ein Anhang als niederauflösendes *JPEG* mit ca. 72 dpi) angeschlossen.

Jedes *attachment* sollte nach seinem Inhalt benannt sein, nicht Beilage 1, 2 etc., sondern „Lebenslauf Claus Stoiner.doc“ oder „Lebenslauf Claus Stoiner.pdf“.

Es zeichnet Sie als kompetenten und zuverlässigen Menschen aus, wenn Sie eine perfekte Bewerbungsmappe zum elektronischen Versand bereit haben. Sie können auch eine eigene Webseite als Bewerbung betreiben, die Sie genauso regelmäßig *updaten* müssen und unbedingt durch einen Zugangscode schützen sollten (für Fortgeschrittene).

Die Bewerbungsmail ist prompt zu schicken.

Sie teilen mit, dass Sie sich für die ausgeschriebene Stelle bewerben. Das geht zum Beispiel so:

„Bitte finden Sie als Beilage (attachment) meine persönlichen Bewerbungsunterlagen, bestehend aus
Lebenslauf Claus Stoiner
Zeugnisse Claus Stoiner“ (Schul-, Universitätsabgangszeugnisse, Arbeitszeugnisse, Elmayer-Zertifikat etc. – immer mit dem eigenen Namen versehen).

LEBENSLAUF

(englisch: *CV*, von lat. *curriculum vitae* – verwenden Sie aber nur den deutschen Titel bei einer auf Deutsch ausgeschriebenen Stelle).

Der Lebenslauf ist Ihre VISITENKARTE für die Einladung zu einem VORSTELLUNGSGESPRÄCH.

Schreiben Sie keine Romane, maximal zwei A4-Seiten.

Ein tabellarisch gestalteter Lebenslauf wird als Standard bevorzugt, beginnend mit heute.

Beim Erstellen des Lebenslaufes sollten Sie Folgendes beachten:

Zur Person:

Ein Foto sollte in der rechten oberen Ecke der ersten Seite des Lebenslaufes sichtbar sein. Einscannen und einbauen.

Geben Sie Namen, Geburtsdatum und -ort sowie den Familienstand (optional) zuerst an.

Wenn Sie Kinder haben, geben Sie ihr Geschlecht und Alter an. Zum Beispiel: „Zwei Töchter (3 und 7 Jahre), ein Sohn (5).“

Keine Geburtsnamen, Hochzeitsdaten, Namen der Kinder, Haustiere.

Name und Beruf Ihrer Eltern kann man anführen, speziell wenn es den eigenen *„background“* unterstützt.

Zur Ausbildung:

Bei mehr als zehn Jahren Berufspraxis führen Sie nur den letzten abgeschlossenen Ausbildungsschritt an.

Geben Sie die Art der Schule oder des Institutes, den Abschluss und beim letzten Abschluss die Abschlussbewertung (falls *summa cum laude*) an. Das Bundesheer bzw. den Zivildienst sollten Sie mit Datum, Ort, Aufgabe und Waffengattung und letztem Dienstgrad angeben.

Verzichten Sie auf Ausbildungsnachweise und Bescheinigungen von Fähigkeiten, die nicht in der Stellenanzeige genannt werden (außer sie dienen zur Erklärung von längeren Arbeitspausen). Das lenkt nur ab und erweckt den Eindruck, dass Sie mangelnde Qualifikationen kompensieren wollen.

Bei Fortbildungsmaßnahmen nicht übertreiben.

Optimal sind Zusatzqualifikationen, die in Bezug zur ausgeschriebenen Stelle stehen.

Führen Sie die wirklich relevanten Nachweise auf, zum Beispiel: Zulassung zum betrieblichen Ausbildner. Legen Sie für alle angeführten Fortbildungen Zeugniskopien bei.

Fortbildungsmaßnahmen, die sich auf gängige Mindestanforderungen wie Führerschein oder Einführung in Windows beziehen, werden vorausgesetzt. Bewerten Sie selbst, ob Ihnen das Erwähnen des Esoterik- oder Töpferkurses für diese Position wichtig ist (falls nicht, weglassen!).

Für Führungspositionen sind sportliche Talente oft wichtig. Vermeiden Sie die Auflistung alltäglicher Hobbys. Zu viele Angaben zum Freizeitverhalten machen Sie als freizeitorientiert verdächtig. Hier gilt: Hobbys sind dann sinnvoll, wenn Fähigkeiten vermittelt werden, die den Anforderungen des Stellenangebots entsprechen. Beispiel: Teamsportart signalisiert Teamfähigkeit, aber Achtung: Extremsportarten vermitteln zwar den Eindruck, dass Sie ein toller Hecht sind, aber damit sind Sie auch gefährdet und rutschen in eine Risikogruppe, die man vielleicht nicht gerne einstellt.

Zum Beruf:

Stellen Sie alle beruflichen Schritte übersichtlich dar: Name der Firma, Ort, Aufgabe, Verantwortung, eventuell auch Umsatzverantwortung, Budget, Mitarbeiter und Marktanteile etc.

Änderungen der Position innerhalb derselben Firma nicht in der linken Spalte zeitlich herausstellen.

Vom Unternehmen begründete Schritte für Ihren Wechsel (Konkurs, Umzug in eine andere Stadt etc.) im Lebenslauf mit angeben.

Allgemeines zum Lebenslauf:

Alle Zeitangaben im Lebenslauf sollten möglichst genaue Angaben sein, die Jahreszahl und auch den Monat hinzufügen (3/1996).

Achten Sie darauf, dass der Lebenslauf lückenlos ist. Einzelne Monate ohne Beschäftigung sollten klar sein, zum Beispiel: „Nov. 2005: Sprachstudium in England".

Beurteilt ein internationales Gremium Ihre Bewerbung, fragen Sie per TELEFON, ob ein englischer Lebenslauf erwartet wird.

Unterschreiben Sie den Lebenslauf eigenhändig mit einer Füllfeder und scannen Sie für die elektronische Übertragung die Unterschrift dazu ein. Das gibt der ganzen Sache eine persönliche Note, denn Ihre Bewerbung wird ausgedruckt und der zuständigen Person vorgelegt.

Der Lebenslauf ist in der gleichen Sprache zu verfassen, in der die Stellenanzeige abgefasst war. In einer deutschen Bewerbung hat zum Beispiel – wie erwähnt – das im Englischen gebräuchliche „CV" bzw. „Curriculum Vitae" nichts zu suchen.

BLUMEN

… sollte man regelmäßig als kleine AUFMERKSAMKEIT schenken. Man wählt sie mit Bedacht – und vielleicht nachdem man einen Blick in unsere kleine Tabelle geworfen hat:

Die Rose	In unseren Breiten die uneingeschränkte Regentin.
Rote Rosen	Überschwängliche Liebeserklärung.
Rote Nelken	Mancherorts ein politisches *Statement*.
Chrysanthemen	Auf Kränzen und zu Allerheiligen auf dem Friedhof, werden deshalb nicht gerne im Strauß geschenkt.
Kaktus	„Zersticht" die Freundschaft – außer für den Kakteenzüchter.
Orchideen	Gelten als die exotischen Königinnen der Blumen.

Das Spiel der Farben geht so:

Weiß	Die Unschuld – und in den Haaren kleiner Mädchen so hübsch wie in einem Hochzeitsstrauß. Langstielige Calla zieren gestylte Büros und Wohnungen in schlanken hohen Vasen.
Gelb	Steht für die Eifersucht; ein Strauß gelber Rosen ist dennoch himmlisch, und Sonnenblumen für Bodenvasen zu ihrer Saison ein Hit.
Grün	Die Hoffnung – und tatsächlich Bestandteil jeder Blume.

Blau	Treue. Veilchen sind süß, Kornblumen wirken aber eher rustikal.
Lila	Kündigt den „letzten Versuch" an (Versöhnung), wobei sich hier neben Iris und Tulpen lila Chrysanthemen als Spitzenreiter anbieten.

BRIEFE, EINLADUNGEN UND VERSTÄNDIGUNGEN

Korrekte Adressierung eines Briefes
(wichtig für elektronische Adressenerfassung):

Ins **Ausland**	Im **Inland**
Frau	Frau
Michaela Sommer	Michaela Sommer
Grünwaldweg 16	Grünwald 16
81671 MÜNCHEN/DEUTSCHLAND	2283 OBERSIEBENBRUNN

ADELSANSCHRIFT

Das Aufhebungsgesetz von 1919 untersagt das Führen von Adelstiteln, nicht aber das Anschreiben oder die Anrede Dritter an die betroffene Person. Im Briefverkehr werden folgende Abkürzungen der Anredetitel verwendet:

E.	Erlaucht, Eminenz, Exzellenz	Hwg.	Hochwohlgeboren
D.	Durchlaucht	I.	Ihrer
G.	Gnaden	I.I.	Ihren
H.	Hoheit	k.	königlich
Hg.	Hochgeboren	k.u.k.	kaiserlich & königlich
Hw.	Hochwürden	S.	Seiner

Es ergeben sich zahlreiche Kombinationsmöglichkeiten, tatsächlich sind verschiedene Anschriften auch korrekt. Auch die Anschrift mit dem Berufstitel alleine ist zulässig (Hr. Dr.; Generaldirektor).

Hoheit, Hochgeboren und Hochwürden kann man durchaus alle mit H abkürzen. Ein Beispiel:

Sie laden Graf Bert von Stein. Sie verwenden S. (Seiner) und H. (Hochgeboren).

Am Kuvert:
S.H.
Graf Bert von Stein

Möchte man ein Ehepaar einladen, schreibt man: I.I.H.H. (I.I. und H.H. sind jeweils die Verdopplung.)

(Siehe Anreden im Anhang)

Faxe sollten beinhalten:
Deckblätter mit der Anzahl der Seiten (inklusive dieser…)
Adressaten, Faxnummer, Namen des Absenders
Dringlichkeitsstufe angeben sowie
die eigene Faxnummer und eine Telefonnummer für Rückfragen oder der Meldung, dass nicht alle Seiten eingegangen sind.

Privates Briefpapier:
Praktischerweise steht der Briefkopf rechts oben. Das bietet den Vorteil, dass man links Platz für die Adresse des Empfängers hat.

Franz Josef Mustermann
Musterstraße 12
1110 Wien
Österreich
E-Mail: franzjosef@mustermann.at
Tel.: +43-666-2234567

Die kombinierte Geburts- und Taufanzeige könnte so verfasst werden:

CONSTANTIN
9. März 2006
52 cm, 3,5 kg

Thomas, Bernhard und Susanne
freuen sich über die Geburt von

CONSTANTIN

und bitten am Samstag den 12. Juni 2006 um 11 Uhr
zur Taufe
in die Stadtpfarrkirche Zell am See.

Im Anschluss laden wir zu einem Mittagessen zum Metzgerwirt ein.

U.A.W.G. Bernhard und Susanne Bernauer Tel.: 0666/1234567
Ladengut
5700 Zell am See

Hier freuen sich der kleine Thomas und die Eltern Bernhard und Susanne Bernauer über ihren Familienzuwachs.

(Vorlagen: Huber und Lerner, Wien: Alle Personennamen sind frei erfunden.)

Die ÜBERSIEDLUNGsanzeige könnte (zweisprachig) so verfasst werden:

WIR SIND ÜBERSIEDELT
WE MOVED

UNSERE NEUE ADRESSE
OUR NEW ADDRESS

Bernhard und Susanne Höflich
Adressenstraße 123
1111 Stadt
Land

TEL.: 0666/1234567 E-Mail: name@domain.at

Eine EINLADUNG könnte so verfasst werden:

BERNHARD UND SUSANNE HÖFLICH

BITTEN *Herrn und Frau Direktor*

Dr. Josef Gast

ZU *einem festlichen Abendessen*

AM *Samstag* DEM *28 Februar* UM *19.00* UHR

KLEIDUNG: DAME KLEINES ABENDKLEID,
HERR SMOKING
U.A.W.G.
TEL.: 0666/1234567

ADRESSENSTRASSE 123
ROSENVILLA
1111 STADT
E-MAIL: NAME@DOMAIN.AT

Bei Ehepaaren immer der Name des Herrn, dann der seiner Gattin. Bei unverheirateten Paaren: Susanne und Bernhard (oder beide mit Familiennamen).

Eine Einladung könnte auch so verfasst werden:

> MARTIN BERGER
>
> *Achtung*
> *Überraschung –*
> *Geheimhaltung!*
>
> BITTET *Herrn und Frau*
>
> *Andreas Austerlitz*
>
> ZU *einer Geburtstagsparty für Monika*
>
> AM *Samstag* DEM *28 Februar* UM *19.00* UHR
>
> KLEIDUNG: DAME KLEINES ABENDKLEID
> HERR SMOKING
> RSVP NUR AUF MEIN HANDY PER SMS 0666/1234567
>
> IN DEN CLUB EVERGREEN
> AM ROSENHÜGEL
> 1111 STADT

ÜBERSICHT
ÜBER DIE GÄNGIGSTEN EINLADUNGEN

Frühstück:
Heiße Getränke, frisches Gebäck, Eierspeisen, Fruchtsäfte, Obst, Müsli, Schinken, Wurst, Käse, Räucherfische; kleine Tischdekoration, keine Kerzen.

Zeit / Dauer: 8.00–11.00 Uhr, etwa 2 Stunden.
Geschenke: Privat: Blumen, im Restaurant: keine Geschenke.
zu beachten: Teilweise serviert (Tee, Kaffee, Eiergerichte), auch Selbstbedienung am Buffet ist möglich. Die Gäste gehen vor dem Mittagessen.
außerdem: Falls man kein Morgenmensch ist, sollte man sich zu dieser Zeit keine Gäste einladen.

Sekt- oder Champagner-Frühstück:
Sekt bzw. Champagner, Kanapees und wie beim Frühstück.

Zeit / Dauer: Vormittags 2 Stunden, muss rechtzeitig vor dem Mittagessen enden.
Geschenke: Aufmerksamkeiten für Kinder.
zu beachten: Veranstaltung vor dem Mittagessen, kurze Dauer und hohes Prestige. Schön im Garten oder auf einer Terrasse.
außerdem: Nachteil: Rasen wird zertrampelt.

Brunch:

Spätes Frühstück, frühes Mittagessen; mit allen Getränken und Speisen aus beiden Veranstaltungen; kleine Tischdekoration, keine Kerzen.

Zeit/Dauer: 10.30–12.30 Uhr, 2–3 Stunden.

Geschenke: Privat: Blumen, im Restaurant: keine Geschenke.

zu beachten: Zwei Fliegen – eine Klappe. Nach kurzen Nächten (1. Jänner) oder an Sonn- und Feiertagen ideal. Schön im Garten oder auf der Terrasse. Serviert werden nur die Getränke.

Selbstbedienung am Buffet oder serviert bei Tisch.

außerdem: Mehr Aufwand als nur Frühstück oder nur Mittagessen. Es gibt verschiedene warme Speisen (Wärmeplatten!), Salate, Desserts. Heiße und kalte Getränke sowie WEIN, Bier oder Sekt/Champagner werden erwartet. Gäste bleiben länger, vielleicht bis zum späten Nachmittag.

Mittagessen (Lunch):

SITZORDNUNG, Tischdekoration, keine Kerzen; mehrgängiges Menü, Fruchtsäfte, Wasser, wenige Gläser Wein als Begleitung.

Zeit/Dauer: 12.00–13.30 Uhr, 2 Stunden.

Geschenke: Privat: Blumen, im Restaurant: keine Geschenke.

zu beachten: Ideal für geschäftliche Besprechungen, aber auch große Familienfeiern, die auch bis in den Abend dauern können.

außerdem: Hat selten etwas Gemütliches; außer dem großen Sonntags-Mittagessen, das sich bis in den späten Nachmittag hinzieht und meist mit einem DIGESTIF beendet wird.

Kaffee-/Teejause:

Heißgetränke, Wasser, Mehlspeisen; kleine Tischdekoration, Kerzen.

Zeit/Dauer: 15.00–17.00 Uhr, 2 Stunden.

Geschenke: Blumen und etwas für die Kinder.

zu beachten: Kleine Runde, intensiver Gedankenaustausch. Spätestens um 18.30 Uhr sollten die Gäste Abschied nehmen.

High Tea:

Die englische Form der Kaffeejause, mit Fingersandwiches mit Lachs, Gurken, Kresse, Ei, Schinken oder Käse; *Scones* mit *clotted cream* und Erbeermarmelade, Petit Fours; und natürlich Tee oder Kaffee.

Zeit/Dauer: 16.30–17.00 Uhr, 2 Stunden.
Geschenke: Konfekt, Blumen und etwas für die Kinder.
zu beachten: Aus den Hallen der vornehmen Londoner Hotels nicht wegzudenken; nette Einladungsvariante.
außerdem: Fast bis zur Butter geschlagenes Schlagobers (Sahne) ergibt einen brauchbaren Ersatz für *clotted cream*.

Cocktail:
Alkoholfreie Getränke, Champagner, Sekt, WEIN, Cocktails; Kanapees, *Fingerfood*.
Zeit/Dauer: Vor den Essenszeiten, meist 18.00–19.00 Uhr, 2 Stunden.
Geschenke: Blumen.
zu beachten: Maximale Zahl von Gästen auf kleinstem Raum, minimaler Aufwand; gut, um „Einladungsschulden" zu begleichen.
außerdem: Nur sehr kurze individuelle Gesprächsmöglichkeiten.

Aperitif:
Alkoholfreie Getränke, Bier, Champagner, Sekt, WEIN, klassische Aperitifs (siehe Anhang unter Aperitifs), selten Cocktails.
Zeit/Dauer: Vor dem Abendessen, 1 Stunde.
Geschenke: Keine Geschenke.
zu beachten: Drinks und kleine Häppchen, Nüsse, Oliven, Kanapees.
außerdem: Meist sind Sie auch für das nachfolgende Dinner verantwortlich.

Abendessen:
SITZORDNUNG; Tischdekoration, Kerzen. Mehrgängiges Menü, kann aufwändiger als Mittagessen sein, außer man lädt explizit zu kalter Platte oder Würstel und Bier ein; größeres Angebot an alkoholischen Getränken, weniger Fleisch, leichte Kost, Fisch.
Zeit/Dauer: 19.00–21.00 Uhr, Aufbruch zw. 23.00 und 24.00 Uhr.
Geschenke: Blumen für die Dame des Hauses, kleine Geschenke, die Lieblingsdinge des Gastgebers betreffend (Wein, Bücher, Musik); im Restaurant: kein Geschenk.
zu beachten: Die Königin der Einladungen. Man kann Gäste taktisch gut setzen und gezielte Konversation betreiben; ideal für Festmahle. Tischkarten nach Sitzordnung – Achtung: Witzbolde stellen diese gerne immer wieder um. Es kann spät werden. Im Allgemeinen wird sich der höfliche Gast gegen Mitternacht verabschieden. Alle Fenster zu öffnen, ist keine elegante Lösung, um die Gäste zum Gehen zu bewegen.

außerdem: Gästeliste sollte sorgfältig zusammengestellt werden. Falls die Runde größer wird, sollten Sie PERSONAL haben. Bleiben Sie nicht allzu lange in der Küche, und waschen Sie das Geschirr erst ab, wenn die Gäste gegangen sind. Zu viel ALKOHOL kann für unerwarteten Ausgang sorgen. Gastgeber sind für Folgen von Alkoholisierung im Verkehr mitverantwortlich (siehe Alkohol und Auto).

Jour fixe:

Kaffee und Kuchen oder Buffet und alle Getränke.

Zeit / Dauer: Nachmittags (2 Stunden) oder abends (*open end*).

Geschenke: Blumen, ein Buch, etwas für den Gastgeber.

zu beachten: Überraschungseffekt, wer diesmal kommt. Als Gastgeber kann man ruhig die Parole ausgeben, dass pro Gast eine Flasche Wein mitgebracht werden sollte.

außerdem: Nicht gut vorausplanbar.

Vorführungen:

Lesungen oder private Gesangsdarbietung, Laienspiele.

Zeit / Dauer: Je nachdem.

Geschenke: Aufmerksamkeit und Begeisterungsfähigkeit sind die schönsten Geschenke, Blumen.

zu beachten: Geringer gastronomischer Aufwand; Möglichkeit, verborgene Talente zu präsentieren.

außerdem: Gäste finden es möglicherweise nicht so spannend, dem kleinen Töchterchen bei seiner ersten Klavierdarbietung zuzuhören oder die 400 Dias vom letzten Strandurlaub zu bewundern.

After Dinner Party:

Knabbergebäck, vielleicht Käse, Getränke.

Zeit / Dauer: 22.00–23.00 Uhr, *open end*.

Geschenke: Blumen, eine Flasche Wein oder Champagner.

zu beachten: Wenig Vorbereitung nötig.

außerdem: Gäste kommen und gehen, wann sie wollen.

Houswarmingparty:

Je nach Tageszeit, eine Jause oder Buffet und dazu passende Getränke.

Zeit / Dauer: Kann am Nachmittag oder am Abend sein. Nachdem man neu eingezogen ist. Eingeladen werden Nachbarn und Freunde.

Geschenke: Man schenkt traditionell Salz und Brot (siehe NACHBARN), Blumen.

zu beachten: Positiv: Sie eröffnen Ihr neues Zuhause und zeigen Flagge. Sie lernen neue Menschen kennen.
außerdem: Negativ: Der neue Teppich kann seine ersten Flecken abbekommen.

Baby Party:
Kaffee, alkoholfreie Getränke, Kuchen, ein Gläschen Sekt. Man bringt Geschenke für das zu erwartende Baby.
Zeit/Dauer: Nachmittags, 2 Stunden.
Im Allgemeinen werden nur weibliche Verwandte und Freundinnen eingeladen.
zu beachten: Im 7., 8. Monat während der Schwangerschaft; Geschenke wie Lätzchen, Babykleidung, Fläschchenwärmer und Shopping-Gutscheine kommen ins Haus.

After Christmas Party:
Wie After Dinner Party.
Zeit/Dauer: Nach der Bescherung und dem familiären Abendessen.
zu beachten: Während die KINDER mit ihren Geschenken spielen, bewirten Ehepaare allein umherirrende Freunde oder kinderlose Ehepaare. Mitternachts-Veranstaltungen in Kirchen setzen zeitliche Grenzen.
außerdem: Weihnachtsdepression – die so manchen Single überkommen kann – wird vertrieben.

Silvester-Party:
Abendessen bis Mitternacht, später Snack wie Gulaschsuppe mit Brot, alle Getränke, Champagner, Sekt für Mitternacht (Bleigießen); Tischdekoration, Kerzen, kleine Glücksbringer.
Zeit/Dauer: 19.00–20.00 Uhr, *open end*.
Geschenke: Blumen, kleine Aufmerksamkeiten, Neujahrssymbole etc.
zu beachten: Besonderes Datum – hoher Erinnerungswert der Party.
außerdem: Man hat viele Zeugen für gute Vorsätze.

Sponsion, Promotion
Zeit/Dauer: Nach dem offiziellen Akt (z.B. an der Universität) kann man in kleinerem Rahmen auf ein Glas Sekt oder zu einem ESSEN einladen.
Geschenke: Man bringt etwas Persönliches, nahe Angehörige schenken Bleibendes (Schmuck, eine Reise, FRACKknöpfe, Füllfeder …).
zu beachten: Endlich erntet man die Früchte der langen Studienjahre.
außerdem: Es wird wohl REDEN geben.

Überraschungsparty:

Zeit/Dauer: Von einem Gastgeber für einen Ehrengast, der davon nichts weiß, veranstaltet – geht gut, wenn sehr sorgfältig organisiert und geplant, oder daneben!

Geschenke: Man schenkt dem Anlass entsprechend und vergisst nicht, eine Aufmerksamkeit für den Gastgeber mitzubringen.

zu beachten: Positiv: Man wird Sie als Gastgeber ewig lieben, so Sie gut ausgelotet haben, dass der Ehrengast wirklich erfreut ist. Laden Sie nur Gäste ein, die sich miteinander und mit dem Ehrengast gut verstehen.

außerdem: Negativ: Die Überraschungsparty ist ein gesellschaftliches Minenfeld, auf dem schon so manche gute Beziehung in die Luft gegangen ist.

ESSEN

So manche Speise stellt uns wieder vor die Frage, wie man sie denn nun verspeist. Hier sind ein paar Ratschläge:

Artischocken
Blätter mit den Fingern nehmen und den weichen Teil am Blattinneren mit den Schneidezähnen abschaben; Artischockenherzen und Artischockenboden mit Messer und Gabel essen.

TIPP
Fingerbowle (eine Schale mit lauwarmem Wasser, in dem eine Zitronenscheibe schwimmt – man reinigt sich damit die Finger, die vom Essen schmutzig sind) oder Reinigungstuch. Die Blätter taucht man kurz in Öl oder Sauce ein.

Austern
Finger, Austerngabel, Zitrone. Man hält die offene Auster waagrecht, beträufelt sie je nach Vorliebe mit Zitrone, trennt mit der Austerngabel den Muskel durch und schlürft sie aus.

TIPP
Fingerbowle oder Reinigungstuch.

Brot und Gebäck
Bei Mittag- oder Abendessen: Brotteller, Buttermesser, Butter oder Aufstriche, Salz. Egal, ob es sich um eine Scheibe Brot handelt oder ein Gebäckstück, man bricht es mit der Hand in die Hälfte, legt diese dann auf den Teller und bricht sich jeweils ein kleines Stück ab, das man dann mit der Butter bestreicht und in den Mund steckt.

Ausnahmsweise darf man ein Stück Brot auch als Ladehilfe bei Vorspeisen benützen, wenn nur eine Gabel gedeckt ist. Getunkt wird eigentlich nicht – vielleicht sehen wir beim Gulasch einfach weg.

TIPP
Beim privaten Frühstück streiche ich mir gerne eine Honigsemmel, die ich allerdings nicht zusammengeklappt verspeise. Marmelade oder Honig nehme ich mir mit den dafür vorgesehenen Löffeln entweder auf den Teller oder in kleine Schälchen. Ebenso kommt ein

Stück Butter von der „Butterzentrale“ auf den Teller, das für meinen Bedarf ausreicht.
Bei einem Frühstück mit einem Geschäftspartner oder der Einladung zum Frühstück oder Brunch verfahre ich wie bei einem Mittag- oder Abendessen, indem ich das Brot breche. Das mit Schinken, Wurst oder Käse belegte ganze Brot esse ich übrigens – wie ein Wiener Schnitzel – mit Messer und Gabel.

Desserts
Dessertgabel, -löffel – und bei Obst oder Käse ein Dessertmesser.

TIPP
Feste Desserts wie Kuchen mit der Gabel essen und mit dem Löffel, falls notwendig, zerteilen; Obst und Käse mit Messer und Gabel.
Warme Süßspeisen wie Palatschinken und Mohr im Hemd esse ich mit Löffel und Gabel. Den Löffel verwende ich nicht nur als Ersatz für das Messer, sondern auch, um die Sauce zum Mund zu führen.

Eier
Eierlöffel; bitte nicht aus Silber, da sonst das Ei einen sehr unangenehmen Geschmack annimmt! Eierbecher mit Untertasse für die Schalen.

TIPP
Eierschalensollbruchstellenverursacher sind oft laut, aber effizient.
Klassisch: das Zerklopfen der Eispitze mit dem Eierlöffel, dann mit den Fingern vorsichtig die Schale entfernen.
Aggressiv und weniger elegant: das Köpfen des Eies mit der Oberkante der Messerklinge.
Salz, Zitrone, Mayonnaise, Butter und Brot werden gerne zum Ei serviert, in Deutschland auch Senf.

Erdäpfel (österr.), Kartoffel
Mit Messer und Gabel.

Aus chemischen Gründen war das Schneiden mit dem Messer seinerzeit verpönt, da früher die nicht rostfreie Klinge zu unangenehmen chemischen Reaktionen bei Berührung mit der Kartoffel führte (wie übrigens auch bei Fisch und dem Spargel).

Fisch
Fischmesser und Fischgabel, notfalls mit zwei Gabeln zerteilen, Fisch nie mit scharfem Messer schneiden.

TIPP

Gräten mit Messer und Gabel aus dem Fisch ziehen oder, falls Sie eine erst im Mund entdecken, auf die Gabel geben und an den Tellerrand legen. Man darf sie auch mit Daumen und Zeigefinger von den Lippen nehmen. Grätenteller, Fingerbowle.

Fondue

Zwei Fonduegabeln (lang, zwei Zinken) und ein Essbesteck pro Person; Achtung: Fonduegabeln nie in den Mund stecken – sie kommen aus dem heißen Öl!

Es gibt verschiedene Fondues: Chinoise (mit heißer Suppe), Bourguignonne (mit heißem Öl), diverse Saucen, Weißbrot. Käsefondue wird mit Brot gegessen; Schokoladefondue: heiße Schokoladesauce, frisches geschnittenes Obst (Äpfel, Bananen, Birnen, Trauben, Erdbeeren, exotische Früchte) wird eingetaucht.

Huhn

Messer und Gabel, beim Heurigen darf man die Keule (Haxerl) mit einer Papierserviette umwickelt oder nur mit den Fingern essen (beim Backhendl). Wo die Keule mit einer Papiermanschette serviert wird, ist dies ebenfalls als Aufforderung zu verstehen, mit den Fingern zuzugreifen.

TIPP

Fingerbowle oder Reinigungstuch, Knochenteller.

Hummer

Hummerzange und Hummergabel (siehe unten).

Bitten Sie den Ober, die Schwerarbeit zu übernehmen. Hummer kommt meist der Länge nach aufgeschnitten auf den Tisch. Die Scheren des Tieres muss man aufknacken, die Beine durchbrechen, um das delikate Fleisch herauszuziehen.

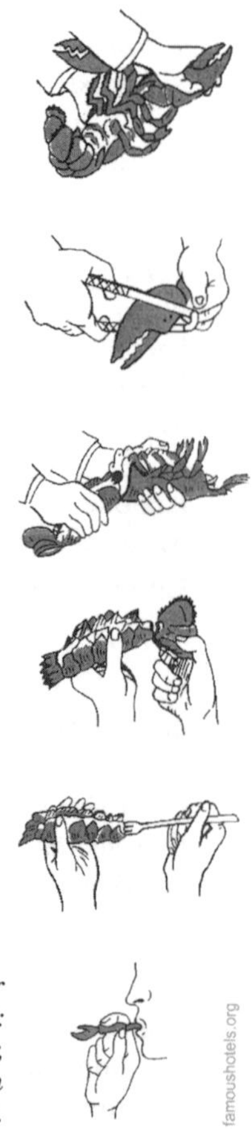

Hummer als Schwerarbeit: So geht man vor, wenn das Krustentier im Ganzen serviert wird.

TIPP

Weibliche Hummer beinhalten manchmal noch die Coraille, den Kaviar des Hummers (Delikatesse).
Fingerbowle oder Reinigungstuch, Teller für den Panzer.

Kaviar

Mit einem Löffel aus Perlmutt, Horn, Plastik oder Edelstahl, nicht Silber, da es den Geschmack verfremdet.

TIPP

Dazu reicht man gehackte Zwiebel, gehackte Eiklar und -dotter und gerne auch Blini. Ein Blin ist ein Buchweizenfladen, ähnlich einer Minipalatschinke, von ca. 6–8 cm Durchmesser. Er wird mit Sauerrahm und Kaviar verspeist. Echte Connaisseure genießen den Kaviar pur, mit dem Suppenlöffel à la Anna Sacher (solange er nicht aus Silber ist!).

Knödel (Klöße)

Wird mit Messer und Gabel „zerrissen".

TIPP

Wer den Knödel schneidet, demonstriert, dass er für die Gabel zu hart ist; wird als Beleidigung der Küche empfunden. Andererseits: Harte Knödel gelten als Zeugen schlechter Kochkunst. Knödel zerteile ich mit der Gabel, wobei das Messer beim „Zerreißen" hilft.

Krebse

Krebsmesser und -schere für die Scheren des Krebses, Einsatz der Hände nicht nur erlaubt, sondern unerlässlich.

TIPP

Vorsicht: Viel Mist – gut abdecken mit Schürze und Serviette. Teller für den Panzer, Fingerbowle.

Obst (im Ganzen)

In geschlossenen Räumen mit Besteck; man nimmt das Obst aus dem Obstkorb mit einer Zange oder mit der Hand. Man beißt nicht in ganze Obststücke.

Den **Pfirsich** hält man mit der Gabel fest und wird rund um den Einstich das Fruchtfleisch in Segmenten bis zum Kern abschneiden.

Oder man dreht erst die obere gegen die untere Hälfte, sodass sich die Frucht in der Mitte öffnen lässt.

Äpfel darf man in der Hand halten, während man sie mit dem Messer viertelt. Wenn man ihn geschält essen möchte, entfernt man die Schale, indem man die Stücke mit der Gabel fixiert. Jetzt wird der Kern oder das Kerngehäuse entfernt und man schneidet mundgerechte Happen, die man mit der Gabel zum Mund führt.

Orangen werden sternförmig eingeschnitten und dann mit der Hand geschält. Die weiße Haut wird mit dem Messer entfernt, die Spalten werden aber dann mit den Fingern gegessen.

Trauben lege ich in kleinen Gruppen auf den Teller und zupfe sie mit den Fingern ab.

Grapefruit sollte vorbereitet aus der Küche kommen, halbiert und die Spalten sternförmig eingeschnitten, damit man sie mit dem Löffel leicht herausbekommt.

Marillen (Aprikosen) und **Zwetschken** (Pflaumen) werden mit den Fingern aufgebrochen, um den Kern zu entfernen, und dann in den Mund gesteckt.

Kirschen stecke ich in den Mund und entkerne sie dort. Den Stein lege ich dann mit dem Teelöffel oder der Hand am Tellerrand ab.

Wenn **Erdbeeren** im Ganzen mit Stiel serviert werden, darf man sie auch mit den Fingern essen. Ich esse sie aber vorzugsweise mit Löffel und Gabel, da ich den Löffel hier als Messer benutze.

Fingerbowle und Papierservietten.

Pommes frites

In geschlossenen Räumen und Restaurants, auf Tellern serviert, mit Messer und Gabel; im Freien manchmal mit Fingern.

TIPP

Pomme de terre frites sind frittierte Kartoffeln. Sie sollten also esstechnisch Bratkartoffeln gleichgestellt sein.

Salat

Mit der Gabel, unter Zuhilfenahme des Messers; Salat sollte zerkleinert aus der Küche kommen, notfalls wird er mit dem Besteck zusammengefaltet und aufgerollt oder aufgespießt, nicht geschnitten.

TIPP

Oft werden ganze Salatblätter als essbare Dekoration gereicht. Chicorée ist sehr beliebt. Ihn darf man dann ausnahmsweise schneiden.

Schnecken
Mit Schneckenzange das Gehäuse halten und mit spitzer Schneckengabel die Schnecke herausziehen.

TIPP
Die zergangene Kräuterbutter aus dem Gehäuse auf das Weißbrot leeren.

Spaghetti
Mit einer Gabel versucht man, einige wenige Nudeln von den übrigen zu trennen. Dann stellt man die Gabel senkrecht auf den Boden des Tellers und dreht so lange, bis man ein Nudelknäuel hat, das man in den Mund stecken kann. Es sollten alle Enden aufgewickelt sein und nicht umherbaumeln.

TIPP
Ist links ein Löffel eingedeckt, kann man ihn als Gegenstück zur Gabel verwenden und in seinem Bauch die Gabelspitze drehen, bis die Nudeln aufgewickelt sind. In Italien ist das unüblich. Außer für Babys und Kleinkinder werden Spaghetti nie geschnitten.

Spargel
Finger, Spargelheber; wenn mit Sauce serviert, mit Messer und Gabel; schneiden, aufspießen, in die Sauce tauchen (tunken).

TIPP
Der Connaisseur wird den Spargel in den Mund gleiten lassen, ihn förmlich hineinsaugen, mit den Fingern oder einem Essinstrument nachschieben. Trotzdem aber appetitlich und geräuschlos essen. Fingerbowle nicht vergessen.

Sushi – Sashimi – Maki
Finger oder/und Stäbchen (für Sashimi ausschließlich Stäbchen).

TIPP
Leeren Sie Soja-Sauce in das kleine Schälchen vor Ihnen, geben Sie ein wenig Wasabi-Senf hinein, vermischen Sie das je nach Geschmack (Achtung: Senf ist grün und sehr scharf!). Darin taucht man Sushi, Sashimi oder Maki.

Würstchen
In geschlossenen Räumen auf Teller serviert, isst man sie mit Messer und Gabel, im Freien und am Würstelstand mit den Fingern.

TIPP

Weißwürste dürfen das Mittagsläuten nicht hören. Gemeint ist, dass sie traditionell in der Früh frisch abgefüllt und nach Mittag schlecht wurden. Man halbiert sie der Länge nach und schält sie mit dem Messer (während man sie mit der Gabel fixiert) vorsichtig aus der Haut.

Eine noch elegantere Art, Weißwürste zu essen, geht so: Mit der Gabel sticht man in ein Ende der Wurst und schneidet eine Scheibe mit dem Messer so sachte herunter, dass man die Haut am Boden nicht ganz durchtrennt (siehe Zeichnung). Nun nimmt man mit der Gabel das Stück auf und zieht es aus der Haut, die man mit dem Messer festhält, heraus. So isst man scheibchenweise, die Wurst bleibt länger warm und die Finger werden nicht schmutzig.

Das elegante Würstchen

Wie weit man es als Würstchen bringen kann, sieht man wohl nirgendwo besser als im Hotel Sacher. Hier ist das Würstchen etwas ganz Besonderes, hergestellt aus magerstem, österreichischem Fleisch, mehr oder weniger 25 cm lang, 2 cm im Durchmesser. Serviert wird ein Paar im dampfend heißen Wasser in einer Silberschale, dazu werden Gebäck, Senf und Kren (geriebener Meerrettich) gereicht. Als Besteck steht ein Dessertbesteck mit Messer und Gabel zur Verfügung. Die Stoffserviette verleiht den Würstchen die feierliche Atmosphäre. Wer nun diese feinen Würstchen genießt, tut dies natürlich unter Zuhilfenahme des Bestecks.

Aus dem Buch „Hotel Sacher Wien“ in der Serie „Die berühmtesten Hotels der Welt“
© famoushotels.org

FRAGE – VON DER KUNST DES RICHTIGEN FRAGENS IM GESCHÄFTSLEBEN

Art der Frage	Beschreibung	Ziel der Frage	Beispiel
offene Frage	Mit einem Fragewort eingeleitet (Warum, Wann, Wie viel ...).	Informationsabfrage; offene Fragen lassen nicht so schnell den Eindruck eines Verhörs entstehen.	„Welchen Betrag möchten Sie anlegen?“
geschlossene Frage	Kann nur mit „Ja“ oder „Nein“ beantwortet werden.	Unklarheiten beseitigen, Kontrolle; Herbeiführen von Entscheidungen.	„Möchten Sie die Möglichkeit haben, Zusatztilgungen zu leisten?“ „Habe ich Sie richtig verstandden, dass ...?“
Alternativfrage	Der Antwortende soll sich zwischen zwei Möglichkeiten entscheiden.	Herbeiführen einer Entscheidung.	„Wollen Sie über die Zinsen jährlich verfügen oder sollen sie mitveranlagt werden?“
Suggestivfrage	Frage lässt die gewünschte Antwort erkennen.	Beeinflussung; kann Abwehrreaktionen hervorrufen.	„Sie sehen es doch sicher auch so, dass ein bisschen Risiko die Anlage erst attraktiv macht.“
rhetorische Frage	Frage, die nicht beantwortet werden muss.	Stilmittel; Aufmerksamkeit wecken.	„Darf ich vorstellen?“

DIE GEBRÄUCHLICHSTEN LATEINISCHEN UND FRANZÖSISCHEN FREMDWÖRTER

(ohne Anspruch auf Vollständigkeit)

Hier ein paar klassische (lateinische) Granaten der Konversation und ihre Bedeutung, die man kennen sollte:

a conditione unter der Bedingung.

ad acta wörtl.: zu den Akten; etwas gilt als erledigt.

ad hoc wörtl.: eigens zu diesem; aus dem Stegreif, plötzlich.

ad infinitum bis ins Unendliche.

ad interim in der Zwischenzeit.

ad latus wörtl.: zur Seite; später wurde daraus ein Wort Adlatus, das einen Diener oder Helfer bezeichnet.

ad libitum nach Belieben.

ad litteram wörtlich.

ad multos annos auf viele Jahre (Geburtstagswünsche).

AEIOU, Austriae est imperare orbi universo
Alles Erdreich ist Österreich untertan; Wahlspruch des letzten in Rom gekrönten deutschen Kaisers Friedrich III. (1440–1493).

Alea iacta est! wörtl.: Der Würfel ist gefallen; wenn eine folgenschwere Entscheidung gefällt wurde.

alias wörtl.: anders; wenn jemand unter einem anderen Namen bekannt ist.

Alibi wörtl.: anderswo; im Falle eines Verbrechens muss man nachweisen, dass man sich an einem anderen Ort aufgehalten hat als dem Tatort.

Alma Mater wörtl.: die nährende Mutter; Bezeichnung für Universitäten und Hochschulen, z. B. Alma Mater Rudolfina.

Alter Ego wörtl.: das andere Ich; man beschreibt damit das Wesen meist eines Freundes, das dem eigenen gleicht.

a priori wörtl.: von vornherein; selbstverständlich.

Auditorium maximum
der größte Hörsaal einer Universität, auch Audimax genannt.

Bella gerant alii, tu, felix Austria, nube!
Kriege führen mögen andere, du, glückliches Österreich, heirate! Anspielung auf die Heiratspolitik der Habsburger.

Bibamus!	Lasset uns trinken!
bona fide	wörtl.: in gutem Glauben; aufrichtig, gewissenhaft, etwas in der Überzeugung tun, dass man im Recht ist und vertrauen darf.
Carpe diem.	wörtl.: Pflücke den Tag; lass den Tag nicht ungenützt vorübergehen (Horaz).
Casus Belli	wörtl.: der Kriegsfall; Bezeichnung für einen Umstand, der einen Krieg auslösen kann.
Cave canem.	wörtl.: Hüte dich vor dem Hund!
Circulus vitiosus	wörtl.: fehlerhafter Kreis; wird verwendet im Sinne von Teufelskreis, eine Sache, aus der man nicht herauskommt; eine Katze, die sich in den Schwanz beißt.
C + M + B	Abkürzung für: Christus mansionem benedicat, also Christus segne dieses Haus. Wird am Dreikönigstag über Eingangstüren geschrieben; modernere Auslegung: Caspar, Melchior, Balthasar.
Cogito, ergo sum.	wörtl.: Ich denke, also bin ich (René Descartes).
Conditio Iuris	wörtl.: Bedingung des Rechts; eine Voraussetzung, die sich aus einem Geschäft notwendigerweise von selbst ergibt.
Conditio sine qua non	wörtl.: eine Bedingung, ohne die (etwas Bestimmtes) nicht (eintreten kann); eine unerlässliche Bedingung.
contra legem	wörtl.: gegen das Gesetz.
coram publico	vor versammeltem Volk, öffentlich.
Corpus Delicti	wörtl.: Gegenstand des Vergehens; Beweisstück, Tatbestand.
c. t., cum tempore	wörtl.: mit Zeit; der Beginn einer Veranstaltung ist eine Viertelstunde später, also mit „akademischem Viertel". Im Gegensatz zu s. t., sine tempore, was pünktlich bedeutet.
cum laude	wörtl.: mit Lob; Beurteilungsgrad bei akademischen Abschlussprüfungen: mit gutem Erfolg.
Curriculum Vitae	Lebenslauf.
deductio ad absurdum	wörtl.: Hinführung zum Widersinnigen; etwas ad absurdum führen, nachweisen, dass etwas widersinnig ist.
de facto	wörtl.: über die Tatsache; tatsächlich.

De gustibus non est disputandum.
Über Geschmack lässt sich nicht streiten.

de iure von Rechts wegen.

Dum spiro, spero. wörtl.: Solange ich atme, hoffe ich.

Errare humanum est.
wörtl.: Irren ist menschlich.

Errata wörtl.: Irrtümer; Fachausdruck für Druckfehler in Büchern.

et cetera wörtl.: und Weiteres.

ex aequo wörtl.: auf Grund des Gleichen; unentschieden.

exemplum statuere ein Exempel statuieren, exemplarisch bestrafen, zwecks Abschreckung bestrafen (Livius).

ex libris, Exlibris wörtl.: aus den Büchern; aus der Bibliothek des … (Name des Bucheigners), auf der ersten Seite eines Buches zu finden, oft künstlerisch gestaltet.

explicit wörtl.: es ist zu Ende – am Ende von Schriften zu finden; ausdrücklich, deutlich.

expressis verbis wörtl.: mit ausdrücklichen Worten; dem genauen Wortlaut nach, wortwörtlich.

Gaudeamus igitur wörtl.: Daher lasst uns lustig sein; Anfang des berühmten Studentenliedes, die heutige Fassung stammt aus dem Jahr 1781.

Habemus Papam. wörtl.: Wir haben einen Papst. Nach der Wahl eines neuen Papstes verkündet der Kardinaldiakon mit diesem Ruf den Namen des im Konklave gewählten Papstes: „Annuntio vobis magnum gaudium, Papam habemus."

Hannibal ad portas (nicht ante, wie oft gemeint)
wörtl.: Hannibal an den Toren, gemeint sind die Tore Roms (211 v. Chr.; Redewendung nach Cicero); Ausspruch, wenn unmittelbar Gefahr droht.

hic et nunc wörtl.: hier und jetzt.

honoris causa, h.c. wörtl.: wegen der Ehre; ehrenhalber. Abkürzung h. c., die an ehrenhalber verliehene Doktortitel angefügt wird.

ibidem wörtl.: ebenda; oft abgekürzt ib. oder ibd.

in dubio pro reo wörtl.: im Zweifel für den Angeklagten.

in flagranti wörtl.: im brennenden (Zustand); auf frischer Tat jemanden erwischen.

in medias res wörtl.: mitten in die Dinge (hinein); in einer Angelegenheit gleich auf den Punkt kommen.

in memoriam wörtl.: zum Gedächtnis.

in persona	wörtl.: in eigener Person; persönlich.
in petto	etwas im Sinn oder bereit haben.
in puncto	wörtl.: im Punkt; hinsichtlich, was … betrifft.
in spe	wörtl.: in Hoffnung (auf); zukünftig, z. B. der Schwiegersohn.
in vino veritas	wörtl.: Im Wein (ist) die Wahrheit. Gemeint ist, dass Betrunkene die Wahrheit sagen und Geheimnisse ausplaudern.
Lapsus	Fehler, Irrtum, Versehen.
Laudatio	Lobrede.
lege artis	wörtl.: mit den Regeln der Kunst; vorschriftsmäßig.
locus minoris resistentiae	wörtl.: Ort des geringeren Widerstandes; wunder Punkt, wo jemand verletzlich ist, die Achillesferse.
magna cum laude	wörtl.: mit großem Lob; Bezeichnung von Prüfungsergebnissen an Universitäten: mit außerordentlichem Erfolg.
Manus manum lavat.	wörtl.: Hand wäscht Hand; entspricht dem Sprichwort: „Eine Hand wäscht die andere.“ Wobei gemeint ist, dass jeder dem anderen einen Gefallen tut.
Mens sana in corpore sano.	wörtl.: In einem gesunden Körper (wohnt) ein gesunder Geist, eine gesunde Seele.
Modus Vivendi	wörtl.: eine Art zu leben; Art und Weise, miteinander erträglich auszukommen; wie man trotz verschiedener Standpunkte toleranterweise nebeneinander leben kann.
nolens volens	wörtl.: nicht wollend, wollend; im Sinne von: ob gern oder ungern, ob man will oder nicht.
nomen et (atque oder est) omen	wörtl.: Name und (ist) Vorbedeutung; die Phrase will sagen, dass der Name zugleich Vorbedeutung auf die bezeichnete Person haben kann.
Non scholae, sed vitae discimus.	Nicht für die Schule, sondern für das Leben lernen wir (Seneca).
notabene	wörtl.: merke (es) wohl; wohlgemerkt, man achte darauf, auch abgekürzt als N. B.

Numerus clausus wörtl.: die geschlossene Zahl; gemeint ist eine beschränkte Teilnehmeranzahl, begrenzte Zulassung (an der Universität, zum Beispiel).

olim wörtl.: einst; seit Olims Zeiten… Gemeint ist vor undenklich langer Zeit, schon immer.

ora et labora! wörtl.: Bete und arbeite! Grundsatz des Benediktinerordens.

panem et circenses (dare)
wörtl.: Brot und Zirkusspiele (geben); das Volk erwartete vom Herrscher, mit Essen und Vergnügungen versorgt zu werden, dann war es zufrieden.

Pecunia non olet. wörtl.: Geld stinkt nicht (Kaiser Vespasian); womit gemeint ist, dass Gelderwerb nicht zu verachten ist, gleichgültig, wodurch ein solcher Erwerb zustande kommt.

per aspera ad astra wörtl.: auf rauen Wegen zu den Sternen (Seneca); erst nachdem man Schwieriges bewältigt hat, darf man sich auf seinen Lorbeeren ausruhen.

Persona ingrata (non grata)
Eine Person, die in Ungnade gefallen ist, unbeliebt, nicht gerne gesehen; ein Diplomat, der seine Tätigkeit einstellen muss.

Pluralis Majestaticus (oder Majestatis)
wörtl.: Mehrzahl der Majestäten; Redeweise eines Hochgestellten (meist Papst oder Kaiser), der in der Wir-Form von sich selbst spricht.

Primus inter Pares wörtl.: Erster unter Gleichen

pro sit, Prosit wörtl.: es nütze; wohl bekomm's, zum Wohl. Trinkspruch; Verdeutschung = Prost.

quod erat demonstrandum
wörtl.: Was zu beweisen war (Euklid).

Quod licet Jovi, non licet bovi.
wörtl: Was dem Jupiter erlaubt ist, ist dem Ochsen nicht erlaubt; in der Bedeutung: es schickt sich nicht für alle. Bestimmte Rechte sind von einem bestimmten Stand abhängig.

Quo vadis? wörtl.: Wohin gehst du? (Evangelium des Johannes). Frage, die Petrus an Jesus stellt. Es ist auch der Titel des berühmten Romans des polnischen Autors Henryk Sienkiewicz (1896).

Si tacuisses, philosophus mansisses!
wörtl.: Hättest du geschwiegen, wärest du ein

	Philosoph geblieben! Man gebraucht dieses Sprichwort, um zu sagen, dass einer durch sein Schweigen seine Unkenntnis verbergen kann.
sub auspicis	wörtl.: unter dem Ehrenschutz (von…); auszeichnende Formel bei Promotionen nach hervorragenden Prüfungsleistungen, die mit der Verleihung eines Ehrenringes verbunden sind.
Tabula rasa	wörtl.: abgewischte Schreibtafel, im übertragenen Sinn ein unbeschriebenes Blatt; oder reinen Tisch machen, Ordnung schaffen.
Ultima Ratio	wörtl.: die letzte Vernunft, das letzte Mittel, der letzte Ausweg; Kardinal Richelieu ließ alle Kanonen, die in seiner Amtszeit hergestellt wurden, mit dieser Inschrift versehen, auch Friedrich II. von Preußen benützte diese Inschrift für seine Kanonen.
Urbi et orbi	wörtl.: der Stadt (Rom) und dem Erdkreis.
Veni, vidi, vici.	wörtl.: Ich kam, sah, (und) siegte! (Cäsar); man umschreibt damit einen schnell errungenen Sieg.
vice versa	wechselweise, umgekehrt.
viribus unitis	wörtl.: mit vereinten Kräften; Wahlspruch des österreichischen Kaisers Franz Joseph I.

Viele **französische Floskeln** sind zum fixen Bestandteil der europäischen Sprachen geworden, seit Napoleons Truppen über den Kontinent zogen (zu dieser Zeit wurde das Kipferl zum *Croissant*, das Erdgeschoß zum *Parterre* und der Hausmeister zum *Portier* oder *Concierge*):

Affront	Wenn Sie jemanden bewusst „vor den Kopf stoßen“, so ist das ein Affront, eine bewusste Konfrontation. Macht man manchmal, um eine Reaktion zu erzielen (politisch).
à la longue	auf längere Zeit.
Bonmot	ein witziger, treffender und geistreicher Ausspruch.
Chacun à son goût	Jeder hat seinen Geschmack.
Contenance	Die Gelassenheit schlechthin. Man bewahrt die Contenance in jeder Situation – wäre zumindest wünschenswert.
Eklat	ein Skandal, Aufsehen oder Knall.

en passant	wörtl.: im Vorübergehen, was man so nebenher noch miterledigen kann, außerdem ein Ausdruck beim Schach.
en vogue	Etwas, das gerade modern ist; es ist dann meist der letzte Schrei, der *dernier cri*.
Fauxpas	Schlürfen Sie irrtümlich die Fingerbowle leer, dann war das der „falsche Schritt", ein faux pas eben. Ein Hinweis, dass Sie noch ein paar Dinge zu lernen haben. Weiterlesen!
Malheur	Eine Peinlichkeit, die unbeabsichtigt passiert und somit auch leichter vergeben wird; eine offene Hose, die man nach dem Besuch der Toilette zu schließen vergessen hat, zum Beispiel. Darauf macht man jemanden mit der Mitteilung aufmerksam, dass er „einen kleinen Toilettenfehler" hat (der sich etymologisch nicht auf das Örtchen, die Toilette, bezieht, sondern auf die Garderobe, die früher als TOILETTE bezeichnet worden war.) In gewissen Kreisen war jemandem auch ein kleines Malheur passiert, wenn die Sprache auf unangenehme Dinge kam, eine Firmenpleite etwa oder ein Autounfall.
Nonchalance	lustlos, teilnahmslos, man nimmt etwas nonchalant zur Kenntnis, also ohne mit der Wimper zu zucken.
rien ne va plus	„Nichts geht mehr", sagt der Croupier im Casino und meint damit, dass man nicht mehr setzen kann. Das kann man umgangssprachlich immer gut einsetzen.

FÜLLWÖRTER

Die inoffizielle Hitparade der Füllwörterfabrikanten führt unter den Spitzenreitern:

1. den eloquenten Erzähler, der „bei allem, was recht ist" immer wieder „aus dem Stegreif" die Phrase „wie schon erwähnt" einstreut und mit „ich denke" darauf verweist, dass Denken bei ihm etwas Außergewöhnliches ist.
2. den unsicheren Plauderer, der „automatisch" am Ende jedes zweiten Satzes „sage ich jetzt einmal" anfügt.

3. den Beispielgeber, der „beispielsweise“ liebt.
4. den Gründlichen, der uns „genau genommen“ mit seinem „im Grunde genommen“ langweilt.
5. den Ehrlichen, der „in Wahrheit“ oder „in Wirklichkeit“ sagt, wenn er „wenn ich ehrlich bin“ erwägt, als lüge er sonst immer.
6. das nicht selbst sprechende „selbstredend“.
7. das vollkommen gewissenlose „gewissermaßen ganz ohne Umschweife“.
8. der Überflieger, der vorschlägt, „darauf vorerst mal nicht so genau im Einzelnen näher einzugehen“.
9. das beispiellose „quasi zumeist noch“.
10. und „schlussendlich“ jenen, der „sozusagen“ „ganz ohne Umschweife“, also „unumwunden“ zum Thema kommt.

GLAUBENSGEMEINSCHAFTEN IN ÖSTERREICH UND ÖSTERREICHISCHE FEIERTAGE:

In Österreich sind derzeit 13 Kirchen und Religionsgesellschaften gesetzlich anerkannt:

1. Altkatholische Kirche Österreichs
2. Armenisch-apostolische Kirche in Österreich
3. Evangelische Kirche A. B. und H. B.
4. Griechisch-orientalische (= Orthodoxe) Kirche
   a) Griechisch-orientalische Kirchengemeinde zur Hl. Dreifaltigkeit
   b) Griechisch-orientalische Kirchengemeinde zum Hl. Georg
   c) Bulgarisch-orthodoxe Kirchengemeinde zum Hl. Iwan Rilski
   d) Rumänisch-griechisch-orientalische Kirchengemeinde zur Hl. Auferstehung
   e) Russisch-orthodoxe Kirchengemeinde zum Hl. Nikolaus
   f) Serbisch-griechisch-orientalische Kirchengemeinde zum Hl. Sava
5. Islamische Glaubensgemeinschaft in Österreich
6. Israelitische Religionsgemeinschaft
7. Katholische Kirche
   a) Römisch-katholischer Ritus
   b) Griechisch-katholischer Ritus
   c) Armenisch-katholischer Ritus
8. Kirche Jesu Christi der Heiligen der Letzten Tage (Mormonen) in Österreich
9. Koptisch-orthodoxe Kirche in Österreich
10. Methodistenkirche in Österreich
11. Neuapostolische Kirche in Österreich
12. Österreichische Buddhistische Religionsgemeinschaft (ÖBR)
13. Syrisch-orthodoxe Kirche in Österreich

Seit 1998 können Anhänger einer bisher nicht gesetzlich anerkannten Religion sich zu einer **„staatlich eingetragenen religiösen Bekenntnisgemeinschaft“** zusammenschließen:

1. Bahai-Religionsgemeinschaft in Österreich
2. Bund der Baptistengemeinde in Österreich
3. Bund Evangelikaler Gemeinden Österreichs
4. Die Christengemeinschaft – Bewegung für religiöse Erneuerung in Österreich
5. Freie Christengemeinde/Pfingstgemeinde

6. Hinduistische Religionsgesellschaft in Österreich (HRÖ)
7. Jehovas Zeugen
8. Kirche der Siebenten-Tags-Adventisten
9. Mennonitische Freikirche Österreich (MFÖ)
10. Pfingstkirche Gemeinde Gottes in Österreich

Gesetzliche Feiertage in Österreich	*Datum*
Neujahrstag	1. Jänner
Heilige Drei Könige	6. Jänner
Josef (Kärnten, Steiermark, Tirol, Vorarlberg)	19. März
Gründonnerstag	flexibel
Karfreitag	flexibel
Ostersonntag	flexibel
Ostermontag	flexibel
Staatsfeiertag (Tag der Arbeit)	1. Mai
Christi Himmelfahrt	flexibel
Pfingstsonntag	flexibel
Pfingstmontag	flexibel
Fronleichnam	flexibel
Mariä Himmelfahrt	15. August
Rupert (Salzburg)	24. September
Tag der Volksabstimmung (Kärnten)	10. Oktober
Nationalfeiertag	26. Oktober
Allerheiligen	1. November
Allerseelen	2. November
Martin (Burgenland)	11. November
Leopold (Wien, Niederösterreich, Oberösterreich)	15. November
Mariä Empfängnis	8. Dezember
Heiliger Abend (ab 12.00 Uhr)	24. Dezember
Christtag	25. Dezember
Stefanitag	26. Dezember
Silvester (ab 12.00 Uhr)	31. Dezember

GRUSS

Party: Man grüßt zuerst die Gastgeber, gefolgt von der ranghöchsten Person in einer Gruppe, und danach alle DAMEn, dann vom ältesten Herrn angefangen bis zum jüngsten.

Straße: Auf der Straße grüßt jener Fußgänger zuerst, der einen Bekannten überholt. Sitzt einer der Grüßenden in einem AUTO, grüßt dieser zuerst.

Man grüßt mit „Grüß Gott“ oder „Guten Tag“, der Tageszeit entsprechend mit „Guten Morgen“, „Guten Abend“ und als Verabschiedung spät abends mit „Gute Nacht“. Damen kann man in Wien zu jeder Tageszeit mit „Küss die Hand“ grüßen, oft auch ohne dies zu tun.

Mahlzeit: „Mahlzeit“ ist ein weit verbreiteter Gruß aus dem Berufsleben, wo die Arbeitszeit eben durch die Mahlzeit unterbrochen wird. Mahlzeit beinhaltet meist eine kleine Portion „Guten Appetit“. Elegant ist er nicht und schon gar nicht geeignet, es sich bei Tisch zu wünschen. Religiöse Familien wünschen sich statt des Tischgebetes oder am Ende des Gebetes „Gesegnete Mahlzeit“.

per Du: Man grüßt eine ranghöhere oder fremde Person nicht „per Du“. Diese Unsitte, die sich besonders im ländlichen Bereich ausbreitet, kann sehr einfach rückgängig gemacht werden, indem sich der solcherart Gegrüßte sofort und mit Nachdruck dagegen wehrt. In Alpentälern, wo das Du-Wort regiert, ist das manchmal sinnlos. Das „Du“ integriert hier den solcherart Gegrüßten, es abzulehnen wäre eine Beleidigung.

Wer dies nicht wünscht, behält strikt und nachdrücklich das *Sie* bei: „Ich kann mich nicht erinnern, dass Sie und ich per Du sind!“ oder: „Kennen wir uns von früher?“

(Paradoxerweise werden wir denselben Menschen, dessen vertrauliches Du manchen Städter auf Talniveau stört, auf dem Berg in unseren schönen Alpen mit einem freundlichen „Grüß Dich!“ empfangen, da in luftiger Höh’ über 1.000 Meter bei echten Bergsteigern alle Sie-Regeln außer Kraft sind. Da kenne sich einer aus!)

Sonnenbrille: Begegnet man einander mit Sonnenbrillen, nimmt man sie zur Begrüßung und während einer kurzen Konversation ab. Sollte das Gespräch länger dauern, wird man sie bei gleißendem Licht wieder aufsetzen.

Hut: Der Hut wird beim Gruß gezogen und wieder aufgesetzt. Sollte es zu einer Konversation kommen, bleibt der Hut unten. In gewissen ländlichen Bereichen ziehen die Männer den Hut nur beim Begräbnis oder in der Kirche, also vor Gott, aber nicht einmal, wenn sie ein Amtshaus oder ein Gasthaus betreten. Dies ist ein Relikt aus den Zeiten der Abhängigkeit von der Grundherrschaft, der Robotleistungen und der darauf folgenden Bauernbefreiung mit dem Revolutionsjahr 1848, nach der Mann nicht mehr den Hut aus Unterwürfigkeit ziehen musste.

Knicks: Der Knicks junger Mädchen ist selten geworden, der Hofknicks ist nach wie vor ein seltener werdendes Grußritual. Mädchen machen ihren Knicks vor DAMEn wie Tanten, Omas oder Bekannten, nicht aber vor Herren. Beide Male wird der linke Fuß seitwärts gestellt und der rechte Fuß so weit rückwärts gestellt, bis das rechte Knie die linke Kniekehle kurz berührt. Der Knicks ist nur kurz, ein „Einknicken“ sozusagen. Länger müssen Damen beim Hofknicks vor kaiserlichen und königlichen Hoheiten verweilen. Gekonnt gemacht, ist es ein Fluss einer grazilen Bewegung.

In Wimbledon wurden erst kürzlich die obligatorische Verbeugung der Herren und der Knicks der Damen vor der königlichen Loge abgeschafft. Ist allerdings die Königin oder der Prinz von Wales anwesend, so gilt nach wie vor der höfliche Knicks für die Damen, während die Herren beim Einmarsch kurz stoppen und sich verbeugen, bevor sie zu spielen beginnen.

HÄNDEDRUCK

Die Stärke des Drucks kann man steuern. Gegen feuchte Hände hilft autogenes Training, in besonders schweren Fällen fragen Sie einmal in der Apotheke nach.

Also, wie geht's richtig?

Zunächst sollten KINDER nicht nur lernen, jedem brav die Hand zu geben, sondern auch das „Wem“ und „Wann“ ist entscheidend. Jedem unaufgefordert die HAND hinzustrecken, ist tollpatschig. Kinder warten also, bis man ihnen die Hand reicht.

In der Regel wird der Ranghöhere die rechte Hand dann ausstrecken, wenn er sie dem anderen geben will.

DAMEn dürfen im Gesellschaftsleben immer selbst bestimmen, wann und wem sie die Hand geben wollen. Keinesfalls streckt man einer Dame die Hand hin, wenn sie ihre noch nicht ausgestreckt hat.

Bei Damen, Ranghöheren, Älteren und allen, denen man damit Respekt erweisen möchte, kann man sich mit einer leichten Verbeugung vor dem Händedruck verneigen. Dann stellt man Augenkontakt her.

Perfekterweise ruhen die beiden Hände für die kurze Dauer des Händedrucks so ineinander, dass der Daumen einen leichten Druck auf den oberen Handrücken des anderen ausüben kann.

Der Druck wird vom Älteren bestimmt, bei Damen ist es auch für Männer keine Schande, sondern Pflicht, nur sehr leicht, aber doch, zu drücken.

Während des Händedrucks blickt man den anderen an, um Offenheit zu signalisieren und in seinen Augen zu „lesen“, wie es ihm geht. Flattert der Blick und sind seine Hände feucht, so sehen wir, dass er sich unwohl fühlt. Ein weiterführendes Gespräch mit ihm wird uns darüber vielleicht Aufschluss geben.

HAUSPERSONAL

Achten Sie bitte auf folgende Punkte:

- Referenzen: Der Arbeitnehmer muss Ihnen zumindest eine, besser zwei Stellen als Referenz angeben können: Zeugnisse oder eine Kontaktperson mit einer Telefonnummer, die man anrufen kann, um sich von der Echtheit der Aussagen zu überzeugen. Tun Sie das auch! Erkundigen Sie sich ohne Scheu nach eingehender Erklärung der Sachlage über die bewusste Person.

- Wenn Sie Personal von guten Freunden empfohlen bekommen haben, fragen Sie Ihre Freunde, woher sie den Bewerber kennen und ob sie seinerzeit Referenzen eingeholt hatten. Dann ersparen Sie sich diese Arbeit.
- Machen Sie eine Kopie eines Reisepasses oder Personalausweises und des Meldezettels, die Sie anschließend an einem sicheren Ort verwahren.
- Verlangen Sie die Telefonnummer des Bewerbers.
- Versichern Sie sich, dass Ihr Bewerber sich legal in Österreich befindet (Aufenthaltsgenehmigung ...).
- Führen Sie den Bewerber durch den Haushalt.
- Erklären Sie alle Aufgaben wie Wäsche waschen, Bügeln, Putzen, Kochen etc. Wenn nötig, verfassen Sie schriftliche Anleitungen für Geräte.
- Verheimlichen Sie nicht den tatsächlichen Arbeitsaufwand.
- Erklären Sie Sonderaufgaben wie etwa Kinderbetreuung, KINDER von der Schule abholen, Einkaufen gehen etc.
- Erstellen Sie eventuell Wochen- oder Tagespläne.
- Vereinbaren Sie die Arbeitszeiten.
- Vereinbaren Sie einen Lohn, der dem gängigen Lohnniveau entspricht.
- Legen Sie Wert auf PÜNKTLICHKEIT.
- Sprechen Sie Ihr Personal immer mit „Sie" und in grammatikalisch richtigem Deutsch an. Ausländer werden es Ihnen danken, perfektes Deutsch zu hören.
- Legen Sie Wert darauf, mit „Sie" angesprochen zu werden. Klären Sie zu Beginn des Arbeitsverhältnisses, wie Sie sich gegenseitig ansprechen sollen.
- Vereinbaren Sie eine Probezeit. Nach Ablauf dieser Periode sprechen Sie mit dem Bewerber über seinen Verbleib in Ihren Diensten.
- Nimmt ein Hausangestellter einen Anruf für Sie entgegen, erklären Sie, wie er oder sie sich am Telefon melden soll und wie man korrekt Nachrichten entgegennimmt (Name, Telefonnummer, Uhrzeit, Nachricht etc.). Gegebenenfalls hinterlassen Sie eine Telefonnummer, wo Sie erreichbar sind. Klären Sie Ihre HAUSHALTSHILFEN genau darüber auf, wie lange Sie weg sind, wer ins Haus darf und wer vor der Türe warten muss.

Wichtig: Erwarten Sie nicht, dass Ihre neue Haushaltsperle alles weiß oder gar kann! Hat sie schon einmal einen Kaschmirpullover gewaschen? Weiß sie, wie man eine Seidenbluse bügelt? Haben Sie ihr erklärt, wie sie Ihre Hemden zusammenlegen soll? Kann sie mit allen technischen Geräten richtig umgehen?

Vergessen Sie nicht, dass der Beruf einer Haushälterin eine entsprechende Ausbildung benötigt. Sie müssen erklären, wie sie Ihre Ledermöbel reinigen soll oder wann sie die Winterbetten gegen die Sommerbetten austauschen sollte. Nehmen Sie sich Zeit, Ihre neue Kraft einzuarbeiten und ihr genau zu erklären, wie Sie sich alles vorstellen. Sie werden es nicht bereuen.

HOCHZEIT

Vermählungsanzeige ist die Anzeige (Einladung zu) einer Hochzeit, nicht die Einladung zur Hochzeitsfeier.

Die klassische Hochzeitsanzeige & Einladung, geschickt von den Eltern beider Brautleute, könnte so verfasst werden:

Dr. Karl Six
und Frau Maria, geb. König
geben die Vermählung
ihrer Tochter
Eleonore
mit Herrn Sebastian Sinnvoll
bekannt.

Prof. Peter Sinnvoll
und Frau Beate, geb. Willig
geben die Vermählung
ihres Sohnes
Sebastian
mit Fräulein Eleonore Six
bekannt.

Die Trauung findet am 22. August um 15.30 Uhr
in der Pfarrkirche St. Heilig statt.
Kleidung: Tracht
1111 Stadt, Adressenstraße 11

English text:
Name & name are pleased to announce the marriage … of their daughter/son.
The ceremony will take place on … date … at … time … at Standesamt/Pfarrkirche/etc.
Please join us for a reception/lunch/dinner/etc. afterwards at … location …
Dress: National Costume

Bei großen Hochzeiten werden die Eltern der Braut nicht nur eine Vermählungsanzeige, sondern spätestens drei Wochen vor dem Termin auch eine EINLADUNG zu einem Empfang schicken.

> *Dr. Karl Fürnknecht und Frau Maria*
> *geben sich die Ehre,*
>
> ***Herrn Samuel Pallavine und Gattin***
>
> *zur Hochzeit ihrer Tochter Eleonore*
> *mit Herrn Daniel Willig*
> *einzuladen.*
>
> *Empfang im Blauen Salon des Grand Hotel*
> *am 12. Juni 200X um 11 Uhr*
>
> *Die Trauung findet am 22. August um 15.30 Uhr*
> *in der Pfarrkirche St. Heilig statt.*
> *Kleidung: Cut*
> *1111 Stadt, Adressenstraße 11*

Fall Sie anschließend einen Empfang, ein ESSEN oder eine Soiree planen, können Sie dies auf der EINLADUNG gleich mit anführen („Anschließend bitten wir Sie zu …“).

Da man aber meist nicht alle Gäste zu jeder Feierlichkeit einladen möchte, empfiehlt es sich, eigene Einladungskarten zu drucken und sie dann den Einladungen der geladenen Gäste beizulegen.

Wenn Sie eine Trachtenhochzeit planen oder möchten, dass Ihre Gäste im Cutaway oder Stresemann kommen, sollten Sie sie darüber informieren. Dies kann entweder auf der Einladung vermerkt sein oder aber, sobald der Eingeladene sich telefonisch bei Ihnen meldet, besprochen werden. Falls die KLEIDUNG auf der Einladung steht, wird entweder Tracht oder die Kleidung für den Herrn angegeben.

HEIRATEN

CHECKLISTE:

- Wer verschickt die EINLADUNGen?
- Hochzeitstermin am Standesamt sollte, muss aber nicht, mit dem der Kirche korrespondieren.
- Die kirchliche Trauung ist die „Eheschließung vor Gott“. Sie findet nach der standesamtlichen Trauung entweder am selben Tag oder eben später statt.

- Wünscht man eine Musikkapelle?
- Sollte in der Kirche jemand singen?
- Will man vor der Kirche im gemieteten Rolls-Royce vorfahren?
- Wer organisiert den BLUMENschmuck auf der Motorhaube?
- Eheringe; oder verwendet man die Verlobungsringe?
- Wo wohnen die angereisten Gäste?
- Geht es nachher in ein RESTAURANT (Menü unbedingt einmal vorher durchkosten, WEINe abstimmen)?
- Macht man einen kleinen Empfang im Pfarrgarten der Kirche?
- Wartet eine Wagenkolonne und bringt alle Gäste ins Haus der Braut (traditionell) oder des Bräutigams zu einem festlichen Essen?
- Ist das PERSONAL entsprechend instruiert?
- Ist der Tisch weiß gedeckt?
- Wohin mit den Blumen?
- Steht ein Tisch für GESCHENKe bereit?
- Wer kümmert sich um die Großtante, sollte ihr plötzlich schwindlig werden?

Die Ausrichtung einer Hochzeit ist eine komplexe Managementaufgabe, der man sich voll und ganz widmen muss. Beauftragen Sie einen kompetenten Zeremonienmeister mit der Organisation. Und noch etwas: Leisten Sie sich nur die Hochzeitsfeier, die Ihnen finanziell keine Kopfzerbrechen bereitet.

Traditionell wird die Hochzeit von den Eltern der Braut finanziert. Diese Sitte stammt aus der Urzeit, als es noch galt, eine Mitgift zu verhandeln und der jungen DAME ausreichend Geld mitzugeben. Das erhöhte die Attraktivität der Auserwählten ungemein. Heute sind die jungen Damen Angestellte, Akademikerinnen oder Selbstständige, die man nicht mehr „verschachern" muss und die sich ihren Mann selbst aussuchen. So ist auch die Tradition, dass die Eltern der Braut die Kosten der Hochzeit alleine bezahlen, ebenfalls Vergangenheit. In gewissen Kreisen wird man sich die Kosten selbstverständlich teilen.

Wer ist wo?

Am Standesamt werden die Brautleute und ihre Trauzeugen anwesend sein, natürlich die Eltern und die engsten Freunde. Nach dem Standesamt begnügt man sich mit einer Feier in diesem kleinsten Kreis.

Zur Hochzeit in der Kirche kann man auch entfernte Verwandte, Freunde, Bekannte, Nachbarn oder Geschäftspartner einladen. Nicht alle Hochzeitsgäste nehmen automatisch auch an der nachfolgenden Hochzeitsfeier teil (persönliche Einladung, siehe oben).

Nach dem Essen sollte man das Tanzbein schwingen. Der erste Tanz gehört, nachdem die Braut den Walzer ausgesucht hat, dem Hochzeitspaar. Danach wird es die ganze Gesellschaft bitten, mitzutanzen. Erst wenn der zweite Tanz so richtig in Schwung ist, haben die Brautleute die Gelegenheit, sich unauffällig zu verabschieden (müssen aber nicht). Denn nun gehört die Nacht ihnen und das Fest den Gästen.

In Österreich ist die Entführung der Braut eine bisweilen mühsame Tradition, da man die Braut dem Bräutigam entführt, der sie langwierig suchen muss. Die Entführer hinterlassen eine Spur von unbezahlten Rechnungen in diversen Lokalen, meist wird es später als man dachte, und zum Schluss sind alle oft betrunkener, als es die Beteiligten der Hochzeitsnacht gerne gehabt hätten. Man kann sich durchaus gegen diese Sitte wehren, indem die Braut und der Bräutigam rechtzeitig allen Beteiligten mitteilen, dass sie das nicht wünschen. Daran haben sich alle Beteiligten zu halten! Auch andere Bräuche, die von Region zu Region unterschiedlich sein können, sollten vorher mit den Brautleuten abgestimmt werden (außer man weiß bestimmt, dass sie Überraschungen lieben und diese mit Humor tragen).

Wer statt eines großen Festes nur eine kleine EINLADUNG geben möchte, schickt handgeschriebene BRIEFe an die kleine Zahl der geladenen Gäste. Und wer sich ganz still und heimlich verheiratet und eigentlich auch gar keine große Lust zum öffentlichen Feiern hat, der darf ruhig, ohne damit jemanden zu beleidigen, erst nachher, wenn schon alles vorbei ist, auf das Ereignis aufmerksam machen. Die Zahl der Möglichkeiten, wie man es seinen Mitmenschen mitteilt, dass man geheiratet hat, ist nur durch die eigene Fantasie begrenzt.

DIE FEIERLICHE, FORMELLE HOCHZEIT:

Die Braut trägt ein langes weißes Brautkleid ohne Dekolletee mit langen Ärmeln, einer Schleppe und einem Schleier. Ist die Braut nicht mehr ganz so jung, so kann sie auch ein elegantes Kleid, vielleicht mit einer Jacke, tragen.

Der Bräutigam erscheint im Cutaway, dem „Cut“, einem abgerundet geschnittenen Rock mit Schößen, zu dem man dunkelgrau gestreifte Hosen trägt. Streng genommen trägt man einen grauen (keinen schwarzen!) Zylinder.

Genauso kann man den festlich dunklen Anzug mit silbergrauer KRAWATTE wählen. Bitte vermeiden Sie ausnahmsweise die FLIEGE.

Der Bräutigam steckt sich einen kleinen Myrtenstrauß ans Revers. Die anderen Herren tragen eine weiße Nelke im Knopfloch, die Damen finden ein zum Kleid passendes Rosensträußchen.

Genaueres über die Kleidung bei Hochzeiten finden Sie im Anhang unter KLEIDUNG.

Zum Hochzeitsessen am Abend kann ein SMOKING getragen werden, wenn auf der Einladung „Smoking", „Dinnerjackett" oder „elegante Abendkleidung" vermerkt ist.

Gäste werden nie festlicher als das Brautpaar gekleidet sein. Schließlich soll das Jubelpaar ja für jedermann erkennbar aus der Gesellschaft herausragen. Tragen alle Herren Cut, so erscheint die Damenwelt in eleganten, hochgeschlossenen und langärmeligen Nachmittagskleidern mit Hut. Das reduziert sich gemäß den allgemeinen Rahmenbedingungen. Zu Trachtenhochzeiten erscheint man in eleganter (meist langer) Tracht. Trachten sind von Region zu Region verschieden. So ist der Steireranzug zu diesem Anlass bei einer Hochzeit in Salzburg genauso gerne gesehen wie der Sari der indischen Gäste. Tracht ist eben Landestracht.

Hochzeiten sind symbolhafte Angelegenheiten und daher tragen die Damen keine Perlen, die ja, wie man glaubt, Tränen bedeuten.

Die Zeremonie:
Am Land geht der Hochzeitszug vom Haus der Braut weg. In der Großstadt trifft man sich vor der Kirche. Hier beginnt dann auch der Brautzug, den Anfang macht der Bräutigam mit seiner Mutter, das Ende bildet die Braut mit ihrem Vater. Die Trauzeugen sind schon in die Kirche vorausgeeilt und haben dem Pfarrer das Eintreffen des Brautzuges mitgeteilt und die Ringe übergeben. Die Gäste warten in der Kirche auf ihren Plätzen.

So sieht der traditionelle Brautzug aus (man geht quasi „verkehrt" – Herren rechts, Damen links – hinein, um dann „richtig" – die Herren links, die Damen rechts – wieder herauszukommen):

ALTAR	
Mutter des Bräutigams	Bräutigam
Mutter der Braut	Vater des Bräutigams
Weibliche Verwandte	Männliche Verwandte
Bekannte, Freundinnen	Bekannte und Freunde
Brautjungfern	Brautführer
Braut	Vater der Braut

Der Vater der Braut kommt mit seinem Spross zum Schluss und in einigem Abstand (das erhöht die Spannung ungemein!). Alle DAMEn sitzen links, alle Herren rechts. Die Mutter des Bräutigams führt ihren Sohn zum Altar, verlässt ihn dort und setzt sich auf die linke Seite, die Seite aller Damen. Am Ende des Zuges führt der Vater seine Tochter dem Bräutigam zu, übergibt sie ihm und zieht sich elegant auf die Seite der Herren zurück. Die Trauzeugen stehen in Reichweite schräg links und rechts hinter ihrem Schützling. Den Rest des Zeremoniells regelt die Kirche mit ihren eigenen Riten, über die unter anderem ein „Eheunterricht" in den Wochen vor dem großen Ereignis Aufschluss geben kann.

Nach der Zeremonie schreitet das junge Paar nun als Erstes hinaus, nur BLUMEn streuende Kinder dürfen vorauseilen. Es folgen die Brautjungfern, der Brautvater mit der Mutter des Bräutigams, der Vater des Bräutigams mit der Mutter der Braut und alle übrigen Paare in derselben Reihenfolge wie beim Einmarsch. Die Herren gehen links von den Damen.

Vor der Kirche nimmt das junge Paar die Gratulationen entgegen. Zuerst wünscht man der Braut alles Gute, dann dem Ehemann.

Vor der Kirche wird traditionell auch der Brautstrauß geworfen. Die Braut stellt sich mit dem Rücken zu den Gästen vor sie hin und wirft den Strauß mit beiden Händen über Kopf nach hinten. Nun heißt es Heiratswillige aufgepasst! Hier sollten nur die Damen zugreifen. Wer ihn fängt, wird die nächste Hochzeit feiern.

GESCHENKe sollten an das Haus der Brauteltern gesandt werden oder wo auch immer anschließend die Feier stattfindet. Falls es keine Feier im Anschluss gibt, ist dies der Zeitpunkt, wo das junge Paar sich verabschiedet und die Hochzeitsreise antritt.

Das Hochzeitsessen findet aus alter Tradition, so nicht in einem RESTAURANT bestellt, im Haus der Braut statt. Natürlich kann es auch im Haus des Bräutigams erfolgen. Je nach Uhrzeit der Trauung ist es ein Mittag- oder ein Abendessen. Die Frischvermählten sitzen nebeneinander, neben der Braut der Vater des Bräutigams, neben dem Bräutigam die Mutter der Braut. Genau gegenüber, sollte das möglich sein, die restlichen Elternteile und der Geistliche, sollte er dabei sein, was immer eine nette Geste ist.

Wird nach einem Toast verlangt, ist der Reigen der Trinksprüche eröffnet. Sie kann man schon, da viele zu erwarten sind, nach der Suppe beginnen. Der Geistliche eröffnet traditionell den Reigen, dann, nach dem ersten Gang, hält der Brautvater seine Rede und nach dem zweiten Gang der Vater des Bräutigams. Danach geht es ungeordnet weiter, die besten Freunde und engsten Verwandten werden beginnen. Es wird nicht erwartet, dass jeder etwas sagt. Wird auf das Wohl des Brautpaares getrunken, so stehen alle Herren – auch der Bräutigam – auf. Trinkt man auf die Braut, so erheben sich nun auch die Damen, wobei die Braut sitzen bleibt und höflich das Glas hebt und der Runde zuprostet. Toasts sollten kurz und pointiert sein und machen sich nie über die Ehe lustig!

TIPP

Ein erfahrener Organisator, der die Verantwortung für die Vorbereitung, den Ablauf und die Leitung dieser „Veranstaltung" übernimmt, kann wesentlich dazu beitragen, dass dieser Tag für Brautpaar und Gäste harmonisch abläuft. Diese verantwortliche Person sollte alle Ihre Wünsche kennen und verlässlich umsetzen. Priorität haben die Wünsche der Ehrengäste – und die sind die Brautleute selbst! Es soll ja ihr schönster Tag werden.

HOCHZEITSTAGE

… variieren in ihrer schillerndsten Namensvielfalt.
Hier die verbreitetsten Bezeichnungen.

Ehedauer	Name(n)
0	Trauung, grüne oder weiße Hochzeit
1/2	Traumhochzeit
3/4	Bierhochzeit
1	papierne Hochzeit, Papierhochzeit
2	baumwollene Hochzeit, Baumwollhochzeit
3	lederne Hochzeit, Lederhochzeit
4	seidene Hochzeit, Seidenhochzeit, Bernsteinhochzeit
5	hölzerne Hochzeit, Windbeutelhochzeit (ohne Kinder)
6	zinnerne Hochzeit, Zinnhochzeit
6 1/4	Hammelhochzeit
6 1/2	zinnerne Hochzeit
7	kupferne Hochzeit, Kupferhochzeit, Messinghochzeit
8	blecherne Hochzeit, Blechhochzeit
9	Keramik-, Porzellanhochzeit (in den USA: Töpferhochzeit)
10	Rosenhochzeit (Norddeutschland: hölzerne Hochzeit)
11	stählerne Hochzeit, Stahlhochzeit
12	Nickelhochzeit
12 1/2	Petersilienhochzeit
13	Veilchenhochzeit

14	Elfenbeinhochzeit, Achathochzeit
15	Kristall-, Lumpen-, Flaschenhochzeit (gläserne, Veilchen, …)
16	Saphirhochzeit
17	Orchideenhochzeit
18	Türkishochzeit
19	Perlmutthochzeit
20	Chrysanthemenhochzeit
21	Buchenhochzeit, Opalhochzeit
22	bronzene Hochzeit, Bronzehochzeit
23	Beryllhochzeit
24	Satinhochzeit
25	silberne Hochzeit, Silberhochzeit
26	Jadehochzeit, Eichenhochzeit
27	Mahagonihochzeit
28	Nelkenhochzeit, Nickelhochzeit
29	Ebenholzhochzeit
30	perlene Hochzeit, Perlenhochzeit
31	Lindenhochzeit
32	Seifenhochzeit, Lapislazulihochzeit
33	Porphyrhochzeit, Knoblauchhochzeit
34	Amberhochzeit, Samaragdhochzeit
35	Rubinhochzeit
36	Smaragdhochzeit, Mondhochzeit
37	Machalithochzeit
38	Feuerhochzeit, Quecksilberhochzeit
39	Sonnenhochzeit
40	rubinene Hochzeit, Rubinhochzeit, granatene Hochzeit
41	Birkenhochzeit
42	Perlmutthochzeit
43	bleierne Hochzeit, Bleihochzeit
44	Sternenhochzeit
45	Edelweißhochzeit
46	Lavendelhochzeit, Marmorhochzeit
47	Saphirhochzeit
48	Amethysthochzeit, Diademhochzeit
49	Uranushochzeit
50	goldene Hochzeit
51	Weidenhochzeit
52	Topashochzeit
53	Uranhochzeit
54	Zeushochzeit

55	Saphirhochzeit, Platinhochzeit
60	diamantene Hochzeit, Diamantenhochzeit
61	Ulmenhochzeit
62	Aquamarinhochzeit
63	Quecksilberhochzeit
64	Himmelhochzeit, Himmelshochzeit
65	eiserne Hochzeit, Eisenhochzeit
67 1/2	steinerne Hochzeit
70	Gnadenhochzeit, Kupferhochzeit
72 1/2	Juwelenhochzeit
75	Kronjuwelenhochzeit, Steinhochzeit
80	Eichenhochzeit
100	Himmelshochzeit

KLEIDUNG

Neben der konservativ eintönigen Farb- und Musterkombination lebt die akzentuierte Ausführung, die ein dezentes Kleidungsstück mit einem gewagten ACCESSOIRE aufputzt. Wir kennen die modebewusste Variante (immer nach dem letzten Schrei gestylt) und den Papagei. Ihn können wir hier vernachlässigen.

Das große Vorrecht unserer Jugendlichen ist, dass sie alles ausprobieren können. Die neueste Mode mitmachen, täglich Jeans und T-Shirts tragen, schrille Kombinationen probieren. Bis sie dann langsam Sehnsucht nach dem feinen Kaschmirpullover bekommen, einem eleganten Anzug, einem geschmackvollen Kostüm. Und nach richtigen SCHUHEn!

Es ist nicht immer leicht, die passende Bekleidung für jeden Anlass zu finden. Viele Kriterien spielen dabei eine Rolle. Ihr Alter, zum Beispiel. Es gibt so eine magische 30-Jahre-Grenze, die nichts anderes besagt, als dass junge Leute einen etwas größeren Spielraum haben, mehr Farben und gewagte Schnitte tragen können.

TIPP

Ich kann nur dazu ermutigen, als junger Mensch vieles auszuprobieren. Orange Tops, lila Hosen, verrückte Sachen einfach, die man nachher nie mehr macht. Bald werden Sie ganz von selbst Ihren eigenen Stil finden. Selbstkritisch werden Sie als DAME Ihre Figur richtig einschätzen können, um abzuwägen, wie kurz der Rock sein darf, wie eng eine Hose sitzen soll, wie tief ein Dekolletee Einblick gewähren darf. Schließlich wollen Sie sich ja nicht zum Gespött manchen. Sie werden auch nicht jedem Modetrend blind folgen. Mittlerweile kennen Sie „Ihre" Farben und wissen, worauf Sie verzichten können.

DIE DAMENGARDEROBE:

Freizeit	Sportliche Hosen, Jeans, Röcke, eventuell ein sportliches Kostüm und natürlich Sommerkleider. Twinsets, Shirts (unter Blazer oder Kostüm), Polos, Blusen, Pullover, Strickjacke, Blazer.
Büro	Je nach Betrieb und „dresscode“, von Jeans bis zum Tageskostüm. Allgemein gilt, dass man nie besser angezogen ist als seine Vorgesetzten, es sei denn, dies ist erwünscht.
Elegant	Hier kommt das Kostüm zum Vorschein, auch ein eleganter dunkler Rock mit einem durchaus bunten Oberteil; ein schwarzes pailettenbesetztes Top, ein Kleid mit Jacke, Hosenanzüge (Stoffqualität und das Muster zeigen, ob es ein Tages- oder Abend-*Outfit* ist). Das kleine Schwarze ist der Klassiker in der Garderobe und darf auf keinen Fall fehlen. Mit den passenden ACCESSOIRES ist es ein vielfach einsetzbares Kleidungsstück.
Außergewöhnlich elegant	Zu Premieren und eleganten Abendveranstaltungen tragen Sie ein Cocktailkleid oder ein kleines Abendkleid mit Ärmeln oder einem Jäckchen, und zu Bällen (auf der Einladung steht, ob ein langes Kleid erwünscht ist) ein kurzes oder langes Ballkleid (großes Abendkleid), das auch schulterfrei sein darf, dann aber mit langen Handschuhen und Stola, jeweils mit dazu passenden Schuhen (bei Bällen auch silberne oder goldene Schuhe; wenn Sie tanzen wollen, empfehlen wir geschlossene Schuhe) und Accessoires.
Grundausstattung Überbekleidung	Regenmantel, eine Übergangsjacke (leicht gefüttert, vielleicht gewachst, wetterunempfindlich je nach Freizeitaktivitäten), ein dunkler Wollmantel (lang genug, um den Rocksaum zu verdecken), ein andersfärbiger kürzerer Mantel oder ein Lodenmantel. Ein sportlicher Daunenmantel oder eine Daunenjacke. Über die Abendrobe passt am besten ein schwarzer Samtumhang.
Beine	Sommer wie Winter trägt die Dame Strümpfe. Zu weißen oder hellen Röcken oder Kleidern bitte keine dunklen oder schwarzen Strümpfe, sondern möglichst helle.

Schuhe Zu Hosen und in der Freizeit wählt die Dame flachere Schuhe. Zu Kleidern und Kostümen sind geschlossene Absatzschuhe, die Pumps (ab 5 cm), ein Muss. Ein hoher Absatz ist für viele die perfekte Verlängerung eines wohlgeformten Damenbeines und schmeichelt so der Figur.
Zu luftigen Sommerkleidern aus dünnen Stoffen können Sie auch vorne oder hinten offene Schuhe wählen oder Sandaletten. Aber nochmals und falls Zweifel aufkommt: Geschlossene Schuhe sind eleganter. Bei Bällen werden ohnedies geschlossene Schuhe empfohlen, denn offene Spitzen sind beim Tanzen eine Gefahr für die eigenen Zehen!
Im Winter trägt Frau Stiefel mit Absätzen in der schneegeräumten Stadt, flachere mit Profilsohle im Schnee und Stiefeletten mit Hosen bei wärmeren Temperaturen.

Frauen gehobener Stände trugen bis ins 19. Jahrhundert hinein nur Samt-, Seiden- und feine Lederschuhe. Das lag daran, dass die Frauen seltener das Haus verließen. Erst mit der Stiefelette, den ersten geknüpften oder geschnürten Frauenstiefeln, gelang dem weiblichen Geschlecht die Befreiung aus dieser Tradition. Die Stilisierung des Stiefels zum Locksymbol der Damen des leichten Gewerbes drehte seine Geschichte kurzfristig völlig um. Heute ist der elegante Stiefel in Braun oder Schwarz ein zeitgemäßes Winteroutfit für jede Dame. Flach ist sportlich, Absätze machen ihn eleganter, zu hohe Absätze gefährlich.

Accessoires Hier sind der Kreativität einmal mehr nur jene Grenzen gesetzt, die Ihr guter GESCHMACK von selbst erkennt.

Grundausstattung Unterbekleidung Unterwäsche, wie der Name schon sagt, trägt man unter der Kleidung und ist daher nicht sichtbar. Unterwäsche, Socken, Strümpfe und Blusen wechselt man täglich.

DIE HERRENGARDEROBE:

Dreiteiliger Anzug, bestehend aus einreihigem Sakko, einreihiger Weste, klassischer Hose mit einer Bundfalte sowie zwei Gesäßtaschen.
Das Knöpfen: beim zweiteiligen Anzug oder der Kombination mit einer Weste (hier darf man das Sakko auch offen tragen): mittlerer oder die beiden oberen Knöpfe des Einreihers, beim Zweireiher alle Knöpfe schließen. Beim Tanzen wird das Sakko immer geschlossen.

Freizeit	Sportlich geschnittene Hosen, Cordhosen, Jeans Hemden, Polos. Pullover (Kaschmir), Strickjacken, Sportsakko, Blazer (tagsüber Taschenklappen nach außen!). Khakianzug, Leinenanzug.
Im Büro	Je nach Position helle oder dunklere Anzüge, Sakkos, leichte Wollhosen. Der dunkelblaue Blazer ohne Goldknöpfe mit grauer Hose ist der Klassiker des Herrn, mit dem er vom Nordkap bis zur Salurner Klause meist richtig gekleidet ist. Heute ist es in vielen Büros üblich, sich wie in der Freizeit zu kleiden. Karrierebewusste Menschen sollten jedoch ihrem Erscheinungsbild mehr Gedanken widmen.
Abend	Dunkler Anzug ist dunkelblau, schwarz oder dunkelgrau aus einem leichten Wollstoff, mit oder ohne

Weste, ein- oder zweireihig geknöpft (selbst wenn Ihr Cordanzug dunkelblau oder schwarz ist, geht er nicht als dunkler Anzug durch). Abends Taschenklappen nach innen!

Der Klassiker unter den Herrenoutfits ist ein dunkelblauer Blazer mit grauer Hose. Diese Kombination ist zu jeder Tageszeit weltweit akzeptabel. Besonders wenn Sie auf Reisen sind, wird man Ihnen nachsehen, dass Sie vielleicht nicht jeden Dresscode lückenlos erfüllen können, sollte es sich um eine spontane Einladung handeln.

Sehr elegant **Stresemann** – nach dem ehemaligen deutschen Außenminister benannt – kann tagsüber bei festlichen Anlässen (z.B. Hochzeiten) getragen werden. Das schwarze Jackett ist entweder ein- oder zweireihig. Zum einreihigen trägt man bei Trauerfeiern eine schwarze, sonst eine graue Weste. Die Stresemannhose ist ohne Umschlag und schwarz mit grauen Streifen. Dazu ein weißes Hemd und eine graue Krawatte (bei Beerdigungen oder Trauerfeiern eine schwarze Krawatte), schwarze Kniestrümpfe und glatte schwarze Schuhe.

Cutaway (engl.) – der *morning suit*, ist das Tagesgegenstück zum Frack. Mit dem „Cut“ ist man bei festlichen Anlässen (Hochzeiten) bis 17.00 Uhr bestens beraten. Ihn trägt man mit schwarzer Krawatte und schwarzer Weste auch zur Beerdigung.

Der Cut (morning suit) wirkt mit einem grauen Zylinder besonders elegant.

Der Name Cutaway bezeichnet den Schnitt der langen Schoßjacke mit der typischen, durchlaufend geschwungenen Vorderkante, die vorne den Beinen die Bewegungsfreiheit lässt und die Figur elegant verlängert. Zur schwarzen Jacke passend trägt man eine dunkelgrau gestreifte Stresemannhose, eine graue Weste sowie ein weißes Kragenhemd mit silbergrauem Plastron (breiter Seidenschlips zur festlichen Herrenbekleidung im 19. Jahrhundert). Dazu passen schwarze Kniestümpfe, schwarze glatte Schuhe und ein grauer Zylinder oder schwarzer Homburg.

Smoking – *black tie* oder *cravate noir* – ist seit 1890 als kleiner Abendanzug bekannt. Er kommt klassisch einreihig mit Schalkragen oder zweireihig mit Spitzfasson, jeweils mit einem glänzenden Revers aus Atlasseide. Seine Farben sind Schwarz oder Nachtblau.

Zum Smoking trägt man schwarze Kniestrümpfe und schwarze Lackschuhe. Smoking trägt man erst ab 17.00 Uhr, daher niemals zu Hochzeiten oder Matineen. Eine Festspielpremiere kann schon mal die Ausnahme bilden, wenn es der Dresscode vorschreibt.

Das Smokingsakko in Weiß ist das *Dinnerjackett*, das im Sommer oder in den Tropen zu Abendessen oder Bällen getragen wird.

Die Smokinghose zum weißen *Dinnerjackett* ist entweder schwarz oder mitternachtsblau, hat Galonen (angebrachte Blende, meist aus schwarzer Altlasseide, entlang der Seitennaht) und keinen Umschlag.

Das Smokingsakko mit breitem Schalkragen, Spitzkragen und als Doppelreiher.

Zum Smoking trägt der Herr einen Kummerbund (Hindi: *kamarband,* wird im Orient zum Kaftan getragen. Anfang des 20. Jahrhunderts brachten britische Offiziere ihn aus Indien mit nach Europa). Er liegt wie eine Schärpe um die Taille, wird hinten geschlossen, ist oft aus einem glänzenden Stoff und hat eingearbeitete Querfalten, die nach oben getragen werden.

Fliege und Kummerbund

Zum Smokinghemd (verdeckte Knopfleiste, Doppelmanschetten, eventuell Stehkragen) trägt man eine Fliege oder Masche in Schwarz oder Mitternachtsblau, je nach der Farbe der Hose.

Smokinghemd mit verdeckten Knöpfen

Frack – oder auch *white tie* oder *cravate blanche* genannt – entstand aus dem englischen Reitrock und dem Militärrock. Seit Mitte des 19. Jahrhunderts gilt der Frack als festliche Abendkleidung (großer Abendanzug). Trägt der Herr Frack, ist es für die Dame Zeit, das große Abendkleid anzulegen.

Der Frack hat immer spitze Seidenrevers und lange Frackschöße. Die Hose hat ähnlich der Smokinghose seitlich glänzende Galonen. Beim Frack sind sie jedoch gerippt.

Das Frackhemd hat Doppelmanschetten (die wie einfache Manschetten vernäht sind), den Stehkragen („parentcida" = „Vatermörder") und eine gestärkte Brustpartie aus Piquet. Das Hemd hat seitlich Eingriffe (zum Einführen einer Hand beim Befestigen der Frackknöpfe).

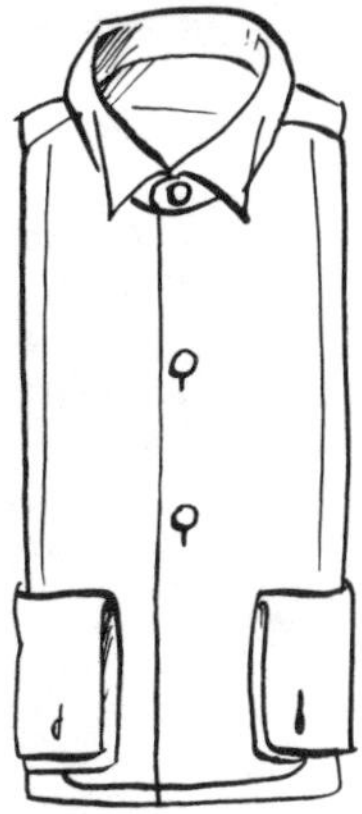

Frackhemd mit „Vatermörder"

Der Frack ist das elegante Abendkleid des Herrn. Er wird „offen“ getragen.

Vom Parasiten zum Mörder des Vaters – eine Spurensuche:
So ein Name macht neugierig: „Vatermörder“. Woher stammt diese Bezeichnung für einen steifen Hemdenkragen? In Frankreich, dem Ursprungsland dieser Kragenform, nannte man ihn ursprünglich parasite, also Schmarotzer, da er auf verschiedene Hemden aufgesetzt werden konnte.
Das ist noch verständlich. Doch nun kommt es zur deutschen Übersetzung. Aus dem französischen Parasiten (parasite) wird – schlampig hingehört – der vermeintliche parricide – der Elternmörder. Da es hier nur um die Herren der Schöpfung geht, lässt man die Mutter aus dem Spiel und einigt sich auf Vatermörder.
Und da man in deutschen Breiten gründlich ist, wird der blödsinnigen Übersetzung auch noch eine wissenschaftliche Begründung nachgereicht: „Das unbequeme Kleidungsstück führte mitunter zu Druckstellen und Einschneidungen am Hals. Durch Druck des Hemdkragens auf den Sinus caroticus (Halsschlagader) kann es zu einem reflektorischen Blutdruckabfall mit einhergehendem Schwindelgefühl bis hin zum Kreislaufkollaps mit möglichen Todesfolgen kommen.“
Fertig ist der „Vatermörder“.

Die Frackhemdknöpfe werden durchgesteckt, die guten alten *Studs* werden verschraubt (hier ist ein Kammerdiener sehr praktisch). Sie können aus den verschiedensten Materialien sein (Perlmutt, Platin, mit Brillanten besetzt etc.). Rascher geht das Anziehen mit starren Durchsteckknöpfen, die auch sicher halten.

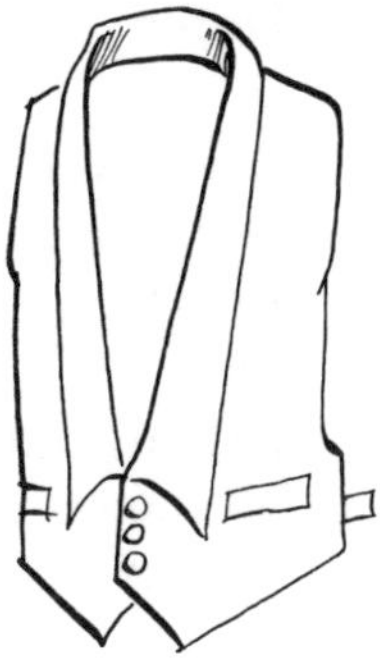

Die Frackweste ist nur „Fassade".

Frackweste und Masche sind aus weißem Waffelpiqué. Dazu trägt man schwarze Kniestrümpfe und schwarze Lackschuhe oder Escarpins. Da zum Frack immer die Frackweste getragen wird, bleibt der Rock stets geöffnet. Die Frackweste hat nur eine Vorderseite, um die Taille hält meist ein Gummiband oder ein Stoffgürtel, der hinten zu schließen ist. Im Genick ist ein weißer Stoffstreifen eleganter als ein Gummiband. Durch die Knopflöcher steckt man dann Knöpfe, meist aus Perlmutt. Da diese Methode viel Verdruss bereiten kann, können Sie sich auch weiße Piquetstoffknöpfe fest an Ihre Weste nähen lassen. Die passende Uhr zum Frack ist die Taschenuhr an der Uhrkette aus Gold oder Platin, die in der Frackwestentasche steckt und deren Kette an einer kleinen Schlaufe in der Hosentasche befestigt ist, niemals die Armbanduhr, sei sie auch noch so wertvoll.

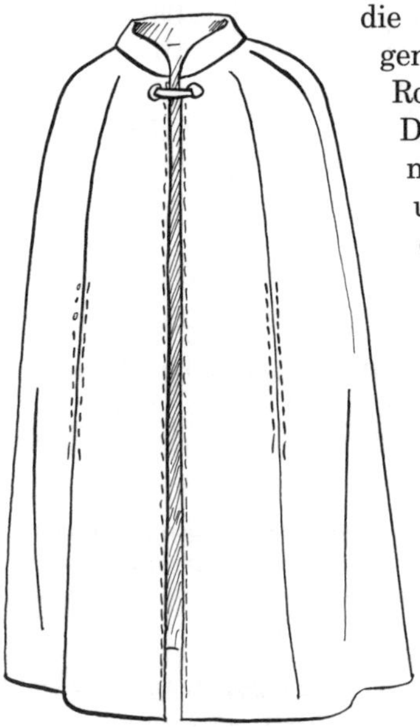

Einen Hauch der Eleganz von gestern versprüht, wer über den Frack diesen Umhang trägt.

Die Frackhose wird nicht mit Gürtel, sondern nur mit Hosenträgern getragen.

Zum Frack passt der Chapeau Claque, ein zusammenfaltbarer Zylinder mit stumpfem, schwarzem Seidenüberzug, weiße Handschuhe und ein weißer Seidenschal. Wie der Smoking kommt der Frack auch erst nach 17.00 Uhr zum Einsatz.

Österreichische Kaffeehauskellner sind eine elegante Erscheinung. Oft tragen sie Frack, meist aber Smoking. Doch hier der feine Unterschied: Nur er trägt zum Frack eine schwarze Weste und eine schwarze Masche.

Orden	Trägt man als Nadel am Revers, als Bruststern oder an einer Ordenskette um den Hals.
Grundausstattung Überbekleidung	Regenmantel, eine Übergangsjacke für die Freizeit, eine Daunenjacke, einen dunklen und einen helleren Wollmantel oder statt diesem einen Lodenmantel.
Pyjama und Morgenmantel	Der Pyjama hat seinen Ursprung im hinduistischen und persischen Schlafanzug. Am Morgen kann der Pyjama durchaus ein eleganter Hausanzug werden, wenn Sie dazu Ihre Escarpins (siehe Schuhe) und darüber einen Morgenmantel tragen. Da ist der Pyjama meist aus Seide oder im Winter leicht gefüttert. Der Morgenmantel kann ebenfalls aus Seide sein, wärmer ist er gefüttert. So genannte „Bademäntel" mit einem Hotellogo lassen die Vermutung aufkommen, dass Sie das gute Stück als einen integralen Bestandteil Ihrer Hotelrechnung betrachtet haben.
Grundausstattung Unterbekleidung	Unterwäsche, wie der Name schon sagt, trägt man unter der Kleidung und ist daher nicht sichtbar. Unterwäsche, Socken, Strümpfe und Hemden wechselt man täglich.
T-Shirt	Das T-Shirt, ursprünglich ein Unterhemd, erlangte in den 50er Jahren Kultstatus, als die Hollywood-Stars James Dean und Marlon Brando es als Oberbekleidung trugen. Heute findet es im Sport Verwendung und ist als legere Freizeitkleidung sehr beliebt. Es passt unter das leichte Sommersakko, wenn der Träger unter 30 oder auf Urlaub ist oder wie Giorgio Armani aussieht.
Hemd	Das Hemd muss nicht mehr ausschließlich weiß oder hellblau sein. Je eleganter, desto heller: also in die Oper und zum festlichen Abendessen weiß mit Doppelmanschetten und goldenen Manschettenknöpfen. Material: Baumwolle, Seide oder Leinen. Länge: einfache Regel – so lang, dass man es im Schritt zusammenfassen kann. Beste Ausstattung mit Hemdenstäbchen und einem Knopf im Ärmelschlitz vor der Manschette. Bei Maßhemden mit Monogramm.

Manschettenknöpfe	Tausende Designs verwirren den jungen (und den alten) Käufer. Da man sie oft erbt und meist geschenkt bekommt, hat man auf ihr Aussehen wenig Einfluss. Schlichte Paare kauft man sich selbst – sie sind es auch, die das Handgelenk zieren. Da man sie manchmal vergisst, wenn man auf Reisen geht, ist es immer praktisch, ein Paar ständig im *Necessaire* (das aus unerklärlichen Gründen bei diversen Firmen heute „Kulturbeutel" oder „Kulturtasche" heißt) mitzuführen.
Socken	Sie sind zumindest so lang, dass man nie das nackte Bein sehen kann, in der Farbe der Hose, dezenterweise schwarz, dunkelblau oder dunkelgrau. In der Freizeit auch in „verrückteren" Farben.
Schuhe	Sie erzeugen beim Enthusiasten ein ähnliches Funkeln in den Augen wie ein klassisches Sportwagenmodell. Schuhe können tagsüber in nahezu allen Farben auftauchen (immer mit farblich passenden Socken). Sportliche Schuhe, die der Herr in der Freizeit trägt, reichen von den bequemen Timberlands und ähnlichen Modellen zu diversen Docksiders, die es von Braun bis Rot und Blau gibt. Klassische Wiener Schuhfabrikanten (Wien und Budapest sind die europäischen Hauptstädte der klassischen Schuhmode) produzieren eine Palette von Cognacbraun bis Azurblau – Schuhfetischisten sind arme Leute. Für den Herrn, der einen exzellenten Schuh oft über Jahrzehnte behält, zahlt es sich aus, bei der Anschaffung eines neuen Schuhes auf höchste Qualität zu achten und damit auch einen entsprechenden Preis in Kauf zu nehmen. Der Schuh ist eine der wichtigsten optischen Visitenkarten. Die hochwertigste Machart für gutes Schuhwerk ist der rahmengenähte Schuh. Entscheiden Sie für sich, ob Sie Schuhe mit V-Verschnürung (der Pariser Schnitt) oder getrennten Schnürstegen (Derby) benötigen. Das ist von der Höhe Ihres „Ristes" (Widerrist = der Fußrücken) abhängig. Bei zu hohem Rist werden Sie keine V-Verschnürung wählen. Klassisch ist natürlich Braun, Dunkelrot und Schwarz. Abends für *indoor*-Veranstaltungen sind die

Schuhe immer schwarz und die Ledersohle möglichst dünn. Es hat sich in Italien eingebürgert, auch braune Schuhe zum dunkelblauen Anzug zu tragen. Die Zeit wird uns zeigen, ob dies eine Modeerscheinung ist (traditionell trägt der Gentleman ab 18.00 Uhr gar nichts Braunes).

Hausschuhe: Schlüpfer mit Ledersohle, in Leder oder in Samt, erlauben auch den Empfang von Gästen (*Escarpins*, aus napoleonischem Nachlass, waren um 1804 die Ablöse der adeligen Absatzschuhe als Tanzschuhe).

Lackschuhe: glatt, schwarz und glänzend, flacher Absatz, dünne Sohle; für Frack, SMOKING und Cutaway, zum Schnüren oder als Escarpin.
Für die Grundausstattung: Ein Paar ist für Ihre Garderobe perfekt.

„Rin in die Escarpins!“,
rief schon der große Autor Kurt Tucholsky.

Wiener oder Budapester (teilen ihr Namensschicksal mit den Frankfurter Würstchen, die ja in Wien Frankfurter, in Frankfurt Wiener heißen): In Budapest bekommen Sie den Wiener Schuh, in Wien bestellt man einen Budapester: Gemeinsam haben sie ihre elegante, perforierte, spitz zulaufende Leistenform. Er ist der zeitlose und vielseitige *Allrounder* unter den Schuhen, ein Muss für jede Herrengarderobe. Zum Geschäftsanzug und zu sportlicher Kleidung. Man trägt ihn nur tagsüber.
Für die Grundausstattung: Ein schwarzes und ein braunes/dunkelrotes Paar ist für Ihre Garderobe perfekt.

Wiener oder Budapester

Oxford: Gilt als äußerst förmlicher Herrenschuh, der in klassischem Schwarz zum Nadelstreifenanzug passt. Achtung: V-Schnürform (Pariser Schnitt).

Stiefelette: Elegantes Freizeit-*Outfit* kombiniert mit wetterfestem Schuhwerk. Über den Knöchel reichender hoher Schaft.

Loafer: Nicht zum Schnüren; die klassische Halbschuh-Form als Schlüpfer, oft mit Spange für den besseren Halt, in die man bequem hineinschlüpfen kann. Informell.
Für die Grundausstattung: Ein schwarzes und ein braunes/dunkelrotes/dunkelblaues Paar ist für die leichte Sommergarderobe perfekt.

Als Penny Loafer aus den USA berühmt geworden: In den charakteristisch geschlitzten „Front-strap"-Steg steckten Studenten in den 30er Jahren eine Penny-Münze als Glücksbringer – daher der Name „Penny Loafer". In EUROPA ist auch ein Cent salonfähig.

Brogue: Ist immer ein Tagesschuh. Feinstes Scotchgrain trifft auf Ledersohle. Ist ähnlich dem Budapester und würde Ihre Garderobe bereichern, ist aber kein Muss für die Grundausstattung.

Norweger: Eher klassischer Halbschuh, er fällt durch seine markante Naht auf dem Vorderblatt auf. Meist wird er in einem genarbten Leder, dem Scotchgrain, gefertigt und steht auf einer feinen oder genoppten Gummisohle.
Für die Grundausstattung: Ein schwarzes und ein braunes/dunkelrotes Paar ist für Ihre Garderobe perfekt. Sie wirken mit einer feineren oder sogar groben Gummisohle recht sportlich.

Reitstiefel: Ihnen verdanken wir die Erfindung des Absatzes. In Persien hat man ihnen erstmals Absätze verpasst, damit man nicht so leicht aus dem Steigbügel rutscht. Die Absätze wurden vom Französischen Hof übernommen, waren für den Adel lange Zeit rot gefärbt und kurzfristig nach der Revolution abgeschafft.

Der Stiefel war das „männlichste" Symbol am Fuße – als Erotiksymbol das Pendant zum hohen Absatz der Damen. Es zeugte von Stärke und Eroberung und gestattete auch körperlich kleineren Größen ein imposantes Auftreten (Napoleon, Admiral Nelson etc.). Selbst im Märchen erhält der Kater durch ein Paar Stiefel Macht. Von den Landsknechten und Musketieren des Dreißigjährigen Krieges wurden sie zur Hof- und Kriegskleidung. Doch bald eilten die gespornten und gestiefelten Herren weniger aufs Schlachtfeld als zu amourösen Eroberungen. Umso größer die Stiefel, umso bedeutender der Träger. Diese Eitelkeit ging so weit, dass überdimensionale Stiefelschäfte bei Regen ans Bein gebunden werden mussten, damit ihre Träger nicht unter Wasser gesetzt wurden.

Maßschuhe: Es wird eine „Trittspur" genommen, womit auf die Anatomie des Käufers Rücksicht genommen wird. Im Fußbett werden Eigenheiten wie Hohl- oder Spreizfüße ausgeglichen. Noch ein Vorteil: Maßschuhe verlieren nahezu nie ihre Passform. Der Nachteil ist scheinbar der Preis, aber die Langlebigkeit dieses Schuhes macht ein Nachrechnen sinnvoll.

Krawatte Auch die Krawatte passt sich an. Tagsüber darf sie frecher sein (darf auch einen Farbakzent setzen). Am Abend sollte sie dezent und elegant sein. Krawatten sollten aus Seide sein, nicht aus synthetischen Stoffen (Ausnahme: sportliche Strickkrawatte). Alle Krawatten sollten an ihrer Vorderseite bis zum Gürtel (Hosenbund) reichen und ihr kurzes Endstück hinter der breiten Vorderfront verbergen (an der Rückseite durch die Schlaufe ziehen).

Taschentuch Stofftaschentücher sind jene ACCESSOIRES, die den Mann zum GENTLEMAN machen. Sie findet man unter Accessoires hier im Anhang genauer beschrieben. Sie sind gebügelt, und wenn eine Dame eines benötigt, so hat der Herr von Welt immer ein zweites einstecken, um ihr auszuhelfen. Damit sie es zurückgeben kann, ist sein Monogramm sehr hilfreich.

Die gängigsten Krawattenknoten

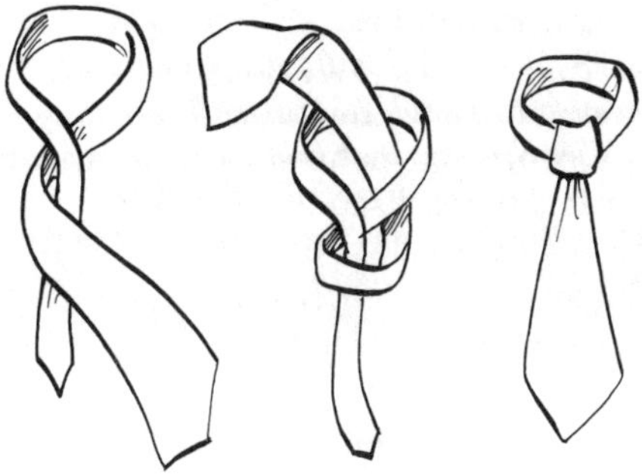

EINFACHER JUGENDKNOTEN

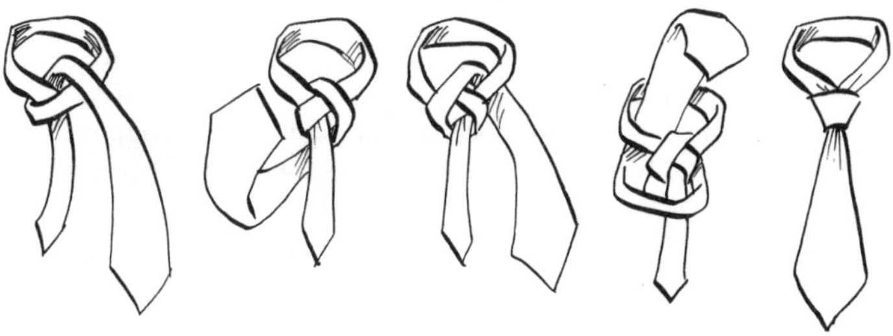

DOPPELTER KNOTEN

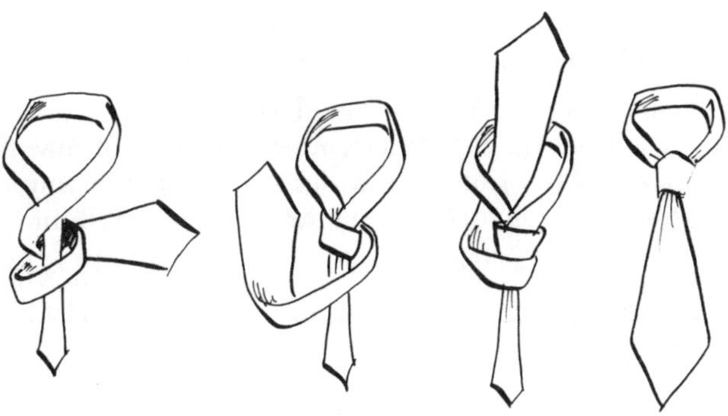

ITALIENISCHER KNOTEN

KINDER- UND JUGENDGARDEROBE

Die Kindermode unterliegt kaum Regeln, nicht einmal Hellblau und Rosa sind heute noch eindeutig zuzuordnen. Selten wollen Kinder anders gekleidet sein als ihre Spiel- und Schulgefährten. Dies erfordert von den Eltern oft viel Verständnis und Toleranz.

Je älter Ihre Kinder werden, desto mehr werden sie sich an Ihrer (Eltern) Kleidung orientieren. Mit wachsendem Interesse werden die Kinder realisieren, dass Sie sich für das Abendessen im RESTAURANT oder den THEATERbesuch umziehen. Spielerisch wird ihnen langsam bewusst, welche Kleidung zu welchem Anlass gewählt wird. Schon bald wollen es die Kinder den Eltern nachmachen, und dann soll man ein festliches Kleid für das Mädchen und eine festlichere Hose mit Hemd (eventuell Mascherl) und Pullover für den Knaben haben. Kleine Kinder in Anzügen sehen immer etwas puppenhaft aus. Ab acht oder zehn Jahren ist ein Anzug aber zu diversen Anlässen durchaus passend.

SPORTKLEIDUNG

Wenn Sie in einen Club oder zu einem sportlichen Event (JAGD, Polo ...) eingeladen werden, erkundigen Sie sich ruhig, welche Kleidung angebracht ist. Siehe auch unter Sport, wo wir einige Sportarten herausgegriffen haben.

Manche Sportclubs haben strenge Kleidervorschriften (z. B. Golfclubs erwarten zumindest Hemdkragen, Tennis manchmal ganz in Weiß etc.).

DIE REISEBEKLEIDUNG

Erkundigen Sie sich nach den Wettergegebenheiten am Reiseziel. Nehmen Sie jene Lieblingskleidung mit, in der Sie sich am wohlsten fühlen. Zeigen Sie ruhig Stil. Schließlich sind Sie ein Botschafter Ihres Landes, wo immer in der Ferne Sie sich auch zeigen.

Badeaufenthalt: leger, leicht, Abendgarderobe nicht vergessen – ein Abendessen in Ihrem Hotel in Griechenland kann ein ebenso eleganter Anlass sein wie in einem Restaurant zu Hause (da würden Sie doch auch nicht in Shorts, T-Shirt und Sandalen bei Tisch sitzen).

Safari und Abenteuerurlaub: hoch schließende Tropenhemden mit vielen Taschen, lange Baumwollhosen, gute Schuhe, vielleicht Stiefel.

Auf Schiffsreisen: Oft gibt es Smokingpflicht für Herren am Abend (das steht dann in den Reiseunterlagen), verschiedene Abendkleider, da Sie mehrere Abendessen im selben Restaurant besuchen werden.

ALLGEMEINE TIPPS ZUR REISEGARDEROBE

Versuchen Sie Kleider einzupacken, die nicht so leicht verknittern. Reduzieren Sie Ihre Garderobe auf wenige Basisteile in ein oder zwei Grundfarben und einige Oberteile, die zu beiden Farben getragen werden können. Einige Accessoires, ein paar elegante Schuhe und bequeme Schuhe für lange Tage sind auch wichtig.

Während einer Flugreise wird der Herr ein Sakko oder einen Blazer (praktisch für Tickets, Pässe etc.), die Dame vielleicht einen Hosenanzug tragen. Immer praktisch sind Wollwesten, die man nach Stärke der Klimaanlage leicht an- oder ausziehen kann. Ein Seidentuch oder Pashmina-Schal ist ein wichtiger Reisebegleiter, da es immer irgendwo ziehen kann. Ebenso sind Handschuhe sehr praktisch, wenn man sich nicht so oft die Hände waschen kann. Die Handtasche der Dame darf in diesem Fall etwas größer sein, da man vieles unterbringen sollte (Reisedokumente, Tickets, ein Buch, Zeitung, Sonnenbrille, Lesebrille, kleines Kosmetiktäschchen …).

KLEIDUNG – WO / WANN / WAS?

Da es im gesellschaftlichen Miteinander viele verschiedene Aktivitäten gibt, gibt es auch fast ebenso viele Kleidungs-„Vorschriften“. Wir wollen hier eine kleine Auswahl von Anlässen treffen und darstellen, in welcher Kleidung man Sie dort erwartet:

DAMEN

Anlass	**Kleidung**
Theater, Oper, Konzert	Wenn in Begleitung, dem Herrn angepasst. Festlich elegant. Das kleine Schwarze kommt zum Einsatz, dunkles Kostüm, eleganter Hosenanzug, Pumps mit etwas höheren Absätzen, langer Mantel in feinem dunklen Stoff, feine Lederlackschuhe, Abendtäschchen.
Hochzeit – als Braut	AM STANDESAMT: elegantes helles Kleid mit Jacke oder Kostüm, eventuell mit Hut und Handschuhen. IN DER KIRCHE: Ganz in Weiß nur, wenn die Braut noch relativ jung und es ihre erste Hochzeit ist. Ansonsten wird man cremeweiß oder zarte Pastelltöne bevorzugen. Meist ist dieses Kleid we-

	nig dekolletiert, mit Ärmeln und kurz oder bodenlang. Die Braut kann entweder einen Schleier tragen, einen Myrtenkranz, ein Brautkrönchen oder in die Frisur eingearbeitete Blumen. Die Braut trägt das Brautbukett.
– als Besucherin	Nie festlicher als die Braut. Am Standesamt und in der Kirche: ein Kostüm, Kleid mit Jacke, eventuell Hut und Handschuhe. Nur selten werden die Damen in der Kirche mit langen Kleidern erwartet, dann ist das aber auf der Einladung vermerkt oder wird mitgeteilt.
Begräbnis	Schwarzes oder dunkles hochgeschlossenes Kleid mit langen Ärmeln, Angehörige tragen schwarze Strümpfe. Der Mantel ist schwarz oder dunkel. Schwarz ist die Trauerfarbe, und somit ist fast alles, was schwarz ist, erlaubt. Keine Dekolletees, nackte Schultern oder unbedeckte Arme.
Familienfeiern	Dem Anlass entsprechend festlich. Tagsüber ist Ihr eleganter Zweiteiler, das Kleid, Kostüm oder Hosenensemble vielleicht etwas farbenfroher als am Abend.
Abendessen, Restaurant	Der Einladung folgend; im Restaurant festlich im kleinen Schwarzen, dunklen Kostüm, Kleid mit Dekolletee oder dem eleganten Hosenanzug. Pumps mit Absatz (ab 5 cm), Abendtäschchen.
Bälle groß	Langes Abendkleid, großes Ballkleid (wenn Frack für den Herrn auf der Einladung steht), Handschuhe, Stilettos, Absatzschuhe auch in Gold und Silber, zumindest vorne geschlossen, passendes Abendtäschchen. P. S.: Zum Tanzen empfehlen wir geschlossene Schuhe. Zu jedem Ball ein anderes Ballkleid zu tragen ist kein Muss. Die GALAUNIFORM für Soldatinnen heißt „Gesellschaftsanzug weiß für Frauen“ und wird dann getragen, wenn der Dresscode Ballrobe oder langes Abendkleid vorschreibt (Ball der Offiziere z. B.).
Bälle klein	Kurzes Ballkleid oder Cocktailkleid, aber auch langes kleines Ballkleid.

HERREN

Anlass	Kleidung
Theater, Oper, Konzert	Dunkler Anzug, weißes Hemd, keine bunte, sondern eine dezente Krawatte, schwarze Schuhe. Bei Premieren und diversen Festspielen Smoking (oft auf Eintrittskarte vermerkt). Bei niedrigen Temperaturen feiner, langer dunkler Mantel. Handschuhe aus feinem dunkelgrauen Leder, dunkler Hut.
Hochzeit - als Bräutigam	Cutaway, Stresemann oder dunkler Anzug mit silberner Krawatte, Myrtensträußchen im Knopfloch des Revers.
- als Besucher	Nie festlicher als der Bräutigam, der Einladung entsprechend. Man bekommt ein Blumensträußchen für das Knopfloch.
Begräbnis	Schwarzer Anzug, weißes Hemd, schwarze Krawatte, schwarze Schuhe, schwarzer oder dunkler Mantel (je nach Jahreszeit). Verwandte können einen Trauerflor am linken Arm tragen. Wenn man nicht unmittelbar verwandt ist, ein dunkler Anzug, weißes Hemd, dunkle Krawatte, schwarze Schuhe, dunkler Mantel.
Familienfeiern	Je nach Anlass und Einladung, aber wenn festlich, tagsüber der Stresemann oder Cut oder der dunkle Anzug. Abends Smoking oder dunkler Anzug.
Abendessen, Restaurant	Der Einladung entsprechend; im Restaurant der dunkle Anzug, das Dinnerjackett (im Sommer) oder der Smoking.
Bälle groß	Frack, Smoking oder GALAUNIFORM.
Bälle klein	Dunkler Anzug, weißes Hemd, elegante Krawatte.

KINDER UND JUGENDLICHE

Anlass	Kleidung
Theater, Oper, Konzert	Festliche Kleidung, Burschen eventuell Hose mit Blazer oder Hemd und Masche, passende Schuhe – keine Sportschuhe. Keine Jeans.

Hochzeit – als Besucher	Je nach Einladung und Alter. Je älter die Kinder, umso mehr wird man von ihnen eine Angleichung an die Garderobe der Erwachsenen erwarten.
Begräbnis	Kinder sollte man, wenn es vermeidbar ist, nicht mitnehmen. Falls sie doch daran teilnehmen, sind sie festlich gekleidet, aber nicht unbedingt schwarz. Jugendliche tragen entweder einen dunklen Anzug wie der Herr oder eine dunkle Hose mit einem weißen Hemd, dunkelblauer Blazer, Krawatte, schwarze Schuhe.
Familienfeiern	Dem Anlass und der Einladung entsprechend; Mädchen im Kleid mit Weste und Burschen mit einer Hose, einem Hemd, einer Jacke oder einem Pullover. Passende Schuhe. Auch hier gilt: Je älter die Kinder, desto mehr gleichen sie ihre Garderobe den Erwachsenen an.
Abendessen, Restaurant	Der Einladung entsprechend; im Restaurant festlich. Mädchen mit Stoffhosen, im Kleid oder Rock, Burschen mit Hose, Hemd (eventuell Krawatte), Pullover oder Blazer, Jugendliche mit grauer Hose und dunkelblauem Blazer oder dunkler Anzug mit Krawatte. Keine Jeans und Turnschuhe.
Bälle	Jugendliche halten sich auch an den auf der Einladung angegebenen Dresscode. Bei Schulbällen – sollte nicht ausdrücklich ein Frack vorgeschrieben sein – gehen Jugendliche in einem schwarzen Anzug mit weißem Smokinghemd und schwarzem Mascherl sowie glatten Leder- oder Lackschuhen als „Smokingträger“ durch.

TIPP

Oft ist der erste Schulball für Jugendliche auch der erste Auftritt auf der Bühne der Nachtschwärmer. Ein Tor öffnet sich in eine neue Welt. Vergesst bitte nicht, dass euer Benehmen ein wichtiger Beitrag zum Gelingen dieses Balles ist. Jeder Gast ist Mitwirkender und Teil des ganzen Festes. Deshalb ist auch jeder und jede für das Gelingen und die Harmonie einer Veranstaltung mitverantwortlich. Auch Verantwortung braucht Übung, weshalb man auch als Jugendlicher aufmerksam verfolgen kann, worauf es bei einem gelungenen Fest ankommt.

KÖRPERPFLEGE

Haut: Die Haut ist das größte Organ des menschlichen Körpers, aber auch ein sehr zartes Organ, das gepflegt sein will – vom Kopf bis zu den Füßen. Der folgende Ausflug in die Körperpflege gilt in jedem Punkt (außer dem Make-up) für DAMEn und Herren gleichermaßen.

Der morgendliche Weg ins Bad zur Reinigung des Körpers von Kopf bis Fuß ist ohnedies selbstverständlich. Wenn Sie abends ausgehen, werden Sie noch eine Dusche nehmen oder sich frisch machen, bevor Sie sich umziehen. Selbstverständlich duscht man auch nach dem SPORT. Nach einem langen Tag werden Sie auch das Bedürfnis haben, sich zu waschen oder ein Bad zu nehmen, bevor Sie zu Bett gehen.

Zähne: Hoffentlich blickt Ihnen allmorgendlich ein strahlendes Lächeln entgegen. Das erhalten Sie sich, indem Sie mindestens zwei Mal täglich Ihre Zähne gründlich putzen. Sie beugen damit Krankheiten und unangenehmen Zahnarztbesuchen vor.

Düfte: Um unnötige Transpiration zu verhindern, empfiehlt sich ein mildes, alkoholfreies Deo ohne Parfum. Da Sie wahrscheinlich entweder ein Aftershave, ein Eau de Toilette oder ein Parfum verwenden, würden sich mehrere Düfte nicht gut miteinander vertragen. Zu viel Duft wirkt aufdringlich.

Haare: Die Häufigkeit der Haarpflege ist individuell. Hier sollten Sie sich von Ihrem Friseur beraten lassen. Mit ungepflegten Haaren verlässt man nicht das Haus. Herren sollten mindestens ein Mal im Monat ihren Haarschnitt korrigieren lassen. Der Dreitagesbart ist heute wieder sehr modern. Rasieren Sie sich, so sollten Sie das am Morgen tun und abends, bevor Sie ausgehen, nochmals.

Hände: „Die Hände sind der SPIEGEL des Menschen", besagt ein Sprichwort. Waschen Sie Ihre Hände öfter am Tag mit einer milden Seife und cremen Sie sie danach ein. Achten Sie darauf, dass die Fingernägel immer sauber, geschnitten und gefeilt sind. Ihre Hände verraten mehr über Sie als sie glauben. Damennägel sollten nicht zu lang sein, das wirkt unnatürlich. Nagellack kann in Rottönen, roséfarben, creme, farblos oder weiß sein. Die diversen Nageldesigns sind zwar extravagant, aber nicht elegant. Bei Herren ist der farblose, matte Lack nach der Maniküre optional.

Gesicht: Durch die morgendliche und abendliche Gesichtsreinigung werden nicht nur Cremes und Make-up entfernt, sondern auch Hautfett und Schweiß. Die Poren verstopfen nicht, und Bakterien können sich nicht vermehren. Wasser allein ist nicht in der Lage, den Mix aus Talg, Creme und Make-up von der Haut zu lösen. Dafür benötigt man fettlösende Substanzen, wie sie z. B. in Reinigungsmilch enthalten sind. Verwenden Sie keine Seife, da sie den Säureschutzmantel der Haut zerstört. Am besten lassen Sie sich von einer Kosmetikerin beraten, die dann auch Ihren Hauttyp bestimmt. Gesichtswasser hilft die Wiederaufbauphase des Säureschutzmantels zu beschleunigen, die nach einer Reinigung normalerweise 20 bis 30 Minuten benötigt. Es entfernt auch die Kalkablagerungen des Leitungswassers und Reinigungsrückstände, die auf Dauer die Poren verstopfen und so für Unreinheiten sorgen könnten.

Peeling: Hornschüppchen lassen die Haut farblos und stumpf aussehen. Ein auf den jeweiligen Hauttyp abgestimmtes Peeling entfernt diese Hautschüppchen, ohne die Haut zu reizen, und regt die Durchblutung an. Winzige Synthetik-Kügelchen oder natürliche Granulate aus zermahlten Aprikosenkernen, Kleie oder Meersand wirken wie ultrafeines Sandpapier. Ein Peeling ist die beste Vorbereitung auf die Maske, auch der schnelle Schönmacher der Kosmetik genannt, weil ihre Wirkung sofort sichtbar ist. Es gibt Feuchtigkeitsmasken mit Kräuterauszügen wie Menthol, Minze, Kampfer etc. Sie wirken erfrischend und kühlend, Rötungen und Schwellungen verschwinden. Feuchtigkeitsmasken mit Extrakten aus Kamille, Melisse und Hopfen beruhigen die empfindliche, gereizte Haut.

Pflege: Morgens, nach dem Waschen, verwenden Sie eine Tagescreme mit Lichtschutzfaktor, bevor Sie eventuell Make-up (für Damen) auftragen. Abends eine Nachtcreme. In der Nacht ist die Zellteilungsrate acht Mal höher als am Tag. Der Regenerationsprozess läuft auf Hochtouren. An morgendlichen leichten Schwellungen kann man erkennen, dass der Abtransport von Lymphflüssigkeit und Schlacken nachts nicht so gut funktioniert. Nachtcremes mit Wirkstoffkomplexen aus Ginkgo, Pro-Vitamin E, Aminosäuren aus Weizenproteinen etc. unterstützen die Regeneration der Haut. Angebrochene Cremen sollten immer gut verschlossen und möglichst innerhalb von 3 Monaten aufgebraucht werden, besonders wenn sie bei Zimmertemperatur aufbewahrt werden.

Ihre Lippen brauchen in der Sonne und im Winter extra Schutz. Verwenden Sie einen Pflegestift mit Lichtschutzfaktor.

Dusche: Nun kommt der Körper an die Reihe. Nach der Dusche ist die Haut trocken und sollte immer mit einer Körpermilch eingecremt werden. Falls Sie Problemzonen haben, werden Sie hier gezielt Spezialprodukte anwenden. Nach dem Bad ist auch ein Körperpuder sehr angenehm.

Beine: Die Beine der Dame sollten nicht durch unschönen Haarwuchs Aufmerksamkeit erregen. Auch wenn Sie Strümpfe tragen, die Haare gehören weg. Auch unter den Achseln wirkt dieser natürliche Haarwuchs nicht besonders verführerisch.

Füße: *Last but not least* sind wir bei den Füßen. Haben Sie gewusst, dass Sie im Laufe Ihres Lebens die Erde ca. vier Mal umrunden? Darum müssen wir unsere Füße auch gut behandeln. Auch hier gilt: nach der Reinigung eincremen. Es gibt spezielle Fußcremen, die erfrischen, die Haut vor Rissen bewahren und wie ein Deodorant wirken. Schneiden Sie auch Ihre Zehennägel regelmäßig und behandeln Sie etwaige Druckstellen sofort. Die Pediküre verhindert Hühneraugen.

TIPP

Mundgeruch ist ein Toilettenfehler, der seine Ursache in einem verdorbenen Magen oder anderen Gesundheitsproblemen haben kann, aber leider auch in Alkoholgenuss, Knoblauch im Essen oder gar mangelnder Mundhygiene. Als guter Freund oder im Familienverband darf – ja muss – man darauf aufmerksam machen, so wie man auch auf einen Toilettenfehler aufmerksam macht.

KÖRPERSPRACHE

Sehen wir uns ein paar Deutungsmöglichkeiten der Körpersprache an:

Unehrlichkeit	Schnelles Sprechen, unangemessene Jovialität, „vertrauliche“ Berührungen, Schwitzen, Verdecken des Mundes, Reiben an der Nase, Hin- und Herrutschen beim Sitzen, unruhige Fußbewegungen, übertrieben ernsthaftes Runzeln der Stirn.
Ärger und Wut	Rötung des Gesichts, Ballen der Fäuste, in die Hüfte gestemmte Hände, Kurzatmigkeit, verkrampfte Kinnmuskulatur, versteinerte Miene, schmale Lippen, gekreuzte Arme, sarkastisches Lachen.
Langeweile	wandernde Blicke, Augenrollen, in die Ferne starren, tiefe Seufzer, rhythmische Bewegung von Fingern, Händen oder Füßen, Kritzeln oder Spielen mit einem Stift, häufige Veränderung der Sitzhaltung, Strecken, Dehnen, Herumfummeln an der Kleidung oder an den Fingernägeln.
Frustration	Schulterzucken, heftiges Gestikulieren, starkes Ausatmen oder Stöhnen, Grimassen schneiden, Kopfschütteln, übertriebenes Augendrehen, Augenschließen, ansatzweise „Fluchtbewegungen“.

Unsicherheit, Unentschlossenheit	körperliches Hin und Her, Angstschweiß in den Händen, übermäßiges Schwitzen, Drehungen, Gewichtsverlagerungen beim Sitzen, Öffnen und Schließen der Hände und/oder des Mundes, Hin- und Herwandern des Blickes zwischen zwei Objekten.
Traurigkeit, Depression	langsames, leises Sprechen, schlaffe Haltung, wenige Bewegungen bis hin zur völligen Erstarrung, verlangsamte Bewegungen, Tränen, niedergeschlagene Augen, Konfusion, Konzentrationsmangel, Gleichgültigkeit.

MASSGESCHNEIDERTE GARDEROBE

Die offensichtlichen Erscheinungsmerkmale, ihre Vor- und Nachteile:

Bei Damen:

Breite Palette an Stoffen und Design, fernab des Mainstreams,
passt sich raffiniert der Figur an,
unterstreicht die Vorzüge der Trägerin,
ein perfekter Spiegel der Persönlichkeit,
kaschiert kleine figürliche Schwächen.
Falscher Ehrgeiz: Haben Sie ein schönes Kleid, so ist es keine Schande, es auch öfter zu tragen.

Bei Herren:

Breite Palette an Stoffen,
individuelle Noten wie handgenähte Knopflöcher.
Lassen Sie sich diverse Taschen ganz nach Ihrem Wunsch einbauen (Billetttasche, Münzentasche in der Hose, Innentasche mit Reißverschluss für Reisedokumente etc.).
Aufbügeln des Kleidungsstückes ist Sache Ihres Schneiders.
Elegante und teure Knöpfe, zum Beispiel bei Sakkos, lohnen sich als einmalige Anschaffung, da Sie nach Abnützung das Kleidungsstück zurückbringen und an die Knöpfe ein neues Sakko annähen lassen können.

Der einzige Nachteil des Schneiders ist, dass man vorher nie weiß, was man bekommt. Da es leider nicht nur exzellente Vertreter dieses Berufsstandes gibt, kann es auch (teure) Überraschungen geben.

NATIONALFEIERTAGE IN EUROPA

Andorra	14. März	Tag der Verfassung
	8. September	Tag der „Jungfrau von Meritxell“
Belgien	21. Juli	Tag der Vereidigung des ersten Königs Leopold I. im Jahr 1831
Bosnien und Herzegowina	25. November	
Bulgarien	3. März	Tag der Befreiung
Bundesrepublik Deutschland	3. Oktober	Tag der Deutschen Einheit
Dänemark	5. Juni	Verfassungstag
Estland	24. Februar	Tag der Unabhängigkeitserklärung
Finnland	6. Dezember	Unabhängigkeitstag
Frankreich	14. Juli	„Fête nationale“ – Nationalfeiertag
Fürstentum Liechtenstein	15. August	
Griechenland	25. März	Freiheitskampf gegen das Osmanische Reich
	28. Oktober	„Ochi-Tag“ (Nein-Tag)
Großbritannien (Vereinigtes Königreich)		Zweiter Samstag im Juni: Offizieller Geburtstag der Queen
Irland	17. März	St. Patrick’s Day
Island	17. Juni	
Italien	2. Juni	Gründungstag der Republik
Kosovo	17. Februar	
Kroatien	25. Juni	Tag der Unabhängigkeitserklärung
Lettland	18. November	Proklamation der Republik
Litauen	16. Februar	Wiederherstellung der Souveränität
	6. Juli	Staatsgründung, Krönung von König Mindaugas
Luxemburg	23. Juni	offizieller Geburtstag des Großherzogs (unabhängig vom tatsächlichen Geburtstag)

Malta	31. März	„National Day“
	7. Juni	„Sette Giugno“
	8. September	„Our Lady of Victory“
	21. September	„Independence Day“
	13. Dezember	„Republic Day“
Moldawien	27. August	
Monaco	19. November	Namenstag des Fürsten Rainier
Montenegro	13. Juli	
Niederlande	30. April	„Koninginnedag“ (Königinnentag)
Norwegen	17. Mai	
Österreich	26. Oktober	Verabschiedung des Neutralitätsgesetzes
Polen	3. Mai	Erste polnische Verfassung
	11. November	Unabhängigkeit
Portugal	25. April	„Dia da Liberdade“
	10. Juni	„Dia de Portugal“
	5. Oktober	„Dia da República“
	1. Dezember	„Dia da Restauração“
Rumänien	1. Dezember	Nationalfeiertag
Russland	4. November	
San Marino	3. September	Tag der Staatsgründung
Schweden	6. Juni	Flaggentag
Serbien	15. Februar	
Slowakei	29. August	Tag des Nationalaufstandes
	1. September	Tag der Verfassung
Slowenien	25. Juni	Verkündung der Souveränität
Spanien	12. Oktober	„Día de la Hispanidad“
Tschechische Republik	28. Oktober	Gründung der Tschechoslowakischen Republik
Türkei	29. Oktober	Tag der Republik
Ukraine	23. August	
Ungarn	15. März	Revolutionsgedenktag
	20. August	Staatsfeiertag
	23. Oktober	Volksaufstand/Proklamation der Republik
Vatikan		Jahrestag der Papstwahl
Weißrussland	3. Juli	
Zypern	1. Oktober	

PATENSCHAFT

Das Gesetz sagt:
Taufpaten und Taufpatinnen übernehmen moralisch-theologische Verpflichtungen gegenüber dem Täufling, nicht jedoch Verpflichtungen, die auf gesetzlicher Basis beruhen. Ebenso entstehen keine Rechte (z. B. Sorge- oder Besuchsrechte).
Im Falle des Ablebens der Eltern kann dem Taufpaten oder der Taufpatin grundsätzlich das Sorgerecht übertragen werden, falls er oder sie zum Kind eine tragfähige Beziehung hat. Es muss um eine pflegschaftsgerichtliche Genehmigung angesucht werden.

Die katholische Kirche sagt:

Der Taufpate oder Firmpate
- muss von den Eltern bzw. deren Vertreter dazu bestimmt sein (Vater oder Mutter des Täuflings kann nicht Taufpate sein);
- muss katholisch und das heilige Sakrament der Eucharistie (Erstkommunion) empfangen haben, das 16. Lebensjahr vollendet haben, gefirmt, kirchlich getraut und nicht geschieden sein;
- muss ein Leben führen, das dem Glauben und dem zu übernehmenden Dienst entspricht;
- darf mit keiner rechtmäßig verhängten oder festgestellten kanonischen Strafe behaftet sein.

PÜNKTLICHKEIT

Weltweit kann man festhalten, dass man pünktlich ist wie bei einem ersten Rendezvous, wenn einem eine Sache wichtig ist. Zum gesetzten Abendessen kommt man vom Nordkap bis zum Bosporus aus Respekt vor den küchentechnischen Erfordernissen pünktlich. Zur formloseren PARTY kommen manche Nationen pünktlich, manche eben nicht.

Viele Nordländer sind zum Beispiel so überpünktlich, dass ein Finne schon fünf Minuten vor der Einladungszeit bei Ihnen sein kann. Ein Spanier kann sich um Stunden „verspäten“ und meint es nicht böse. Beispiele aus aller Welt beziehen sich auf formlose Veranstaltungen wie etwa Partys. Bei einem gesetzten Abendessen sollten Sie aber trotzdem – egal wo – nachfragen, wann man tatsächlich mit Ihnen rechnet.

Bei fixer Beginnzeit gilt in:

Afrika	„Afrikanische“ Regeln gibt es nicht. Dazu sind die Unterschiede zwischen den Stämmen/Völkern, den Einflüssen der ehemaligen Kolonialmächte und der Beeinflussung der Einzelnen durch Aufenthalte im Ausland etc. zu groß. Der in England ausgebildete ältere ghanaische Rechtsanwalt wird sehr pünktlich sein, ein Europa unerfahrener nigerianischer Autohändler aus Onitsha hingegen ein bis zwei Stunden Verspätung als „ganz normal“ empfinden. In **Nigeria**, dem mit ca. 140 Millionen Menschen bevölkerungsreichsten Land Schwarzafrikas, und auch vielen anderen west- und zentralafrikanischen Staaten ist es im öffentlichen Leben ein Zeichen von Autorität und Position, dass man zu einer Veranstaltung mit großer Verspätung erscheint. Das heißt, die Rangniederen müssen immer – und meist lange – auf den großen „Oga“ (= Chef) warten. Gleiches gilt aber im Geschäfts- und Privatleben nicht für „Weißgesichter“. Von diesen wird allgemein erwartet, dass sie sehr pünktlich eintreffen. Denn man weiß auch in Afrika, was in den USA und Mitteleuropa üblich ist, und empfindet es als Geringachtung, wenn sich Weiße dann in Afrika gegenüber Afrikanern anders verhalten. Allgemein nimmt es die gehobene Geschäftswelt im frankophonen **West-** und **Zentralafrika** sowie **Südafrika** mit der Zeit genauer und hält sich an europäische Regeln.
Ägypten	Ist nicht Afrika! Zu einer Dinnereinladung kommt man pünktlich, obwohl damit gerechnet wird, dass das eigentliche ESSEN erst später beginnt. HOCHZEITen beginnen erst nach 22.00 Uhr, die anschließende Party dauert bis lange nach MITTERNACHT. Alkohol wird zumindest offiziell nicht ausgeschenkt.
Belgien	Geschäftlich pünktlich, privat auch 15 Minuten zu spät.
Chile	ABENDESSEN finden erst nach 21.00 Uhr statt. Man kann zwar versuchen, für 20.30 Uhr einzuladen und das Essen selbst für 21.30 Uhr anzusetzen, man muss

	aber damit rechnen, dass sich die Gäste erst nach 21.00 Uhr einfinden. Eine VERSPÄTUNG von 30 bis 40 Minuten ist also als normal einzustufen.
China	Bei beruflichen Terminen sowie bei privaten Essenseinladungen sollten Sie pünktlich sein, bei Partys können Sie gerne etwas später kommen.
El Salvador	Pünktlich, maximal 15 Minuten verspätet.
Finnland	Es kann schon mal passieren, dass ein finnischer Gast fünf Minuten zu früh anklingelt. Man ist immer sehr pünktlich.
Griechenland	Wird sehr flexibel gehandhabt, 90 Minuten Verspätung gelten als „normal".
Großbritannien	Pünktlichkeit: ein absolutes Muss im geschäftlichen Bereich. Bei privaten Einladungen sind fünf bis zehn Minuten Verspätung willkommen. Hingegen bei Veranstaltungen, an denen ein Mitglied der königlichen Familie als Ehrengast teilnimmt, ist es wichtig, vor dem angegebenen Zeitpunkt einzutreffen. Die Mitglieder des Königshauses kommen nämlich auf die Minute genau an. Die Chauffeure, ja selbst Lokomotivführer königlicher Züge sind trainiert, auf die Sekunde genau vor- oder einzufahren. Da man nicht nach einem königlichen Ehrengast eintreffen darf (man wird nicht mehr eingelassen), ist man also zu früh dort.
GUS – (ehemalige) Staaten	Eine halbe Stunde ist salonfähig, in der Ukraine, beispielsweise, ist man zu offiziellen Anlässen und gesetzten Abendessen pünktlich, sonst manchmal bis zu 45 Minuten verspätet.
Hongkong	Pünktlich, maximal 15 Minuten verspätet.
Indien	Hier gilt IST, das heißt nicht etwa *Indian Standard Time*, sondern *Indian Strechable Time*, also die dehnbare Zeit. Pünktlichkeit in unserem Sinne zählt nicht zu den herausragenden Eigenschaften der indischen Gesellschaft. Während im Verkehr mit ausländischen Geschäftsleuten die Disziplin besser wird, ist die private Veranstaltung eine mühsame Sache. Der seltene Gast, der pünktlich ist, könnte sogar vor einem Gast-

	geber stehen, der gerade aus der Dusche gehüpft ist, nur um die TÜRE aufzumachen. Zwei Stunden nach Einladungsbeginn zu kommen, macht Indern nichts aus. Vier Stunden verspätet ein ESSEN zu servieren – kein Problem. Reine Nervensache – wer Hunger hat, sollte vorher gegessen haben. Indische Hochzeiten werden meist mit Hunderten von Gästen gefeiert. Zum Essen werden Wasser oder *Softdrinks* serviert, Alkohol bei offiziellen Anlässen ist selten.
Indonesien	Viel mehr als 15 Minuten Verspätung sollte man – speziell als Europäer – nicht haben.
Italien	Bis zu 15 Minuten verspätet zu sein ist akzeptabel.
Japan	Besessen von Pünktlichkeit. Geschäftlich immer vor der vereinbarten Zeit eintreffen!
Mexiko	Bei offiziellen Anlässen (Präsidenten) wird man sehr wohl „europäisch pünktlich“ eintreffen müssen. Bei Geschäftsfreunden sollte zumindest der Europäer auch nicht mehr als eine Viertelstunde zu spät ankommen. Mexikanische Freunde kommen hingegen ganz ungehemmt auch mit zwei und mehr Stunden Verspätung zur Party ihrer „Chaverer“.
Naher Osten	In arabischen Ländern ist Pünktlichkeit wie alles gottgegeben und somit nicht in den Händen von uns Sterblichen. Zu einer Hoteleröffnung in Dubai werden Sie als Europäer trotzdem pünktlich erscheinen – *inschallah* – wenn Gott will. Der Besuch bei einem Beduinen in der Wüste kann sich auch um Tage verschieben. Er wird da sein und auf Sie warten. Oder nicht.
Peru, Ecuador u. Bolivien	In diesen Ländern ist mit Verspätungen zwischen 30 und 90 Minuten zu rechnen. Über zwei Stunden würden selbst dort als Unhöflichkeit gelten.
Philippinen	Bis zu zwei Stunden Verspätung ist akzeptabel.
Portugal	Eine entspannte Einstellung zur Pünktlichkeit wird Ihnen nicht übel genommen.
Schweden	Ganz ähnlich wie bei uns.
Singapur	Immer äußerst pünktlich, verlassen üblicherweise nach dem Essen fluchtartig die Szene.

Spanien	In Spanien gibt es pünktliche und weniger pünktliche Leute. Zum Abendessen lädt man frühestens ab 21.00 Uhr, aber sogar 23.00 Uhr und später ist möglich. 15 bis 20 Minuten Verspätung sind gesellschaftsfähig. Verabredet man sich in einem Restaurant, so trinken die, die zuerst kommen, eben einen Aperitif. Wenn alle da sind, wird zu Tisch gebeten. Bei Geschäftsterminen sind die Spanier auf jeden Fall pünktlich. Hier ist der Profi sogar – wie international empfohlen – immer früher dort.
Türkei	Sehr pünktlich im Geschäftsleben. Bei der privaten Einladung sind 15 bis 20 Minuten Verspätung üblich.
USA/ New York	Die Gäste sind normalerweise pünktlich, wobei allerdings die Anfahrtswege wie in allen Großstädten dieser Welt zu berücksichtigen sind. Es macht sicherlich einen Unterschied, ob man in Manhattan oder aber in Westchester County bzw. Long Island einlädt. Dies sollte schon bei der Einladung abgeklärt werden.

REISEN

Wir spazieren zu unserer Zerstreuung,
doch Reisen unternehmen wir, um Erfüllung zu finden."
Hilaire Belloc, anglofranzösischer Autor

Reisen in fremde Länder konfrontieren uns oft mit anderen Sitten und Gebräuchen. Bedenken Sie, dass fremde Länder nicht dazu gemacht sind, dass Sie sich als Ausländer, sondern dass sich seine Bewohner darin wohlfühlen. Also passen wir uns an und informieren uns rechtzeitig, was wir unbedingt zu beachten haben, auf keinen Fall tun sollten und womit wir besonders erfolgreich punkten könnten.

Da jedes Land der Erde mit seinen Besonderheiten den Rahmen dieses Buches sprengen würde, hier drei unterschiedliche Kulturen als Beispiel.

China

Begrüßung: Zeigen Sie Respekt und nehmen bzw. reichen Sie die VISITENKARTE mit beiden Händen.

Small Talk: Wird geschätzt. Chinesen interessieren sich sehr für Sport (Fußball, Formel 1 ...).

TISCHMANIEREN: Versuchen Sie es Ihren Gastgebern nachzumachen. In China sollten Sie trinkfest sein. Mit dem Ausspruch „Ganbei“ werden Sie zum Austrinken Ihres Glases aufgefordert und sollten dies auch tun. Natürlich gibt es auch Essen, zu denen nur Chinesischer Tee gereicht wird.

Chinesen sind sehr familienbezogen. Zeigen Sie Fotos Ihrer Familie beim Essen.

Großbritannien

Begrüßung: Das Händeschütteln ist nur beim Kennenlernen üblich. In der Folge genügen ein kurzes Nicken und ein höflicher Gruß. Die Sitte, sich sofort mit dem Vornamen anzusprechen, greift langsam um sich. Gehen Sie aber nicht davon aus.

Small Talk: Sehr wichtig; Wetter und Sport sind ein gutes Thema.

Tischmanieren: Wundern Sie sich nicht, Briten nehmen ihre Gläser nicht am Stiel, sondern am Kelch des Glases. Die Gabel wird umgedreht und am Rücken mit Reis und Gemüse beladen und zum Mund balanciert und die Suppe wird von der Löffelbreitseite gegessen, während man den Teller gegen Ende zu schräg von sich weg kippt. Am Ende wird das Besteck parallel auf 6 Uhr ausgerichtet.

Bitte sparen Sie nicht mit Höflichkeiten wie „please", „thank you so much" oder „excuse me". Allzu direkte Fragen oder Antworten empfindet man leicht als unhöflich. Seien Sie vom britischen Humor nicht überrascht.

USA

Begrüßung: Nur beim ersten Begrüßen schüttelt man die Hand. Das Angebot zur Anrede mit dem Vornamen ist üblich und sollte auch angenommen und reziprok angeboten werden; dies ist jedoch keine Freundschaftsbezeugung.

Small Talk: Ist zwar auch wichtig, kann aber knapp ausfallen; schnelles Zum-Punkt-Kommen wird geschätzt.

Tischmanieren: Lassen Sie sich nicht von Ihren europäischen Manieren abbringen, auch wenn nicht alles dem entspricht, was Sie in Mitteleuropa gelernt haben. Gerne schneiden Amerikaner ihr Fleisch zuerst, legen dann das Messer zur Seite, während die Gabel in die rechte Hand wechselt. Dabei geht die Bedeutung der linken Hand so weit verloren, dass sie gelegentlich unter den Tisch und auf den Oberschenkel des Essenden wandert.

Auch der Ellbogen kann sich auf den Tisch verirren, speziell zwischen den Gängen, wenn man ins Gespräch vertieft ist oder vor sich hin sinniert.

RAUCHEN: Unbedingt das Rauchverbot in Lokalen, Büros und auf der Straße beachten.

DIE REISE IM FLUGZEUG:

Selten ist man mit so vielen fremden Menschen auf so engem Raum über so lange Zeit zusammen wie in einem Flugzeug. Geografisch betrachtet haben hier zwar alle das gleiche Ziel, doch wie man es erreicht, gestaltet sich doch für jeden Einzelnen oft sehr individuell.

Dass gerade hier die feinen Nuancen des taktvollen Miteinanders eine entscheidende Rolle spielen, ist selbstverständlich. Bitte beachten Sie daher Folgendes:

Wir haben unter KLEIDUNG schon die Standards für die Dame und den Herrn auf Reisen erwähnt. Sehr praktisch sind Wollwesten, die man leicht ausziehen kann, und Wolltücher für Damen, da die *Aircondition* in der Kabine nicht immer optimal einstellbar ist. Auch wenn Sie zu einer Gruppe von braun gebrannten Urlaubern gehören, ist es wohl selbstverständlich, dass Herren nicht ohne Hemd oder T-Shirt oder Damen nicht in Bikinioberteilen einsteigen (das soll vorkommen). Die Schuhe sollte man anlassen, auf Langstrecken bekommt man in der *First* und *Business Class* Socken. Stellen Sie Ihre Schuhe am besten unter Ihren Vordersitz. Nicht unter Ihren eigenen. Dieser Platz gehört dem hinteren Nachbarn. Beachten Sie auch, dass die Füße anschwellen können und Sie vor der Landung dann Probleme haben könnten, Ihre Schuhe anzuziehen. Daher keine engen Schuhe für lange Reisen wählen.

Beweisen Sie Ihren Nachbarn gegenüber Höflichkeit, indem Sie das Gepäckfach über Ihnen nicht nach dem Motto nützen: „Ich war zuerst da und beanspruche den gesamten Platz für mein Gepäck!" Haben Sie zu viel Kabinengepäck an Bord gebracht, so fragen Sie das Personal. Es wird Ihnen helfen, es zu verstauen.

TIPP
Ich grüße meinen Sitznachbarn, wenn ich Platz nehme. Ich bin nicht verpflichtet, mich mit ihm lang und breit zu unterhalten, aber ein wenig SMALL TALK wird uns die Zeit verkürzen. Außerdem trifft man auf Reisen meist interessante Leute, und es bietet sich eine Gelegenheit, meine Menschenkenntnis zu erweitern.

Haben Sie ein Gipsbein oder möchten Sie mit Ihrer Tante verreisen, die an den Rollstuhl gebunden ist, besprechen Sie das vorher mit Ihrer Fluglinie. Für das Personal ist das ein selbstverständlicher

Service. Man wird Sie dann schon im Gebäude erwarten, Sie sicher zum *Gate* bringen, Ihnen beim Ein- und Aussteigen behilflich sein und Ihnen einen geeigneten Sitzplatz reservieren.

Wenn Sie Flugangst haben, denken Sie daran: Viele Passagiere fliegen nicht gerne. Nur wenige empfinden eine Turbulenz als sportliche Herausforderung des Piloten. Die meisten fühlen, dass mit ihnen etwas passiert, worauf sie keinen Einfluss haben. Eine unangenehme Stresssituation. Sollte es für Sie besonders unangenehm sein, bitte melden Sie sich beim Kabinenpersonal. Die Mitarbeiter sind geschult und werden Ihnen besondere AUFMERKSAMKEIT zukommen lassen. (P. S.: Auch wenn es dann schon zu spät ist: Es gibt eigene Seminare gegen Flugangst.)

Achtung: Versuchen Sie bloß nicht, diese Angst durch ALKOHOLKONSUM zu kompensieren. Alkohol trocknet Ihren Körper aus, Ihr Wohlbefinden wird rapide reduziert. Trinken Sie viel Wasser oder Fruchtsäfte.

APROPOS ALKOHOL AN BORD:
Wenn der Kapitän von einer Reiseflughöhe von – sagen wir – 10.000 Metern spricht, befinden Sie sich durch den künstlichen Kabinendruck auf einer vergleichbaren Höhe von 2.000 Metern auf der Erde. Das entspricht dem Luftdruck auf einem Berggipfel wie zum Beispiel der Schmittenhöhe in Zell am See. Auf dieser Seehöhe wirkt Alkohol viel rascher als im Tiefland.

Steigen Sie also nicht alkoholisiert ein und trinken Sie nicht übermäßig viel Alkohol an Bord. Das Bordpersonal merkt sich Passagiere mit auffallend großem Konsum. Ab einem gewissen Zeitpunkt wird Ihnen nichts mehr serviert werden.

WÄHREND DES FLUGES:
Falls Sie Vegetarier sind oder eine spezielle Diät benötigen, können Sie dies bei der Buchung „mitreservieren“.

Während des Essenservice üben Sie bitte Rücksicht. Die oft enge Bestuhlung der (daher meist sehr günstigen) *Economy*-Kabine erfordert von uns allen *Economy*-Stil beim ESSEN, Trinken und im gesamten Habitus. Während des Service sollte man seine Rückenlehne nicht ganz zurücklehnen. Damit nimmt man sonst dem hinteren Nachbarn die Möglichkeit, sein Essen zu sich zu nehmen. Es bewährt sich überhaupt, sich einmal kurz umzudrehen und zu überprüfen, ob man sich nun zurücklehnen kann, ohne zu stören. Eine kurze diesbezügliche Frage wird wohl selten zurückgewiesen werden.

Breiten Sie sich nicht aus wie auf Ihrer Wohnzimmercouch. Essen Sie mit angelegten Ellbogen – wie zu Hause. Lesen Sie bitte große

Zeitungen zusammengefaltet und nicht „über den Gang“ – wo Sie das Service behindern – oder über Ihren Sitznachbarn. Auch die Sessellehne ist nicht Ihr Alleineigentum. Runterstupsen des Armes des Nachbarn führt oft zu Konfrontationen. Bedrängen Sie Ihren Nachbarn nicht, um aus dem Fenster zu schauen. Singen Sie bitte auch nicht laut mit, wenn Sie Musik über Kopfhörer hören.

Schieben Sie am frühen Morgen nicht die Sonnenblenden in die Höhe, wenn nach einem Nachtflug die ganz Kabine noch schlummert und die Sonne vor dem Fenster schon aufgeht. Der Lichtstrahl, der durchs Fenster kommt, kann Ihre Mitreisenden aufwecken.

Im Flugzeug soll man nicht unnötig oft aufstehen oder „spazieren gehen“. Aufstehen, um sich ein wenig zu strecken, ist bei Flügen über drei Stunden Dauer aber ratsam. Gehen Sie langsam den Gang auf und ab. Wenn Sie aufstehen, halten Sie sich immer und nur an Ihrer eigenen Arm- und Rückenlehne fest, da Sie sonst Ihren Vordermann durchbeuteln. Aus diesem Grund klappt man auch sein Tischchen vorsichtig hinauf.

Nach der Landung warten Sie geduldig, bis alle aussteigen. Aufspringen, sich anziehen und drängelnd an den Vordermann gelehnt zu verharren, bis endlich Bewegung in die Menge kommt, entspricht irrigerweise der Realität dieser Warteminuten im Flugzeug. Vielleicht ist es ein Zeichen der Sehnsucht nach menschlicher Nähe. Sinn macht es sonst keinen.

MIT KINDERN:
Bei langen Flugreisen mit Kindern sorgen Sie für genügend Abwechslung, damit den Kleinen nicht langweilig wird. Jede Fluggesellschaft kümmert sich um diese Passagiere ganz besonders, schon bei der Buchung können Sie ein spezielles Kindermenü bestellen. Wenn Sie mit Babys reisen, geben Sie dies bitte auch rechtzeitig bekannt, dass Babynahrung und ein *baby cott* an Bord sind. Für Sie wird dann ein Platz in der ersten Reihe reserviert. Ein spezieller Service ist auch das *Pre-Boarding,* bei dem Kinder und ihre Begleitpersonen vor allen anderen Passagieren an Bord dürfen. Dort sollte man den Kleinen einige nützliche Tipps geben. So sollten sie nicht gegen die Rückenlehne des Vordermannes treten und sich auch nicht daran festhalten, wenn sie aufstehen. Auch den Gang entlanglaufen wird nicht gern gesehen. Auf Langstreckenflügen wird ihnen das Bordpersonal rasch etwas zum Spielen bringen. Elektronische Unterhaltung (vorher bitte fragen, ob das mitgebrachte Gerät benützt werden darf), kleine Karten- oder Quizspiele, Aufgaben und Lernen können vielleicht nicht die ganze Strecke bis Singapur überdauern, aber bis Indien hilft es. Den Rest schafft das *inflight-entertainment* mit inter-

aktiven Spielen und Filmen. Achten Sie aber auch darauf, dass die Jugend genug Schlaf bekommt. Müssen Sie Ihr Kind alleine auf die Reise schicken, gibt es von den Fluglinien ein zuverlässiges Kinderbegleitservice.

MIT HUNDEN:
Hunde bis zu fünf Kilo dürfen bei den meisten Fluggesellschaften in der Kabine mitgenommen werden. Hunde über fünf Kilo werden im Frachtraum in einer speziellen Box transportiert. Dieses *Sky Kennel* (Transportbox) muss gekauft werden. Es empfiehlt sich, die Box frühzeitig zu besorgen. Der Hund kann sich dann daran gewöhnen (lassen Sie die Tür offen, füttern Sie den Hund in der Box, lassen Sie ihn darin schlafen, transportieren Sie den Hund im Auto in dieser Box). Vorsicht ist geboten bei Hunden mit gesundheitlichen Störungen. Der Druck im Frachtraum ist geringer als in der Kabine. Lassen Sie sich von Ihrem Tierarzt beraten. Vorsicht mit Beruhigungsmitteln – Name des Medikaments, die Dosierung, die Zeit und Art der Anwendung auf der Transportbox vermerken. Der Flugpreis richtet sich nach dem Gewicht Ihres Tieres und der Destination. Erkundigen Sie sich rechtzeitig bei der Botschaft Ihrer Destination, welche Reisedokumente und Impfungen benötigt werden und welche Einreiseformalitäten (Quarantäne) Sie erwarten.

TIPP

Ich erhebe ungern den Zeigefinger, aber im Flugzeug gilt für mich der Grundsatz, den Anweisungen des Personals immer zu folgen. Auch wenn es für uns nicht immer gleich verständlich ist, warum die geliebte Riesenhandtasche während Start und Landung nicht frei am Nebensitz liegen darf, betrachten Sie das einmal unter folgendem Gesichtspunkt. Sie sind (hoffentlich) noch nie eine Notrutsche hinuntergesaust, haben vielleicht noch nie eine CAT (clear air turbulence) miterlebt, bei der das Flugzeug in Sekundenbruchteilen im freien Fall Hunderte Meter an Höhe verlieren kann und die Servierwagen an die Decke der Kabine knallen, und Sie können sich im Augenblick vielleicht auch nicht die Wucht vorstellen, mit der eine volle Handtasche über alle Köpfe hinweg im ungebremsten Flug durch die Kabine zischen kann. Sehen Sie, dem Kabinenpersonal ist das alles vertraut. Sie haben es trainiert, gesehen und im schlimmsten Fall auch schon einmal erlebt. Daher folge ich ihren Anweisungen, denn die Damen und Herren des fliegenden Personals sind für uns verantwortlich und sie wissen, was uns gefährlich werden kann.

DIE REISE IM ZUG:

Reisen Sie mit Familie und Gepäck, sollten Sie mindestens zehn Minuten vor der Abfahrt am Bahnsteig sein. Reservierte Plätze können so in Ruhe eingenommen werden. Abteile für andere Reisende zu blockieren (Vorhänge zuziehen, Plätze mit Kleidung oder Zeitungen zu belegen, obwohl sie eigentlich frei wären), damit man „seine Ruhe" hat, gehört sich nicht. Familien fahren am besten in einem Abteil oder machen es sich in einer „Vierer"-Sitzgruppe bequem. In bestimmten Zügen gibt es spezielle Kleinkinderabteile oder Spielwaggons. Erklären Sie vorher Ihren Kindern, dass sie andere Reisende im Zug nicht belästigen sollen, nicht Fangen spielen können, da es gefährlich ist, und nicht zu laut sein sollten. Abgesehen davon, dass alle Intercity- und Eurocityzüge rollstuhlfähig sein müssen, gibt es auch spezielle Waggons mit eigenen Rollstuhlabstellplätzen. Für Gespräche mit MOBILTELEFONen gilt, dass Sie sich dessen bewusst sein sollten, dass Sie damit Ihre Mitreisenden in jedem Fall stören.

MIT HAUSTIEREN:

Ihre Katze darf Sie in einer dafür geeigneten Box gratis begleiten. Für Hunde gilt eine Leinen- und Beißkorbpflicht. Kleine Hunde, die in der Tasche getragen werden können (sie dürfen den Boden des Zugabteils nicht betreten), reisen gratis, größere brauchen in Österreich eine Hundetageskarte, im Ausland meistens eine Halbpreiskarte. Hunde sollten gut erzogen und gepflegt sein. Achten Sie darauf, dass Ihr Hund niemanden belästigt oder gefährdet. Weisen Sie dem Hund einen sicheren Platz zu und achten Sie darauf, dass er nicht getreten oder belästigt werden kann. Hunde sitzen nicht auf einem Sitzplatz. Wenn Sie eine Grenze passieren, vergewissern Sie sich vorher, welche Dokumente (Impfpass!) Ihr Tier benötigt.

TIPP

Selbstverständlich helfe ich Menschen beim Einsteigen oder hebe einer Dame den Koffer in den Waggon, nachdem ich vorher gefragt habe, ob ich helfen darf. Freundlichkeit und Hilfsbereitschaft kosten nichts, erhöhen unsere Lebensqualität und machen das Zusammenleben menschlicher. Sie sind wichtiger als die strikte Beherrschung komplizierter Benimmregeln.

DIE REISE MIT DEM SCHIFF:

Sie haben investiert, um dieses schwimmende Hotel für geraume Zeit Ihr Heim auf See nennen zu dürfen. Eine Außenkabine ist für Menschen, die an Klaustrophobie leiden, unerlässlich. Oft ist es auch eine

Frage des Decks, das aus Ihnen einen Menschen erster, zweiter oder – na, so weit wollen wir gar nicht zählen – Klasse macht. Also: Herzlich willkommen in dieser Kombination aus Eheanbahnungsinstitut, Nervenheilanstalt, Sonnenstudio, Laufsteg und Feinschmeckerrestaurant.

Seien Sie höflich zum Kapitän und akzeptieren Sie seine EINLADUNG zum Dinner. Sie gilt als Auszeichnung. Reisen Sie alleine, so können Sie sicher rasch Bekanntschaften knüpfen. Meist werden Sie gerne essen gehen, da Schiffsköche zu den Besten ihres Faches gehören. Mittag- und Abendessen werden zu einer fixen Zeit serviert, auf manchen Schiffen „gongt" der Steward vorher in den Gängen. Tipps für die richtige KLEIDUNG finden Sie im Anhang. Erkundigen Sie sich nach einem bestehenden Dresscode – das kann bis zum Abendkleid und SMOKING gehen. Es kann auch Kostümfeste geben – also auf alles gefasst sein!

Beim Essen bestellen Sie eine Flasche WEIN oder Mineralwasser beim Getränkesteward. Die steht dann, bis sie leer ist, bei jeder Mahlzeit auf Ihrem Tisch. Am Ende der Reise werden Sie, was Sie an Getränken oder Zigaretten zu sich genommen haben, im Büro des Zahlmeisters begleichen. Mit dem TRINKGELD geht man an Bord großzügig um.

Bei Landausflügen aufpassen: Wenn Sie Ihren selbst organisieren und nicht rechtzeitig zurück sind, fährt das Schiff ohne Sie ab.

Noch einige nützliche Tipps für Ihre Kreuzfahrt:

- An Bord steht Ihnen ein Schiffsarzt für Notfälle kostenlos zur Verfügung. Spezielle Behandlungen werden entsprechend verrechnet.

- Spätestens in der Kabine erhalten Sie Ihre Bordkarte, *cruise card*, die als Zahlungsmittel an Bord gilt und als Ausweis beim Verlassen und Betreten des Schiffes.
- Die Bordwährung ist für Fahrten im Mittelmeer, zu den Kanaren, im Nordland und der Ostsee der Euro. Transatlantikreisen, Karibik, Argentinien, Brasilien und Südafrika haben den US-Dollar.
- Zahlungsverkehr an Bord ist bargeldlos, Zahlungsmittel ist Ihre *cruise card*. Am letzten Tag erfolgt dann die Abrechnung über Ihre Kreditkarte.
- Das (Basis-)Trinkgeld wird bei KREUZFAHRTEN in einem bestimmten Schlüssel pro Person und Tag automatisch auf Ihr Bordkonto gebucht. Dies variiert zwischen 6 Euro bis 14 Euro, je nachdem, wohin die Reise geht und auf welchem Schiff Sie reisen. Informieren Sie sich vorher, um sich unangenehme Überraschungen zu ersparen. Das Trinkgeld wird so gerecht auf die gesamte Crew aufgeteilt. Es macht sich jedoch immer bezahlt, zusätzlich individuelle Aufmerksamkeiten (z. B.: an den Oberkellner) zu verteilen. Selbstverständlich können Sie diese Regelung der automatischen Aufbuchung oder die Summe an Bord mit der Rezeption nach Ihren Vorstellungen verändern, melden Sie dies aber rechtzeitig an.

MIT DEM HUND:
Auf allen Kreuzfahrtschiffen und auf Frachtschiffen mit Passagierkabinen gilt ein absolutes Haustierverbot! Doch da es keine Regel ohne Ausnahme gibt: Der berühmte Cunard Liner „Queen Mary 2“ hat ein Hundedeck. Die Tiere dürfen es zwar während der ganzen Reise nicht verlassen, können dort aber jederzeit von ihren Herrchen und Frauchen besucht werden. Für Passagiere, die mit ihrem Hund vom europäischen Festland kommen, bietet die Reederei einen Abholservice vom Londoner Flughafen Heathrow an. Die Tiere werden vom Flugzeug aus direkt aufs Schiff gebracht und umgehen so die strengen englischen Quarantänebestimmungen.

Anders ist dies auf einer Fähre. Kurzstrecken bis zu drei Stunden sind für den Hund auf der Fähre kein Problem. Der Hund bleibt entweder im Auto oder er darf mit an Deck. Überall dort, wo es extra Tierräume und Zwinger gibt, bedeutet das, dass der Besitzer seinen Hund selber versorgen muss. Nehmen Sie seine Decke, sein gewohntes Futter und eventuell auch Wasser mit. Wo Auslauf an Deck erlaubt ist, muss der Hund grundsätzlich angeleint sein, manchmal ist auch ein Beißkorb Pflicht. Vergessen Sie nicht den Impfpass bzw. die Gesundheitspapiere für den Grenzübertritt Ihres Lieblings.

DER STRANDURLAUB

... ist meist ungezwungen und ein Spaß für die ganze Familie. Sie können sich in der Garderobe leger zeigen. Kleiden Sie sich zu den Mahlzeiten immer an, ein leichtes Strandkleid, T-Shirt für die Kinder, ein Polo für den Herrn und Sandalen sollten für das Mittagessen am Strand oder am Pool genügen. Passen Sie sich dem Stil des Hotels an und versuchen Sie immer, ihn zu übertreffen (siehe unter KLEIDUNG). So hält man das Niveau hoch. Der Hotelier wird es Ihnen danken.

Der Hund am Strand genießt den Sommerurlaub vielleicht nicht so sehr wie Sie. Streunende kranke Hunde, Zecken und Mücken können Krankheiten übertragen. Erkundigen Sie sich, ob Hunde am Strand und in Ihrem Hotel überhaupt erlaubt sind. Nehmen Sie genügend Trinkwasser mit. Schützen Sie Ihren Liebling vor Überhitzung und weisen Sie ihm einen Schattenplatz zu (kalt abduschen). Eingetrocknetes Salzwasser entfernen Sie mit einer Süßwasserdusche. Kettenhalsbänder können rosten. Karabinerverschlüsse werden manchmal durch den Sand blockiert.

WANDERN

... bringt Sie auf Touren. Solange Sie verträumt an der Donau entlang schlendern, auf gut gesicherten Wanderwegen durch Täler gehen oder zügig die Gipfel des Wienerwaldes erklimmen und sich dabei nicht über 1.000 Höhenmeter begeben, sind einfach nur gutes SCHUHWERK und angenehme KLEIDUNG die beste Voraussetzung. Wenn es aber einmal höher hinauf geht, begeben Sie sich in Regionen, in denen die Natur Ihnen manchmal einen unerwarteten Streich spielen kann.

Bitte beachten Sie beim Wandern, dass Ihre Ausrüstung den jeweiligen Bedingungen angepasst sein muss. Machen Sie sich schlau, wie das Wetter wird. Vermeiden Sie Berge bei Gewitter, nehmen Sie genügend Proviant mit (eine Tafel Schokolade, Wasser, Obst, Traubenzucker sollten nie fehlen) – man weiß nie, wie lange man ohne Hütte auskommen muss. Nehmen Sie aber auch nicht zu viel mit, schließlich müssen Sie es ja tragen. Im Gebirge kann es sogar im Sommer sehr leicht zu Temperaturstürzen kommen. Eine warme Jacke, eine Regenhaut, die sich klein zusammenlegen lässt, hilft hier.

Am Berg gilt eine zweckmäßige und lockere Etikette: Andere Wanderer grüßt man in Österreich mit einem „Grüß Gott", traditionsbewusst mit „Berg Heil", der Gratulation der Gipfelstürmer auf der Bergspitze.

Der Aufsteigende grüßt die von oben Kommenden normalerweise zuerst. Bei engem Anstieg tritt der, der zuerst an einer breiteren Wegstelle ankommt, auf die Bergseite, um die Entgegenkommenden passieren zu lassen.

TIPP
Betrachten Sie sich auf all Ihren Reisen als einen Botschafter Ihres Landes. Gehen Sie davon aus, dass man von Ihnen ein kultiviertes mitteleuropäisches Benehmen erwartet. Kleiden Sie sich gut. Reisen Sie nicht in Turnschuhen und verwenden Sie den Jogginganzug nur für Ihr Fitnesstraining.

RESTAURANT

Wer geht ins Restaurant voran?

Der Herr zieht die TÜRE zu sich, die DAME tritt ein und wartet auf ihn, um ihm dann zum Tisch zu folgen. Wenn Sie vom Oberkellner zum Tisch gebracht werden, geht dieser voran, dann folgt die Dame, dann der Herr (siehe Grafik Seite 311).

- Sie haben reserviert.
- Ohne Vorbestellung sollte man vor dem Ablegen der Mäntel klären, ob es einen Platz gibt.
- Sie sind im Restaurant verabredet. Hier kommt der Gastgeber vor seinen Gästen. Er wird Sie an einer Bar oder am Tisch erwarten. Eleganterweise wartet er mit seiner Bestellung, bis die Gäste kommen. Einen Drink darf er während der Wartezeit genießen.
- Der Ober geht zum Tisch voran, die Dame hinter ihm. Bei mehreren Paaren gehen die Damen hinter dem Ober, die Herren am Schluss. Alle warten auf den Gastgeber, der nun die Sitzordnung festlegt. Bei gleichrangigen Pärchen geht ein Herr hinter dem Ober, dann die Damen, gefolgt von den Herren.
- Geht der Ober nicht voran, so führt der Gastgeber durch das Lokal zum Tisch, wo er den/die Plätze anbietet (siehe Skizze).
- Leider haben nur mehr wenige Restaurants Damenkarten (ohne Preise).
- Mit oder ohne Damenkarte, hält man sich als Gast bei der Wahl der Speisen an die goldene Preismitte.
- Eingeladene Gäste bestellen ihre Speisen nur selbst, wenn der Gastgeber sich nicht sicher ist, ob er die Bestellung korrekt für alle aufgeben kann.

So gehen die Dame und der Herr durch das Restaurant:

1. Ein Paar sucht einen Tisch alleine.

2. Der Oberkellner
führt das Paar zum Tisch.

3. Zwei Paare auf der Suche
nach einem Tisch.

4. Zwei Paare werden
vom Oberkellner
zum Tisch geführt.

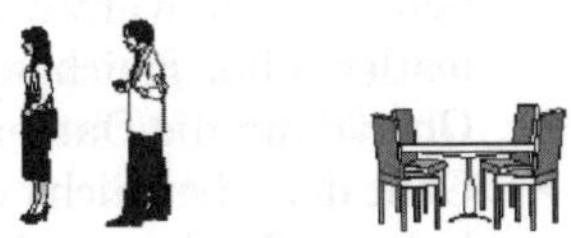

5. Ein Paar beim Weggehen.

6. Zwei Paare beim
Verlassen des Restaurants.

So setzen Sie Ihre Gäste richtig (zwei und vier Gäste)

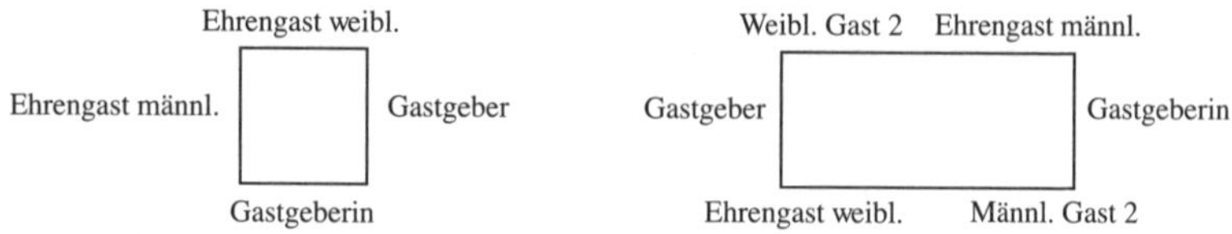

- Bei einer Einladung macht der Gastgeber dem Oberkellner verständlich, dass er die Rechnung übernimmt.
- Die Rechnung kann auch von allen geteilt werden, was man vorher vereinbart.
- Natürlich kann auch jeder seine Speisen und Getränke selbst zahlen. Das sollte man auch vorher vereinbaren und dem Kellner vor der Bestellung mitteilen.
- Der Gast bespricht seine Wahl mit dem Gastgeber.
- Der Gastgeber wählt auch den passenden WEIN aus und fragt anstandshalber seine Gäste, ob diese mit der Wahl einverstanden sind.
- Nach dem Probeschluck wird der Gastgeber seine Zustimmung geben, indem er dem Kellner zunickt und ihn damit ermuntert, nun seiner Tischdame, im Falle von mehreren Gästen ebenfalls dieser zuerst, gefolgt von den anderen Damen, dann den anderen Herren und schließlich dem Gastgeber selbst das Glas zu füllen, aus dem dieser den Probeschluck genommen hat.
- Der Gastgeber hebt als Erster das Glas (ohne den kleinen Finger abzuspreizen) und trinkt der Dame und dann der Runde dezent zu. Dabei blickt man die Person an, der man zutrinkt.
- Zu zweit den Tisch zu verlassen ist peinlich.
- Steht die Dame auf, so muss sich ihr Tischherr erheben und ihr den Sessel nach hinten ziehen. Kommt sie zurück, so steht er wieder auf und richtet ihr den Stuhl.
- Das Essen wird so serviert, dass entweder das Logo des Lokals oben auf dem Teller ist oder das Fleisch links unten zu liegen kommt (da man es dort mit der Gabel festhält, um es zu schneiden).
- Die Teller sind meist heiß, man berührt sie schon deshalb nicht und verschiebt sie auch nicht, wenn man aufgegessen hat.
- Wird vorgelegt, so meist vom Personal.
- Steht eine Platte mit Speisen und Vorlegbesteck auf dem Tisch, so greifen die Gäste selber zu. Der Tischherr legt seiner Tischdame vor. Eine Platte kann aber auch am Tisch die Runde machen, wo-

bei sowohl der Herr der Dame als auch die Dame dem Herrn anbieten kann, das Vorlegen für die andere Person zu übernehmen.

- Ist das Essen beendet, so schiebt man den Teller nie von sich. Das aufmerksame Personal sollte innerhalb von wenigen Minuten abservieren, aber unbedingt erst, wenn der letzte Gast am Tisch zu essen aufgehört hat.
- Ist man noch hungrig und ist noch eine Portion vorhanden, so legt man das BESTECK überkreuzt (Gabel mit Bauch nach unten, Messer darunter) auf den Teller.
- Der Gast legt zum Zeichen, dass er fertig ist, Gabel und Messer parallel nebeneinander so auf den Teller, dass sie rechts unten (bei vier Uhr) über den Rand ragen und die Schneide nach links zur Gabel zeigt.
- Wenn einer meiner Bekannten gerade isst, warte ich mit der Begrüßung, bis er aufgegessen hat.
- Der Einladung von Freunden, an einem anderen Tisch Platz zu nehmen, muss man nicht Folge leisten. Eine kurze, höfliche Absage mit dem Verweis darauf, dass man noch etwas zu besprechen hätte, ist immer akzeptabel.
- Wechselt man später dann den Tisch, so nimmt man nur seine eigenen Sachen wie die Handtasche und überlässt das Nachbringen der Gläser dem Personal.
- Gäste vom Nachbartisch muss man nicht ansprechen, eine höfliche Verbeugung und Begrüßung beim Kommen oder Gehen wird aber sicherlich erwidert.
- Der Gastgeber ruft nicht laut „zahlen“, sondern bittet um die Rechnung. Ist eine größere Abrechnung zu erwarten, so wird er dafür diskret hinausgehen und diese Formalität in Ruhe abwickeln.
- Das TRINKGELD richtet sich nach der Qualität des Service; im Schnitt gibt man 10 Prozent des Rechnungsbetrages.
- Der Herr hilft der Dame zuerst in den Mantel, dann zieht er sich selbst an.
- Der Herr geht voraus aus dem Lokal und hält die Türe für die Dame oder seine Begleitung auf.
- Man verabschiedet sich vor dem Lokal und geht seines gemeinsamen oder getrennten Weges. Damen werden zu ihrem Wagen gebracht, nach Hause chauffiert bzw. ihrem Wunsch entsprechend verabschiedet.

SPORT

... und seine ungeschriebenen Gesetze.

Beachten Sie bitte:

Schifahren:

- Rowdytum ist seit jeher verpönt und führt vielfach zu schweren Verletzungen.
- Beim Lift drängelt man sich nicht vor.
- Der Hintere hat den Vorderen im Blickfeld und passt seinen Fahrstil ihm an.
- Geübte Schifahrer nehmen auf Anfänger Rücksicht.
- Ausnahmsweise haben hier Damen keinen Vortritt, der Gentleman wird aber in letzter Konsequenz immer der Dame den Vortritt lassen.
- Am Sessellift sitzt man auf der Seite, die sich durch das Anstellen ergeben hat.
- SMALL TALK am Lift ist erwünscht, aber wenn die Antworten ausbleiben, sollte man lieber den Mund halten.
- Alkohol ist ähnlich zu bewerten wie beim Straßenverkehr. Drink *or* drive. Hier ist viel mehr Disziplin gefragt!

Tennis:

- Einigen Sie sich vor dem Spiel darüber, wer neue Bälle „auflegt".
- Ist man auf einem fremden Platz eingeladen, bringt man neue Bälle.
- Muss man hinter der Grundlinie eines anderen Platzes vorbeigehen, so wartet man eine Spielpause ab und grüsst die dort Spielenden im Vorbeigehen.
- Gehen Sie erst auf den Platz, wenn Sie dran sind (z. B. Halle).
- Man ruft nicht über den Platz oder unterhält sich laut mit Spielern des Nachbarplatzes.
- Wärmen Sie nicht neben noch Spielenden in der Halle auf.
- Ersparen Sie Ihrem Tennispartner Ihre Krankengeschichte. Niemand spielt gerne gegen einen Gehandicapten.
- Man beginnt erst zu spielen, wenn man selbst und der Partner in der Mitte des Platzes entweder an der T-Linie oder auf der Grundlinie steht.
- Rollt einer Ihrer Bälle auf ein anderes Spielfeld, so sucht man Blickkontakt mit dem dort Spielenden und sagt ein höfliches „Danke für den Ball" und deutet in die Richtung des verschossenen Balles.

- Man schlägt sich so ein, dass der Partner gut ins Spiel kommt. Dabei genießt man üblicherweise denselben Effekt.
- Legen Sie fest, wie lange (entweder zeitlich begrenzt oder wie viele Sätze) Sie spielen wollen. Das vermeidet zum Schluss Enttäuschungen.
- Wie im sonstigen Leben ist auch hier CONTENANCE gefragt. Bei einem verschlagenen Ball ist Selbstbeherrschung wichtig. Der Schläger kann nichts dafür. Auch Fluchen ist nicht angebracht.

Golf:

„Golf ist das Leben selbst …“
John H. Updike

- Schonen Sie den Golfplatz.
- Reparieren Sie etwaige Löcher im Rasen, so gut es geht.
- Spielen Sie erst, wenn die Gruppe vor Ihnen aus dem Weg ist.
- Gefährden Sie niemanden.
- Warnen Sie Mitspieler laut vor einem verirrten Ball, der jemanden verletzen könnte.
- Werfen Sie nicht mit dem Golfschläger oder lehnen Sie an ihm.
- Spielen Sie zügig.
- Verwischen Sie Ihre Fußabdrücke nach dem Schlag im Bunker.
- Ihr Hauptgegner im Spiel ist nicht Ihr Mitspieler, sondern der Platz und vor allem Sie selbst.
- Halten Sie Ihr Temperament unter Kontrolle.
- Irritieren Sie nicht einen Spieler, der gerade abschlägt, durch Bewegungen oder Gespräche.
- Wenn Sie bei einem Turnier oder bei einer Runde mit fremden Spielern eingeteilt werden, sollten Sie sich spätestens zehn Minuten vor Ihrer Abschlagszeit am ersten Tee einfinden und sich bei Ihren Mitspielern mit Vor- und Familiennamen vorstellen.
- Meist bleibt man beim Vornamen, aber per Sie (bei entsprechender Sympathie in der 4 bis 5 Stunden dauernden Schicksalsgemeinschaft kann auch ein Du entstehen).
- Bitten Sie die Gruppe hinter Ihnen, die schneller ist, Sie zu überholen.
- Da bei Turnieren und Runden, bei denen das Ergebnis gezählt wird, ein Mitspieler als Schiedsrichter (= Zähler) fungiert, nennt man diesem unaufgefordert nach jedem Loch das erzielte Ergebnis.
- Spielerleichterungen im Sinne der Golfregeln sind jeweils laut mit dem Zähler abzustimmen.

- Erklären Sie Ihren Mitspielern nicht laufend, dass Sie gestern oder vorgestern wesentlich besser als heute gespielt haben.
- Bei einer Freundschaftsrunde ist es üblich zu wetten, wobei es um einen Golfball, um einen Drink, das anschließende ESSEN oder bis zu GELD pro Loch gehen kann. Vorsicht ist bei einem Spiel in Japan oder im Mutterland des Golfs, in England, Irland oder Schottland, wegen der hohen Einsätze geboten.
- Der Drink wird dann im Clubhaus (dem 19. Hole) eingenommen. Lädt man Freunde auf die *Greenfee* ein, so laden die Eingeladenen zu einem Drink.
- Bei einem *Hole-in-one* war es üblich, dass der Glückliche alle im Clubhaus Anwesenden auf einen Drink einlud (dagegen kann man sich, um ein finanzielles Desaster zu vermeiden, versichern). In Zeiten gesteigerter Spargesinnung lädt man nur mehr den eigenen *Flight* (die Gruppe, mit der man gespielt hat) zu Champagner bzw. Sekt.
- Falls Sie die Golfetikette maßgeblich verletzen, können Sie auch disqualifiziert werden.

Polo:

Hier sind nicht nur Mensch und argentinische Ponys gefordert, sondern auch das Publikum. Wo sonst werden Sie zur Platzpflege herangezogen?

Ein Spiel besteht aus mindestens vier und höchstens acht Spiel-Abschnitten, die *Chukker* genannt werden. Ein Chukker ist 7 1/2 Minuten lang. Zwischen den *Chukkers* treten Sie mit gutem Schuhwerk (also keine hohen Absätze!) die Löcher im Polofeld wieder zu (das nennt man *Tritt in*). Das macht selbst die Queen auf einem für sie abgegrenzten Teil des Feldes bei Turnieren. Man kleidet sich sportlich elegant, nicht den *morning suit* (Cut). Poloclubmitglieder werden in weißen Hosen und ihrem Clubsakko erscheinen. Und die Schuhe – siehe oben – sollten eben solide gebaut sein.

Fitnesscenter:

- Betreten Sie den Fitnessbereich nicht mit Straßen- oder Tennisschuhen, sondern ausschließlich mit geeigneten Hallenschuhen ohne schwarze Sohlen.
- Auch Männer trainieren nicht mit nacktem Oberkörper.
- Bei Benützung von Geräten legen Sie bitte Ihr eigenes Handtuch unter, wo immer Sie Körperkontakt haben.
- Nach Beendigung Ihres Trainings reinigen Sie bitte die Griffe und Sitze mit dem dafür vorgesehenen Putzmittel, falls dies bereitsteht.

- Wenn Sie gerade 200 kg stemmen, die Gewichte rasselnd zurückdonnern lassen und dabei laut stöhnen, könnte die DAME neben Ihnen, die sich gerade an 2x5 kg versucht, erschrecken. Also kein Jammern und Stöhnen.
- Vergessen Sie bitte nicht, Ihre Sportgeräte für jedermann wieder benutzbar zu verräumen (Ihre 200 kg-Gewichte von vorhin!). Gewichte zurück in die Halterung!
- Für KINDER und Jugendliche gilt fast immer eine Altersbeschränkung. Wenn Sie in einem Hotel sind und dort den Fitnessbereich mit Ihren Kindern benützen wollen, erkundigen Sie sich, ob das gestattet ist.
- Kommen Sie bitte pünktlich zu Trainerstunden.
- Benutzen Sie ein wirkungsvolles Deodorant.

Fußball:

Im vom Fußballfieber befallenen Rund des Stadions gelten die gleichen Umgangsregeln wie auch sonst, wo viele Menschen auf engem Raum ein für alle wichtiges Ereignis verfolgen. Nimmt eine DAME neben einem ihr unbekannten Herrn Platz, so deutet dieser höflicherweise ein Aufstehen an, während er sie nickend grüßt. Im VIP-Bereich steht ein Herr selbstverständlich auf, wenn eine Dame ihren Platz neben ihm einnimmt. Alle anderen Stadionbesucher stehen nur auf, wenn sich die Welle nähert – und die ist bezeichnenderweise ja auch weiblich.

Sauna:

Am Eingang zur Sauna stehen die Saunaregeln, an die man sich immer halten muss. Sie variieren nicht sehr. Manche Tage sind ausschließlich für Damen oder Herren reserviert. Einige Regeln gelten aber immer:

- Österreicher, Skandinavier, Schweizer, Kroaten und Deutsche gehen im Allgemeinen nackt in die Sauna, sie haben aber ein Handtuch dabei (die Finnen verzichten sogar darauf), auf das sie sich setzen. Bei uns ist es üblich, die Holzbänke nicht mit getragener Kleidung oder Schweiß zu verunreinigen. In Frankreich, Großbritannien, Asien, USA trägt man Badekleidung (obwohl synthetische Trikots die Entstehung von Bakterien und Pilzen begünstigen und daher für die Sauna eigentlich nicht geeignet sind).

  Im türkischen HAMAM hat man ein kariertes Baumwolltuch (Pestemal; dort bereitgestellt) um die Hüften gewickelt. Darunter kann man, muss aber nicht Badebekleidung tragen.

In Korea, Japan, Russland und im arabischen Raum ist gemeinsames Saunieren von Frauen und Männern undenkbar. Alkohol in der Sauna ist bei uns nicht üblich, in Russland scheint es aber durchaus nicht ungewöhnlich. In Europa und den USA beschränkt sich der Kontakt auf das Nötigste, Grüßen, keine bohrenden Blicke und kein Körperkontakt. Wer breitbeinig dasitzt und sich genüsslich ausbreitet, wenn sich die Sauna füllt, macht sich nicht beliebt. Auch ist es in unseren Breiten nicht üblich, sich lautstark zu unterhalten.

- Betreten Sie die Sauna nur geduscht.
- Grüßen Sie beim Betreten der Sauna, wenn schon jemand da ist.
- Halten Sie einen angemessenen Abstand zu Ihrem Nebenmann. Falls zu wenig Platz ist, fragen Sie ruhig, wie lange die Herrschaften schon in der Sauna sind, und warten Sie.
- Möchte jemand einen Aufguss machen, wird er vorher fragen, ob es allen Leuten recht ist. Falls man gar keinen Aufguss machen möchte, sollte man jetzt kurz aus der Sauna gehen (nicht während des Aufgusses), bis die Temperatur wieder angenehmer ist.
- Legen Sie sich ein Handtuch unter, das groß genug ist, dass kein Schweiß auf das Holz tropfen kann.
- Auch nach der Sauna wird geduscht.

Solarium:

- Reinigen Sie die Liegefläche vor und nach der Benutzung des Solariums. Reinigungsmittel und Papier sollten bereitgestellt werden. (Wenn nicht, fragen Sie danach.)

Schwimmbäder:

In jedem öffentlichen Schwimmbad gibt es Baderegeln, die unbedingt einzuhalten sind. Aber falls Sie privat einen Pool besuchen, gibt es einige Hinweise:

- Bitte duschen Sie jedes Mal, bevor Sie schwimmen gehen (Sonnencreme).
- Fragen Sie die Besitzer, ob Sie eine Badehaube tragen sollten.
- Bringen Sie genügend Handtücher mit.
- Springen Sie nur in Gewässer, deren Tiefe Sie kennen.
- Springen Sie nur, wenn es die anderen Badegäste nicht stört.
- Spritzen Sie nicht wild herum (vor allem Damen nicht in die Haare).
- Schallwellen wandern gut auf der Wasseroberfläche, daher Vorsicht, dass Sie nicht zu laut werden.

- Wenn Sie Kinder mit dabei haben, erklären Sie ihnen, dass man nicht um einen Pool rennt. Nasse Füße sind gefährlich. Bei Nichtschwimmern sind unbedingt Aufsichtspersonen (keine anderen Kinder!) erforderlich oder Schwimmflügel.

Und für alle Sportarten und für die meisten von uns gilt: Sollte es an einem Tag überhaupt nicht nach Wunsch laufen, dann trösten Sie sich, dass Sie nicht von Ihrem Hobby, dem Sport, leben müssen, sondern dass Sie fit genug sind, es auszuüben!

SPRACHE

„Die deutsche Sprache ist die Orgel unter den Sprachen."
Jean Paul (1763–1825), deutscher Schriftsteller

In der Folge wollen wir ein paar Stimmsignale und ihre Deutungsmöglichkeiten besprechen:

Wie?

Einerseits kann es bedeuten:	**Andererseits aber auch:**
Lautes Sprechen	
Ausdruck von Kontrollabsicht; man übertönt andere Stimmen und signalisiert Selbstbewusstsein und Dominanz.	Kompensation für ein vermeintliches Defizit – ein schüchterner, unsicherer Mensch will sein Handicap übertünchen und durch Lautstärke überzeugend wirken.
Leises Sprechen	
Wohlüberlegte, von Selbstbewusstsein zeugende Technik, um andere zum Zuhören zu bringen. („Ich habe es nicht nötig, laut zu reden – mir hört man zu.")	Ausdruck von Müdigkeit, Resignation, Unsicherheit oder Unehrlichkeit. („Wenn ich schon lügen muss, dann wenigstens leise.")
Schnelles Sprechen	
Häufig fester Bestandteil und Merkmal „schneller" Menschen, ungeduldiger oder hektischer Typen.	Fällt die Beschleunigung auf, weil sie nicht zum Typ passt und die Ausnahme darstellt, soll sie möglicherweise Un-

	sicherheit überspielen, signalisiert Angst oder drückt ein dringendes Erklärungsbedürfnis aus, könnte aber auch als Lüge tarnen. („Bloß schnell das Thema wechseln.“)
Langsames Sprechen Selbstsicherheit, in sich ruhen; gewohnheitsgemäß entspanntes Sprechen.	Ist langsames Sprechen für die Person ungewöhnlich, so drückt es etwas Bemerkenswertes aus: momentane Unsicherheit, besondere Betonung und Verdeutlichung, Müdigkeit, Nachdenklichkeit oder Angst.
Flache, tonlose Stimme Oft Hinweis auf Verärgerung, Ressentiment oder Depression; z. B. Reaktion auf sehr herzliche Gratulation ein gequältes „Danke, sehr nett“.	
Kunstpausen, unvollständige Sätze, unverständliches Murmeln, besondere Informationen Andeutung von „Unausgesprochenem“ oder sogar „Unaussprechlichem“.	
Anhaltend vorwurfsvoller, schmollender oder weinerlicher Ton Gerne angewandte „Waffe“ von Menschen, die glauben, sich offene Worte des Protests oder der Ablehnung nicht leisten zu können, die aber dennoch manipulieren wollen. Sie fordern Zuwendung ein oder signalisieren Hilflosigkeit oder Überforderung.	

TAFELFREUDEN

SO DECKT MAN DEN TISCH

BEISPIEL: Gedeck bei formellem Anlass (bitte beachten Sie: dies ist die optimale und maximale Variante: Sie werden nur so viel davon verwenden, als Sie auch benötigen!). Sollten Sie aber noch mehr Gänge servieren, so wird das dafür vorgesehene BESTECK später nachgedeckt.

Beim Tischdecken ist Folgendes zu beachten: Der Abstand der Besteckunterkante zum Tischrand ist wie beim Teller eine Daumenbreite. Schräg links oben steht der Brotteller, auf dem ein Buttermesser liegt. Das Besteck wird dann in gleichmäßigem Abstand rechts und links vom Teller platziert, sodass man sich von außen nach innen vorarbeitet. Also ganz innen das Hauptspeisenbesteck, dann, falls es Fisch gibt, das Fischbesteck, rechts ein Löffel für die Suppe und das Vorspeisenbesteck. Das Vorlegbesteck liegt am Rand des Tisches oder auf der Anrichte.

Die Messer liegen immer rechts und die Gabeln links, außer es gibt einen Gang, der nur mit der Gabel gegessen wird, wie zum Beispiel

1 Vorspeisenbesteck
2 Suppenlöffel
3 Fischbesteck
4 Fleischbesteck

A Wasserglas
B Weißweinglas
C Rotweinglas
D Sektflöte

Spaghetti. Dann liegt hier die Gabel auch rechts. Nach der Hauptspeise sollte nur noch oberhalb des Tellers das Dessertbesteck liegen. Die Gabel hat den Griff links, der Löffel rechts. Es wird nun heruntergezogen und umrahmt jetzt den Dessertteller, sodass die Gabel links und der Löffel rechts vom Dessertteller liegt. Für Käse deckt man anschließend extra ein Vorspeisenbesteck, Messer rechts und Gabel links. Nicht am Tisch: Salz, Pfeffer und andere Gewürze. Zahnstocher kommen nie auf den Tisch und auch ihre Benützung findet nie vor den Augen anderer Gäste statt.

Menükarten

… sind auch im privaten Rahmen eine elegante Ergänzung für die festlich gedeckte Tafel. So könnte sie aussehen:

Aperitif mit kleinen Vorspeisen zum Naschen

Frische Fruchtsäfte

Haus-Früchtewodka

Fischcremesuppe mit Königskrevetten

Omas legendäres Paprikahenderl
mit Kräuternockerln

Apfel-Birnensaft oder Bier
oder – aus dem Keller des Hausherrn:
Weißwein (Name, Details & Jahr)
oder
Rotwein (Name, Details & Jahr)

Heiße Liebe

Vanilleeis mit heißen Himbeeren

Dessertwein, Portwein

Kaffee, Tee etc.

Stadt, Datum

TISCHKARTEN

… zeigen Ihren Gästen, wo sie sitzen und allen anderen, wie sie heißen.

Rückseite

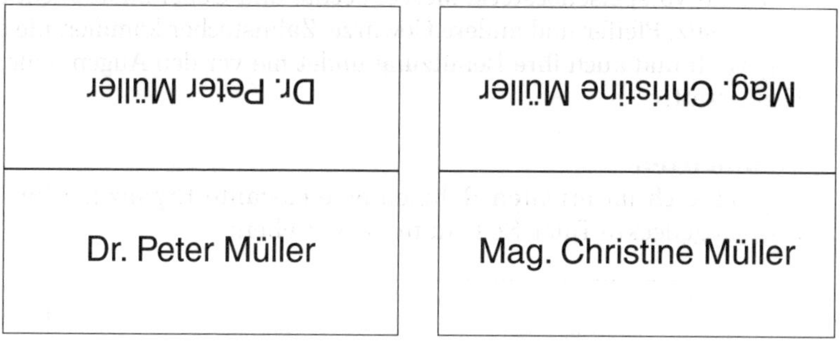

Vorderseite mit oder ohne Firmenlogo, je nach Anlass

BEISPIEL EINER GÄSTELISTE

… für Einladungs- und Zusagenlisten, Tischkarten und Sitzordnung:

Landesgerichtsrat Dr. Schwarz, 55	Frau Schwarz
Dr. Mayer, Staatsanwalt i. R., 74	Frau Mag. Mayer
Staatssekretär Dr. Müller, 50	Frau Müller
Dozent Dr. Gösser, 36	Frau Opernsängerin Blum
Dir. Dkfm. Horacek, 45	Frau Horacek
Dr. med. Schmidt, 48	Frau Min.-Rat Dr. Köb
Herr Gartner, 23	
Univ. Ass. Dipl. Ing. Waller, 32	

TISCHORDNUNG

… basierend auf unserer Gästeliste:

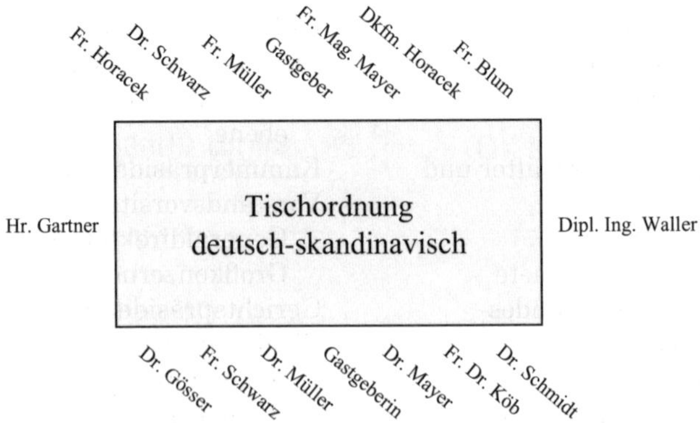

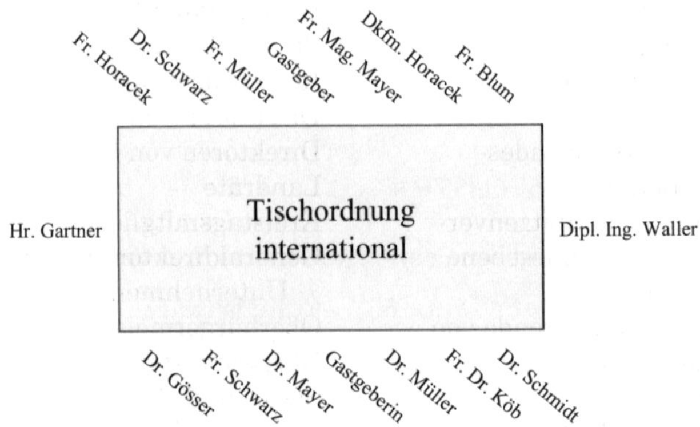

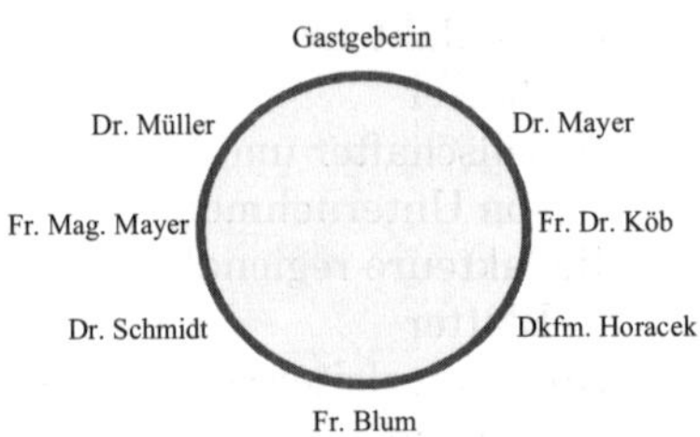

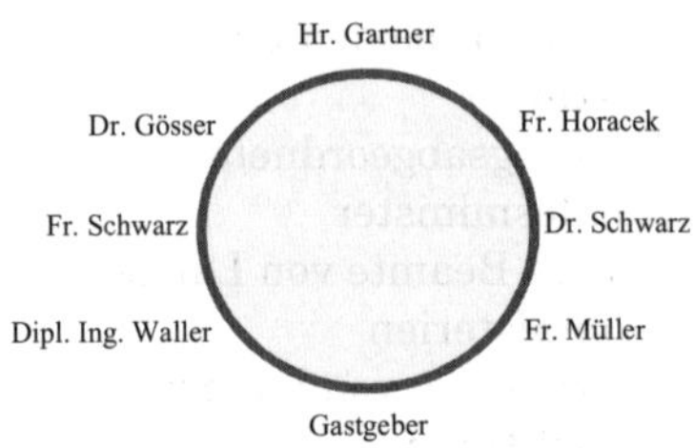

BEISPIEL EINER RANGLISTE

Ein Beispiel aus Deutschland als Orientierungshilfe (für die Abfolge von Einzügen, Reden, Sitzordnungen, Reihungen aller Art)

Bundespräsident
Bundesratspräsident
Bundestagspräsident
Bundeskanzler
ausländische Botschafter und Gesandte
Bundesminister
Bundestagsabgeordnete
Präsidenten von Bundesgerichten
Kardinäle
Direktoren ausländischer Organisationen
Höhere Ministerialbeamte
Deutsche Botschafter und Gesandte
Präsidenten von Bundesinstitutionen
Präsidenten von Spitzenverbänden auf Bundesebene
Bundesrichter
Aufsichtsratsvorsitzende von Großkonzernen
Generäle
Landtagspräsidenten
Ministerpräsidenten der Länder
Landtagsabgeordnete
Landesminister
höhere Beamte von Landesministerien
Präsidenten von Landesinstituten
Bischöfe und Landesbischöfe
Äbte bzw. Kirchenratsmitglieder
Universitätsrektoren
Dekane und Präsidenten von Universitätsinstituten
Universitätsprofessoren
Präsidenten von Wirtschafts-Organisationen auf Landesebene
Kammerpräsidenten
Vorstandsvorsitzende und Generaldirektoren von Großkonzernen
Gerichtspräsidenten
Richter, Anwälte, Notare, Staatsanwälte
ausländische Konsuln
Beamte des höheren Dienstes
Stabsoffiziere
Regierungspräsidenten
Direktoren von Staatsbanken
Direktoren von Großbanken
Landräte
Kreistagsmitglieder
Generaldirektoren großer Unternehmen
Oberbürgermeister
Bürgermeister
Stadt- und Gemeinderäte
Polizeipräsidenten
Chefredakteure großer Blätter
Gesellschafter und Direktoren von Unternehmen
Redakteure regionaler Blätter
Abteilungsleiter von Unternehmen
Ärzte, Architekten, Berater, Freiberufler
Regionalbankdirektoren
kleinere Unternehmer
Künstler

Geschäftsführer, Sekretäre
u. Ä. von Kammern,
Verbänden, Instituten etc.
Linienoffiziere
Polizeioffiziere
Pfarrer und andere Geistliche
Direktoren höherer Schulen
Lehrer an höheren Schulen
Beamte des gehobenen
Dienstes
Prokuristen
Volksschuldirektoren
Lehrer
Vorsitzende lokaler Vereine
und Organisationen
Techniker – Meister
Beamte des mittleren und
einfachen Dienstes
Verdiente
Ruheständler
Angestellte
usw.

Ranglisten können keinen Anspruch auf Allgemeingültigkeit erheben. Anlass, Zweck der Veranstaltung, lokale Hierarchien, Sitten und Gebräuche, Verwandtschaftsgrade, Unternehmenshierarchien und Ähnliches führen oft zu unterschiedlichen Rangfolgen.

TANZEN

Eine kleine Geschichte des Gesellschaftstanzes:

Bei den Naturvölkern kennen wir unzählige Erntetänze, Tänze an die Sterne und Götter, Tänze zum Wechsel der Jahreszeiten, Jagdtänze, Zauber- und Beschwörungstänze, Verehrungs- und Versöhnungstänze nach der JAGD, Totemtänze, Kriegstänze, Fruchtbarkeitstänze und erotische Tänze. Tanz ist Kunst, Mythos, Philosophie, Religion. Und ein Vergnügen, das sogar für unsere Gesundheit wichtig ist.

Bis ins 19. Jahrhundert waren es vor allem die französischen Ballfeste, die für Österreich Vorbildfunktion erlangten. Die Quadrille* – heute der Hit vieler Ballnächte – erreichte im Rokoko den Höhepunkt ihrer Beliebtheit. Anfang des 19. Jahrhunderts begann dann der beispiellose Aufstieg des nunmehr längstdienenden Tanzes, des Wiener Walzers. Der Ruf der fröhlichen, leichten, nicht so höfisch steifen Wiener Bälle war schon damals legendär. Unsere Bälle haben ihren Ursprung im reichen Burgund des 15. Jahrhunderts, das dank der Verbindung von Maria von Burgund mit Maximilian I. von Habsburg nachhaltigen Einfluss auf Gesellschaftsregeln und Hofzeremoniell der Habsburger ausübte.

Ende des 18. und dann im 19. Jahrhundert – als Bälle und Kostümfeste die engen Schranken des Hofes verließen – entwickelte sich der Gesellschaftstanz. Während dort der Adel – in steifen Rokokotänzen verhaftet – folgsam Quadrillen abschritt, lugte man mit wachsendem Interesse auf die lustigen ursprünglichen Bauerntänze wie den Landler, Walzer und die Polka, zu denen sich das „gemeine" Volk vergnügte. So mancher blaublütiger Herr „verirrte" sich zu den Bällen der bürgerlichen Gesellschaft. Walzer und Polka wurden rasch zu Gesellschaftstänzen geadelt.

In den Vereinigten Staaten von Amerika entstanden aus den Wechselbeziehungen zwischen den diversen Einwanderergruppen neue Formen des Gesellschaftstanzes und der volksnahen Unterhaltung wie der *Square Dance* und der Stepptanz.

Um 1900 wurde der *Cakewalk* populär. 1907, nach dem ersten Tangoturnier in Nizza, stürzte der Tango ganz EUROPA in ein Tangofieber. Der *Foxtrott* eroberte Europa und Amerika. *Quickstepp*, *Charleston*, *Rumba* und *Samba* wurden zu klingenden Namen auf dem Parkett, wo man auch *Cha-Cha-Cha* tanzte.

Als schließlich der *Rock 'n' Roll* der fünfziger Jahre populär wurde, schienen alle Fesseln des traditionellen Tanzes gesprengt. Mit dem *Twist* begann in den sechziger Jahren eine Entwicklung, zu tanzen, ohne seinen Tanzpartner zu berühren. In den siebziger und achtziger Jahren – mit dem *Hustle*, der zu Disko- und Rockmusik getanzt wurde – tanzte man wieder mit dem Partner. Mitte der achtziger Jahre begann der *Breakdance*, der unter farbigen Straßenkindern in den USA entstand, mit seinen akrobatischen, roboterartigen Bewegungen seinen Siegeszug auch in Europa.

Der Dachverband aller Tanzlehrer der Welt ist übrigens die *Imperial Society of Teachers of Dancing* in England. Alle Länder sind Mitglieder in diesem Verband und haben Mitspracherechte bei der Gestaltung des „Welttanzprogrammes". Die Idee dahinter ist, dass es früher häufig Koordinationsprobleme beim Tanz gab, wenn die Partner nicht in derselben Tanzschule gelernt hatten. Das Ziel des Welttanzprogrammes ist, dass Menschen weltweit schnell zu harmonischer, gemeinsamer Tanzbewegung finden. Doch Gesellschaftstanz ist mehr als nur gemeinsam Schritte zu setzen. Es ist auch eine Möglichkeit zur Kommunikation auf einer Ebene, die dem Nichttänzer sein Leben lang verschlossen bleibt.

Wenn heute beim *Clubbing* ein Mädchen einen feschen Partner „antanzt" oder ein junger Mann eine Partnerin mit einem lässigen „Wollen wir tanzen?" zum coolen *Shaken* einlädt, ist die Welt der Etikette scheinbar aus den Angeln. Doch auch diese Fans der flotten Rhythmen wollen ja nichts anderes als Spaß und Vergnügen – und darüber verständigen sie sich eben in der Sprache der Jugend und der Musik.

* *„Großer Beliebtheit bei den Ballgästen in Wien erfreuen sich die Publikumsquadrillen, bei denen immer zwei gegenüberstehende Paare miteinander tanzen. Ein Tanzlehrer lädt die Gäste zum Mitmachen ein und koordiniert dann seine Ansage der Schritte und Figuren mit der musikalischen Leistung des Orchesters und den tänzerischen Bemühungen der Gäste.*
Das Resultat einer gekonnt angesagten Quadrille ist große Begeisterung, ausgelassene Freude und ein Höchstmaß an guter Laune. Die sechs Touren der Fledermausquadrille von Johann Strauß Sohn, einer Quadrille français, werden etwa folgendermaßen angesagt:"

1. Tour: Pantalon
Zum eigenen Partner wenden (1, 2),
Compliment Tief (3, 4), Hoch (5, 6),
zum gegenüberliegenden Paar wenden (7, 8).
Schritt nach rechts (1, 2),
Compliment Tief (3, 4), Hoch (5, 6),
Schritt nach links (7, 8).
Chaine anglaise (hin und zurück)
danach Aufstellung gegenüber zum Balancé (schräg rechts)
und Tour de Main.
Damenkette (hin und zurück).
Promenade zum gegenüberliegenden Platz.
(Herren linke an linke Schulter).
Zurück zum eigenen Platz mit Chaine anglaise.

2. Tour: Été
Vorspiel.
Die ersten Damen und die (gegenüberstehenden) ersten Herren vor und zurück.
Schräg rechts und zurück.
Platzwechsel zum gegenüberliegenden Platz.
Schräg rechts.
Zurück zum eigenen Platz und
Tour de Main.
Wiederholung dieser Tour.
Es beginnen jetzt die zweiten Damen und Herren.

3. Tour: La Poule
Vorspiel.
Platzwechsel der ersten Damen und Herren.
Zur Mitte links,
Aufstellung zum kleinen Balancé
(rechts-point, links-point, rechts-point, links-point).
Zum gegenüberliegenden Platz gehen.
Die Ersten vor und zurück.
Schräg rechts.
Paare vor und zurück.
Chaine anglaise zum eigenen Platz.
Wiederholung dieser Tour.
Es beginnen jetzt die zweiten Damen und Herren.

4. Tour: La Trênis
Vorspiel.
Die 1. Paare zweimal vor und zurück.
Beim 2. Mal:
Erste Dame Platzwechsel, Herr zurück.
Damentor (Herr geht unter den Damenhänden durch).
Platzwechsel zum eigenen Platz.
Balancé (schräg rechts) und
Tour de Main.
Wiederholung der Tour.
Es beginnen jetzt die zweiten Paare.

5. Tour: La Pastourelle
Vorspiel
1. Paare zweimal vor und zurück.
Beim 2. Mal:
Der Herr verabschiedet sich und geht hinüber.
Die Dame geht zurück.
Fremde Dame zweimal vorführen.
Damensolo (4 große Schritte vor, 4 kleine zurück und nochmals 4 vor)
Dann Kreis bilden und Hände reichen (1, 2, 3, 4)
Compliment Tief (5, 6), Hoch (7, 8).
Zum fremden Platz gehen.
Chaine Anglaise zum eigenen Platz zurück.
Wiederholung dieser Folge.
Es beginnen jetzt die zweiten Paare.

6. Tour: Finale
Vorspiel.
Kolonne bilden.
Zweimal vor und zurück.
Jede Dame Arm bei ihrem Herrn einhängen.
Vor und zurück, schräg rechts.
Platzwechsel „Herr voraus".
Schräg rechts.
Platzwechsel „Herr voraus".
Gleich Tour de Main,
danach Hände reichen zur Kolonne.
Zweimal vor und zurück.
Linke Damenhand in linke Herrenhand.
Dame vorführen, Damen tauschen,
zweimal Damenkette.
Fremde Dame vorführen, Damen tauschen.
Hände reichen und Kolonne bilden.
Kolonne zweimal vor und zurück.

TITEL UND AKADEMISCHE GRADE IN ÖSTERREICH

In Österreich unterscheiden wir zwischen Amtstiteln, Berufstiteln und akademischen Titeln. Dazu kommen noch Auszeichnungen, Orden und Ehrenzeichen, die Sie unter Auszeichnungen im Anhang finden.

Bestimmte Institutionen und Einrichtungen des Bundes haben zusätzlich eigene Titel, wie zum Beispiel die

Spanische Hofreitschule:
- Eleve
- Bereiteranwärter
- Bereiter
- Oberbereiter

Amtstitel

Im Bereich des öffentlichen Dienstes sprechen wir von folgenden AMTSTITELn bzw. Verwendungsbezeichnungen. Sie sind abhängig von der Einstufung.

Weibliche BEAMTE führen, soweit sprachlich möglich, die Dienstgrade in weiblicher Form (z. B. Revierinspektorin oder Oberleutnantin, aber es ist nicht üblich, dass die Bezeichnung Hauptfrau verwendet wird, auch wenn dies eigentlich erlaubt ist!).

BEAMTE DER ALLGEMEINEN VERWALTUNG UND IN HANDWERKLICHER VERWENDUNG:

- Beamtin/Beamter (B)
- Amtswartin/Amtswart (AW)
- Oberamtswartin/Oberamtswart (OAW)
- Offizialin/Offizial (Offzl)
- Oberoffizialin/Oberoffizial (OOffzl)
- Kontrollorin/Kontrollor (Kontr)
- Oberkontrollorin/Oberkontrollor (OKontr)
- Fachinspektorin/Fachinspektor (FI)
- Fachoberinspektorin/Fachoberinspektor (FOI)
- Revidentin/Revident (Rev)
- Oberrevidentin/Oberrevident (ORev)
- Amtssekretärin/Amtssekretär (ASekr)
- Amtsrätin/Amtsrat (AR)
- Amtsdirektorin/Amtsdirektor (ADir)
- Kommissärin/Kommissär (Kmsr)
- Oberkommissärin/Oberkommissär (OKmsr)

- Rätin/Rat (R)
- Oberrätin/Oberrat (OR)
- Hofrätin/Hofrat (HR)
- Ministerialrätin/Ministerialrat (MinR)
- Sektionschefin/Sektionschef (SektChef)

DIE DIENSTGRADE DER SICHERHEITSEXEKUTIVE TEILEN SICH IN FOLGENDE GRUPPEN AUF:

I. Wachkörper
II. Höherer Dienst, Rechtskundiger Dienst (Polizeijuristen)
III. Amtsärztlicher Dienst

I. Wachkörper: hat drei Verwendungsgruppen, die den Titel Exekutivbediensteter tragen.

a) Eingeteilte Beamte:
1. Aspirant bzw. Vertragsbediensteter mit Sondervertrag
2. Inspektor
3. Revierinspektor

b) Dienstführende Beamte:
1. Gruppeninspektor
2. Bezirksinspektor
3. Abteilungsinspektor
4. Kontrollinspektor
5. Chefinspektor (FGr 6)
6. Chefinspektor (FGr 7)

c) Leitende Beamte:
1. Leutnant
2. Oberleutnant
3. Hauptmann
4. Major
5. Oberstleutnant
6. Oberst
7. Brigadier
8. Generalmajor
9. General

II. Höherer Dienst, Rechtskundiger Dienst:
Kommissär
Oberkommissär
Rat

Oberrat
Hofrat
Sicherheitsdirektor Stellvertreter bzw. Polizeidirektor Stellvertreter
Polizeidirektor bzw. Polizeivizepräsident sowie Abteilungsleiter im BM
Polizeipräsident bzw. Sicherheitsdirektor sowie Bereichsleiter im BM
Generaldirektor für die Öffentliche Sicherheit

III. Amtsärztlicher Dienst:
Vertragsarzt
Rat
Oberrat
Hofrat und Leitender Vertragsarzt
Chefarzt der BPD Wien und stv. Chefarzt BM.I
Chefarzt BM.I

BEAMTE DES MILITÄRISCHEN DIENSTES:

Für Beamtinnen/Beamte des militärischen Dienstes ist der Amtstitel „Militärperson“ vorgesehen. Zusätzlich sind festgesetzte militärische Dienstgrade als Verwendungsbezeichnung zu führen. Bei den militärischen Dienstgraden (Verwendungsbezeichnungen) gelten die verwendeten Ausdrücke, soweit dies inhaltlich in Betracht kommt, für Frauen und Männer gleichermaßen.

I. Personen ohne Chargengrad:
Rekrut (Rekr)

II. Chargen mit Dienstgrad:
Gefreiter (Gfr)
Korporal (Kpl)
Zugsführer (Zgf)

III. Unteroffiziere mit Dienstgrad:
Wachtmeister (Wm)
Oberwachtmeister (OWm)
Stabswachtmeister (StWm)
Oberstabswachtmeister (OStWm)
Offiziersstellvertreter (OStv)
Vizeleutnant (Vzlt)

IV. Offiziere mit Dienstgrad:
Fähnrich (Fhr)
Leutnant (Lt)
Oberleutnant (Olt)
Hauptmann (Hptm)
Major (Mjr)
Oberstleutnant (Obstlt)
Oberst (Obst)
Brigadier (Bgdr)
Generalmajor (GenMjr)
Generalleutnant (GenLt)
General (Gen)

V. Militärseelsorger:
Militärkaplan (MilKpl)
Militärkurat (MilKur)
Militäroberkurat (MilOKur)
Militäroberpfarrer ev. (MilOPfr)
Militärsuperior röm.-kath. (MilSup)
Militärdekan (MilDekan)
Militärsenior
Militärerzdekan
Militärgeneralvikar (MilGenVik)
Militärsuperintendent (MilSuplnt)
Militärbischof (MilB)

BEAMTE DER STAATSANWALTSCHAFT:

- Staatsanwältin/Staatsanwalt (StA)
- Erste Staatsanwältin/Erster Staatsanwalt
- Leitende Staatsanwältin/Leitender Staatsanwalt
- Oberstaatsanwältin/Oberstaatsanwalt (OStA)
- Erste Oberstaatsanwältin/Erster Oberstaatsanwalt
- Leitende Oberstaatsanwältin/Leitender Oberstaatsanwalt

GENERALPROKURATUR:

- Generalanwältin/Generalanwalt (GenA)
- Erste Generalanwältin/Erster Generalanwalt
- Generalprokuratorin/Generalprokurator (GenProk)

HOCHSCHULLEHRER:

- Universitätsassistentin/Universitätsassistent (UnivAss)

- Assistenzprofessorin/Assistenzprofessor – Universitätsassistentin/Universitätsassistent im definitiven Dienstverhältnis (AssProf)
- Assistenzärztin/Assistenzarzt – an einer Medizinischen Universität und an der Veterinärmedizinischen Universität Wien (AssA)
- außerordentliche Universitätsprofessorin/außerordentlicher Universitätsprofessor (ao UnivProf)
- ordentliche Universitätsprofessorin/ordentlicher Universitätsprofessor (o UnivProf)
- Universitätsprofessorin/Universitätsprofessor (UnivProf)

LEHR- UND ERZIEHUNGSPERSONAL:

- Kindergärtnerin/Kindergärtner (Kdg)
- Oberkindergärtnerin/Oberkindergärtner
- Lehrerin/Lehrer (L)
- Oberlehrerin/Oberlehrer (OL)
- Erzieherin/Erzieher (Erz)
- Obererzieherin/Obererzieher (OErz)
- Fachlehrerin/Fachlehrer (FL)
- Fachoberlehrerin/Fachoberlehrer (FOL)
- Professorin/Professor (Prof)

Hinweis: Für Lehrerinnen/Lehrer an Berufsschulen, Übungskindergärten, Sonderkindergärten, Übungsschulen, Sonderschulen gelten die gleichen Titel unter Einbeziehung der jeweilig korrekten Bezeichnung der Institution (z. B. „Obersonderkindergärtnerin/Obersonderkindergärtner an Übungskindergärten").

BEAMTE DES SCHULAUFSICHTSDIENSTES:

- Bezirksschulinspektorin/Bezirksschulinspektor (BSI)
- Berufsschulinspektorin/Berufsschulinspektor (BerSI)
- Landesschulinspektorin/Landesschulinspektor (LSI)
- Fachinspektorin/Fachinspektor (FI)

Berufstitel

Dem Bundespräsidenten steht die Verleihung von Berufstiteln an bestimmte Personen zu, die sich in langjähriger Ausübung ihres Berufes Verdienste um die Republik Österreich erworben haben. Auch Kammern verleihen diese Titel.
Es gibt gewisse Richtlinien, nach denen vorgegangen wird:

- Die Verleihung sollte erst nach dem vollendeten 50. Lebensjahr stattfinden.
- Bei Beamten (Bund, Länder und Gemeinden) muss eine Dienstzeit von mindestens 15 Jahren vorliegen.
- Ein mit einem allfälligen Amtstitel gleichlautender Berufstitel wird nicht verliehen.
- Die Annahmebereitschaft muss gegeben sein.
- Mit der Ernennung oder Verleihung sind keine zusätzlichen finanziellen Leistungen verbunden.

Alle Berufstitel werden seit einigen Jahren auch jeweils in weiblicher Form (Hofrätin, Professorin usw.) verliehen. Bei den Titeln Kammersängerin und Kammerschauspielerin war dies schon immer üblich. Im faktischen Gebrauch (Anrede, Briefanrede) wird allerdings im Regelfall die männliche Form benutzt („Frau Professor X.", „Sehr verehrte Frau Hofrat!").

Ein Berufstitel ist nach einem Amtstitel, jedoch vor einem akademischen Grad (bzw. der Standesbezeichnung Ingenieur) zu führen.

BERUFSTITEL NACH BERUFSGRUPPEN:

- Hofrat (HR): Beamte des Höheren Dienstes („A-Laufbahn", Akademiker), die nicht bereits den Amtstitel „Hofrat" tragen, Direktoren höherer Schulen, von Archiven, Bibliotheken und Museen usw.
- Regierungsrat (RegR oder RR): Beamte des gehobenen Dienstes („B-Laufbahn", Reifeprüfung), Abteilungsvorstände an Höheren Technischen Lehranstalten, Direktoren mittlerer Schulen und von Berufsschulen usw.
- Amtsrat (AR): Beamte des Fachdienstes („C-Laufbahn", etwa der „mittleren Reife" entsprechend) in Leitungsfunktionen.
- Kanzleirat (KzlR): Beamte des Mittleren Dienstes („D-Laufbahn"), vorwiegend in leitenden Sekretariatsfunktionen.
- Kommerzialrat (KmzlR, KommR, KR): für Angehörige des Wirtschaftslebens.
- Ökonomierat (ÖkR): für Angehörige landwirtschaftlicher Berufe
- Medizinalrat und Obermedizinalrat (MedR/OMedR, selten MR/OMR): für Ärzte
- Veterinärrat (VetR): für Tierärzte
- Technischer Rat (Techn.R): für Angehörige technischer Berufe
- Baurat honoris causa (BauR h.c.): für Personen, die auf technisch-wissenschaftlichem, praktisch-technischem oder baukünstlerischem Gebiet tätig sind.

- Bergrat honoris causa (BergR h.c.): für Personen, die auf dem Gebiet des Berg- und Hüttenwesens tätig sind.
- Forstrat honoris causa (ForstR h.c.): für Personen, die auf dem Gebiet des Forstwesens tätig sind.
- Schulrat und Oberschulrat (SR/OSR): für Personen, die im Lehr- oder Erziehungsdienst tätig sind. Schulrat für Volks- und Hauptschullehrer, Oberschulrat für Leiter von Volks- und Hauptschulen sowie Polytechnischer Schulen, ferner für Lehrer nicht theoretischer Fächer an mittleren Schulen oder im Werkstättenunterricht an BHS.
- Studienrat (StR): für Personen, die im Lehr- oder Erziehungsdienst tätig sind. Lehrkräfte mit Universitätsstudium an höheren Schulen.
- Oberstudienrat (OStR): für Personen, die im Lehr- oder Erziehungsdienst tätig sind. Lehrkräfte (Professoren) mit universitärem Studium an höheren Schulen (Gymnasien, Realgymnasien, höheren technischen und gewerblichen Lehranstalten, Handelsakademien, höheren Lehranstalten für wirtschaftliche Berufe, höheren land- und forstwirtschaftlichen Lehranstalten usw.).

  Oberstudienrat ist keine „Steigerungsform“ für einen „Studienrat“, sondern ein unmittelbar verliehener Titel für eine bestimmte Kategorie von Lehrern.

  Die Begriffe Studienrat und Oberstudienrat existieren auch im bundesdeutschen Sprachgebrauch, bedeuten dort aber im Unterschied zu Österreich reguläre Amtsbezeichnungen und Beförderungsstufen von Lehrern an öffentlichen und privaten Schulen und sind daher keine verliehenen Titel.
- Universitätsprofessor (Univ.Prof.): für Personen, die im Lehrberuf bzw. in wissenschaftlicher Verwendung an Universitäten tätig sind. Personen mit venia legendi, die aber nicht als Universitätsprofessoren hauptamtlich tätig sind (also einem Privatdozenten vergleichbar).
- Dozentinnen oder Dozenten (Doz). An der Universität unterrichten Lektorinnen und Lektoren, Assistentinnen und Assistenten, ordentliche und außerordentliche Professorinnen und Professoren. Der Titel hängt von der Stellung im Gesamtgefüge der Universität ab. Sie alle aber sind Dozentinnen oder Dozenten. Denn *Dozent* heißt schlicht und ergreifend *„Lehrender“*.
- Kammersänger (Ks.): für Personen, die als Sängerinnen oder Sänger an einem der Pflege der Musik oder der darstellenden Kunst gewidmeten österreichischen Kunstinstitut tätig sind.

- Kammerschauspieler (Ksch.): für Personen, die als Künstlerinnen oder Künstler an einem der Pflege der Musik oder der darstellenden Kunst gewidmeten österreichischen Kunstinstitut tätig sind.
- Professor (Prof.): für Personen, die auf dem Gebiet der Kunst oder Wissenschaft tätig sind. Angehörige führender Orchester (Wiener Philharmoniker, Wiener Symphoniker usw.), Präsidenten von bedeutenden wissenschaftlichen oder kulturellen Vereinigungen, Instituten usw. (hier ist ein positives Gutachten der entsprechenden Universität entscheidend), Journalisten, Literaten.

Beispiel: Der Direktor (= Amtstitel) des Realgymnasiums in X., Dr. Y., erhält den Berufstitel „Hofrat". Korrekte Titulatur: „Direktor Hofrat Dr. Y." – mündliche Anrede fast immer: „Herr Hofrat", da der auszeichnende Berufstitel gegenüber dem schon zuvor zustehenden Amtstitel als höherwertig angesehen wird. In Schriftform haben sich in förmlicher Anrede Doppeltitulaturen „S. g. Herrn Direktor Hofrat Dr. Y." – oder an Türtafeln „Direktor Hofrat Dr. X." – durchaus erhalten.

Dasselbe wird auch bei der Anrede für Ordensgeistliche (Pater) und bei kirchlichen Ehrentitulaturen (Monsignore, Prälat, Konsistorialrat) beobachtet. Bei Titulaturen aufgrund einer kirchlichen Funktion (Bischof, Generalvikar, Domkapitular, Dechant, Pfarrer usw.) wird diese gleich einem Amtstitel vor dem Berufstitel verwendet.

Beispiel 1: Dem Direktor eines Klostergymnasiums (in Österreich meist als „Stiftsgymnasium" bezeichnet), Pater Benedikt X., Dr. phil., wird der Berufstitel „Hofrat" verliehen. Die korrekte Briefanschrift wäre: „Hwd. Herrn Direktor Hofrat P. Dr. X.". In der Anrede wäre „(Hochwürdiger) Herr Hofrat!" durchaus gebräuchlich.

Beispiel 2: Prälat X. wird für seine wissenschaftlichen Verdienste mit dem Titel „Universitätsprofessor" ausgezeichnet. Die richtige Briefanschrift wäre: „Hwdst. Herrn Univ. Prof. Prälat X.". In der Anrede wäre „(Hochwürdigster) Herr Universitätsprofessor!" durchaus in Ordnung. Wird Prälat X. später zum Generalvikar von Y. ernannt, ändert sich die Anrede in „Hwdst. Herr Generalvikar Univ. Prof. Prälat X.". Bei drei oder mehr Titeln besteht die Tendenz, den niedrigsten wegzulassen – in der mündlichen Anrede wird ohnedies nur der höchste gebraucht, was herauszufinden allerdings manchmal etwas schwierig (und oft auch vom Kontext abhängig) ist.

Mehrere Berufstitel, die sich auf verschiedene verdienstliche Tätigkeiten beziehen, können nebeneinander geführt werden.

Beispiel: Opernsänger X., der bereits mit dem Titel „Kammersänger" ausgezeichnet wurde, unterrichtet nach seinem Rückzug von der Bühne an einer Meisterschule für Operngesang und erhält hierfür den Titel „Professor". Die künstlerische Tätigkeit ist von der unterrichtenden Tätigkeit zu unterscheiden,

daher lautet die korrekte Anrede: „Kammersänger Professor X.“.
Wird er dann Direktor der Meisterschule und soll hierfür mit dem Titel „Hofrat“ ausgezeichnet werden, ist es strittig, ob die Schulleitung eine von der unterrichtenden Tätigkeit unterschiedene Tätigkeit ist. Als Briefanschrift wäre vermutlich sicherheitshalber „S. g. Herrn Kammersänger Hofrat Prof. X.“ zu empfehlen, die persönliche Anrede wird vermutlich „Herr Hofrat“ lauten (schließlich ist dieser Titel ja der zuletzt verliehene).

Beziehen sich mehrere Titel eindeutig auf dasselbe Tätigkeitsgebiet, so wird nur der ranghöchste Titel geführt.

Beispiel 1: Dr. X., Gemeindearzt in Y., erhielt bereits vor mehr als fünf Jahren den Titel „Medizinalrat“. Nunmehr wird ihm zur Pensionierung der Titel „Obermedizinalrat“ verliehen. Es handelt sich um dieselbe Tätigkeit, neue Titulatur daher nur: „Obermedizinalrat Dr. X.“

Beispiel 2: Dr. X., Professor am Gymnasium in Y., erhielt bereits vor mehr als fünf Jahren den Titel „Oberstudienrat“. Mittlerweile Direktor eines Gymnasiums geworden, wird ihm zum 60. Geburtstag der Titel „Hofrat“ verliehen. Es handelt sich wohl um dieselbe Tätigkeit, neue Titulatur daher nur: „Direktor Hofrat Dr. X.“

Akademische Titel in Österreich

UNIVERSITÄTEN, FACHHOCHSCHULEN ODER PRIVATUNIVERSITÄTEN

Personen, denen von einer anerkannten inländischen oder ausländischen postsekundären Bildungseinrichtung ein AKADEMISCHER GRAD verliehen wurde, haben das Recht, diesen in der in der Verleihungsurkunde festgelegten Form zu führen.

Inhaber akademischer Grade haben das Recht, die Eintragung des Titels in öffentliche Urkunden in abgekürzter Form ohne geschlechtsspezifischen Zusatz zu verlangen (Abkürzungen sind immer geschlechtsneutral).

Akademische Grade sind nicht Bestandteil des Namens. Für österreichische akademische Grade, angelehnt an die internationale Tradition, gilt, dass Diplom-, Magister- und Doktorgrade – also diejenigen akademischen Grade, die in Österreich häufig in der Anrede verwendet werden – abgekürzt, mit Punkt versehen, vorangestellt werden, akademische Grade nach dem Bologna-System wie Bachelor und Master sowie „PhD“ ohne Punkte, aber durch einen Beistrich vom Nachnamen getrennt, nachgestellt werden.

Akademische Grade sind nur solche TITEL, die aufgrund des Abschlusses von Studienprogrammen verliehen werden und als akademische Grade anerkannt sind. Deshalb werden ehrenhalber verliehene Titel (z. B. „Dr. h. c.“) nicht in Urkunden eingetragen.

KEINE AKADEMISCHEN GRADE SIND:

Berufsbezeichnungen mit dem vorangestellten „Akademische/r …“, Diplomgrade wie Diplompädagoge/in, Standesbezeichnungen wie Ingenieur/in.

Die Mastergrade in der Weiterbildung sind nicht identisch mit den Mastergraden aufgrund des Abschlusses ordentlicher Studien (Masterstudien), auch wenn sie zum Teil denselben Wortlaut haben.

ÖSTERREICH

Ebene 1

Bachelor der Philosophie	B.phil.
Bachelor der Statistik	BStat
Bachelor der technischen Wissenschaften	B.techn.
Bachelor of Arts	BA *oder* B.A.
Bachelor of Arts in Arts and Design	BA *oder* B.A.
Bachelor of Arts in Business	BA *oder* B.A.
Bachelor of Arts in Cultural Studies	BA *oder* B.A.
Bachelor of Arts in Economics	B.A.(Econ.)
Bachelor of Arts in Military Services	BA *oder* B.A.
Bachelor of Arts in Social Sciences	BA *oder* B.A.
Bachelor of Business Administration	BBA *oder* B.B.A.
Bachelor of Education	BEd
Bachelor of Engineering	BEng *oder* B.Eng.
Bachelor of Laws	LLB *oder* LL.B.
Bachelor of Science	BSc *oder* B.Sc.
Bachelor of Science in Engineering	BSc *oder* B.Sc.
Bachelor of Science in Health Studies	BSc *oder* B.Sc.
Bachelor of Science in Natural Sciences	BSc *oder* B.Sc.
Bachelor of Science in Nursing	BScN
Bachelor of Theology	BTh
Bakkalaureus/Bakkalaurea der Betriebswirtschaft im Gesundheitswesen	Bakk.
Bakkalaureus/Bakkalaurea der Biologie	Bakk. Biol.
Bakkalaureus/Bakkalaurea der Biomedizinischen Informatik	Bakk.
Bakkalaureus/Bakkalaurea der Künste	Bakk. art.
Bakkalaureus/Bakkalaurea der Naturwissenschaften	Bakk. rer. nat.
Bakkalaureus/Bakkalaurea der Pflegewissenschaft	Bakk.
Bakkalaureus/Bakkalaurea der Philosophie	Bakk. phil.

Bakkalaureus/Bakkalaurea der Psychologie	BA psych.
Bakkalaureus/Bakkalaurea der Psychotherapiewissenschaft	BA pth.
Bakkalaureus/Bakkalaurea der Rechtswissenschaften	Bakk. iur.
Bakkalaureus/Bakkalaurea der Religionspädagogik	Bacc. rel. paed.
Bakkalaureus/Bakkalaurea der Sozial- und Wirtschaftswissenschaften	Bakk. rer. soc. oec.
Bakkalaureus/Bakkalaurea der Technik	Bakk. techn.
Bakkalaureus/Bakkalaurea der technischen Wissenschaften	Bakk. techn.
Bakkalaureus/Bakkalaurea der Theologie	Bakk. theol.
Bakkalaureus/Bakkalaurea	Bakk.
Bakkalaureus/Bakkalaurea (FH)	Bakk. (FH)

Ebene 2

Diplomingenieur/Diplomingenieurin der Biomedizinischen Informatik	Dipl.-Ing.
Diplom-Ingenieur/Diplom-Ingenieurin	DI *oder* Dipl.-Ing.
Diplom-Ingenieur/Diplom-Ingenieurin (FH)	Dipl.-Ing. (FH) *oder* DI (FH)
Diplom-Tierarzt/Diplom-Tierärztin	Mag. med. vet.
Doktor/Doktorin der gesamten Heilkunde	Dr. med. univ.
Doktor/Doktorin der Zahnheilkunde	Dr. med. dent.
European Master of Arts	MA
Lizentiat/Lizentiatin der Theologie	Lic. theol.
Magister/Magistra der Architektur	Mag. arch.
Magister/Magistra der Biologie	Mag. Biol.
Magister/Magistra der Gesundheitsinformatik	Mag.
Magister/Magistra der Gesundheitswissenschaften	Mag. sc. hum.
Magister/Magistra der Künste	Mag. art.
Magister/Magistra der Naturwissenschaften	Mag. rer. nat.
Magister/Magistra der Pflegewissenschaft	Mag.
Magister/Magistra der Pharmazie	Mag. pharm.
Magister/Magistra der Philosophie	Mag. phil.
Magister/Magistra der Philosophie der Theologischen Fakultät	Mag. phil. fac. theol.
Magister/Magistra der Psychologie	Mag. psych.
Magister/Magistra der Psychotherapiewissenschaft	Mag. pth.

Magister/Magistra der Rechtswissenschaften	Mag. iur.
Magister/Magistra der Religionspädagogik	Mag. rel. paed.
Magister/Magistra der Sozial- und Wirtschaftswissenschaften	Mag. rer. soc. oec.
Magister/Magistra der Theologie	Mag. theol.
Magister/Magistra des Industrial Design	Mag. des. ind.
Magister/Magistra des Informationsmanagements in der Medizin	Mag.
Magister/Magistra des Rechts der Wirtschaft	Mag. iur. rer. oec.
Magister/Magistra	Mag.
Magister/Magistra (FH)	Mag. (FH)
Master der Rechts- und Wirtschaftswissenschaften	LLMoec.
Master der Statistik	MStat
Master der Theologie	M.Theol.
Master of Advanced International Studies	M.A.I.S.
Master of Arts	MA *oder* M.A.
Master of Arts in Arts and Design	MA *oder* M.A.
Master of Arts in Business	MA *oder* M.A.
Master of Arts in Cultural Studies	MA *oder* M.A.
Master of Arts in Economics	M.A.(Econ.)
Master of Arts in Military Services	MA *oder* M.A.
Master of Arts in Social Sciences	MA *oder* M.A.
Master of Business Administration	MBA *oder* M.B.A.
Master of Design	MDes
Master of International Business Informatics	MIBI
Master of Laws	LLM *oder* LL.M.
Master of legal and business aspects in technics	MLBT
Master of Public Affairs	MPA
Master of Science	MSc *oder* M.Sc.
Master of Science in Engineering	MSc *oder* M.Sc.
Master of Science in Health Studies	MSc *oder* M.Sc.
Master of Science in Mountain Forestry	MScMF
Master of Science in Natural Sciences	MSc *oder* M.Sc.
Master of Social Sciences	MSSc
Master of Theology	MTh

Ebene 2/3

European Master in Human Rights and Democratisation	E.MA
European Master in Law and Economics	EMLE
Executive Master of Business Administration	MBA
Legum Magister/Magistra	LLM

Master in European Studies	M.E.S.
Master in Gastrosophy	MGast
Master in Management	MIM
Master in Psychoanalytic Observational Studies	MPOS
Master in South East European Law and European Integration	LL.M.
Master in Spinal Disorders	MSD
Master Mental Health Sozialpsychiatrie	MMH
Master of Advanced Studies	MAS
Master of Advanced Medical Sciences Alpe Adria	MMedScAA
Master of Architectural Studies	MAS
Master of Arts	MA
Master of Banking & Finance	MBF
Master of Business Administration	MBA
Master of Business Law	M.B.L.
Master of Corporate Finance	MCF
Master of Dental Science	MDSc
Master of Education	M.Ed.
Master of Engineering	MEng
Master of Environmental Management	MEM
Master of European Studies	M.E.S.
Master of Financial Planning	MFP
Master of Fine Arts	MFA
Master of Health Professional Education	MHPE
Master of International Business & Tax Law	LL.M.
Master of Law and Economics	MLE
Master of Laws	LL.M.
Master of Legal Studies	MLS
Master of Light and Lighting	MLL
Master of Medical Education	MME
Master of Palliative Care	MPC
Master of Public Administration	MPA
Master of Public Health	MPH
Master of Public Management	MPM
Master of Science	MSc
Master of Sportsphysiotherapie	MSPhT
Master of Toxicology	MTox
Master of Training and Development	MTD
Mastère international conjoint	Mastère
Professional Master in Public Health	PMPH

Professional Master of Business Administration	PMBA
Professional Master of Laws	PLL.M
Professional Master of Management and Leadership	PMML
Professional Master of Mediation	PMM
Professional Master of Private Banking	PMPB
Professional Master of Science	PMSc

Ebene 3

Doctor of Philosophy	PhD
Doktor/Doktorin der Biomedizin-Informatik	Dr. sc. inf. biomed.
Doktor/Doktorin der Bodenkultur	Dr. nat. techn.
Doktor/Doktorin der gesamten Heilkunde und der medizinischen Wissenschaft	Dr. med. univ. et scient. med.
Doktor/Doktorin der Gesundheitswissenschaften	Dr. sc. hum.
Doktor/Doktorin der Künste	Dr. artium
Doktor/Doktorin der medizinischen Wissenschaft	Dr. scient. med.
Doktor/Doktorin der montanistischen Wissenschaften	Dr. mont.
Doktor/Doktorin der Naturwissenschaften	Dr. rer. nat.
Doktor/Doktorin der Pflegewissenschaft	Dr. rer. cur.
Doktor/Doktorin der Philosophie	Dr. phil.
Doktor/Doktorin der Philosophie einer Katholisch-Theologischen Fakultät	Dr. phil. fac. theol.
Doktor/Doktorin der Psychotherapiewissenschaft	Dr. scient. pth.
Doktor/Doktorin der Rechtswissenschaften	Dr. iur.
Doktor/Doktorin der Sozial- und Wirtschaftswissenschaften	Dr. rer. soc. oec.
Doktor/Doktorin der technischen Wissenschaften	Dr. techn.
Doktor/Doktorin der Theologie	Dr. theol.
Doktor/Doktorin der Veterinärmedizin	Dr. med. vet.
Doktor/Doktorin der Zahnmedizin und der medizinischen Wissenschaft	Dr. med. dent. et scient. med.

Akademische Grade an Privatuniversitäten *(ab 2001)*

Anton Bruckner Privatuniversität

Bachelor of Arts	BA
Master of Arts	MA

IMADEC University

Executive MBA	Exec. MBA
International Master of Laws	LL.M.
International MLE	Int. MLE

Katholisch-Theologische Privatuniversität Linz

Doktor/Doktorin der Theologie	Dr. theol.
Lizentiat/Lizentiatin der Theologie	Lic. theol.
Magister/Magistra der Theologie	Mag. theol.

Paracelsus Medizinische Privatuniversität

Doctor of Philosophy	PhD
Doktor/Doktorin der gesamten Heilkunde	Dr. med. univ.

PEF Consulting für Management

Master in Coaching	MCoach
Master of Business Administration	MBA
Master of Science	MSc

Private Universität für Gesundheitswissenschaften, Medizinische Informatik und Technik Tirol

Bachelor of Science	B.Sc.
Doktor der Medizin-Informatik	Dr.
Master of Science	M.Sc.

Privatuniversität der Kreativwirtschaft

Bachelor of Arts	BA
Master of Arts	MA
Master of Design	MDes

TCM Privatuniversität LI SHI ZHEN

Bachelor in Acupuncture	B.Ac.
Bachelor in Chinese Pharmacology	B.chin.Pharm.
Bachelor in Tuina Therapy	B.Tui.
Master in Acupuncture	M.Ac.
Master in Chinese Pharmacology	M.chin.Pharm.
Master in Traditional Chinese Medicine	M.TCM.
Master in Tuina Therapy	M. Tui.

Webster University Vienna

Bachelor of Arts	B.A.

Bachelor of Business Administration	B.B.A.
Bachelor of Science	B.Sc.
Master of Arts	M.A.
Master of Business Administration	M.B.A.

Akademische Grade an Theologischen Hochschulen

Bakkalaureus/Bakkalaurea der Theologie	Bakk. theol.
Lizentiat/Lizentiatin der Theologie	Lic. theol.
Magister/Magistra der Theologie	Mag. theol.

Frühere akademische Grade *(ab 1945)*

Bachelor der Naturwissenschaften	B. rer. nat.
Bakkalaureus/Bakkalaurea (FH)	Bakk. (FH)
Bakkalaureus/Bakkalaurea der Kommunikationswissenschaft	Bakk. Komm.
Bakkalaureus/Bakkalaurea der Soziologie	Bakk. Soz.
Bakkalaureus/Bakkalaurea der Sportwissenschaften	Bakk. Sport.
Diplom-Dolmetscher/Diplom-Dolmetscherin	Dipl.-Dolm.
Diplom-Ingenieur/Diplom-Ingenieurin	Dipl.Ing.
Diplom-Kaufmann/Diplom-Kauffrau	Dipl.-Kfm./ Dipl.-Kffr.
Diplom-Volkswirt/Diplom-Volkswirtin	Dipl.Vw.
Diplom-Volkswirt/Diplom-Volkswirtin	Dipl.-Vw.
Diplomierter Dolmetscher/Diplomierte Dolmetscherin	Dipl. Dolm.
Diplomkaufmann/Diplomkauffrau	Dkfm./Dkffr.
Doktor/Doktorin der evangelischen Theologie	Dr. theol.
Doktor/Doktorin der Handelswissenschaften	Dr. rer. comm.
Doktor/Doktorin der katholischen Theologie	Dr. theol.
Doktor/Doktorin der Pharmazie	Dr. pharm.
Doktor/Doktorin der Rechte	Dr. iur.
Doktor/Doktorin der Staatswissenschaften	Dr. rer. pol.
Doktor/Doktorin der Tierheilkunde	Dr. med. vet.
Doktor/Doktorin der Wirtschaftswissenschaften	Dr. rer. oec.
Magister/Magistra der Kommunikationswissenschaft	Mag. Komm.
Magister/Magistra der Pharmazie	Mr. pharm.
Magister/Magistra der Soziologie	Mag. Soz.
Magister/Magistra der Sportwissenschaften	Mag. Sport.
Master der Naturwissenschaften	MA. rer. nat.
Master der Philosophie	M.phil.
Master of Security and Defense Management	MSD

Tierarzt/Tierärztin	Tzt.

Diplomgrade an Fachhochschulen

Magister/Magistra (FH) für gesundheitswissenschaftliche Berufe	Mag. (FH)
Diplom-Ingenieur/Diplom-Ingenieurin (FH) für technische wissenschaftliche Berufe	Dipl.-Ing. (FH) *oder* DI (FH)
Magister/Magistra (FH) für kulturwissenschaftliche Berufe	Mag. (FH)
Magister/Magistra (FH) für künstlerisch-gestaltende Berufe	Mag. (FH)
Magister/Magistra (FH) für Militärische Führung	Mag. (FH)
Magister/Magistra (FH) für naturwissenschaftliche Berufe	Mag. (FH)
Magister/Magistra (FH) für rechtswissenschaftliche Berufe	Mag. (FH)
Magister/Magistra (FH) für sozialwissenschaftliche Berufe	Mag. (FH)
Magister/Magistra (FH) für wirtschaftswissenschaftliche Berufe	Mag. (FH)

Pädagogische Hochschulen

Bachelor of Education	BEd

Keine akademischen Grade, aber nach dem Ingenieurgesetz einzutragen

Diplom-HLFL-Ingenieur/ Diplom-HLFL-Ingenieurin	Dipl.-HLFL-Ing.
Diplom-HTL-Ingenieur/ Diplom-HTL-Ingenieurin	Dipl.-HTL-Ing.
Ingenieur/Ingenieurin	Ing.

Keine akademischen Grade und mangels Rechtsgrundlage nicht einzutragen

Akademisch geprüfte/r …	
Akademische/r …	
Diplompädagoge/Diplompädagogin	Dipl.-Päd.

VERLOBUNG

Da über die Ehe und die damit verbundenen Rechte und Pflichten mehr bekannt ist, hier einiges zur so genannten Verlobung, dem „Eheverlöbnis". Durch das Verlöbnis versprechen sich zwei Personen, einander zu heiraten. Die versprochene Eheschließung ist jedoch nicht erzwingbar, denn die Ehe darf nur mit voller Willensfreiheit geschlossen werden. Jeder Partner kann daher stets – auch ohne besonderen Grund – vom Verlöbnis zurücktreten.

Dennoch entfaltet das Verlöbnis rechtliche Wirkungen. Es braucht zwar nicht erfüllt zu werden, doch hat jener Teil, von dessen Seite keine begründete Ursache zum Rücktritt entstanden ist, Anspruch auf Schadenersatz. Ersatzpflichtig wird demnach jener, der ohne Grund zurückgetreten ist, oder jener, in dessen Person der Grund für den gerechtfertigten Rücktritt des anderen entstanden ist. Die Ersatzpflicht setzt Verschulden voraus. Zu ersetzen ist bloß der Vermögensschaden, nicht auch der immaterielle Schaden (Gefühlsschaden). Der Ersatz umfasst nur den Vertrauensschaden, d.h. der Ersatzpflichtige hat den anderen Teil so zu stellen, wie dieser stünde, wenn die Aussicht auf einen Eheabschluss nicht erweckt worden wäre (Ersatz der Kosten für die Vorbereitung der Eheschließung, der gemeinsamen Wohnung). Nach überwiegender Meinung ist nur der positive Schaden, nicht auch der entgangene Gewinn zu ersetzen. Der positive Schaden erfasst z.B. Aufwendungen, aber auch die Ausschlagung eines Angebotes zum Abschluss eines Dienstvertrages.

Hat ein Verlobter seinem Partner oder ein Dritter einem der beiden Teile im Hinblick auf die künftige Ehe etwas geschenkt, so steht ihm der Schenkungswiderruf offen, wenn die Ehe ohne Verschulden des Geschenkgebers nicht zustande kommt.

Umso wichtiger ist es, dass sich beide betroffenen Familien der Bedeutung der Verlobung bewusst sind und den beiden jungen Partnern tatkräftigst unter die Arme greifen.

VORSTELLUNGSGESPRÄCH

1. Informationen sammeln
   Vorbereitung ist das halbe Rennen. Sie müssen sich genau auskennen, wo Sie sich bewerben.

TIPP

Ich habe mich natürlich vor dem Gesprächstermin gut informiert und

- *die Webseite des Unternehmens studiert.*
- *mir ein Bild über den Markt gemacht, in dem das Unternehmen tätig ist (Fachliteratur, Internet).*
- *angerufen, um noch mehr über die Anforderungen zu erfahren, was mir auch geholfen hat, einen persönlichen Ansprechpartner zu identifizieren. So hatte ich auch den Namen der Person, an die ich die BEWERBUNG richten konnte, und habe mir das unpersönliche „Sehr geehrte Damen und Herren" erspart.*

2. Pünktlichkeit
   Anders als bei privaten EINLADUNGen, bei denen man nie zu früh kommen darf, kommt man zu einem Vorstellungsgespräch zeitig genug, um eine eventuelle Anmeldung an einer Rezeption, den Weg von dort zum Besprechungsraum oder zum Personalbüro und andere Eventualitäten einzukalkulieren.

3. Höflichkeit
   Jetzt zahlt es sich aus, dass Sie die Benimmregeln beherrschen. GRÜSSEN, TÜREN, als Herr die Stiegen hinter DAMEn hinaufsteigen, Stühle, wie setzt man sich etc. All das korrekt zu handhaben, macht einfach guten Eindruck. Und wie so oft werden Sie auch jetzt merken: Ihr Wissen stärkt Ihr Selbstvertrauen.

4. Der Weg zum Gespräch
   Schon die Person, die mich von der Rezeption zu meiner Besprechung bringt, wird vielleicht Einfluss auf die Entscheidung für oder gegen mich haben. Sekretärinnen sind oft die wichtigsten Personen für Ihre Laufbahn in einem Unternehmen.

TIPP

Ich würde mir alle persönlichen Bemerkungen zu diesem Zeitpunkt ersparen. Versuchen Sie auch nicht, intime Informationen wie „Wie is' denn der Chef so?" oder „Zahlen die eigentlich gut?" zu bekommen. Ich würde beim ersten Kontakt mit einem Mitarbeiter des Betriebes versuchen, ruhig, gelassen und natürlich aufzutreten. Die Initiative liegt jetzt bei den Gesprächspartnern. Ich vermeide unprofessionelle WITZchen und gestelzte Höflichkeiten. Bittet man mich Platz zu nehmen, so nehme ich Platz, bittet man mich durch eine TÜRE zu gehen, gehe ich durch, ohne lange zu diskutieren, wer zuerst gehen sollte usw. Am Gang überlasse ich meinem Gesprächspartner die rechte

Seite – kurz ich zeige, dass Umgangsformen für mich kein FREMDWORT sind, lasse aber nicht zu, dass sie aufgesetzt und hinderlich werden.

5. Wie verhalte ich mich?
   Bleiben Sie natürlich, freundlich, selbstsicher und sachlich. Wählen Sie Ihre Worte vorsichtig. Schauen Sie den anderen ins Gesicht.

TIPP

Es macht wenig Sinn, irgendetwas vorzutäuschen. Beide Seiten suchen eine langfristige Zusammenarbeit. Da sollte man mit offenen Karten spielen. Das heißt natürlich nicht, dass ich meine Schwächen und Nachteile ins Gespräch bringe. Auch mein Gegenüber wird mir nicht erzählen, welche Probleme der Firma die ganze Belegschaft ärgern.

6. Mein äußeres Erscheinungsbild
   Für diesen wichtigen Termin reserviere ich KLEIDUNG, die ich mag, weil sie gut aussieht und ich mich darin wohlfühle. Als DAME werde ich nur wenig MAKE-UP und fast keinen Schmuck tragen, um ein gepflegtes Erscheinungsbild an den Tag zu legen. Als Herr bin ich frisch rasiert und entsprechend gekleidet (Bewerber in der Schlosserei – kein dunkler Anzug; für eine Vorstandsposition keine Jeans).
7. Mein Fragenkatalog
   Bereiten Sie sich auf das Gespräch vor. Fragen Sie sich, was Sie alles können. Welche Ihrer Eigenschaften und Fähigkeiten sind für das Unternehmen von Vorteil? Aber auch: Welche Vorteile bringt mir das Unternehmen? Dabei geht es auch um den Preis: das Gehalt, die Sozialleistungen, die Fortbildung, meine Chancen im Unternehmen.

TIPP

Im Gespräch will ich:

- *möglichst viel über die Arbeit erfahren, die von mir erwartet wird.*
- *wissen, welche Programme zur Weiterbildung im Unternehmen existieren und für mich relevant sind.*
- *ein Organigramm sehen und / oder erklärt bekommen, wo der Arbeitsplatz angesiedelt und welche Entwicklung an dieser Stelle vorgesehen ist.*

- *möglichst viel über die Unternehmenssituation und Zukunftsaussichten erfahren.*
- *die Konditionen kennen, zu denen man mich anstellen will. Dazu zählen Gehalt und Vergünstigungen. Natürlich habe ich ein möglichst klares Bild davon, was ich realistischerweise zu erwarten habe. Im Erstgespräch erwähne ich auf keinen Fall das Wort Urlaub. Beim Gehalt frage ich gegen Ende der Verhandlung, in welchem Rahmen es sich bewegt.*

8. Wie verbleiben wir?
   Meist ist das erste Gespräch nicht der Zeitpunkt, zu dem eine positive Entscheidung gefällt wird. Daher bedankt man sich am Ende für das Gespräch und sagt „Auf Wiedersehen". Ihr Interviewer wird Ihnen gewiss mit auf den Weg geben, wann Sie spätestens von ihm hören werden.

WEIN

Anbei eine Aufstellung der wichtigsten Sorten, ihrer Lagerfähigkeiten und zu welchem Anlass sie sich am besten trinken lassen.

Kleine Weinkunde

Ausbau nennt man die Reifung des Weines im Fass.

Barrique ist ein großes Eichenfass (225 l = 300 Flaschen) zum Vergären und Lagern. Es bringt nur bei grandiosen Weinen eine wesentliche Abrundung, oft ist es auch der Fruchtkiller No. 1.

Bouteille ist eine 0,75 l-Flasche für Qualitätsweine oder eine 0,375 l-Flasche für Süßweine. Größere Flaschen, außer Magnum (1,5 l)-Flaschen, sollten Sie vermeiden.

Brut ist die Bezeichnung für sehr trocken (für Schaumweine gebräuchlich).

Cuvée ist der Verschnitt – eine ausgewogene Mischung – zweier oder mehrerer Sorten und Jahrgänge. Dass gemischt wird, ist absolut keine Qualitätsminderung, sondern reine Geschmackssache.

Dekantieren ist eine Methode, um einerseits den Rotwein vom Bodensatz (Depot) zu trennen, andererseits um dem Wein Luft, Sauerstoff zu geben, damit er sich besser entfalten kann. Letzteres ist auch für kräftige Weißweine im jugendlichen Stadium sehr empfehlenswert. Hier wird der Wein aus der Flasche vorsichtig (über einer Lichtquelle, oft eine Kerze) in eine Karaffe umgeleert.

Frizzante ist die Bezeichnung für italienischen Perlwein im Gegensatz zu einem *Spumante,* dem italienischen Schaumwein (Sekt).

Gemischter Satz, der für Schankweine gang und gäbe war und teilweise heute noch ist, wird aus Trauben verschiedener Sorten gekeltert, die in einem Weingarten gemischt stehen und gemeinsam gelesen und ausgebaut werden. Ein Klassiker beim Heurigen oder in der Buschenschank. Früher sagte man: Eine Rebsorte im Weingarten ist eine Geige, der gemischte Satz aber (mehrere Rebsorten) ein Orchester.

Grand Cru (frz.: Großes Gewächs); ursprünglich nur für französische Weine (Burgund, Bordeaux) verwendet. Mittlerweile auch in Österreich stellvertretend benutzt für den (angeblich) größten Wein eines Jahrganges/Betriebes.

Halbsüß ist als Beschreibung bei Sekt gebräuchlich, lieblich bei 12 bis 45 g/l Restzucker.

Halbtrocken, auch bei Sekt üblich; maximal 18 g/l Restzucker.

Korkgeschmack ist ein dumpfer, muffiger Geschmack nach Kork im Wein. Ein Grund für eine sofortige Beanstandung. Die Flasche wird selbstverständlich von jedem Weinbauern oder Kellner ausgetauscht.

Messwein ist der Wein für die hl. Messe; er darf weder aufgebessert noch entsäuert werden.

Oenologie bedeutet Weinbaukunde (von griechisch: Oinos, Wein). Der Oenologe ist der Kellermeister, Weinfachmann mit wissenschaftlicher Ausbildung.

Primeur ist die Bezeichnung für bestimmte, sehr jung auf den Markt kommende Weine (z. B. Beaujolais Nouveau, Junge Österreicher).

Prosecco ist nicht, wie viele meinen, ein billiger Sekt, sondern der Name einer Traube aus dem Friaul. Der Wein aus dieser Traube wurde einst mit weniger Kohlensäure als im Sekt üblich versetzt, um die heute nicht mehr existente Schaumweinsteuer zu umgehen. Die Steuer ist weg, der *Prosecco* aber setzte seinen Siegeszug in der europäischen Gastronomie fort.

Sabrieren: Schon Napoleon öffnete auf diese Art CHAMPAGNERflaschen. Mit einem speziellen Champagnersäbel wird die Flasche mit der einen Hand schräg von einem weg gehalten und mit der anderen Hand beherzt und mit Schwung leicht schräg vom Körper weg geköpft. SABRIEREN will geübt werden, also vorher testen, bevor Sie damit auftreten.

Säure hält den Wein frisch und langlebig, kann oft auch störend wirken, wenn sie zu dominant ist.

Spumante, das schäumend bedeutet.

Tafelwein ist Wein der untersten Qualitätsstufe im Weingesetz; früher der Wein für die Tafel, also etwas Besonderes.

Terroir ist das Zusammenspiel von Lage, Witterung und Boden.

WEISSWEINE AUS ÖSTERREICH

Grüner Veltliner

Eher jung, als Heuriger (Wein aus dem laufenden Jahr) maximal 2 Jahre, bei Kabinett oder Spätlesen auch 5 Jahre. Als Wachauer Smaragd bis 10 Jahre (Altwein).

Perfekt zu allem, was Spaß macht! Als APERITIF oder Begleiter zu einer leichten Vorspeise, hellem Fleisch und einer leichten Fischspeise. Als Kabinett/Spätlese zu einem süßen Dessert oder

Hartkäse. Typisch ist sein trockenes, pfeffriges Aroma. Gibt nicht vor, mehr zu sein als er ist. Der beste Einstieg für den ungeübten Weinliebhaber sind: DAC Weinviertel, Kremstal, Kamptal, Wachau, Wien (gelten als beste Anbaugebiete).

Riesling (nicht Welschriesling)
Von jung als einfacher Wein bis 25 Jahre als Wachauer Smaragd, Qualität oder Spätlesen, selten noch höhere Prädikate, in mittelmäßigen Jahrgängen 1 bis 3 Jahre maximale Lagerung.

Der König der Weine. Ursprünglich aus Deutschland stammend, bringt auch Österreich grandiose, wenn auch mengenmäßig weniger Weine hervor. Der ideale Begleiter für kräftige Vorspeisen, Fisch und dunkles Fleisch durch sein feines Rosen-/Pfirsich-Aroma mit edlem, fruchtigem, rassigem Geschmack. Kann oft einen recht hohen Säuregrad aufweisen, der dann beim ESSEN störend wirken kann.

Weißer Burgunder (Pinot Blanc)
Bei nicht so guten Jahren und mittelmäßigen Produzenten bereits nach 2 bis 3 Jahren am Höhepunkt. Er kann in großen Jahren und bei höheren Prädikaten auch gut 5 bis 10 Jahre lagern.

Der ideale Essensbegleiter, der bei guter Qualität fast jedes Essen verfeinert. Wird oft auch als Süßwein zu Nachspeisen angeboten. Mutigen empfehle ich ein Gläschen Weißburgunder Ausbruch oder Trockenbeerenauslese mit einer Gänseleberpastete – himmlisch!

Chardonnay (in der Steiermark Morillon)
Braucht 2 bis 3 Jahre bei guten Qualitäten, um trinkreif zu werden. Spitzenweine erreichen nach 5 Jahren ihre Topqualität.

Schmeckt immer nach ganz reifen Äpfeln mit einer rassigen, gut stützenden Säure. Ein nobler und edler Wein. Perfekt zu einem großen Abendessen, kann jedoch oft sehr dominant sein und eine leichte Speise überdecken. Perfekt zu Meeresfrüchten und Austern.

Sauvignon Blanc (Muskat-Sylvaner)
In der Jugend (bis 2 Jahre) ein ungestümes wildes Kind, dann steigert er sich immer mehr, wird grandios bis unglaublich (5 Jahre). Als Spitzengewächs der Toplagen aus der Steiermark bis 10 Jahre haltbar (teilweise mit Barrique-Geschmack, was nicht allen schmeckt).

Hat eine grasige Note mit Düften nach Schwarzer Johannisbeere und Paprika, gepaart mit einer rassigen Säure, die er auch im

Alter oder als Dessertwein selten verliert. Ist daher ein idealer Essensbegleiter und meistens nur von wirklichen Kennern und Liebhabern geschätzt. Ideal zu würzigen Speisen wie Curry oder Meeresfischen, indonesischen Fleischspeisen etc.

Welschriesling

Trinken Sie ihn jung, Lagerung maximal 1 bis 3 Jahre. Gute bis sehr gute Qualität in der Steiermark.

Er hat eine würzige (Kräuter-)Note; hervorragende Sektgrundlage. Ein leichter Wein, wenn trocken ausgebaut, angenehm zu Vorspeisen und hellem Fleisch. Im Burgenland wird er auch gerne als süßer Prädikatswein ausgebaut.

ROTWEINE AUS ÖSTERREICH

Werden aus blauen (schwarzen) Trauben gemacht; die Farbstoffe befinden sich in der Beerenschale, der Saft ist weiß. Während der Gärung löst der Alkohol die Farbstoffe aus den Schalen.

Blauer Burgunder (Pinot Noir)

Gute Weine brauchen ihre Zeit, bis 3 Jahre. Feine Pinot Noirs auch 5 bis 8 Jahre.

Passt zu einem festlichen ESSEN, trocken, samtig und reif. Ein edler Wein auch für die stillen Stunden vor dem Kamin mit einem guten BUCH.

Blaufränkischer

Im ersten Jahr frisch und fruchtig, gewinnt im zweiten Jahr an Körper und Reife. Nach 2 bis 4 Jahren entwickelt er eine feine samtige Note.

Ein idealer Essensbegleiter, gehobener Tischwein zu Rindfleisch, Wildgerichten und Käse.

Zweigelt (Rotburger) St. Laurent – Blaufränkisch Kreuzung

Zwei bis vier Jahre bei guten Qualitäten, baut dann recht rasch ab.

Wie der Blaufränkische ein angenehmer Wegbegleiter beim ESSEN, vielleicht eine Spur samtiger und runder mit einer milden Säure.

Cabernet Sauvignon
Nicht unbedingt die optimale Rebensorte für Österreich. Lagerung zwischen 2 und 5 Jahren.

Oftmals einfach und eintönig, nur im Cuvée mit einem Merlot oder einem anderen fruchtigen Rotwein als begleitender Wein für dunkles Fleisch geeignet.

St. Laurent
Reift langsam, gute bis sehr gute Jahrgänge erreichen zwischen 3 und 5 Jahren ihren Höhepunkt, Spitzengewächse oft erst nach 10 Jahren.

Sehr zu empfehlen zu festlichen Anlässen, perfekt zu Wildgerichten und kräftigen Käsesorten.

Blaue Wildbacher - Schilcher
Bitte immer jung trinken. Lagerung bringt rein gar nichts. Er schmeckt im ersten Jahr am besten.

Zu einer einfachen Brettljause passt er besonders gut. Durchaus auch als APERITIF zu servieren. Die meist hohe Säure vermittelt eine große Frische. Der Schilcher ist ein beliebter einfacher Rotwein und kein Rosé!

Uhudler ist Wein aus weißen und roten Direktträgersorten (unveränderte, ehemals – 1900 – importierte amerikanische Reben, auch Ur-Reben genannt, die der Reblaus widerstehen konnten). Der Uhudler ist ausschließlich auf das Südburgenland beschränkt. Der weiße Uhudler ist goldgelb mit fein würzigen Fruchtaromen. Der rote Uhudler besticht durch seine intensive Frucht, üppig reife Waldbeer- und Himbeeraromen, angenehme Säure und den frischen Abgang. Lange Zeit nicht als Wein anerkannt, ist er etwas für Genießer.

Rosé ist hellroter Wein von Rotweintrauben. Die besten Rosé-Weine sind aus Zweigelt oder Blaufränkisch. Durch rasches Abpressen gelangt nur wenig Farbstoff aus der Beerenschale in den Wein. Er eignet sich hervorragend als APERITIF oder zu Vorspeisen und hellem Fleisch. In Amerika war lange der Tipp en vogue: *„If you don't know which* (also rot oder weiß?), *take a Rosé."*

KLASSIFIZIERUNGEN

Qualitätswein: Hier beginnt das Weintrinken für den Freund guter Weine, gehaltvoll, mindestens 9 Prozent Alkohol.

Prädikatswein: Spätlese, Auslese, Strohwein, Eiswein, Beerenauslese, Ausbruch und Trockenbeerenauslese.

Kabinettwein: nicht aufgebessert und maximal 13 Prozent Alkohol, kräftige, trockene Weine.

Spätlesen: vollreife Trauben, ein Hauch von Restsüße.

Auslese: vollreife, ausgewählte Trauben, kräftig und mit deutlicher Restsüße.

Beerenauslese: überreife, edelfaule Trauben, dunkle Farbe und erhebliche Restsüße.

Ausbruch: Spezialität aus Rust/Burgenland; aus edelfaulen, überreifen und eingetrockneten Trauben, Süßweinbombe.

Trockenbeerenauslese: Der König der Süßweine, nur in kleinen Mengen zu empfehlen.

Eiswein: Die Trauben müssen bei mindestens 8 Grad Minus gelesen werden und sogleich, also noch gefroren gepresst werden, und zwar naturgefroren, am Stock, wie auch in Deutschland. In anderen Ländern ist anderes erlaubt, etwa in Amerika, wo Trauben in Kühlhäusern gefroren werden, oder in Frankreich mit dem Kryoextraktion-Verfahren. Die Weine haben eine große Süße gepaart mit interessanten Aromen; selten und meist teuer.

Wachauer Klassifizierung:

Steinfeder: leichte, süffige Weine.

Federspiele: höhere bis hohe Qualitäten mit ebenfalls höherem Alkoholgehalt.

Smaragd: höchste Qualität gepaart mit hohem Alkoholgehalt, zu kräftigen Speisen; aber genießen Sie nicht zu viel davon, er sollte mindestens 3 bis 5 Jahre gereift sein.

WEINE AUS DEM REST DER WELT:

Ein Weinbuch unter 500 Seiten ist eigentlich nicht ernst zu nehmen, so vielfältig präsentiert sich die Weinwelt in den rund 40 Weinbau betreibenden Ländern rund um den Erdball. Hier einige *Highlights*, die in den meisten Weinkarten vorkommen werden.

FRANKREICH

Immer noch der Nabel der Weinwelt; hat wahrscheinlich weltweit die besten Voraussetzungen und Terroirs.

BORDEAUX

Ist ein Synonym für die besten Rotweine der Welt und nach Österreich auch für die zweitbesten Süßweine! Über 300 Jahre Erfahrung zeigen sich hier in Qualität, Lagerfähigkeit der Weine und Fachwissen der französischen Weinproduzenten.

Erstklassige trockene Weißweine aus der *Sauvignon-* und aus der *Semilion*-Traube, Süßweine aus der Region *Sauternes* und *Barsac.*

Rotweine werden in erster Linie aus *Cabernet Sauvignon* (und hier können die das!), *Cabernet Franc* und *Merlot* hergestellt. Die Langlebigkeit und langsame Reifung der Spitzengewächse ist enorm. Die Größten der Großen erreichen erst nach 15 bis 25 Jahren ihren Höhepunkt.

Die wichtigsten Teilregionen von Bordeaux mit den Flaggschiffen:
Pomerol (Château Pétrus, Château Le Pin)
Saint-Émilion (Château Ausone, Château Angélus, Château Figeac, Château Cheval Blanc, Château Valandraud)
St. Julien (Château Beychevelle)
Graves (Château Haut-Brion)
Moulis (Château Poujeaux)
Fronsac (Château de la Rivière)
Pauillac (Lafite-Rothschild, Latour, Mouton-Rothschild)
Margaux (Château Margaux)
Sauternes (Château d'Yquem, Château Suduiraut)

BURGUND – Bourgogne

Das Herz Burgunds ist die *Côte d'Or* mit der *Côte de Nuits* und der *Côte de Beaune.*

Großartige Rotweine werden hier tatsächlich von Weißweinen übertroffen. Burgund mit Satelliten wie *Beaujolais* und *Pouilly-Fuissé* hat eine Vielfalt von Klassifizierungen wie *AO-Regional, Villages-Weinen, AO-Crus, Premiers Crus* und *Grand Crus.*

Die wichtigsten Weißweine-Appellationen der *Côte de Beaune* sind:
Puligy-Montrachet
Chassagne-Montrachet
Meursault
Aloxe-Corton

Die wichtigsten Rotweine-Appellationen (kontrollierte Ursprungsbezeichnungen) der *Côte de Beaune* sind:
Volnay
Pommard
Corton

An der *Côte de Nuits* empfehlen wir:
Gevrey-Chambertin
Chambertin
Musigny
Clos-Vougeot

Und wenn das Erbe groß genug ausgefallen ist, warum nicht einen Rotwein der Gemeinde *Vosne-Romanée* ankaufen (guter Geschmack kann auch teuer sein)?

Der wichtigste Weißwein der Region ist natürlich der *Chablis,* der vom *Petit-Chablis* (nomen est omen) bis zum großartigen *Chablis Grand Cru* zu haben ist. Er ist ein reinsortiger Chardonnay mit interessantem Säurespiel und großem Aroma.

ITALIEN

In einer perfekten Wein-Welt dürfen folgende italienische Weine nicht fehlen:

PIEMONT

Barolo, Barbaresco, Dolcetto und der *Grignolino D'Asti* für die Rotweintrinker und der *Gavi di Gavi* und der *Arneis* für die Freunde der Weißweine.

TOSKANA

Die großen Vini da Tavola, *Tignanello, Sassicaia, Ornellaia* und der *Solaia* setzen weltweit Maßstäbe.

Ein *Chianti Classico (Antinori, Frescobaldi, Monsanto…)* ist immer eine große Freude.

Überstrahlt wird all dies vom satten, großen und robusten *Brunello di Montalcino,* ein Rotwein der Superlative.

VENETO

Der wohl bekannteste Wein ist der *Valpolicella.* Greifen Sie zu *Classico* oder *Superiore.* Besondere AUFMERKSAMKEIT verlangt der *Amarone della Valpolicella.*

Sonst gibt es dort nur leichte Weine wie *Soave* mit der Ausnahme eines wirklich guten *Bianco di Custoza* (*Arvedi D'Emilei* oder *Zenato*).

Großartige und sehr gute Weine kommen auch aus Sardinien, Sizilien, Umbrien (Orvieto), den Marken (Verdicchio). Sie finden aber nur selten den Weg in unsere Heimat. Was nach Österreich gelangt, ist meist Massenware. Schade!

SPANIEN

Ein *Reserva* oder *Grand Reserva* sollte es sein. *Rioja* ist nicht mehr zwingend vorgeschrieben, auch *Valdepeñas (Viña Albali), Ribera del Duero (Vega Sicilia), Penedès (Torres)* und *Navarra (Lautus)* sind Lieferanten von guten bis sehr guten Rotweinen.

Herkunftsland des berühmten Sherrys von trocken (fino) bis süß (cream). Spanien exportiert seit den letzten 10 Jahren interessante und sehr beständige Weine.

PORTUGAL

Weder der grandiose *Portwein (Taylor, Cálem, Sandemann, Croft)* noch einige der besten Rotweine finden bei uns eine große Anhängerschaft – leider.

Der *Ruby Port* ist immer leicht süßlich und als Einstiegsdroge zu bewerten, der *Tawny* bernsteinfarbig, trockener und als APERITIF die Alternative.

Ein *Vintage Character* oder *Late Bottled Vintage* ist nur die Vorstufe zum König der Ports, dem *Vintage Port*. Lagerung bis unendlich (50 Jahre sind kein Problem). Ein krönender Abschluss für jedes Festessen. Dekantierung notwendig: nur für die allerbesten Freunde gedacht!

Hier ist für den Fachmann der Jahrgang wichtig:

Traumjahrgänge waren 2007, 2005, 2003, 2000, 1994, 1985, 1977, 1975, 1970, 1966, 1963, 1955, 1938, 1933, 1928…

Weine aus Übersee: von Chile über Kalifornien, Australien, Neuseeland nach Südafrika, Argentinien und…

Die *Chardonnays* sind durch übermäßigen *Barrique*-Einsatz gänzlich zu Grunde gerichtet worden und schmecken aus all diesen Regionen ähnlich. Wenden Sie sich dem *Sauvignon* aus Chile und Neuseeland zu.

Wenn Sie nun entsetzt der Meinung sind, hier irrt die Redaktion, haben Sie recht. Es gibt einige großartige Betriebe mit wirklich guten Weinen. Es lohnt sich immer, diese zu suchen – oder noch besser zu besuchen. Nicht alles, was nach Österreich kommt, ist typisch für die Region, die vorne auf dem Etikett steht. Einheitsbrei vermischt mit der Geschäftstüchtigkeit einiger Produzenten und Importeure versperrt oft die Sicht auf die wirklich guten Weine in den so weit entfernten *Valleys*.

YACHT

Etikette an Bord:

1. Die *Crew* ist hier, um Sie zu verwöhnen. Sie sind nicht Ihre Sklaven.
2. Man bittet den Kapitän um Erlaubnis, „an Bord kommen zu dürfen“ (*Permission to come aboard?*). Wann immer Sie Besucher mitbringen, sollten Sie zuerst fragen.
3. Ziehen Sie Ihre SCHUHE immer aus, wenn Sie an Bord gehen. Absätze zerkratzen das empfindliche Deck – der Albtraum eines Bootseigners. Sie haben daher Deck-, saubere Tennis- oder Laufschuhe im Gepäck.
4. Bringen Sie leichtes, faltbares Gepäck. Platz ist Mangelware.
5. Gehorchen Sie den Anweisungen des Kapitäns. Er hat das letzte Wort.
6. Trinken Sie nicht zu viel ALKOHOL.
7. Laute Musik und störender Lärm wird auf See vermieden. Es gefährdet Ihre Sicherheit und es nervt andere Gäste, in Häfen und Buchten die Passagiere anderer Schiffe. In Buchten, in denen geankert wird, herrscht bemerkenswerte Stille.
8. Wasser ist ein guter Schallträger. Selbst geflüsterte Worte hört man als Schwimmender noch in einiger Entfernung vom Schiff. Generell gilt, dass man alles überall auf einem Schiff gut hören kann. Das sollten Sie immer bedenken.
9. Besuchen Sie die Kombüse nicht ohne Voranmeldung und Genehmigung.
10. Vergeuden Sie kein Süßwasser.
11. Die TOILETTE (*the head*) einer Yacht sollte man nicht verstopfen. Informieren Sie sich vorher, wie man die Schiffstoilette(n) bedient. Die Regel lautet, dass in eine Schiffstoilette alles kommen kann, was zuvor verdaut wurde.
12. Trinkgeld (*Tip*) gibt man am Ende dem Kapitän für die gesamte *Crew*, wobei man durchaus den Aufteilungsschlüssel festlegen kann. 10–15 Prozent der Charterkosten sind angemessen für all die Menschen, die während der Reise Ihre Navigatoren, Kellner, HAUSPERSONAL, Tauchlehrer, Landausflugs-Reiseführer, Bootsskipper, Backgammon-Partner, Barkeeper und Köche waren. Haben Sie einen erstklassigen Urlaub genossen, so sollten Sie sich auch erstklassig verabschieden.

STICHWORTVERZEICHNIS

Abend 16, 28, 30, 34, 58, 74, 86, 107, 116, 142, 148, 156, 163, 173, 180, 192, 204, 206, 214, 231, 233, 254, 262, 270, 271, 277, 280, 282, 284, 285, 287, 288
Abendanzug 155, 272
Abendeinladung 34
Abendessen 15, 26, 72, 74, 75, 93, 130, 148, 152, 155, 175, 237, 263, 272, 276, 282, 284–286, 295–297, 299, 307, 353
Abendkleid 26, 171, 203, 229, 268, 274, 284, 307
Abendkleidung 179, 262, 273
Abend-Outfit 268
Abendschuhe 269
Abendtäschchen 204, 283
Abendveranstaltung 14, 155, 268
Abengagieren 27
Abenteuerurlaub 282
Aberglaube 77
Abkürzung 155, 156, 187, 188, 227, 245, 246, 338
Ablehnung 320
Abrechnung 308, 313
Abrichten 78
Absage 44, 164, 313
Absatz 63, 142, 269, 278–280, 283, 284, 316, 361
Abschlagszeit 315
Abschusstrophäen 79
Accessoire 13, 72, 78, 117, 141, 142, 203–206, 267–269, 280, 283
Achtung 80, 143, 217
Adel 13, 19, 67, 208, 279, 326
Adelsanschrift 227
Adressierung 227
Affront 14, 56, 157, 178, 249
Afrika 296
After Christmas Party 234
After Dinner Party 233, 234
Ägypten 296
Aikido 132
Aircondition 301
Ajurveda 22
Akademische Viertelstunde 130
Akademischer Grad 338
Akkolade 23
Akzeptanz 66, 133
Alkohol 15–17, 21, 42, 120, 136, 164, 173, 207, 222, 233, 296, 298, 303, 318, 354, 356, 361
Alkohol an Bord 303
Alkohol und Autofahrt 17
Alkoholfreie Getränke 15, 17, 21, 163, 173, 232, 234
Alkoholgehalt 16, 207, 356
Alkoholkonsum 15, 173, 303
Alkoholverbot 151
Alkopop 16, 207
Alleinstehender 147
Alleinunterhalter 152
Allergie 54, 149, 162
Altersbeschränkung 317
Amerika (siehe Vereinigte Staaten)
Amerikanische Rebe 355
Amor 102
Amtstitel 330, 335, 337
Anbahnung 124
Anekdote 139, 153, 175
Anerkennung 41, 84, 101, 165
Anfänger (Schi) 314
Angeberei 17, 124
Angst 97, 120, 146, 303, 320
Ankleiden 58
Anklopfen 17
Anmache 88
Anmeldung 129, 348, 361
Anrede 14, 18, 47, 59, 178, 207–209, 227, 301, 335, 337, 338
Anrufbeantworter 20, 98
Ansprache 26, 136, 137, 158, 186
Ansprechen 19, 20, 60, 88, 89, 113, 178, 257, 313
Ansprechpartner 348
Anstand 107, 137
Anständigkeit 43
Anstellen 19, 20, 97, 314, 350
Antanzen 89
Antialkoholiker 195
Anzug 57, 96, 109, 121, 155, 218, 261, 262, 267, 268, 270–273, 276, 278, 279, 282, 285, 286, 349
Aperitif 20, 21, 129, 163, 164, 210, 232, 299, 322, 352, 355, 359
Apfel 210, 238, 240, 322, 353
Applaus 121
Aprikose 240, 288
Argentinien 308, 359
Ärger 126, 290
Aristokrat 13
Arm 28, 49, 62, 69, 113, 148, 177, 218, 284, 285, 290, 304, 329, 347
Ärmelknopf 109
Artischocke 236
Arznei 150
Aschenbecher 163

Asiatische Gäste 194
Asiatische Kampfkunst 132
Asiatischer Einfluss 21
Asiatischer Händedruck 71
Atmosphäre 74, 97, 120, 199, 242
Attachment 224
Audienz 22
Auffordern 27, 38, 89, 174
Aufführung 91, 192
Aufguss 318
Aufmerksam 41, 78, 86, 94, 95, 102, 170, 177, 188, 195, 250, 261, 286, 289, 313
Aufmerksamkeit 62, 70, 178, 226, 230, 233–235, 289, 303, 308, 358
Aufrichtigkeit 138
Aufriss 88
Aufsicht 93, 149, 150, 319
Aufstehen 22, 27, 121, 188, 304, 317
Auftreten 45, 65, 107, 152, 280, 352
Auftritt 95, 97, 134, 158, 286
Aufzug 23, 56, 94, 134
Augen 57, 70, 71, 91, 107, 161, 179, 180, 195, 204–206, 256, 291, 322
Augenaufschlag 27, 99
Augenflirt 89
Augenkontakt 70, 88, 167, 256
Augenzwinkern 175
Ausbau (Wein) 195, 351
Ausbildung 75, 103, 225, 258, 352
Ausbruch (Wein) 353, 356
Auseinandersetzung 29, 30
Ausgeglichenheit 131
Auslese 356
Äußerlichkeit 56
Aussteigen 23, 24, 114, 303, 304
Ausstellung 89, 185, 186
Ausstrahlung 98
Auster 161, 236, 353
Australien 180, 359
Auszeichnungen und Ehrungen in Österreich 23, 121, 210, 330
Auto 16, 17, 23, 24, 55, 80, 105, 173, 174, 176, 205, 223, 233, 254, 305, 308
Autogenes Training 114, 115, 256
Autogramm 25
Autorität 103, 296

Baby 173, 234, 241, 304
Baby cott 304
Baby Party 234
Bacardi 207
Bachelor 338, 339, 344–346
Backhendl 238
Bad Homburg 79
Badeaufenthalt 282
Badegast 318
Badehaube 318
Bademantel 152, 276
Badestrand 56
Baedeker 179
Bagua 132
Bahnfahrt 189
Bakkalaureus 339, 340, 345
Balance 131, 174, 328, 329
Ball 284–286, 326–328
Ballkleid 284
Ballkomitee 26
Banane 238
Bankett 136, 195
Baron 208
Barriere 162, 201
Barrique 351, 353, 354
Bauerntanz 327
Beamter 330
Beaujolais Nouveau 352
Bedanken 41, 121, 150, 169, 222
Beduinen 298
Beerdigung 31, 85, 123, 134, 176, 218–223, 271
Beerenauslese 356
Begleitung 24, 27, 38, 61, 112, 121, 124, 126, 144, 148, 179, 188, 192, 231, 283, 313
Begrüßung 69–71, 124, 164, 204, 254, 300, 301, 313
Beifall 121
Beileidsschreiben 41, 123
Beine 24, 28, 105, 148, 238, 268, 269, 272, 289
Beipacktext 150
Beißkorb 306, 308
Bekannt machen 8, 28, 188
Bekenntnisgemeinschaft 66, 252
Beleidigung 14, 19, 29, 118, 239, 254
Belgien 13, 293, 296
Benachrichtigung 8, 30
Berg 137, 254, 309, 310, 336
Berg Heil 309
Berufstitel 19, 23, 178, 187, 227, 330, 334, 335, 337
Bescheidenheit 17, 124, 191
Beschwerde 16, 30
Beschwörungstanz 326
Besetztzeichen 176
Besonnenheit 138, 147
Besprechungszimmer 123, 348
Bestattungsinstitut 31
Besteck 31, 45, 49, 92, 93, 115, 163, 169, 177, 178, 238–240, 242, 300, 312, 313, 321, 322

Besuch 53, 92, 96, 120, 123, 128, 148, 194, 250, 282, 287, 298
Bewerbung 32, 33, 104, 190, 223–226, 348
Beziehung 19, 33, 57, 66, 123, 144, 155, 178, 194, 295
Bier 15–17, 21, 163, 207, 231, 232, 322
Bikinioberteil 301
Bildung 45, 61, 107
Billett 65, 184
Billetttasche 292
Bindung 147
Birne 210, 238, 322
Black tie 155, 272
Blaue Wildbacher 355
Blauer Burgunder 354
Blaufränkischer 354
Blazer 268, 270, 271, 283, 285, 286
Blickkontakt 58, 68, 98, 113, 134, 156, 158, 314
Blin 239
Bloody Mary 21
Blumen 31, 33, 34, 62, 72, 75, 86, 87, 117, 163, 164, 218, 220, 222, 223, 226, 230–234, 260, 263, 284, 285
Bluse 170, 257, 268, 269
Bolivien 298
Boogie 171
Bordeaux 351, 357
Bourguignonne 238
Bouteille 351
Braut 74, 76, 136, 143, 259–264, 283, 284
Brauteltern 77, 263
Bräutigam 136, 143, 260–264, 285
Brautkleid 75, 213, 261
Brautkrönchen 284
Brautstrauß 263
Brautvater 136, 263
Brautzug 262
Breakdance 327
Brettljause 355
Brief 34, 35, 41, 46, 51, 63, 98, 183, 207, 217, 227–235, 261
Briefpapier 35, 217, 228
Brieftasche 177
Brillant 141
Brille 170, 205, 206, 254, 283
Brogue 279
Brot 117, 121, 164, 233, 234, 236–238, 248
Brotteller 236, 321
Bruch 84, 182
Bruderkuss 35
Bruderschaft 19, 35
Brunch 231, 237
Bruststern 121, 276
Brusttasche 115
Brut 351
Buch 25, 35, 36, 45, 74, 108, 152, 177, 178, 202, 210, 232, 233, 242, 246, 283, 300, 354
Buchpräsentation 185, 186
Budapester (Schuh) 278, 279
Buffet 93, 166, 167, 189, 230, 231, 233
Bundesheer 211, 213, 225
Bundeskanzler 23, 128, 209, 325
Bundespräsident 167, 210, 325, 334
Burgenland 196, 253, 354–356
Bürgermeister 23, 325
Burgund 326, 351, 357
Business Card 187
Bussi 200
Bussi-Bussi 36, 68
Buttermesser 236, 321

Cabernet Sauvignon 355, 357
Cakewalk 327
Calla 226
Campari 210
Casino 63, 108, 250
CAT (clear air turbulence) 305
Catnap 114
Cellular phone 72
Cha-Cha-Cha 171, 327
Champagner 15, 21, 108, 184, 196, 207, 230–234, 316, 352
Champagner-Frühstück 15, 230
Chapeau Claque 204, 275
Chardonnay 353, 358, 359
Charleston 327
Charme 37, 99
Chatten 37
Chicorée 240
Chile 296, 359
China 52, 297, 300
Chinoise 238
Chrysantheme 218, 226, 227
Chukker 316
Clotted cream 231, 232
Clubbing 38, 89, 327
Clubhaus 316
Cocktail 15–17, 38, 39, 107, 108, 129, 188, 232
Cocktailkleid 268, 284
Cocktailparty 53, 152
Cognac 16, 42, 207
Computer 37, 46, 51, 82, 118
Concierge 180, 249
Contenance 39, 40, 144, 249, 315
Cool 158, 327
Cordhose 270
Corporate Identity 187
Couturier 109
Cravate blanche 273
Cravate noir 272
Crew 199, 308, 361
Curriculum vitae 224, 226, 245
Curry 354
Cutaway (Cut) 259, 261, 262, 271, 272, 278, 285, 316

Cuvée 195, 351, 355
Cynar 210

Dame 18, 19, 22–28, 33–35, 39, 40, 57, 59, 61, 63, 65, 68–72, 74, 75, 78, 79, 99, 102, 107, 109, 121, 127, 133, 134, 141, 142, 147, 153, 156, 161, 162, 165, 166, 168, 172, 179, 181, 182, 188, 189, 196, 203–206, 218, 229, 230, 232, 253–256, 260, 262–264, 267–269, 273, 280, 283, 284, 287–289, 292, 301, 305, 306, 310–314, 317, 318, 328, 329, 348, 349
Damengarderobe 95, 268
Damenkarte (Speisen) 310
Damenwahl 26
Dandy 40
Dank 41, 62, 65, 73, 102, 169
Dekantieren 163, 351
Dekolletee 218, 261, 267, 284
Dekoration 34, 163, 167, 240
Deodorant (Deo) 123, 287, 289, 317
Depression 291, 320
Design 31, 79, 109, 187, 203, 204, 207, 277, 292, 339, 341, 344
Dessert 136, 163, 165, 231, 237, 352
Dessertbesteck 169, 237, 242, 322
Dessertteller 322
Dessertwein 322, 354
Diät 303
Digestif 41, 165, 231
Dinner 38, 77, 93, 166, 197, 232–234, 258, 307
Dinnerjackett 155, 262, 272, 285
Diplomat 168, 204, 214, 248
Diplom-Ingenieur/in 340, 345, 346
Diplom-Kaufmann/-frau 178, 345
Direktträgersorte 355
Disko 16, 95, 151, 214, 327
Diskretion 42, 104, 143, 191, 197
Distanz 23, 55, 69, 201
Disziplin 56, 177, 191, 297, 314
Doktor 19, 209, 340, 343–345
Dolmetscher 345
Dominanz 319
Doppelmanschetten 276
Dreitagesbart 287
Dresscode 95, 166, 192, 268, 271, 272, 284, 286, 307
Drink 28, 38, 89, 173, 207, 232, 310, 314, 316
Druckfehler 186, 246
Duft 123, 194, 287, 353
Duftstoff 123
Durchlaucht 14, 208, 227
Durchsteckknöpfe 275
Dusche 287, 289, 298
Du-Wort 18, 19, 35, 254

Eau de Toilette 163, 287
Ecuador 298
Edelbrand 42
Ehe 56, 75, 86, 140, 143, 146, 185, 191, 264, 347
Eheanbahnungsinstitut 307
Ehepartner 86, 144, 168
Eheschließung 66, 76, 124, 140, 259, 347
Eheverlöbnis 185, 347
Eheversprechen 184
Ehre 25, 43, 70, 138, 197, 219, 246, 259
Ehrenamtlich 43
Ehrengast 24, 76, 134, 149, 235, 264, 297, 312
Ehrenmann 64
Ehrenplatz 167
Ehrensache 64, 107
Ehrenwort 138
Ehrlichkeit 70, 80
Ehrung 23
Ehrwürden 208
Ei 231, 237
Eierlöffel 237
Eierschalensollbruchstellenverursacher 237
Eifersucht 226
Eigenbeobachtung 147
Eingliederung 48, 80
Einigung 110
Einladung 15, 21, 28, 33, 38, 41, 43, 44, 62, 66, 76, 85, 86, 102, 117, 128–130, 133, 141, 152, 161–167, 169, 184, 189, 192, 195, 221, 224, 227–235, 237, 258–262, 268, 284–286, 297, 299, 307, 312, 313, 348
Einladungsbuch 44
Einladungskarte 43, 259
Einladungsliste 125
Einmischung 144
Einsteigen 23, 24, 205, 301, 306
Einweihungsfeier 117
Eiskübel 163
Eiswein 356
Eklat 29, 249
El Salvador 297
Eleganz 45, 109, 275
Elektronische Unterhaltung 304
Ellbogen 49, 148, 177, 301, 303
Elmayer-Kränzchen 197, 213–215
Elterliche Erziehung 45, 49
Eltern 17, 45, 46, 49, 55, 63, 74–76, 89–91, 93,

94, 100, 103, 126, 137, 143, 144, 150, 151, 172, 188, 224, 228, 258–260, 282, 295
E-Mail 31, 32, 35, 41, 44, 46, 47, 98, 167, 183, 216, 217, 223, 228, 229
Eminenz 208, 227
Emotion 39, 75, 97
Empathie 200
Empfang 24, 39, 56, 95, 129, 164, 184, 189, 259, 260, 278
Empfehlung 188
Empfindung 118
Energie 77, 114, 120
Energiepegel 114
Energy Drinks 207
Engagement 43
England 204, 207, 226, 296, 316, 327
Englischwalzer 171
Entscheidungshilfe 77
Entschuldigung 14, 48, 59, 186
Entspannung 114, 115
Enttäuschung 86, 169, 315
Erbschaftsstreitigkeit 110
Erdapfel 237
Erdbeere 238, 240
Erfolgsfaktor 191
Erfolgsrezept 98
Erkältung 172
Erklärungsbedürfnis 320
Ernährung 56
Eröffnung 26, 120, 121, 135, 154, 185, 186, 192, 214
Erreichbarkeit 174
Ersatzpflicht 347
Erscheinung 45, 62, 64, 65, 275
Erstkommunion 48, 126, 295
Erziehung 45, 49, 78, 100, 129, 143
Erziehungsberechtigter 149
Escarpins 275, 276, 278
Espresso 42
Essen 15, 16, 20, 21, 26, 28, 32, 41, 44, 49, 50, 72, 85, 86, 88, 92, 93, 129, 136–138, 145, 146, 148, 161, 164–167, 177, 193, 196, 203, 221, 230, 231, 234, 236–242, 248, 259–261, 289, 296, 298, 300, 303, 307, 312, 313, 316, 353–355
Essensbegleiter 353, 354
Establishment 160, 191
Etikette 7, 13, 23, 36, 50, 75, 138, 140, 157, 181, 182, 184, 199, 309, 327, 361
Eure Heiligkeit 208
Eure Majestät 207
Europa (EU) 13, 26, 50, 75, 76, 118, 154, 273, 279, 293, 296, 318, 327
Europäer 50, 64, 186, 298
Event 197, 282
Exlibris 36, 246
Extremsportarten 225
Exzellenz 208, 209, 227

Fähigkeit 115, 137, 140, 169, 190, 200, 225, 349
Fähre 308
Fahrgemeinschaft 17
Fahrstil 314
Fairness 51
Familie 13, 17, 86, 121, 140, 161, 173, 215, 220, 221, 254, 297, 300, 306, 309, 347
Familienfeier 134, 231, 284–286
Familienschmuck 55
Farbe 33, 34, 84, 107, 193, 203–205, 218, 226, 267, 272, 273, 277, 283, 356
Faschingsball 28
Fauxpas 50, 51, 195, 250
Favoritenliste (Wein) 193
Fax 51, 98, 167, 228
Feiertage in Österreich 66, 252, 253
Feldenkrais 131, 132
Feng-Shui 51, 52
Fernsehen 53, 170, 197
Fernsehstudio 170
Fest 48, 54, 75, 76, 86, 117, 172, 261, 286, 237
Festgottesdienst 48
Festspiele 285
Festspielpremiere 272
Fettnäpfchen 85, 117
Feuer 22, 57, 133
Figur 98, 109, 267, 269, 272, 292, 328
Filmpremiere 120, 121
Filz 204
Finger 70, 93, 121, 146, 194, 236–238, 240–242, 290, 312
Fingerbowle (-schale) 146, 236, 238–241, 250
Fingerfood 53, 164, 184, 232
Fingernägel 287, 290
Fingersandwich 231
Fingerspitzen 71
Fingerspitzengefühl 117, 177
Finnland 293, 297
Firmenjubiläum 86
Firmkerze 48, 55, 126
Firmpate 54, 55, 125, 126, 295
Firmung 54, 55, 100, 126
Fisch 193, 232, 237, 238, 321, 353
Fischbesteck 321
Fischmesser 55, 237
Fitness 55, 56, 65
FKK 56
Fleischbesteck 321
Fliege 57, 261, 273
Flight 316

Flirt 57
Floskel 136, 249
Fluch 58
Fluchen 315
Fluchtwort 58
Flugangst 303
Flugreise 283
Flugreise mit Kindern 304
Flugzeug 64, 134, 137, 153, 175, 176, 189, 301, 304, 305, 308
Fondue (-gabel) 238
Foxtrott 171, 327
Frack 23, 26, 33, 41, 57–59, 95, 121, 141, 171, 203, 204, 206, 234, 271, 273–275, 278, 284–286
Fräulein 59, 60, 151, 188
Frage 23, 27, 31, 49, 60, 64, 74, 104, 107, 143, 146, 152–154, 175, 188, 190, 201, 236, 243, 248, 301, 307
Fragenkatalog 190, 349
Frankreich 129, 196, 274, 293, 317, 356, 357
Französische Accolade 68
Französischer Hof 279
Freigebigkeit 138
Freisprechanlage 174, 176
Freizeitaktivität 137
Fremdwort 14, 36, 51, 60, 244–249, 349
Fremdwörter (französisch) 244
Fremdwörter (lateinisch) 244
Freund/in 26–28, 30, 31, 38, 41, 44, 74, 76, 78, 81, 85, 89, 98, 104–106, 123–126, 140–144, 148–151, 162, 163, 179, 184 188, 192, 195, 215, 216, 220, 222, 233, 234, 244, 257, 260, 262, 263, 289, 298, 313, 356, 358, 359
Freundeskreis 80, 140, 148
Freundlichkeit 306
Friseur 80, 107, 287
Frisur 98, 107, 156, 158, 170, 284
Frizzante 21, 351
Fruchtbarkeitstanz 326
Früchtebowle 21, 210
Früchtewodka 21, 210, 322
Frühstück 175, 230, 231, 236, 237
Frustration 290
Führerschein 225
Führungspositionen 225
Füllfeder 115, 234
Füllwort 136, 170, 250, 251
Fun 146
Fußball 157, 300, 317
Füße 49, 62, 280, 287, 289, 290, 302, 319
Fußgänger 254

Gabel 32, 93, 236–242, 300, 301, 312, 313, 321, 322
Gähnen 62
Gänseleberpastete 353
Gästebademantel 151
Gästebuch 62, 165
Gästeliste 121, 162, 166, 233, 323, 324
Gästezimmer 151
Galonen 272, 273
Galosche 142
Gang 62, 63, 136, 153, 166, 189, 193, 263, 304, 321, 348
Garderobe 13, 40, 72, 79, 95, 109, 138, 142, 163, 166–168, 204, 205, 250, 268, 270, 278, 279, 282, 283, 286, 292, 309
Garten 51, 73, 166, 230, 231
Gast/Gäste 14, 17, 21, 22, 24, 26, 28, 29, 34, 44, 54, 59, 62, 68, 72, 73, 76–78, 85, 86, 93, 94, 117, 129, 130, 133, 134, 136, 137, 142, 148, 149, 151–154, 161–166, 168, 169, 173, 175, 180, 181, 192–195, 197, 199, 214, 220–222, 229–233, 235, 259–264, 278, 286, 297–299, 310, 312
Gasteltern 150
Gastfreundschaft 41, 73, 151
Gastgeber 17, 29, 41, 44, 53, 68, 72, 73, 78, 86, 104, 117, 125, 134, 136, 138, 142, 145, 148–151, 153, 154, 161, 162, 164–169, 173, 189, 192, 194, 195, 232, 233, 235, 253, 300, 310, 312, 313, 324
Gastgeberin 14, 22, 34, 40, 50, 62, 72, 145, 148, 149, 164, 165, 167, 168, 312, 324
Gattin 124, 229, 259
Gebäck 230, 236, 242
Gebetbuch 126
Gebräuche 137, 300, 326
Geburt 126, 143, 228
Geburtsanzeige 30, 63, 143, 228
Geburtstag 22, 48, 65, 86, 87, 118, 126, 134, 222, 293, 338
Geburtstagskartei 86
Gedeck 77, 167, 321
Gedenktag 86
Geduld 113, 201
Gefühle 23, 36, 72, 138, 152, 184, 186, 210, 216
Gegeneinladung 164, 165
Gehalt 15, 64, 349, 350

Geheimwissenschaft 120
Gehen 61, 62, 113, 206, 220, 263, 310, 311
Gehhilfe 206
Gehsteig 61, 204
Geisterbeschwörung 120
Geisteshaltung 138
Geld 43, 55, 63, 65, 80, 104, 105, 120, 126, 204, 223, 248, 260, 316
Geldgewinn 63
Gemahlin 124
Gemeinsamkeit 50
Gemeinschaft 45, 48, 80, 125, 147, 172
Gemeinschaftsgefühl 149
Gemeinwohl 66
Gemurmel 158
Generalprobe 128
Generalversammlung 135
Generation 56, 92, 138, 158, 177, 214, 215
Gentleman 24, 40, 64, 96, 204, 278, 280, 314
Gentlemen's Agreement 64
Gepäckfach 153, 302
Gepäckträger 180
Gerechtigkeit 138
Gericht (Justiz) 110, 176
Gericht (Speise) 54, 163, 164
Geruch 98
Geruchsbelästigung 15, 195
Geschäftsessen 137
Geschäftsleben 51, 71, 129, 141, 173, 243, 299
Geschenk 41, 45, 55, 64, 65, 72, 86, 100, 126, 230, 230–235, 260, 263
Geschmack 40, 65, 66, 88, 96, 115, 205, 207, 214, 237, 239, 241, 246, 249, 269, 351, 353, 358
Gesellschaft 17, 19, 22, 29, 59, 64, 67, 78, 85, 117, 131, 140, 142, 156, 161, 168, 173, 191, 196, 197, 202, 215, 261, 262, 297, 327
Gesellschaftstanz 171, 326, 327
Gesicht 37, 71, 121, 156, 170, 287, 290, 349
Gesichtsausdruck 158
Gesichtsreinigung 287
Gesichtsverlust 194
Gespräch 28, 32, 58, 60, 66, 69, 79, 83, 88, 99, 104, 112, 113, 140, 149, 152, 162, 174–176, 189, 190, 192, 223, 254, 256, 301, 306, 315, 348–350
Gesprächspartner 28, 82, 154, 161, 169, 174, 176, 348
Gesprächstermin 348
Geste 61, 72, 98, 157, 158, 263
Gestik 98
Gestikulieren 32, 290
Gesundheit 131, 207, 326
Getränk 15, 16, 21, 86, 92, 163–165, 167, 169, 173, 192, 194, 207, 230–234, 307, 312
Getränkeliste 45
Gewandtheit 45
Gewicht 63, 305, 317
Gin 107, 108, 207, 210
Gin Tonic 210
Gipsbein 302
Glas 15, 35, 39, 49, 51, 85, 92, 108, 116, 154, 163, 168, 178, 184, 193–195, 231, 234, 264, 300, 312, 313, 321, 352
Gläserrücken 120
Glaubensgemeinschaft 66, 223, 252
Gleichberechtigung 147
Gleichgeschlechtliche Beziehung 66
Goldmünze 126, 173
Goldpuder 107
Golf 84, 156, 157, 315, 316
Gottesdienst 48, 54, 100, 172
Gourmet 193
Graf/Gräfin 208
Grand Cru 351, 357, 358
Grant 67, 105, 202
Grapefruit 240
Gräte 55, 238
Grätenteller 238
Greenfee 316
Griechenland 118, 282, 293
Großbritannien 13, 118, 293, 300
Große Einladung 166
Grundlinie 314
Gründungstag 86, 293
Grüner Veltliner 193, 352
Gruß/Grüßen 20, 22, 35, 36, 47, 48, 60, 67–72, 78, 79, 84, 102, 116, 188, 206, 253–255, 300, 314, 318, 348
Gschaftlhuber 141
Gummi 88
Gürtel 13, 142, 203, 275, 280
GUS-Staaten 297
Guten Appetit 254

Haarbürste 150
Haare 226, 287, 289, 318
Haarspray 123
Haarwuchs 289
Händedruck 68–72, 78, 98, 256
Halle (Tennis) 314
Halskette 141
Halsschmuck 57
Halstuch 170
Haltung 39, 45, 60, 62, 97, 98, 107, 138, 139, 146, 158, 291

Hand/Hände 22, 31, 32, 36, 40, 44, 60, 62, 68–71, 74, 75, 78, 79, 85, 92, 109, 113, 115, 120, 121, 141, 146, 154, 172, 187, 191, 217, 218, 236, 239, 240, 247, 254, 256, 263, 287, 290, 291, 300, 301, 329, 352
Handgepäck 153
Handicap 319
Handkuss 60, 68, 71
Handschrift 35
Handschuhe 13, 26, 57, 71, 72, 97, 177, 203, 268, 275, 283–285
Handtasche 13, 177, 203, 205, 206, 283, 305, 313
Handtuch 72, 150, 163, 316–318
Handy 46, 72, 98, 115, 150, 155, 174–177, 201, 204, 230
Hang-over 206
Harmonie 45, 52, 165, 286
Hauptspeisenbesteck 321
Hausanzug 276
Hausball 28
Hausdame 180
Hausgast 41, 72, 73
Haushalt 73, 257
Haushälterin 258
Hauspersonal 72, 73, 127, 256, 257, 361
Hausschuhe 150, 278
Haustelefon 82
Haustiere 224, 306
Haustierverbot 308
Haut 107, 160, 240, 242, 287–289
Headset 82
Heiraten (Checkliste) 76, 259
Heiratsantrag 74, 75
Heiratsvermittler 102
Hemd 95, 101, 115, 205, 206, 218, 237, 257, 270, 271, 273, 274, 276, 282, 285, 286, 301
Hemdenstäbchen 276
Herr Ober 59
Herrengarderobe 270, 278
Herrenmode 40
Herrenschuhe 142, 279
Heuriger 352
High Tea 231
High-Heels 63
Hilflosigkeit 320
Hilfsbereitschaft 306
Hilfsorganisation 197
HIV-Virus (AIDS) 147
Hobby 29, 152, 225, 319
Hochachtung 143
Hochdeutsch 136
Hochmut 67
Hochschule 209, 244, 345, 346
Hochwürden 208, 227
Hochzeit 33, 54, 59, 67, 75, 76, 126, 134, 185, 258–266, 271, 272, 283, 285, 286, 296, 298
Hochzeitsessen 136, 262, 263
Hochzeitsfeier 258, 260
Hochzeitsgäste 260
Hochzeitsliste 77
Hochzeitsstrauß 226
Hochzeitstage 77, 86, 87, 264–266
Hochzeitstermin 77, 185, 259
Hochzeitszug 262
Hofetikette 51
Hofknicks 255
Höflichkeit 101, 129, 190, 301, 302, 348
Hole-in-one 316
Homburg 79, 204, 272
Homosexuelles Pärchen 66
Hongkong 52, 154, 207
Honorar 43
Horoskop 77
Hose 24, 63, 95, 203, 250, 261, 267–271, 273, 277, 282, 285, 286, 292, 316
Hosenanzug 218, 268, 283, 284
Hosenträger 203
Hotel 93, 94, 105, 180, 232, 282, 306, 309, 317
Hotel Imperial 210
Hotel Metropole 181
Hotel Ritz 107
Hotel Sacher 242
Hotel Savoy 77
Hotel Willard 105
Hotelpage 180
Housekeeping 180
Housewarmingparty 117
Huhn 238
Hummer 238, 239
Humor 83, 171, 217, 261, 301
Hund 78, 80, 137, 148, 245, 305, 306, 308, 309
Hund am Strand 309
Hundedeck (Schiff) 308
Husten 172
Hustle 327
Hut 13, 41, 72, 78, 79, 84, 85, 145, 177, 204, 218, 223, 254, 255, 262, 283–285
Hutmacher 41
Hygiene 160

I owe you (IOU) 105
Image 80, 161
Immunsystem 131
Imperial Society of Teachers of Dancing 327
Imperialer Früchtewodka 210
Impfungen 305
Indien 273, 297, 304
Indonesien 88, 298
Inemuri (Minutenschlaf) 114, 115
Infektionsgefahr 172
inflight-entertainment 304
Informationsaustausch 97

Ingenieur 335, 339, 346
Ingenieurin 346
Innentasche 292
Instant Message (IM) 82
Integration 80
Interesse 22, 36, 70, 105, 112, 138, 153, 282, 327
Interessengruppe 105
Internet 37, 81, 86, 118, 124, 155, 218, 348
Internet-Telefonat/-Video 82, 98
Intranet 37
iPod 138
Iris 227
Irish Coffee 42
Irland 293, 316
Ironie 83, 139
Italien 19, 21, 139, 241, 278, 293, 298, 358

Jackett 27, 206, 271
Jagd 84, 85, 153, 282, 326
Jagdtanz 326
Jägerlatein 85
Jahrestag 86, 294
Jahrgang (Wein) 196, 351, 353, 355, 359
Jammern 317
Japan 14, 69, 70, 114, 115, 298, 316, 318
Jause 233
Jawort 76
Jeans 120, 185, 219, 267, 268, 270, 285, 286, 349
Jive 171
Job 33, 189
Jogginganzug 310
Jour fixe 85, 86, 233
Jubiläum 161
Judo 132
Jugendgarderobe 95, 282
Jugendliche 16, 19, 54, 81, 95, 96, 100, 137, 146, 285, 286, 317
Junggeselle 87, 102
Kabinenpersonal 303, 305
Kabinettwein 352, 356
Kaffee 41, 230, 231, 233, 234, 322
Kaffeehaus 19, 59
Kaffeejause 100, 231
Kaktus 226
Kalifornien 359
Kamera 82, 170
Kamptal 353
Kanapee 53, 167, 184, 230, 232
Kapitän 40, 303, 307, 361
Kapitol 105
Karate 132
Karitative Organisation 43
Kartoffel 93, 237, 240
Käse 230, 231, 233, 237, 322, 354, 355
Käsefondue 238
Kaspar 77, 78
Kasperltheater 91
Katze 78, 245, 306
Kaugummi 88
Kavalier 33, 57, 61, 179
Kaviar 239
Kellner 27, 39, 53, 145, 155, 193, 194, 312, 352, 361
Kennenlernen 88, 116, 300
Kerze 48, 86, 230–234, 351
Kerzenleuchter 163
Ketchup 93
Kette 55, 126, 138, 141, 173, 275
Kettenhemd 138
Khakianzug 270
Kinder 17, 29, 41, 45, 46, 49, 55, 72, 81, 86, 89–96, 104, 105, 125, 126, 129, 137, 143, 144, 149, 151, 177, 188, 207, 215, 224, 230–234, 256, 257, 263, 264, 282, 285, 286, 304, 306, 309, 317, 319
Kinder am Telefon 90
Kinder im Club 95
Kinder im Hotel 94
Kinder im Publikum 90
Kinder im Restaurant 92
Kinderbühne 90
Kindergarderobe 282
Kinderhotel 94
Kinderkonzert 91
Kindermenü 93, 304
Kindermode 282
Kinderoper 91
Kinderstube 62
Kinderstuhl 177
Kino 25, 58, 79, 176
Kirche 48, 54, 66, 100, 126, 172, 176, 234, 252, 253, 255, 259, 260, 262, 263, 283, 284, 295
Kirsche 240
Kiwanis 197
Klaustrophobie 306
Kleid 23, 24, 26, 48, 95, 107, 134, 141, 203–205, 218, 261, 262, 268, 269, 282–284, 286, 292
Kleidung 13, 23, 26, 31, 40, 43, 45, 48, 54, 58, 65, 76, 84, 95, 98, 100, 101, 105, 109, 120, 126, 137, 138, 142, 145, 150, 155, 157, 158, 162, 173, 185, 203, 218, 219, 229, 230, 259, 262, 267–286
Kleidung – Wo/Wann/Was 283–286
Kleine Einladung 161, 261
Kleinkinderabteil 306
Klimaanlage 283
Klingelton 176, 177
Klosett 62, 179
Klöße 239
Knicks 255
Knie 148, 255, 271, 272
Knirps 205
Knöchel 148, 279
Knochenteller 238
Knödel 239

Knopfloch 33, 262, 275, 285, 292
Koch 53, 163, 361
Körper 49, 55, 56, 62, 69, 97, 98, 131, 132, 247, 287, 289, 303, 352, 354
Körpercreme 123
Körperkontakt 316, 318
Körpermilch 289
Körperpflege 97, 123, 150, 287–289
Körperpuder 289
Körperschaft 66
Körpersprache 69, 97, 98, 156–158, 201, 290, 291
Koffer 180, 306
Kombucha 15
Kombüse 361
Kommunikation 37, 46, 81–83, 98, 114, 119, 155, 327
Kommunion 48
Kompliment 33, 99
Kompromiss 99, 147
Kompromittieren 19, 153
Kondolenzbesuch 123
Kondolenzschreiben 222
Kondom 147
Konferenzgespräch 82
Konfirmation 100, 126
Konflikt 81, 110
Konfliktschlichtung 109
Konfrontation 14, 106, 155, 249, 304
Königliche Hoheit 207, 255
Konsequenz 125, 314
Kontakt 21, 37, 39, 58, 85, 100, 116, 118, 140, 141, 151, 318, 348
Kontaktaufnahme 18
Kontrollabsicht 319
Kontrollblick 156
Konversation 38, 39, 60, 63, 152–154, 196, 232, 244, 254
Konzert 120, 121, 283, 285
Kopfbedeckung 79, 204, 218
Kopfhörer 82, 304
Korkeiche 195
Korkgeschmack 194, 195, 351
Kornblume 227
Korrespondenz 35
Kosmetik 288
Kostüm 203, 204, 218, 267–269, 283, 284
Kostümfest 307, 326
Kränze 219, 220, 226
Kräuterlikör 42
Kragen 170
Krankenhaus 138, 176
Krankenhausbesuch 34
Krawatte 13, 65, 96, 101, 156, 170, 205, 206, 218, 261, 271, 280, 285, 286
Krawattenknoten 101, 281
Krebs 239
Kremstal 353
Kreuzfahrt 307, 308
Kriegstanz 326
Kritik 101, 127, 148
Küche 21, 31, 49, 137, 151, 161, 163–165, 233, 239, 240
Kuchen 233, 234, 237
Küss die Hand 254
Küsschen 68, 102
Kummerbund 155, 273
Kunst 52, 53, 60, 70, 90, 114, 118, 120, 162, 180, 185, 210, 211, 214, 243, 247, 326, 336, 337, 339, 340, 343
Kunstpause 320
Kunststoffkorken 195
Kuppeln 102, 162
Kuss 35, 67, 68, 71, 200
Kuvert 35, 55, 65, 100, 227

L 17 103
Lackschuhe 272, 275, 278, 286
Lady 208
Lärm 117, 361
Lagerfähigkeit 196, 351, 357
Lampenfieber 170
Landausflug 307
Landestracht 262
Landler 327
Langeweile 97, 153, 290
Langeweiler 103, 154, 162
Langsamer Walzer 171
Laptop 203
Lateinamerikanische Tänze 171
Lateinischer Begriff 60
Lauschen 104, 152
Lautstärke 89, 113, 319
Lebensabschnitt 126, 141
Lebenseinstellung 98, 157
Lebensführung 126
Lebensgefährte 123
Lebensgemeinschaft 140
Lebenskraft 131
Lebenskultur 61
Lebenslauf 33, 104, 224–226, 245
Lebenspartner 144
Lebensqualität 306
Lebensraumgestaltung 52
Lederschuhe 127, 269
Ledersohle 63, 142, 278, 279
Lehne 148
Leihgabe 104
Leinenanzug 270
Leinenpflicht 306
Leistungsförderer 207
Leistungstief 114
Lesebestätigung 47
Liegefläche 318
Lift 23, 94, 314
Likör 16
Lilie 34, 218
Line-Dance 171
Lions Club 197
Lippen 58, 107, 113, 238, 289, 290
Lippenstift 107, 204
Loafer 279

Lobby/Lobbyist 105
Loch (Golf) 315, 316
Lodenmantel 268, 276
Löffel 53, 236, 237, 239–241, 321, 322
Loge 92, 255
Longdrink 16
Lotto 52, 63
Lüge 105, 320
Lunch 231, 258
Luxus 33, 34, 97

Männer 27, 58, 70, 101, 107, 109, 173, 203, 223, 255, 256, 316, 318, 332
Magister/Magistra 209, 340, 341, 344–346
Magnifizenz 209
Mahlzeit 73, 254, 307, 309
Mail 46, 47, 48
Mainstream 65, 292
Make-up 107, 145, 156, 287, 288, 349
Maki 241
Malheur 164, 250
Malteser-Ritter-Orden 138
Manager 20
Manhattan 210, 299
Manieren 14, 37, 301
Maniküre 287
Manipulation 144
Manschette 115, 273, 276
Manschettenknöpfe 276
Mantel 164, 203, 205, 218, 268, 283–285, 310, 313
Maria-Theresien-Orden 212
Marille 240
Martini dry 210
Martinicocktail 107, 108
Masche (-erl, Fliege) 57, 155, 204, 273, 275, 282, 285, 286
Maske (kosmet.) 288
Maßgeschneiderte Mode 109
Maßhemd 276
Maßschuhe 280
Master 338, 340–345
Matura 126
Mayonnaise 93, 237
Mediator 29, 109, 110
Medien 98, 170
Medikament 149, 150, 305
Meditation 132
Meeresfisch 354
Meeresfrüchte 353
Meeting 174
Melone 79
Menschenkenntnis 169, 302
Menü 44, 53, 65, 77, 180, 197, 231, 232, 260
Menü-Karte 169, 322
Meridiane 132
Merlot 355, 357
Messer 32, 93, 236–242, 301, 313, 321, 322
Messwein 352
Metallverschluss 195
Mexiko 38, 298
Mikrofon 82, 136, 175
Mildtätigkeit 138
Mimik 60, 98
Minibar 94
Minnesänger 138
Minutenschlaf 114
Mitgift 260
Mittagessen 54, 100, 114, 228, 230–232, 309
Mitternacht 26, 166, 171, 214, 232, 234, 296
Mobbing 110
Mobile phone 72
Mobiltelefon 98, 115, 155, 174, 175, 219, 306
Mode 41, 96, 109, 206, 267
Moderne Bewegungstechniken 171
Modetanz 171
Mokka 42
Monogramm 115, 172, 206, 276, 280
Morgenmantel 276
Morillon 353
Morning suit 271, 316
Motivationsprogramm 98
Motorik 98
Movement 89
Müdigkeit 62, 115, 319, 320
Mund 32, 49, 62, 78, 88, 117, 145, 236–238, 240, 241, 290, 291, 300, 314
Mundgeruch 289
Mundhygiene 289
Münzentasche 292
Murmeln 320
Musik 91, 102, 138, 167, 171, 223, 232, 304, 327, 336, 337, 361
Musikverein 120, 213
Muskat-Sylvaner 353
Mut 43, 80, 105, 106, 138, 216
Mythos 138, 326

Nachbar 116, 117, 233, 260, 302–304
Nachricht (hinterlassen) 20
Nächstenliebe 66
Nachtcreme 288
Nachtflug 304
Nachtschwärmer 286
Nageldesign 287
Nagellack 287
Naher Osten 298
Name dropping 117
Namenstag 294
Nase 79, 142, 145, 186, 194, 290
Nationalfeiertage (europ.) 118, 293, 294
Necessaire 277
Nelke 33, 218, 226, 262
Nervosität 70, 97, 103
Netiquette 37, 118, 119, 124
Netzwerk 118
Neue Medien 98
Neugierde 80

Neuseeland 359
New York 180, 299
Nichtraucher 166
Nichtschwimmer 319
Nichttänzer 327
Niesen 142, 172
Nigeria 296
Nikotin 15
Norweger 279
Notlüge 106

Oberflächlichkeit 60
Oberkellner 180, 308, 310–312
Oberkörper 316
Obst 230, 237–239, 309
Oenologie 352
Offenheit 69, 70, 80, 256
Öffentlichkeit 15, 30, 37, 43, 63, 88, 89, 111, 145, 176, 184, 200
Ohrringe 141
Okkultismus 120
Old Fashioned 210
On-line entertainment 53
Open end 86, 233, 234
Oper 89, 120, 176, 213, 276, 283, 285
Orange 240
Orchester 91, 92, 328, 337, 351
Orchidee 226
Orden 23, 121, 122, 212, 220, 276, 330
Orden der Templer von Jerusalem 138
Organigramm 349
Organisationstalent 177
Organisator 76, 181, 264
Orthografie 46
Österreich 13, 19, 21, 26, 43, 57, 59, 66, 68, 71, 129, 130, 140, 147, 155, 178, 179, 195, 208–211, 218, 228, 244, 252, 253, 257, 261, 294, 306, 309, 326, 330, 336–339, 351–355, 357, 359, 360
Oxford 279

p. p. (pour presentation) 188
Palatschinke 237
Pantomime 98
Papiermanschette 238
Papiertaschentuch 142, 172
Papst 22, 71, 208, 246, 248
Parfum 65, 107, 123, 287
Parte 30, 41, 123, 215–218, 221, 222
Partner 27, 38, 51, 58, 75, 102, 123, 124, 146, 147, 171, 192, 314, 315, 327, 328, 347
Partnerschaft 66, 144
Partnersuche im Internet 124
Party 17, 28, 29, 43, 44, 118, 125, 166, 192, 233, 234, 253, 295–298
Party-Crashing 125
Pashmina-Schal 205, 283
Paso Doble 171
Pate 54, 55, 100, 125, 126, 172, 173
Patenkind 100, 125, 126
Patenschaft 48, 55, 100, 125, 172, 295
PDF-Dokument 223
Pediküre 289
Peeling 288
Pelz 127
Per Du 254
Perle 141, 262
Perlmutt 239, 274, 275
Perlwein 351
Persien 279
Personal 19, 54, 72, 73, 95, 127, 134, 138, 161, 164, 166, 167, 181, 199, 233, 257, 260, 302, 305, 312, 313
Personalbüro 348
Persönlichkeit 19, 24, 39, 45, 61, 142, 176, 214, 218, 223, 292
Peru 298
Pfeffer 322
Pfeffermühle 164
Pfeife 134
Pferd 138
Pfirsich 239, 353
Pflaume 240
Philippinen 298
Piemont 358
Piercing 160
Pilates 131, 132
Pinot Blanc 353
Pinot Noir 354
Placement 165, 167, 168
Plastron 272
Platz nehmen 165, 313, 317, 348
Platzierung 148
Platzpflege 316
Platzteller 145
Playboy 127
Pochette 206
Polka 327
Polo 105, 157, 268, 270, 282, 309, 316
Polofeld 316
Polonaise 26, 214
Pommes frites 93, 240
Pony 316
Pool 94, 309, 318, 319
Popkonzert 120
Portugal 294, 298, 359
Portwein 42, 322, 359
Prädikatswein 354, 356
Pre-Boarding 304
Preiskategorie 193
Premiere 96, 120, 121, 268, 272, 285
Pressekonferenz 135
Primeur 352
Privatsphäre 25
Privatuniversität 338, 344
Probeschluck 165, 193, 194, 312
Probezeit 257

Promotion 234, 249
Prosecco 21, 352
Protest 160, 180, 320
Protokoll 22, 128, 136
Protokollchef 22, 23
Publikum 26, 90, 121, 134, 156, 171, 316, 328
Pullover 257, 267, 268, 270, 282, 286
Pumps 269, 283, 284
Pünktlichkeit 128–130, 164, 186, 190, 257, 295, 297–299, 348
Pyjama 150, 151, 276

Qi 22, 131, 132
Qigong 22, 131
Quadrille 26, 171, 326–328
Qualitätswein 351, 356
Quarantäne 305, 308
Queen 117, 207, 293, 308, 316
Queen Mary 2 308
Quickstepp 171, 327

Raconteur 153
Rangliste 325, 326
Rasierwasser 65
Rauchen 15, 133, 134, 143, 166, 301
Rauchverbot 133, 151, 301
Raumdekoration 167
Rebe 355
Rechnung 137, 180, 261, 276, 308, 312, 313
Rechtschreibprüfung 46
Rede 23, 52, 134–136, 156–158, 186, 263
Referenzen 256, 257
Regenmantel 268, 276
Regenschirm 204, 205
Rehabilitierung 191
Reichtum 16, 137
Reife 137, 335, 354, 355
Reinerlös 197
Reisen 137, 189, 205, 271, 277, 300–310
Reise im Flugzeug 137, 301
Reise im Zug 306
Reise mit dem Schiff 306
Reisebegleiter 283
Reisebekleidung 282
Reisedokument 283, 292, 305
Reisegepäck 115
Reitstiefel 279
Religionsgemeinschaften 223
Religionsgesellschaft 66, 252, 253
Rendezvous 295
Reputation 82
Resignation 319
Respekt 18, 22, 50, 66, 80, 90, 112, 129, 143–147, 174, 256, 295, 300
Respektlos 19, 106
Réspondenz sil vous plaît (R.S.V.P.) 167
Ressentiment 144, 320
Restaurant 19, 30, 44, 54, 72, 92, 93, 129, 133, 134, 137, 138, 145, 165, 166, 175, 177, 179, 193, 222, 230–232, 240, 260, 263, 282, 284–286, 299, 307, 310–312
Revanchieren 65
Revierabzeichen 85
Revoluzzer 191
Rezept 98, 146
Rezeption 52, 129, 308, 348
Riesling 353, 354
Ring 71, 74, 138, 141, 212, 262
Ritter 64, 138
Rittertum 138
Rock 24, 63, 261, 267, 268, 275, 286
Rock 'n' Roll 171, 327
Rockmusik 327
Rohdiamant 137
Rollstuhl 61, 111, 112, 302
Rollstuhlabstellplatz 306
Rolltreppe 61
Romantik 147
Rose 218, 226
Rosenkranz 126
Rosé (Wein) 195, 355
Rotarier 197
Rotburger 354
Rotwein 193, 195, 322, 351, 354, 355, 357–359
Rotweinglas 321
Rowdytum 314
Rubinlasertherapie 160
Rückenlehne 113, 303, 304
Rücksicht 91, 129, 134, 141–143, 147, 157, 174, 280, 303, 314
Ruhepause 114
Rumba 171, 327

Sachlich 30, 99, 349
Safari 282
Safe 94
Sakko 95, 109, 203, 270, 272, 276, 283, 292, 316
Salat 103, 231, 240
Salz 41, 117, 164, 233, 236, 237, 322
Samba 171, 327
Sandalen 282, 309
Sandaletten 269
Sänger 136, 138, 222, 323, 335–338
Sari 262
Sashimi 241
Satinhandschuhe 203
Sauna 94, 157, 317, 318
Sauvignon Blanc 353
Save the date 76
Schach 86, 250
Schadenersatz 347
Schal 203, 205, 283
Schalkragen 272
Schallträger 361
Schallwellen 318
Schärpe 121, 273

Schaumwein 196, 351, 352
Scheidung 30, 110, 140
Scheidungsrate 140, 144
Schenkungswiderruf 347
Schiedsrichter 40, 315
Schifahren 157, 314
Schiff 40, 137, 180, 189, 199, 306–308, 357, 361
Schiffsreise 282
Schiffstoilette 361
Schilcher 196, 355
Schilift 154
Schimpfwort 58
Schirm 141, 204, 205
Schlaf 114, 305
Schlafanzug 276
Schlafforschung 114
Schlafgelegenheit 150
Schlafgewohnheit 115
Schlafsack 149
Schlamperei 109
Schlechte Laune 67
Schleier 103, 204, 261, 284
Schleife 57
Schleppe 261
Schlierenbildung 193
Schlürfen 49, 250
Schlurfen 62
Schlüssel 73, 94, 115, 177, 308
Schlüsselloch 104
Schmäh 37
Schmatzen 49
Schmuck 10, 55, 57, 70, 98, 100, 105, 115, 141, 160, 234, 349
Schnalle 203
Schnaps 15
Schnäuzen 16, 42, 207
Schneider 41, 109, 146, 292
Schnupfen 142, 172
Schokoladefondue 238
Schottland 316
Schriftdeutsch 170
Schriftliche Einladung 43, 66, 86, 162, 166
Schriftverkehr 19
Schroffheit 67
Schuhe/Schuhwerk 26, 55, 63, 84, 95, 106, 109, 126, 127, 142, 150, 203, 204, 218, 219, 267–269, 271, 272, 276–278, 280, 282–286, 301, 302, 310, 316, 361
Schulball 286
Schuldgefühl 97
Schultertuch 205
Schüsseltrieb 85
Schuster (Schuhmacher) 109
Schutzengerl 126
Schwäche 148, 169, 292, 349
Schwangere 134, 143
Schwangerschaft 143, 234
Schwarzes (kleines) 268
Schweden 294, 298
Schweigen 42, 50, 103, 106, 170, 249
Schweiß 84, 288, 291, 317, 318
Schwert 138
Schwiegereltern/-sohn/-tochter 74, 75, 143, 144, 247
Schwimmbad 157, 318
Schwimmflügel 319
Scones 231
Seidenschal 205, 275
Seidentuch 205, 283
Sekt 15, 21, 196, 207, 210, 230–232, 234, 316, 351, 352
Sektflöte 321
Sektfrühstück 15
Sektgrundlage 354
Selbstbeherrschung 10, 144, 315
Selbstbewusstsein 107
Selbstdisziplin 138
Selbstvertrauen 348
Senioren 145
Servierpersonal 180
Serviette 92, 145, 146, 163, 166, 167, 238–240, 242
Sessel 112, 113, 145, 148, 177, 312
Sessellehne 148, 304
Sessellift 314
Sex 146, 147
Shaken 327
Sherry 210, 359
Shinyi 132
Shorts 282
Side Car 210
Silvester-Party 234
Sine nobilitas 156
Singapur 52, 88, 298, 304
Single 147, 148, 192, 234
Sir 207–209
Sitzen 23, 24, 27, 49, 62, 90, 117, 148, 154, 168, 177, 222, 263, 264, 267, 282, 290, 291, 306, 323
Sitznachbar 153, 302, 304
Sitzordnung 232
Sitzplatz 303
Skepsis 67
Skykennel 305
Sleep-in 149
Sleep-over 149, 151
Slowfox 171
Small Talk 27, 104, 152–154, 300–302, 314
Smaragd (Wein) 352, 353, 356
Smoking 26, 27, 57, 58, 121, 155, 203, 206, 262, 272, 273, 275, 278, 285, 307
Smokingträger 286
SMS 41, 46, 71, 87, 98, 153, 155, 176, 217, 230
Snail-Mail 46
Snob 156
Socken 269, 276, 277, 302
Solarium 157, 318
Sommelier 193, 194
Sommerkleid 268, 269
Sonnenblume 226

Sonnenbrille 205, 206, 254, 283
Sonnenschutz 204
Souveränität 39, 293, 294
Spaghetti 241
Spanien 13, 67, 294, 299, 359
Spanisches Hofzeremoniell 71, 326
Spargel 237, 241
Spätlese 352, 353, 356
Spazierstock 206
Speisekarte 45, 92, 145
Spektabilität 209
Spendenaktion 135
Spiegel 98, 134, 156, 205, 287, 292
Spirituose 207
Spitzfasson 272
Sponsion 234
Sport 19, 29, 51, 56, 63, 95, 117, 141, 142, 145, 156, 157, 176, 197, 268, 269, 276, 282, 287, 300, 314–319, 345
Sportgerät 221, 317
Sportkleidung 95, 115, 282
Sportlichkeit 65, 225, 279
Sportsakko 270
Sportschuhe 285
Sprachbarriere 162
Sprachbox 20, 174
Sprache 14, 19, 20, 45, 69, 75, 97, 98, 136, 152, 157, 158, 226, 249, 250, 319, 320, 327
Sprachforschung 158
Sprachgebrauch 82, 105, 336
Sprachlosigkeit 158
Springen 78, 304, 318
Spritzer (Wein) 15, 21
Spumante 351, 352
Square Dance 327
St. Laurent 354, 355
Staatsbesuch 128
Stäbchen 21, 31, 241
Stadionbesucher 317
Standardtänze 171
Standesamt 67, 75, 215, 258–260, 283, 284
Standesbezeichnung 19, 178, 335, 339
Standortbestimmung 52
Statistik 140, 339, 341
Stecktuch 13, 206
Stegreifrede 135, 158
Stehkragen 273
Stehparty 44
Steiermark 196, 253, 353, 354
Steinfeder 356
Steireranzug 262
Stellenanzeige 225, 226
Stepptanz 327
Sterbeurkunde 215
Steward 307
Stichwörterzettel 134
Stiefel 269, 279, 280, 282
Stiefelette 269, 279
Stiegen 348
Stimmband 136
Stimme 82, 98, 158, 319, 320
Stimmsignal 319
Stimmverhalten 201
Stock 116, 206, 356
Stoffserviette 163, 242
Stofftaschentuch 142, 206, 280
Stöhnen 290, 317
Stola 268
Stolz 45, 67, 85, 137, 144, 171, 191
Störfaktor 201
Strand 56, 137, 309
Strandbad 93
Strandkleid 309
Strandurlaub 233, 309
Straße 23, 61, 106, 134, 145, 170, 180, 188, 229, 254, 301, 316
Straßenkinder 327
Streichholz 133
Streitigkeit 110
Stresemann 259, 271, 285
Strickjacke 268, 270
Strümpfe 218, 268, 269, 271, 272, 275, 276, 284, 289
Stubenmädchen 180
Student 151, 279
Studs 274
Suchtgift 15
Südafrika 296, 308, 359
Südamerika 88, 171
Suppenlöffel 239, 321
Sushi 21, 241
Süßwein 351, 353, 356, 357
Synagogen 79

Tabu 90, 146
Taekwondo 132
Tafel 13, 77, 78, 107, 145, 146, 161, 166, 167, 249, 309, 322, 352
Tafelfreuden 32, 41, 49, 62, 138, 145, 148, 161, 321–325
Tafelwein 352
Tagescreme 288
Tagesthema 152
Tai-Chi 22, 131, 132
Tai Ji Quan 132
Takt 35, 64, 99, 143, 147, 169, 177, 185
Talente 225, 233
Talkshow 29, 170
Tango 171, 327
Tanzen 26–28, 38, 72, 89, 171, 261, 268–270, 284, 326–329
Tanzfläche 27, 38, 89, 134, 167, 214
Tanzkurs 60, 148, 214
Tanzlehrer 27, 327, 328
Tanzmeister 26
Tanzpartner 26, 57, 327
Tanzschuhe 278
Tanzschule 7, 26, 70, 72, 203, 327
Tanzschule Elmayer 52, 72, 137, 214
Tanzveranstaltung 26
Taoistische Lehre 52, 131

Tapferkeit 138
Tasche 13, 69, 142, 172, 175, 177, 189, 203–206, 283, 292, 305, 306, 313
Taschentuch 115, 142, 145, 172, 177, 204, 206, 280
Taschenuhr 141, 275
Tätowierung 160
Taufanzeige 228
Taufe 54, 100, 126, 172, 173, 228
Taufkerze 48, 55, 173
Taufkleid 173
Taufpate 48, 100, 126, 295
Taufring 126, 173
Täuschung 198
Taxi 14, 17, 20, 24, 117, 145, 162, 180, 205
Teamfähigkeit 225
Tee 15, 22, 41, 75, 116, 173, 230, 231, 300, 315, 322
Teejause 231
Teenager 151
Teetotaller 173
Telefon/Telefonieren 35, 41, 57, 73, 87, 90, 98, 115, 150, 151, 162, 174–177, 217, 219, 226, 257, 259, 306
Teller 32, 53, 93, 145, 154, 163, 165, 166, 236–241, 300, 312, 313, 321, 322
Temperament 315
Temperatursturz 309
Tennis 88, 129, 157, 282, 314, 316, 361
Termin 34, 77, 129, 167, 185, 259, 297, 299, 348, 349
Terroir (Wein) 357
Theater 41, 72, 79, 89, 91, 96, 120, 152, 176, 191, 218, 282, 283, 285
Thermodynamischer Hauptsatz 152
Tierarzt 305, 335, 340, 346
Tierquälerei 127
Timing 177
Tip (Trinkgeld) 361
Tisch 20, 26–28, 31–34, 48, 49, 64, 78, 92, 93, 97, 113, 142, 144–146, 148, 153, 156, 163, 165, 168, 169, 172, 175–177, 194, 195, 197, 204, 231, 238, 249, 254, 260, 282, 299, 301, 307, 310–313, 322
Tischdame 152, 165, 168, 312
Tischdecken 163, 321
Tischdekoration 45, 230–232, 234
Tischherr 312
Tischkante 148
Tischkarte 167–169, 215, 232, 323
Tischkultur 177
Tischmanieren 177, 300, 301
Tischnachbar 117, 168
Tischordnung 168, 324
Tischschmuck 167
Tischtuch (-decke) 92, 163, 167
Tischwäsche 115
Tischwein 354
Titel 13, 14, 19, 66, 178, 187, 204, 209, 248, 330–346
Titelkult 50
T-Linie (Tennis) 314
Toast 178, 263, 264
Todesanzeige 30, 215, 217
Todestag 86
Toilette 92, 163, 178, 179, 250, 287, 361
Toilettenfehler 179, 250, 289
Toleranz 66, 77, 80, 174, 282
Tonfall 158
Topfpflanze 33, 34
Toskana 358
Totemtanz 326
Totenmahl 221, 222
Toten-Nachtwache 218
Totenschein 215
Toto 63
Tracht 118, 259, 262
Trachtenhochzeit 75, 259
Tradition 21, 26, 28, 31, 48, 50, 54, 55, 70, 75, 76, 100, 102, 117, 124–126, 148, 171, 179, 195, 197, 215, 218, 220, 223, 233, 242, 260–263, 269, 278, 309, 327, 338
Trainerstunden 317
Training 114, 115, 132, 256, 310, 316
Transpiration 287
Transportbox 305
Traube 210, 238, 240, 351, 352, 354–357
Traueranzeige 123
Trauerfarbe 218, 284
Trauerflor 218, 285
Trauerkleidung 203
Trauerzeit 223
Traurigkeit 291
Trauzeuge 86, 260, 262, 263
Treffpunkt 37, 155, 215
Trendsetter 40
Treppe 46, 56, 61, 179
Treue 67, 138, 227
Trichtermethode 60
Trinken 19, 21, 85, 89, 164, 178, 193, 195, 207, 245, 299, 300, 303, 351, 354–356, 361
Trinkgeld 179–181, 307, 308, 313, 361
Trinkspruch 178, 248, 263
Tritt in 316
Trittspur 280
Trockenbeerenauslese 353, 356
Tropenhemd 282
Trophäe 85
T-Shirt 95, 120, 267, 276, 282, 301, 309

Tuch 205
Tugend 50, 138
Tulpe 227
Türe 22, 24, 25, 34, 41, 102, 129, 154, 166, 180, 181, 205, 216, 257, 298, 310, 313, 348, 305
Türkei 294, 299
Turnier 214, 315, 316, 327
Turnschuhe 219, 286, 310
TV 29, 63, 151, 170
Twinset 268
Twist 327

Übellaunigkeit 202
Überforderung 320
Übernachten 149
Überraschung 139, 230, 233, 261, 292, 308
Überraschungsparty 235
Übersiedlungsanzeige 30, 183, 229
Übersinnliche Kräfte 120
Uhr 38, 55, 59, 74, 86, 100, 116, 126, 128–130, 151, 153, 155, 164, 168, 214, 228–234, 253, 259, 271, 272, 275, 278, 296, 297, 299, 300, 313
Uhrzeit 82, 128, 257, 263
Uhudler 196, 355
Ukraine 294, 297
Um Antwort wird gebeten (U. A. w. g.) 167
Um die Hand anhalten 74, 75
Umarmung 68
Umbau 117
Umgangsformen 45, 46, 137, 147, 349
Umgangston 139
Umstrukturierung 110
Umzug 72, 116, 225
Unart 109, 202
Unauffälligkeit 64, 65
Understatement 183
Unehrlichkeit 290, 319
Unentschlossenheit 291
Unhöflichkeit 129, 298
Uniform 23, 79, 121, 203, 220, 284, 285
Universität 139, 209, 213, 324, 244, 247, 248, 334, 336–338, 344
Unmut 67
Unprofessionell 175, 348
Unsicherheit 70, 97, 111, 291, 319, 320
Unsitte 62, 175, 202, 254
Unterbrechung 114, 201
Unterhaltung 151, 153, 167, 189, 304, 327
Unternehmen 15, 73, 114, 120, 123, 128, 134, 158, 161, 187, 190, 215, 225, 300, 325, 326, 348, 349
Unterschrift 188, 215, 226
Unterwäsche 150, 269, 276
Urlaub 65, 93, 137, 153, 180, 189, 233, 276, 282, 301, 309, 350, 361
Urnenbestattung 219, 220

Vase 34, 163, 226
Vatermörder 273, 274
Vatikan 122, 294
Vegetarier 303
Veilchen 227, 264, 265
Veneto 358
Verabredung 186
Verärgerung 320
Veranstaltung 128, 129, 134–136, 155, 197, 204, 214, 223, 230, 231, 234, 245, 264, 268, 277, 286, 295–297, 326
Verantwortung 56, 76, 100, 105, 125, 146, 150, 225, 264, 286
Verbesserung 101
Verbeugung 27, 70, 71, 188, 219, 255, 256, 313
Verdienstkreuz 23, 191
Verein 19, 43, 220, 213
Vereinbarung 64
Vereinigte Staaten von Amerika (USA) 327
Verhandlungsgeschick 99
Verhütungsmaßnahme 147
Verkehrsregeln 23
Verlässlichkeit 129
Verliebte 184, 200
Verlobung 75, 76, 184, 185, 347
Verlobungsanzeige 30, 184
Verlobungsring 260
Vermählung 41
Vermählungsanzeige 30, 76, 185, 258, 259
Vermögensverhältnisse 64
Vermouth 210
Verneigung 71
Vernissage 121, 185
Versöhnung 227, 326
Verspätung 41, 129, 130, 164, 186, 296–299
Verständigung 123, 227–235
Verständnis 20, 44, 77, 96, 113, 142, 144, 145, 201, 282
Versteigerung 197
Vertrauen 42, 143, 146, 201, 245
Vertrautheit 200
Very important person (VIP) 187
Vibrationsalarm 176

Visitenkarte 34, 39, 46, 49, 71, 142, 187, 188, 224, 277, 300
Vodka Tonic 210
Vorbereitung 74, 76, 129, 163, 170, 233, 264, 288, 347
Vorbild 45, 56, 138, 143, 326
Vorführung 121, 233
Vorlegbesteck 312, 321
Vorlegen 168, 313
Vorliebe 22, 36, 162, 218, 222, 236
Vorrang 61, 182
Vorspeise 136, 137, 163, 164, 236, 322, 352–355
Vorspeisenbesteck 321, 322
Vorstellen/Vorstellung 29, 116, 188, 189, 243, 258, 315
Vorstellungsgespräch 189, 190, 224, 347–350
Vortrag 30, 136, 156
Vortritt 23, 194, 314
Vorurteil 89, 190, 191
Vulgär 191

Wachau 353
Wachauer Klassifizierung 356
Wachauer Smaragd 352, 353
Waffelpiqué 275
Wahrheit 105, 106, 140, 146, 247, 251
Wahrnehmung 120, 157, 194
Wai 70
Walker 192
Walzer 26, 27, 171, 214, 261, 326, 327
Wan Tan 21
Wandern 309, 318
Wappen 115
Warme Süßspeise 237
Warteschlange 20
Wäsche 150, 151, 257
Wasserglas 321
Webseite 86, 101, 224, 348
Weidmannsdank 84
Weidmannsheil 84, 85
Wein 15, 16, 21, 35, 51, 116, 117, 137, 163, 173, 192–196, 207, 231–233, 247, 307, 312, 351–360
Weinbaukunde 352
Weine aus dem Rest der Welt 357
Weine aus Österreich 195, 352, 354
Weine aus Übersee 359
Weinexperte 194
Weingesetz 352
Weinglas 194, 321
Weinkarte 192, 357
Wein-Klassifizierung 196
Weinsorte 196
Weinviertel 353
Weißer Burgunder 353
Weißes Haus 105
Weißwein 163, 193, 195, 322, 351, 357, 358
Weißwürste 242
Welle 184, 317
Welschriesling 353, 354
Welttanzprogramm 171, 327
Wermut 107, 108
Wertschätzung 126, 129, 216, 217
Weste 155, 270–272, 275, 283, 286, 301
Whisky 16, 42, 207
Whisky Soda 210
White Lady 210
White Tie 273
Wichtigtuer 117
Wiener (Schuhe) 277, 278
Wiener Walzer 171, 326
Wild 84, 153, 318, 353–355
Willensfreiheit 347
Willkommensgruß 117
Wimbledon 255
Win-win-Situation 110
Witz 153, 168, 196, 222, 348
Wodka 21, 107, 108, 207, 210, 322
Wohlbefinden 131, 303
Wohltätigkeitsveranstaltung 197
Wollmantel 268, 276
Wortgefecht 145
Wortwahl 111, 145, 158
Wunderheiler 77
Würstchen/Würstelstand 93, 241, 242, 278
Wut 290
Wutausbruch 144

X für ein U vormachen 198

Yacht 199, 361
Yoga 22, 131, 132

Zähler 315
Zahlmeister 307
Zahnbürste 150
Zähne 156, 236, 287
Zahnstocher 322
Zärtlichkeit 102, 184, 200
Zazen 132
Zehennägel 289
Zeit 200, 201, 230–235, 245, 248, 249, 258, 273, 278, 279, 296–298, 301, 302, 305–307, 354, 355
Zeitpunkt 18, 42, 48, 54, 60, 96, 105, 116, 128, 150, 165, 177, 186, 189, 201, 263, 297, 303, 348, 350
Zeremonie 48, 54, 67, 75, 76, 100, 219–221, 262, 263
Zeremonienmeister 168, 260
Zeugnis 223–225, 256
Zierrat 203, 204

Zigarette 133, 134, 163, 165, 166, 307
Zigarre 42, 134
Zivildienst 225
Zuckergehalt 194
Zufall 97
Zug 137, 223, 306, 297
Zugabteil 175
Zugangscode 224
Zuhören 60, 176, 200, 233, 319
Zündholz 163
Zuneigung 184
Zuprosten 85, 194
Zurückhaltung 64, 191, 197
Zusage 323
Zusammenarbeit 349
Zusatzschlüssel 94
Zuverlässigkeit 138, 139
Zweigelt 354, 355
Zwetschke 240
Zylinder 79, 204, 261, 271, 272, 275
Zyniker 201

PERSONENVERZEICHNIS

Auersperg 213
Axolotl VIII. von Mexiko, König 38
Bond, James 108
Brahms, Johannes 14
Brando, Marlon 76
Brummel, George Bryan 40
Burgund, Maria von 326
Carnegie, Andrew 197
Chaplin, Charlie 206
Dean, James 276
Eckermann, Johann Peter 66
Edward VII., König 79
Edward, Prinz von Wales 33
Elisabeth II., Königin 118
Farkas, Karl 188
Fischler, Franz 50
Fleming, Ian 108
Franz Joseph I., Kaiser 51, 249
George IV., König 40
Gibran, Khalil 46
Goethe, Johann Wolfgang von 66
Graham, Virginia 29
Grant, Ulysses, Präsident 105
Habsburger 13, 139, 244, 326
Hirschfeld, Ludwig 179
Karl I., Kaiser 13
Karl I., spanischer König 67
Karl V. 67
Kinsky 13
Knigge, Adolph Freiherr von 184
Konfuzius 137
Kummer, Christa 95
Lennon, John 121
Lessing, Gotthold Ephraim 129
Liechtenstein 13
Louis XVIII., König von Frankreich 129
Ludwig XIV., König 7, 13
Marin, Biagio 139
Martini, New Yorker Barkeeper 107
Maugham, William Somerset 30, 101
Maximilian I. 326
Meinrad, Josef 17
Meissner, Hans-Otto 168
Molcho, Samy 97, 98
Napoleon 249, 280, 352
Nelson, Admiral 280
Orgovanyi-Hanstein, Britta 50
Paul, Jean 319
Prinz von Wales 33, 40, 79, 255
Ringelnatz, Joachim 62
Sacher, Anna 239
Schauberger, Sigrid 45
Schwarzenberg 13
Sellers, Peter 107
Steger, Brigitte, Japanologin 115
Stöckl, Claudia 175
Tolkien, J. R. R. 138
Tucholsky, Kurt 109, 278
Twain, Mark 135
Updike, John H. 315
Vaughan, Bill 44
Waldbrunn, Ernst 188
Wilhelm II., Kaiser 79
Wilmsen, Friedrich Philipp 184
Windischgrätz 13
Wittgenstein, Ludwig von 42

Dieses Buch wurde mit größtmöglicher Sorgfalt recherchiert und zusammengestellt.

Sollten wir ein Ihnen wichtiges Thema nicht erschöpfend behandelt haben oder sollte uns ein Fehler unterlaufen sein, so bitten wir Sie, verehrter Leser, uns als Korrespondent in Sachen Etikette eine E-Mail zu senden. Wir werden Ihren Vorschlag mit Interesse aufgreifen und versuchen, all Ihre Fragen zu beantworten.

Herzlichen Dank
Ihr
Redaktionsteam
redaktion@etikette.at

Was wirklich wichtig ist.

Groß, Michael
„SIEGEN KANN JEDER“
304 Seiten, EUR 21,90
ISBN: 978-3-7110-0013-2

Wir sind unser Kapitän! Wir steuern unser Schiff durch den Ozean des Lebens, entdecken neue Ufer, wählen verschiedene Routen und trotzen den Winden. Jeder erreichte Hafen ist ein persönlicher Erfolg.
Der Wert eines Erfolgs hängt nicht von der Größe des Pokals oder dem Gewicht der Medaille ab, sagt der ehemalige Schwimmweltmeister und Olympiasieger Michael Groß. Und nicht nur der Erste eines Rennens kann siegen. Auch im alltäglichen Leben ergeben sich viele Chancen, außergewöhnliche Leistungen zu erbringen und Erfolge zu erleben: Feuerwehrmänner, Krankenschwestern oder Katastrophenhelfer sind die Helden des Alltags. Sie sind reich an Bestätigungen, wenn auch der materielle Lohn oft gering ist.
Dieses Buch ist keine Erfolgsanleitung, kein Motivationsratgeber, kein Wegweiser zum schnellen wirtschaftlichen Gewinn. Das Buch ist anders, geprägt durch die Kombination von anerkannten Forschungserkenntnissen, praktischen Erfahrungen und gesunden zwanzig Jahren Distanz zur eigenen Karriere. Denn auch der Sport liefert keine Patentrezepte, nach dem Motto: „Nur so geht's!“ Vielmehr zeigt Groß den Weg zur Erringung und Wahrnehmung persönlicher Erfolge im Alltag. Er gibt Impulse, die eigenen Vorstellungen und Ziele auszuloten, Werte und Erwartungen zu überdenken und sich bewusst zu machen: „Was bewegt mich“, „Welche Stärken habe ich“, „Welche Fehler sind wertvoll“, „Wie halte ich Druck aus“. Sogar Stürme, die uns Schiffbruch erleiden lassen können, gehören zum Leben – denn: bei schönem Wetter segeln kann ja jeder!

Spannend.